中大谦之论丛

从现象学到形而上学
——舍勒哲学思想经典研究文集

张任之 编
张任之 郑辟瑞 张志平 等 译

图书在版编目（CIP）数据

从现象学到形而上学：舍勒哲学思想经典研究文集／张任之编；张任之等译． — 北京：商务印书馆，2020
（中大谦之论丛）
ISBN 978-7-100-18508-0

Ⅰ. ①从… Ⅱ. ①张… Ⅲ. ①舍累尔（Scheler, Max 1874-1928）－哲学思想－研究 Ⅳ. ① B516.59

中国版本图书馆CIP数据核字（2020）第085356号

权利保留，侵权必究。

中大谦之论丛
从现象学到形而上学
——舍勒哲学思想经典研究文集
张任之 编

张任之 郑辟瑞 张志平 等 译

商 务 印 书 馆 出 版
（北京王府井大街36号 邮政编码 100710）
商 务 印 书 馆 发 行
三河市尚艺印装有限公司印刷
ISBN 978-7-100-18508-0

2020年10月第1版　　开本 680×960　1/16
2020年10月第1次印刷　印张 26 1/4

定价：98.00元

中大谦之论丛
编委会

主　编　张　伟

编　委（按姓氏笔画排序）

　　　　马天俊　方向红　冯达文　朱　刚　吴重庆

　　　　陈少明　陈立胜　赵希顺　倪梁康　徐长福

　　　　龚　隽　鞠实儿

总　序

中山大学哲学系创办于 1924 年，是中山大学创建之初最早培植的学系之一。1952 年全国高校院系调整撤销建制，1960 年复系，办学至今，先后由黄希声、冯友兰、杨荣国、刘嵘、李锦全、胡景钊、林铭钧、章海山、黎红雷、鞠实儿、张伟教授等担任系主任。

早期的中山大学哲学系名家云集，奠立了极为深厚的学术根基。其中，冯友兰先生的中国哲学研究、吴康先生的西方哲学研究、朱谦之先生的比较哲学研究、李达与何思敬先生的马克思主义哲学研究、陈荣捷先生的朱子学研究、马采先生的美学研究、罗克汀先生的现象学研究等，均在学界产生了重要影响，也奠定了中大哲学系在全国的领先地位。

复系近六十年来，中大哲学系同仁勠力同心，继往开来，各项事业蓬勃发展，取得了长足进步。目前，我系是教育部确定的全国哲学研究与人才培养基地之一，具有一级学科博士学位授予权，拥有"国家重点学科"2 个、"全国高校人文社会科学重点研究基地"2 个。2002 年教育部实行学科评估以来，我系稳居全国高校前列。2017 年 9 月，中大哲学学科成功入选国家"双一流"建设名单，我系迎来了难得的发展良机。

近年来，在中山大学努力建设世界一流大学的号召和指引下，中大哲学学科的人才队伍也不断壮大，而且越来越呈现出年轻化、国际化的特色。哲学系各位同仁研精覃思，深造自得，在各自研究领域均取得了丰硕的成果，不少著述还产生了国际性的影响，中大哲学系已发展成为全国哲学研究的一方重镇。

为向学界集中展示中大哲学学科的教学与科研成果，我系计划推出多种著作系列。已经陆续出版的著作系列有"中大哲学文库"和"中大哲学精品教程"，本套"中大谦之论丛"亦属其一。谦之论丛的基本定位，乃就某一哲学前沿论题，甄选代表性研究论文结为专集，目的是为相关论题之深入研究提供较为全面、较为权威的"学术前史"资料汇编。此种文献，虽非学者个人之专门著述，却具有重要的学术史资料价值。

"中大谦之论丛"之命名，意在藉以纪念中大哲学系前辈学者朱谦之先生（1899—1972）。谦之先生是现代著名哲学家、哲学史家，治学领域广阔，著述等身，被誉为"百科全书式学者"。朱先生不唯曾任中大历史系主任、哲学系主任、文学院院长，更在民族危亡的抗战时期临危受命，担任"研究院文科研究所主任"之职，为中大文科之发展壮大孜孜矻矻，不遗余力。朱先生1932年南下广州，任职中大20余年，又首倡"南方文化运动"，影响颇深。故本套丛书具名"中大谦之论丛"，实有敬重前贤、守先待后之用心。

"中大谦之论丛"的顺利出版，得到百年名社商务印书馆的大力支持，在此谨致诚挚谢意！

中山大学哲学系
2019年6月6日

目　录

现象学的基本态度

舍勒哲学中的现象学还原……………………埃伯哈尔·阿维-拉勒芒　3
舍勒的现象概念和现象学经验的观念…………埃伯哈尔·阿维-拉勒芒　27
舍勒的意向性问题……………………………………沃夫哈特·亨克曼　51
舍勒的先天学说………………………………………沃夫哈特·亨克曼　83
现象学意义上的经验与身体性…………………………米歇尔·伽贝尔　105
方法还是技艺？
　　——马克斯·舍勒"现象学"还原中的伦理学与实在
　　………………………………………………………圭多·库斯纳托　116
直观与语言
　　——论非象征性认识的现象学要求……………………保罗·古德　139

胡塞尔与海德格尔背景中的舍勒

舍勒对胡塞尔弗莱堡伦理学的影响……………………乌尔里希·梅勒　159
从埃德蒙德·胡塞尔到马克斯·舍勒的现象学伦理学
　　——从作为"价值逻辑学"的伦理学到一门人格主义的伦理学
　　………………………………………………………阿里翁·L.凯尔克　181

舍勒和胡塞尔思想中的历史哲学维度..........................L. 兰德格雷贝 204

1927年马克斯·舍勒阅读《存在与时间》的背景

　　——通过伦理学对一个批判进行批判....................M. S. 弗林斯 218

舍勒对海德格尔基础存在论的批判..............丹尼尔·O. 达尔斯特伦 244

阻力与操心

　　——舍勒对海德格尔的回应以及一种新此在现象学的可能性

　　..汉斯·莱纳·塞普 279

世界观、形而上学与现象学

舍勒对胡塞尔自然立场的世界理论的批判....................昆汀·史密斯 301

自我与世界

　　——舍勒对自然世界观臆想特性的确定........汉斯·莱纳·塞普 314

马克斯·舍勒和恩斯特·卡西尔

　　——作为文化现象学观点的知识形式和符号形式

　　..恩斯特·沃尔夫冈·奥特 329

作为"生命"和"生命力"的实在性：

　　马克斯·舍勒的观念论—实在论...............吉安弗兰科·波西奥 351

舍勒从宗教行为对上帝实存的论证 ....约翰·R. 怀特 375

舍勒的现象学佛教与形而上学佛教......................欧根·凯利 393

编后记..408

现象学的基本态度

舍勒哲学中的现象学还原[*]

埃伯哈尔·阿维-拉勒芒

一、现象学内部围绕"现象学还原"的争论

在现象学哲学——这一哲学是由 E. 胡塞尔在世纪之交所创立的——的诸代表人物那里,也许没有哪个概念或"实事"像所谓的"现象学还原"那样曾经如此备受争议,甚至现在仍然聚讼纷纭。胡塞尔在哥廷根时期(大约 1907 年)在朝向"超越论的现象学"所进行的相关突破中已经引入了它(第一次是 1912 年出现在《观念 I》一书中)并把它描述为通向任何一门严格科学意义上的哲学思考的门径,但这首先受到了他在慕尼黑和哥廷根的朋友和学生几乎是异口同声的反对,他们把这看作是向唯心主义哲学倒退的标志——人们本来相信胡塞尔在 1900—1901 年的《逻辑研究》中所作的突破恰恰摆脱了这种哲学。后来,尤其是在 20 年代,胡塞尔这边及其弗莱堡的更为亲近的学生们颠倒了人们对慕尼黑和哥廷根时期的现象学的主要异议:人

---

* 本文译自:Eberhard Avé - Lallemant, "Die phänomenologische Reduktion in der Philosophie Max Schelers", P. Good (Hrsg.), *Max Scheler im Gegenwartsgeschehen der Philosophie*, Bern & München 1975, pp. 159-178。——译者

们没有接受"现象学还原",是因为他们没有掌握其意义和含义。即使我们不考虑,这一指责的第二项在多大程度上有道理——这是一项必须非常深入和仔细地进行检验的任务,而这项任务还有待进一步完成[①]——我们也还是要强调,只要胡塞尔认定人们已经简单地、不加考虑地把他的超越论的现象学及其对现象学还原的意义的指明推到一边,那他无论如何是错了。H. 施皮格伯格在讨论 A. 普凡德尔时已经表明了这一点[②];我本人则试图向我的哲学导师 H. 康拉德-马修斯对此作出证明[③]。可是,迄今为止很少被注意到的是,在舍勒的哲学中"现象学还原"(或者我们暂时说:某种"现象学还原")在这个标题下也扮演了一个中心角色。这一概念有多少是与胡塞尔的"现象学还原"相符合的,以及在多大程度上和它相关,这是一个问题,对这一问题我们在下面只能作一个简短的讨论。对我来说,关键在于,在这里首先将目光引向舍勒所独有的概念并勾勒出,舍勒意义上的"现象学还原"在他哲学的总体概念中处于怎样的位置。

二、现象学的宗旨和还原的含义

可是,首先我们要对此作一些一般意义上的提示性评论:事实上为什么像"还原"这样的东西对于**现象学哲学**来说,能起如此大的作用;究竟怎样的目标才是这样一门哲学所特别地追求的。现象学来源

[①] 参见我的慕尼黑会议论文 "Die Antithese Freiburg-München in der Geschichte der Phänomenologie", *Die Münchener Phänomenologie*, Vorträge des Internationalen Kongresses in München (April 1971), hrsg. v. H. Kuhn u.a.; 正在出版之中,M. Nijhoff 和 Den Haag 出版社(Reihe Phenomenologica)。对尚未出版的遗著手稿文字的引用得到了负责此事的全集编纂者的友好慨允。

[②] Herbert Spiegelberg, "Is Reduction Necessary for Phenomenology? Husserl's and Pfänder's Replies", *Journal of the British Society for Phenomenology* IV, 1973.

[③] *Phänomenologie und Realität – Vergleichende Untersuchungen zur München-Göttinger und Freiburger Phänomenologie*,出版中。

于这样一种洞见，或者谦虚一点地说，这样一种观点：为哲学的认识获得一个全新的更为彻底的起点是必要的，因为在传统的地基上一些未经阐明的前提已经混迹于认识之中。在相应的反思中，现象学试图澄清这个认识根基，并且试图在**这样**一个"绝对的"意义上建构这个根基，以至于每个认识单单从这里出发就能被明确地建立起来。人们在胡塞尔称作"先验意识"或者"先验主体性"的东西——一个同样在现象学内部争论不休的概念——那里找到了这个起点。但是这个概念我们可以先不过问，我们只是说：它在非常一般的意义上所涉及的是，让本己的自我与所寻找到的各种实事——尤其是与诸**哲学**的实事——发生如此的关联，以至于这些实事本身**直观地**被给予（用现象学的语言来讲，"自身切身地被给予"），而且对认识的更进一步的奠基既不可能也无必要。这里打一个来自日常生活的通俗的比方：如果我想要知道我门前的树是否像人们告诉我的那样被大风刮倒了，我就出去察看一下，而人们转告给我的那个表象通过直观就可以检验其本身，进一步的依据乃是多余。类似地，现象学想要优先于所有领域——在这里，对每一种存在者来说，对存在的每一个领域来说，与其相适合的、相对应的被给予性方式都要受到考察：声音只能被我们听见，彩虹只能被看见，数字只能在现实世界之外、在非实在的存在领域里才能被"发现"，如此等等，不一而足。因此，我们不应该把实事与某种特定的先行规定的经验方式联系在一起——在这种方式下实事也许完全不能像它依其所独有的属性而存在的那样以"本己切身"的方式显现出来，认识方式必须相反地从各自的实事或实事领域出发进行规定。这是众所周知的现象学口号"面向实事本身"的最一般的意义。可是，对现象学来说，问题并不简单地在于，对种种相关的被给予性加以把握，而是与这些被给予性一起把它们在其中得以被给予的诸行为也同时囊括在内；就像胡塞尔所说的，这个来自意向活动和意向相关项的整体，来自意指着的行为和被意指的对象性意义的整体，正是现象学真正的研究范围——所有这样的行为一般的可能性领域：胡塞尔恰恰把这个领域称为"超越论的意识"。我们不妨在这里预先就像舍勒将要做的那样说，这里涉及的是在**精神**最深的中心处所领会到的立场，从这里出发诸意向行为与所有它们的——意向活动的或意向相关项的——组成部分一起成为完全可通达的。

在这种精神立场中，一切"纯粹的理性"都开始于与**心灵**（*Psyche*）的区分——而与心灵相关的是某种作为特定的个别科学的一个部分的认识心理学。这样一种精神立场位于自身奠基的现象学的开端处。继胡塞尔在逻辑学中对心理主义所作的闻名遐迩的批判之后，其他领域（伦理学、美学、宗教哲学等等）中相似的澄清也纷至沓来。为了将这个"绝对"的精神立场与"具体"的心理立场区分开来，为了纯粹自为地赢得前者，胡塞尔引入了"现象学还原"。通过还原，一种特殊的先行确定性应该被有意识地排除掉，因为这种确定性使得精神作为心灵显现在现实世界中，并且它不能让哲学认识的特质纯粹地展露出来：就是说，如胡塞尔所言，具有现实特征的**世界**包含着我的心灵，可是并不涵盖我的精神中心；用康德的话来说，它也许包含着我的经验主体，但并不涵盖我的先验主体。超越论的现象学还原服务于对精神领域的获得，因此它被胡塞尔称为是通向以现象学为基础的哲学的大门。

这些大致的解释已经表明，还原这种说法允诺了双重看法，这一点也表现在 *re-ductio* 这一名称中：一方面还原服务于——我们首先已经习惯于这样来理解它了——对某些按别的方式将会混杂进来的东西的排除，我们可以把它称之为还原的消极方面；另一方面正是通过这种还原——这是积极的、实际上也是重要的方面——一个新的领域才得以发掘出来，而这个领域此前由于受到现已被排除的因素的混杂始终不得不处于被遮蔽的状态之中。我们在白天看不到星星是因为大气层反射的太阳光让我们眩目，当夜幕降临光线消失时我们才能够一瞥其闪耀。因此，与此类似，为了把精神领域作为现象学哲学的主题公开出来并使其清晰可见，也需要把胡塞尔所谓的"世间的"领域——"世间"=世界——连同我们自身的心理自我"排除"出去。

三、舍勒对还原思想的研究

现在，现象学还原在**舍勒的思想**中处于怎样一种地位呢？首先我们必须对此作几点历史评论。舍勒在他那个时代是现象学运动最突出的代表之一——在他去世前的十年里甚至可能是最著名的，就像之前的胡塞尔，之后的海德格尔一样。舍勒就像普凡德尔（Pfänder）以及慕尼黑现象学界一样，也像后来的海德格尔一样，他不是作为学生而是作为年轻的编外讲师参加到由胡塞尔开创的现象学中来的。舍勒最早在耶拿取得执教资格，他也正是在这里结识了胡塞尔。舍勒于1906年来到慕尼黑大学并且遇到了那里的现象学的圈子，他与这个圈子发生了强烈的相互影响。[1] 舍勒的第二个特殊的现象学阶段由此拉开序幕。当时，在胡塞尔的《观念Ⅰ》发表之后，出现了一些对他的零星的表态，有赞同，也有批评。而舍勒是在肯定的意义上接受了胡塞尔的"现象学还原"，虽然是在很一般的意义上的接受。[2] 可是，舍勒似乎只是到了1921—1922年才对胡塞尔的这一思想作了详尽的分析，就是说，是在转向他的哲学思考的第三个、也是最后一个时期（因为他是于1928年5月去世的，年仅54岁）时——在这一时期，他首先被看作是形而上学家；对这一时期的哲学思考的详细描述，我们可以在两本巨著（一本是《哲学人类学》，一本是两卷本的《形而上学》）中找到。

---

[1] 参见 Moritz Geiger, "Zu Max Schelers Tode", *Vossische Zeitung* 1. 6. 1928。

[2] GW 10, 394f., 399, 425, 446f., 449, 461.

1922年12月，舍勒在给他的著作《论人之中的永恒》第二版所作的序言中写道，从第一版问世（因而是1921年）以来，他就有一个在他的论文《论哲学的本质》中所勾勒的计划，"写一个新型的、现实的，但与迄今为止所有的旧经院哲学的、所谓的'批判'的以及直觉实在主义诸形式远不相同的认识论，并从现在起把它实现出来"，而且打算在接下来的一年里以"现象学还原和意志论的实在主义——认识论导论"为题发表这项研究（GW 5, 11）。这是舍勒虽然作出了预告但未能出版的众多著述之一。这方面的主题在他后来出版的著述中一再地被涉及，例如在1925年的《知识社会学问题》以及《认识与劳动》中，在1928年的《观念论与实在论》和《人在宇宙中的地位》中。① 其中，最后一本书勾画了他的人类学大纲，而《观念论与实在论》则预先发表了他的形而上学认识学说的基本部分（当时也只是片段性地发表）。这些著述让我们对舍勒想要完整地表述的东西以及他部分地作过阐明的，而且在科隆大学的讲座中多次讲到的东西获得了一个印象。

舍勒打算"……在……专门讨论形而上学认识的本质和可能性的《形而上学》第一卷中……，对逻辑学、认识论以及——这是最重要的——哲学形而上学的认识**技术**"（GW 8, 11）进行详尽的阐述。因此，在这个关系中，他的现象学还原学说（他的学说应该涉及现象学还原）（如舍勒所说，"这是最重要的"！）一定会得到讨论。关于质料形而上学本身的建构——这据说构成了第二卷的内容——我们可以在舍勒最后的作品《哲学世界观》中找到提示。它首先应该包含所谓的元科学——关于无机物的元物理学、元生物学、元心理学以及元努斯学，接着，借助于哲学人类学，最终来临的是关于绝对者的形而

---

① GW 8, 138f., 282, 362f.; GW 9, 42ff., 204ff. 也可参见小的选集本 *Philosophische Weltanschauung*，现见 GW 9。

上学。

这些信息散见于不同的地方，读者全都可以从舍勒自己出版的著作中获得。然而要识别这些地方，识别"现象学还原"在舍勒的总体哲学中具有什么样的核心意义，却并非易事。关于这一点，对舍勒遗稿的研究表明，舍勒思想的大纲——我们可以在已经发表的作品中看到这些思想——通过他为他的两卷本著作所写的详尽的（大多是片段性的）说明将会得到显著的填补和扩充。在下面的一些地方，当我觉得那里的说明似乎很适合对已经发表的作品中的表述进行补充和澄清时，我也会以遗稿作为基础。然而，基本上我不会带来一个细心的读者在公开作品中无法查证的东西。

四、舍勒论还原以及胡塞尔对它的使用

舍勒把"现象学还原"——正如他在此写到的那样，这是"胡塞尔的表述"（GW 8, 362）——称为"一种精神态度。对于这种态度，他本人［指胡塞尔——笔者］知道，他在研究中已经作了极好的展开。然而在他那里，对这种态度的描述及其理论……是完全失败的"。舍勒认为失败的原因在于，"在这里引导……他［指胡塞尔——笔者］的仅仅是一种完全不清晰的，而且就其本身而言肯定是错误的实在性理论"。可是，"只有通过对给出实在性因素的行为以及心理功能进行排除，那种对实在性的**放弃**、那种将现实存在置入其中并加上括号的做法才能出现。胡塞尔有理由把这种做法看作是一切本质认识的前提，看作是最纯粹的理论态度本身"（GW 8, 282）。

胡塞尔哲学的专家在此可能会反驳说：舍勒在这里所说的话，实际上是把两种不同的还原混淆在一起：导向**本质**认识的是胡塞尔在《观念》中以明确单列的方式提到的"本质还原"——不仅如此，对于这种还原，胡塞尔还多方面地作过详尽的介绍和说明。这里的道路

是从实事引向埃多斯。然而，真正所谓的现象学还原，准确地说，超越论的现象学还原在于，它涉及的是对世间存在的实在性因素的排除，对胡塞尔来说，这是核心要务。众所周知，超越论的现象学把这两个还原都设为前提，以便像胡塞尔所说的那样，研究作为"**非实在之物**（它不再被归于'现实世界'的任何一个类别）"的"在超越论的意义上被纯化了的'体验'"——"可这种体验不是作为独一无二的个别因素，而是**作为'本质'**"①。然而，超越论的现象学还原也可以自为地独立自存，结果会走向一门"超越论的事实科学"。这是一门随作为"第一哲学"的超越论现象学而来的"第二哲学"，它才真的应该去占领迄今为止的形而上学的全部地盘。②

当舍勒谈到通过现象学还原赢得纯粹的本质认识时，他难道不是从一开始便放弃了达到这样一种形而上学的可能性吗？很明显，正如我想说的那样，情况不是这样，毋宁说，舍勒也要求在纯粹的本质认识之外再向前迈一步以赢得形而上学。可是，这一步是以纯粹的本质认识为前提的，与之相应的就像胡塞尔的超越论的事实科学和超越论的现象学那样。此外，正如我所认为的那样，我们在这里可以发现从胡塞尔通向上面提到过的哥廷根的那些现象学家（莱纳赫、康拉德、黑林、康拉德-马修斯以及冯·希尔德柏兰德）的桥梁。对他们来说，现象学同样是地地道道的"本质认识的方法"，以至于可以用 F. G. 施缪克（Frany Georg Schmücker）的研究标题来表达。③因此，正确的说法是，舍勒并没有割裂胡塞尔的两个还原。可是，我们也不能说，他仅仅认识并实施了胡塞尔意义上的本质还原。

---

① "Einleitung", in *Husserliana III* (Den Haag: Martinus Nijhoff, 1976, 4)（强调形式为引者所加）。
② 参见 "Einleitung", in *Husserliana III*, 5 和 *Husserliana I* (Den Haag ²1963, § 64), *Husserliana IX* (Den Haag ²1968, S. 298f.). 此外还有 Oskar Becker, "Die Phänomenologie Edmund Husserls", *Kant-Studien XXXV*/2-3, 1930。
③ *Phänomenologie als Methode der Wesenserkenntnis*, München 1956（作为论文付印）。

五、舍勒哲学中的两处还原

我们已经提到,"现象学还原"在舍勒最后几年的**两个**重大的课题领域中发挥着决定性的作用:在他的形而上学及其哲学人类学中。在形而上学中,它——如果进行必要的修正,在胡塞尔那里也是这样——作为赢得形而上学领域不可或缺的预备阶段是通向本质认识的门户。在哲学人类学那里,它是人相对于自然生物所具有的本质特征的核心可能性:精神相对于所有自然被给予的"生命"所具有的本质特征的核心可能性。当然,这两个角度是相辅相成的,就像形而上学和哲学人类学对舍勒来说也是彼此相关的一样。一方面,我们被指向原初的经验,另一方面,由于我们恰恰把握着这种经验,因此我们本身具有本质特征。

下面我们将对舍勒的哲学人类学及其形而上学中的现象学还原的位置进行进一步的勾勒。

六、哲学人类学中还原的位置

哲学人类学可以通过下面的方式而得到标划,即对它的研究可以从两个方面来着手[①]:首先从对经验科学的成就的解释出发,然后从对人本身的核心的本质理解出发。舍勒一开始便作了这样的规定,"人"这个词含有"一种狡诈的两义性,如果不能识破它,我们便根本不可能触及人的特殊地位这一问题"(GW 9, 11):一方面,它描述了一些特殊标志,人作为哺乳动物种下面的一个子类在形态学上所拥有的正是这些标志——这个概念不仅归于动物概念,而且相对来说只构成了

[①] 比照随后的 "Die Stellung des Menschen im Kosmos", GW 9。

动物王国中的一个小小的角落。即使我们与林内（林内，瑞典生物学家，创林内氏生物分类法——译者）一起把人置于"脊椎哺乳类动物序列的顶端"，也丝毫不能改变这一状况：一事物的顶端也还属于这一事物。可是，另一方面，同样这个词"人"在所有开化民族的日常语言中所描述的完全是另外的东西：就是说，它描述的是某种典范，这种典范不仅与"动物一般"这一概念尖锐对立，也与所有的哺乳动物以及单细胞生物尖锐对立——尽管这种被称作"人"的生物在形态学上、生理学上以及心理学上与黑猩猩的距离比黑猩猩与单细胞生物或者某种苍蝇之间的距离要无可比拟地近许多。很明显，第二个概念具有与第一个概念完全不同的起源。因此，人的这种**本质概念**必须对立于第一个概念即**自然系统的概念**。

为了表明人的特殊位置，舍勒追踪了生物物理世界的总体建构。这一世界被他看作是不断自我分化着的统一性，这种统一性始终在一种心理物理力量和能力的阶梯式序列中得到展开。在这里，我们首先察觉的是一个精神史的事件，即身心关系从那种由笛卡尔肇始并在19和20世纪得到深化的二元论关系转变为某种一元论关系。生理过程与心理过程经经验研究之手已经越来越被证明是彼此关联的了，结果使得我们可以从某种物理和心理的角度把它们作一种活生生的统一性：生理过程——舍勒这样说——可以从"外在生物学"来把握，而心理过程可以从"内在生物学"来理解。比如说，我的物理意义上的心脏活动可以通过某种特定的表象而被激动起来，但另一方面，某些特定的表象也可以通过物理的影响而得以产生。因此，在这个意义上，心理之物的概念必须被扩展到生理事件的全部范围之上。舍勒根据经验的研究结果把生命哲学的出现看作是对这种活的物体和心灵之统一化的趋近。也是在这里，精神的目光转向生命的统一性。他援引西美尔曾经说过的话，每一个世代都沉醉于一个自己的范畴：现在这个时代就是生命。在一篇关于生命哲学的早期论文中，舍勒自己已经谈到

"深沉的金色声音",它自尼采以来一直回荡在"生命"一词中(GW 3, 314)。从这种新的视角出发,舍勒获得了他对生物心理世界的阶梯式构造的认识。

"生命"这一范畴现在又必须被置于与一个新的范畴的对立面上,这个范畴就是"精神",其目的是以一种变化的方式达到一种新的二元论。对人的抵达将会对此作出证明。

舍勒描述了在生物心理之物的建构中的四个阶段(参见 GW 9, 13ff.):1. 作为最低的阶段,我们在所有生物那里都可以发现一种无意识、无感觉和无表象的生命张力。舍勒把这种张力称为**感受张力**(*Gefühlsdrang*)(不是很好,但对他来说却很有特色),因为在这种张力下"感觉"作为内在状态和"冲动"尚未得到分化,尽管冲动本身已经具有某种特定的对某物——比如说对食物——的朝向;在这里只有单纯的趋近或抽离(譬如,对光的趋近)以及无对象的愉快和痛苦。这种"感受张力"为全部生命——正如它后来所表明的那样,也为精神生命——提供活动能量。植物已经拥有了这种张力,而植物恰恰区别于一切无机物。我们可能无法把这样一种领会以及由此而来的生命归于无机物。如果植物"生长",那么我们便可以说,在这背后存在着"感受张力"。与此相对,动物的冲动已经被内在化而且被定向化了。2. 可是,在最低层次的动物行为上——舍勒把这一层次称为**本能**(*Instinkt*)——虽然行为面对环境已经具有一定的主动的目标朝向性,但这种朝向作为一个完整的活动形式似乎脱离了动物的头脑,就此而言,它仿佛不是来源于其个体本身,以至于它也没有回溯地与个体本身联系在一起。我们可以这样说,在与动物的个体本身的反馈中所发生的不是行为本身,而仅仅是对行为的解释。因此,这里的行为图示本身是"僵化的",它无法通过个体的学习而得到改变。与此不同的是第 3 阶段的**联想记忆**(*assoziatives Gedächtnis*),它使适应和学习成为可能,可它也让它们变得不可或缺。在这里,没有任何行为的进行图式从一开始就被固定下来，而是当行为渗透到由本能结构所照亮的环境时，它的发生便带有其可爱和讨厌的意义内容以及由此而来的回音。只有通过相对地与本能解除关系，这一点才成为可能。舍勒把第 4 点即**实践的理智行为**（praktische Intelligenzhandlung）看作是对这一点的修正。在这里，单个的环境因素可以在一种彼此全新的关系中自发地被体验到，以至于一个新的情况在没有此前的试验时也能引发合目的的反应。舍勒在此处援引了 W. 科勒（Wolfgang Köhler）的著名的类人猿实验，这样的行为我们可以在这里观察到——像科勒所说的那样，它始于"噢——这种体验"。

现在在这里出现了这个问题：心理物理功能在人那里是否存在着一个新的本质阶段。舍勒一开始作了否定的回答。虽然在人那里所有的心理物理功能都进入到一种新的关系中，但那种崭新的东西，那种决定这种关系的东西，其特征不能又被描述为生机勃勃的生命的一个阶段。从这儿看，我们可以确定，人与高等动物之间仅仅存在着程度上的差别，尽管这种差别意义重大。然而，有一种崭新的东西，它对生命领域展示了一个全新的原则，舍勒把这样的 X 称为"精神"。因此，这种精神必定在本质上区别于一切作为心灵功能的实践理智。

由于精神，人的世界便代替了动物环境的位置，从此以后，世界的实在性便表现为其对象性的特质。可以假定，作为对象的世界结构的框架就是康德意义上的先验直观形式与知性形式之总体。不仅如此，人根据他通过精神所获得的奇特的立场能以一种自身反思的方式把自己的生命——这种生命，动物只是经历而已——同时也变成"对象性的"；人具有自身意识，他能根据他的精神自我把自己置于其本己的生命自身的对立面。唯有这样，人才能从根本上有可能也"把握到自己的生命"；可是也唯有从这里出发，才会出现幽默和反讽：只有当我把我自己"置于我面前"，我才能够取笑我自己。心理技术也是在这里成为可能的，因为正是通过它，我们的主题才再一次表现出来。我的精神核心本身绝不可能以这样一种方式被对象化。在舍勒看来，人的人格在于某种纯粹的行为结构，这种结构只有在共同的实施过程中才能得到开启。这一点不仅适用于本己的人格，而且对他人的人格也有效；在舍勒眼里，它还适用于超个体的精神，因为在精神中他看见了通过自身而存在之物（Ens a se）所具有的而且我们可以达到的两个性质中的一个。这是由于，对舍勒来说，就像人在微观世界中的情况那样，精神和生命在宏观世界中也是彼此对立的。

生命与精神是两个大的极，舍勒全部的人类学和形而上学就在这两极之间摆动。上文已经指出，舍勒在一种新的二元论即精神和生命的二元论出现的同时发现了对生命中的身体维度和心灵维度的扬弃。在对精神的经验方面，我们现在站在了这个二元性的另一面。我们在此所具有的是传统的第二条线索，舍勒即发源于此：康德的哲学、奥伊肯的哲学以及胡塞尔的哲学。尤其是在康德和胡塞尔这里，舍勒发现，在近代哲学中仿佛已经沦没的精神原则即西方传统中的古典理性原则在与心理之物的纠缠中被全新地凸显了出来。根据舍勒的看法，心灵与精神的区分首先是在康德的先验统觉的学说中被铺平道路的，然后，特别是自胡塞尔（《逻辑研究》）以来，得到了进一步的研究。经过了"生命哲学"（尼采—狄尔泰—柏格森）和"先验哲学"这样的两重起源，舍勒仿佛注定要进行综合了。

现在，这里也是"现象学还原"在舍勒的人类学中有其位置的地方。到目前为止，精神仅仅在它与世界的关系中、在它的偶然的如在（Sosein）中被考察。先验哲学已经把这个现实世界的形式存在论的结构发掘出来了。可是，还缺少一个纯粹的、现实的此在和一个自为的世界中的偶然的如在。每一个实际的此在都与一个**本质性的**如在联系在一起。在这个意义上，实存与本质彼此永远共属。作为世间之物的"此在"只有在本质性的埃多斯以及先天质料的背景前才能得到把握。

这种先天质料或者根本的本质结构是与所有现实的被给予性联系在一起的，对它们本身的把握只能通过观念化的行为，因为这种行为所导向的是一种必定要把关于现实世界的认识置于一边的本质认识。对舍勒来说，通向这一领域的大门的开关就是"现象学还原"。

七、作为精神技术的现象学还原

为了看见本质性，我们需要一种特别的技术，以便摆脱似乎是来自世界的实在性的束缚。观念化行为或观念化抽象——正如胡塞尔为了取消来自经验性推理式思考的一般化抽象行为而给出这个名称一样——也是从世界的被给予性出发的。可是，它的目的并不在于对其偶然的如在（Sosein）的突出，不在于从一些事件出发所进行的归纳，而在于它把被给予物看作是某种本质类型的样本、看作仿佛是向对某种根本的本质性之把握的跳跃——这种本质性，我们可以说，把被给予物与一种客观的意向性联系在一起。这里所涉及的并不是对一个孤悬在外的另一个世界的揭示，而是在**同一个**存在的宇宙之内——就这一点而言，这个宇宙具有"实存的"方面和"本质的"方面——从前者向后者的目光转向。它使我们可以理解本质性，因为否则的话，它始终只是被遮蔽着的东西，尽管它一同奠定了我们对世界的自然认识的基础。在这里我们便再次获得了我们在开始时所谈到的还原的双面特征：我们必须好像是把位于我们眼前的存在的半球排除掉，以便让另一个半球从黑暗中显露出来。人们在这里可以看到一个与微观物理学中那个著名的波粒二象性的类比，在那里，一个过程也只能要么作为波动要么作为粒动才能显现出来。[①]

[①] 尼尔斯·玻尔的互补性思想与舍勒的互补还原学说之间的亲缘关系作为一种平行发展之物很值得注意。

在这层关系上舍勒明确地否定了"共相之争"中的全部三个立场：我们既不能在事物之前（ante rem）或之后（post rem），也不能在事物之中（in re）找到本质：只能通过事物（cum re）①。为了理解这一点，但也是为了从这里开始进一步展开舍勒的"现象学还原"理论，我们还必须再一次明确地考察他的实在性概念。实在性并不是在任何一种接受性的感知中被给予我们的，而是在这样一种一直已经作为对在我们之中的生命的原法则的阻抗而存在的感知中被给予我们的：即我们前文谈到的生命张力或"感觉张力"。正如舍勒也曾说过的那样，实在性是相对于作为生物本身的我们的存在，它并不相对于我们具体的感官组织。正是在我们之中始终发挥作用的生命张力才总已把作为阻抗物的实在世界带入显现。这种生命张力的持续"介入"仿佛让实在世界为我们显现出来。与这一世界相关的是我们全部的关于世界的科学。这些科学既涉及人，也涉及作为自然科学的人类学——这门科学正是通过自然系统中的人的概念而展开的。为了达到人的**本质**概念的源头，我们必须对这一领域进行排除。我们必须实施现象学还原。可是，要想做到这一点，我们必须仿佛在精神上摆脱了生命张力的领域连同通过这种张力而持续地被强加于我们的世界的实在性。为此我们需要一种作为纯粹意志的精神活动本身。

在这里需要补充说明的是，舍勒也认识到一种方向相反、但同样通过我们的纯粹意志才得以可能的精神性的排除。他把这种排除称作"酒神还原"②：通过它我们放弃了现实世界，但这并不是为了上升至纯粹本质的精神领域之中，而是为了让我们下降到前实在生命的领域之

---

① 参见现已根据遗稿出版的"Idealismus-Realismus"的第四部分，GW 9, 245ff.。
② 在"Philosophische Weltanschauung"（GW 9, 83）中已有提及。舍勒在一份纲要式的手稿中用"Die drei Reduktionen"这个标题（遗稿 B II 61 S. 70-71, 1927）明确地描述了还原的性质。他在那里让实证科学还原、现象学还原和狄奥尼索斯还原比肩并立。

内①。对动物而言，这种还原也是锁闭着的，因为为此也需要一种精神活动，而动物并不具备这一点。这样，我们在这里便达到了一个似乎是——用布尔特曼的神学来说——"三层的"宇宙，这样，提出下面的问题就是一个引人入胜的任务了：从这里出发，哪一种光芒有可能洒在相应的古老的世界图式上？

八、舍勒现象学还原的特征和意义

因此，在舍勒看来，现象学还原为我们开启了存在之宇宙的一个半球。这个半球虽然也一同属于存在之宇宙，可在通常的生活——正如我们今天已经习以为常地过着的生活——中，它对我们而言并没有成为对象。我们朝向的是世界，准确地说，是外部世界；这也适用于所有的实证科学。可是，哲学必须始终关注存在之整体，它不能一直囿于实在领域。对哲学来说，正是通过这种"囿于"才出现了那些认识论的问题，而这些问题又促使哲学进行彻底的认识批判。

舍勒在这里的意思决不是指，迄今为止，他所说的这种还原在哲学中事实上还没有被实施过。可作为有意识的方法，它首先是由现象

---

① 对于生命的前实在性，舍勒在"Idealismus-Realismus"的第五部分（同样也在新近出版的 GW 9 中）中作了明确的强调。在那里有一处这样写道："实在的存在因之而成为一种存在方式的东西，其本身不可能是实在的；如果像所有的'批判实在论'非常素朴地认为的那样，实在的存在不可能通过实在之物以及它们之间的因果关系而得到'阐明'，那么它必定具有另一种存在方式……此外，实在的存在隶属于具有对象可能性的存在，我把这种存在与不具有对象可能性的行为存在和自身存在……相对立；我进一步把这种存在与'生命'的存在方式相对立，因为生命始终能够处于与其存在的直接性之中：1. 变成存在（不是存在的转变，这在实在领域中也是有的），2. 非对象的可能性，这只有在'领会'中才能发现，3. 区别于一切实在之物、处于绝对时间之中的存在。如果我在实在存在论的意义上把实在存在规定为通过冲动而设定的图像存在，那么我就不会想到，再次赋予冲动所变成的存在本身以实在性。对实在存在的'狂热'和'渴望'，其本身绝不是实在的，因为它没有能力成为对象，它恰恰要'追求'成为实在存在。"（GW 9, 259-260）对我来说，这些论述似乎澄清了舍勒的实在性概念。这一概念在他晚期的上帝学说中起着重要作用，具有重大的意义。此外，关于对"生命"的经验方式，可参见 1923 年同情书（现见 GW 7）中的新的整理。

学带入眼帘的。"只要不知道,"舍勒在一份至今尚未出版的手稿中写道[1],"必然存在一门完全确定的却必定很难学会的技术——可是,一旦其独特性得到把握,它就可以为每个人所达及——那些想把人类限制在推理认识上的人便能轻易地反对说,坚持那种真正的本质认识所表达的只是一种不可信赖的天才崇拜而已,这种人以骄狂的口吻要求这样一种自为的知识,同他们是没有什么好谈的。如果达到这样一种知识的技术被准确地勾勒出来,那么事情自然就完全不同了。这里的问题不再是偶然的直觉了——对于这种直觉,有人可能会多些才华,有人可能会少些才华(天赋差异到处都存在,即使在推理认识中也是如此)——而是这样一种认识:虽然这种认识如果缺乏一种完全确定的技术以及人的生活方式是不存在的,可它仍有可能为每一个人所获得。可是,这个问题因此也具有了非同一般的意义,因为没有什么东西比形而上学的可能性更依赖于它了。"

我们不可以这样来理解现象学还原,好像可以说是通过某种一时的意志行为一举抵达它。这里涉及的是"为了哲学的本质认识而从技术上对情绪**倾向**和精神**倾向**的建立",舍勒在另一处写道。认识到这一问题的是所有伟大的形而上学家,"从佛陀、柏拉图和奥古斯丁到柏格森为了直观到'绵延'而作的'痛苦的努力'再到胡塞尔关于'现象学还原'的学说。这一学说所意味的是一个在胡塞尔那里仅仅以表面的逻辑方法论伪装起来的认识**技术**问题。这是一个关于特殊意义上的哲学知识立场和哲学认识立场本身的问题,虽然至今还没有得到完善的解决"。问题始终在于这样一个事实:"通过一种对赋予对象以实在性(实在性永远既是最高又是最后的'个体化原则')的行为和本能冲动进行排除的行为从而建立起对真正的观念和原现象的**纯粹的**沉思以及——在这两者相合情况下的——无此在的'本质'。可是这些

---

[1] 现见 GW 9, 250。

行为和冲动——正如贝克莱、曼恩·德·比朗（Maine de Biran）、布特韦克（Bouterwek）、后期谢林、叔本华、狄尔泰、柏格森、弗里莎森-科勒（Frischeisen-Köhler）、杨施（Jaensch）、舍勒共同认识到的那样——永远是本能的自然。唯有作为对不断冲动着的注意力的'抵抗'，实在性才被赋予所有的感知模式和回忆模式。可是，此处**实施排除**的这些行为——不仅仅是如胡塞尔所指的'撇开'此在模式或把此在'加括号'的逻辑程序——也是那种控制性**意志**以及控制性价值评估的实在之根，它们……同时还是实证科学以及控制性技术的前逻辑的根之一"（GW 8, 138f.）。

我们在这里遭遇到的是不同知识形式在人类学上的基本状况，而这些形式又与特定的社会形态相关联。舍勒在他的分析中对此作了详尽的展开。舍勒在哲学的意识态度和实证科学的意识态度中看到了两个既相互对立又相互补充的可能性，它们将会共同利用"蕴藏在人的精神—自然中的**全部的认识可能性**"（"严格地打个比方"，"凌驾于外在自然**和**内在自然之上的可能力量，其程度沉睡在人的精神的本质状况中"）。西方人和东方人——舍勒眼里的东方人此处主要是指印度人——应该相互学习，"对这**两种**相互对立的意识状态进行有意识的吸纳和排除，这些行为**马上**就能很容易地并且肯定以相互交替的方式得到实施"（GW 8, 139）[①]。

每一次既有排除**也有介入**：因为对实证科学的认识态度而言，重要的不仅在于"坚决地把一切**本质**问题**排除掉**，以便认识现象在时空上同时发生的法则（即'此时此地'的如在）"，而且同时也在于"有意识地**吸纳**技术的意图"（GW 8, 139）；同样，"本质认识的技术""不仅"要求"排除赋予实在性要素的行为，它同时也要求**吸纳**那种对一切事物之存在以及价值存在的无欲望的**爱**，因为正是这种爱通过一种

[①] 对此也可参见"Der Mensch im Weltalter des Ausgleichs", GW 9。

新的、与世界在**精神上的**基本关系取代了那种控制关系（理智之爱）（GW 8, 282）"。更进一步，本质认识的技术在这里意味着，"同时通过精神技术和心灵技术把曾经锚定在与自然的控制关系中的**活力**（这种活力最终总是本能的能量，因为行为和功能本身并不是可以分等级的活动，它们只有与本能冲动相联才获得了分级的能量或'活动'）转渡到与自然的**爱的关系**中来。这就是每一种纯粹客观的、献身于实事本身的关系的最高条件，首先也是'纯粹'理论关系的最高条件"（GW 8, 282）。从这里我们听得出舍勒的**升华论**。他依据弗洛伊德对这一论点作了展开：尽管精神绝不可能从带有梯级生命的自然领域中被推导出来，但没有这一领域精神什么也实现不了。因此，本质认识的进行需要生命能量"绕道"到为其奠基的心理功能之上，因为正是在这里，这些功能在技术上和实践上（也包括在科学上）对世界的克服必须被取消掉——今天，在欧洲文化中，这些功能已经片面地走到了这一点。

在舍勒看来，哲学的认识观是"这样的认识，它通过对实践立场的有意识的扬弃从而挣脱偶然的图像以及由此而来的吸引物和排斥物，以使在对这个图像世界进行有意识的展开的立场上朝另外两个方向探望：一个是朝向本质性的领域，即原现象和观念的领域——对它们而言，这些图像只不过是'例子'，或多或少好的'例子'而已；另一个是朝向冲动、欲望和力量之流，它们仅仅表现在这些图像中。导致这样的认识可能性的并不是对世界的'作用'：导致前者的是惊讶、谦卑和对本质之物的精神之爱，而本质之物是可以通过现象学还原而获得的；导致后者的是狄奥尼索斯式地投身于与欲望的合而为一以及一休同情之中，因为欲望的部分也是我们的**欲望**、**愿望**和**冲动**的整体。唯有在这两个立场之间的巨大的张力中，唯有在个体的统一性中克服这种张力……真正的哲学认识才会诞生"（GW 8, 362）。然而，这对舍勒而言意味着具体的形而上学知识。

九、作为形而上学之前提的还原

这样，我们便处于现象学还原与舍勒的形而上学之间的关系中了。在这里，现象学还原具有决定性的地位。我们可以说，舍勒最后的哲学兴趣始终朝向绝对之物：一开始主要是从伦理和宗教哲学的视角，后来在晚期哲学中他表现为形而上学家。[①] 从 20 年代起，舍勒全身心地致力于对形而上学的批判性重建和完善。自 1922 年以来，他多次预告这门形而上学即将分两卷出版。如果他不再能够完成这项事业，他是不会作这种空洞的许诺的。对此，他的科隆讲座的听众可以证明，这一点也将表现在新近开始出版的遗作中。[②]

据说在第一卷中，根据一种批判性的形而上学世界观学说，在与相近领域[③]作了比较并对形而上学进行了本质规定之后，一种详尽的**形而上学认识学说**得以展开。舍勒在这里试图详细地展示现象学还原。

舍勒对现象学相对于认识学说的地位的分析早在 1911 年左右的哥廷根讲座中就已得到阐明，然而大多数尚未发表。[④] 对他来说，现象学本质上首先是一门"立场的艺术"，因为通过它一个原本的经验领域——现象学的或"纯粹的"事实——便显现出来。现象学的出发点不是开始于某种实证科学的经验领域，而是开始于**天然的世界观**的

[①] "当我成为形而上学家时"，在 1924 年一个很短的遗著笔记（B I 160 S. 15-16）中就是这样富有特色地开始的。很明显，这个转变是与 1926 年 *Wissensformen* 的出版同时发生的，也就是已经发生在舍勒两年前就已写就的、更为基础性的第一版中。可是，必须坚持的是，舍勒在宗教知识与形而上学知识之间始终明确地进行了区分，而且不允许一方消融到另一方之中。

[②] 参见该卷附录。

[③] 关于 "Metaphysik und Kunst" 一章已由马里雅·舍勒（Maria Scheler）先行于 1947 年发表于 *Deutsche Beiträge I*, München, 103ff.。

[④] "Lehre von den drei Tatsachen"（1911/1912）以及 "Phänomenologie und Erkenntnistheorie"（1913/1914）首先于 1933 年从遗稿中出版（现收于 GW 10）。在形而上学认识学说的语境中舍勒重新采纳了这一主题；对此可参见 GW 8 和 9。

领域。舍勒强调，**实证科学**自身以一种特殊的观点为基础，而这种观点本身又以天然的世界经验为出发点，但它朝向的目标与现象学正好完全相反。后来，舍勒直截了当地谈到两种不同的**还原**，通过对它们的实施，我们一方面开启了实证科学领域，另一方面开启了现象学领域。[①] 过去，这一领域的各门科学对它们的起源以及由此而来的特殊本质并不自觉，今天，基本上还是这样。这一点使对它们的评判成为必要——既在对它们的肯定认可的意义上，也在对它们植根于那种尚未得到阐明的状态而在实践上和世界观上所具有的越界倾向加以拒绝的意义上。[②] 科学——在这里，首先映入舍勒眼帘的是实证科学以及说明性的心理学——把世间人类的特殊的感性组织和运动组织排除在外，就是说，它脱离了它的前提并把这些前提本身变成其解释的对象。因此，在具体经验的意义上，它的认识不再具有属人的形式，可是，相对而言，它还是与感性和心理物理**本身**相关，与任何一种"同理性精神相连的生物"相关。所以，正如舍勒在接受了胡塞尔的术语之后所说的那样，它让"自然态度的总论题"保留了下来。像自然世界观的总论题一样，它的认识目标**在实践上**也一同被决定了：如果通过一种具有控制愿望的生物它原则上在其实际的此在和如在（Sosein）中是可控制、可操纵的，只要这样，它便让现实性显现出来。通过对实证科学的还原，关于控制的纯粹知识就会被构造出来。

一旦**现象学**作为一门与实证科学互补的认识领域和研究领域而出现，这一点一定会变得很明了。构造性地开启其领地的现象学还原恰恰让那种原则上完全位于各别科学领域之外的东西显现出来：这就是本质和本质关联的半球，它通过现象学的立场才头一次成为直接的经验。这样，通过对设定实在性的生命冲动的排除，人与世界的一种纯

---

① 参见上文注释 13。
② 对此尤可参见 GW 8。

粹**理论的**关系被建立起来了，对精神而言，存在宇宙的本质方面、"纯粹对象性的"半球正是出现在这里。在这个领域里也存在着直观和思维，可它并不与感性"图像"和"概念"相关，而是与原现象和观念相关；当这两者相符合时，现象学的本质认识才会脱颖而出。舍勒强调，本质绝不会与其样本一起被给予。"只有当实在因素以及与其必然连在一起的此时此地的偶然如在由于还原而消失时，本质性才会现出自身[①]。"在这种情境中，他发展了一门关于排除的完整的阶段说[②]。这让我们想起胡塞尔在《观念Ⅰ》（第56节以下）中的阶段说，我们在此无法作进一步的探讨。

在《形而上学》中，舍勒重新采纳了他的早期表述，现在把它作为过渡阶段与对存在的绝对认识这一哲学的最终目标联系起来（"第二哲学"）。在1923年至1924年的形而上学讲座中，他对形而上学、科学、自然的世界观和现象学作了这样的论述。这里说的是："绝对自然的世界观、科学和在现象学上被还原后的世界提供了三种世界图景，其中的每一个对于另一个都不具有认识上的优势或缺陷。因此出现了对它们的综合——形而上学。""形而上学必须与自然的世界观一道提供：绝对的此在，可是所依据的不仅仅是形式，也是内容；这种内容通过本质直观而来；不再是相对于作为身体性存在和生命的人来说的此在。必须与科学一道提供：完整的和实在的世界，可是，不再是象征性的，而是为内容所充实；纯粹沉思的——不具有相对的生命目的——只是仍然相对于'纯粹意志'。必须与现象学一道提供：绝对形式中的绝对内容——可是，不再是无此在的；重新引入了对意志的抵抗——可是不再是以生物学为前提的意志，而是'纯粹'的意志。"[③] 在这里，现象学认识的优势和局限变得一目了然：它可以提供明

[①] "Idealismus-Realismus" IV, GW 9, 251.
[②] 位于遗稿中；此外，有一些也见于"Idealismus-Realismus" IV。
[③] 手稿 B I 151, A 1-3。

见的、相即的和先天的绝对知识,这种知识也适用于无法感知的实在性。可它提供的仅仅是无此在的本质,"尽管每一个真正的本质都**包含了此在**"①。形而上学"提供……关于绝对实在的相即的知识——可仅仅是可能的、假说性的知识;更进一步的知识,它就不再与生命有关了。可是存在于自然世界观的此在形式中"②。我们在此只得在这些前瞻式的勾勒处打住。

在这种将现象学及其入口——现象学还原,嵌入到形而上学的基础中去的过程中,在我看来,存在着一种对未来哲学而言尚欠斟酌的可能性。可以期待,随着现在舍勒遗稿的出版已经准备就绪,这方面的讨论将会重新开始。在这里首先必须重新着手分析舍勒和胡塞尔的开端,从他们的构思的基础出发展开双方在还原上的意义对立。(除了上面提到的内容之外,在舍勒的遗稿中还有对此的批评性论述。)可是也有可能出现一些与其他现象学家的构思的有趣的关系。

十、对舍勒现象学还原技术的评价

因此,舍勒意义上的现象学还原表现为与一个更大的关联体的牵连,而这个关联体必定会开启整个可能的认识和存在的王国。因此,它只是哲学认识乃至人类存在本身的前提条件之一。

在结束前对此还有一个说明:与通过现象学还原而赢得本质领域这一点相关联的还不必然是对这一领域的评价。像舍勒把佛陀对这一领域的评价看作是众所周知的那样,它可以为其本身之故而被寻求:上升至对本质的直观以及下降到生命的冲动,这对必须追求的目标而言是终极的东西。无论对佛陀的这种解释是否有道理,舍勒都不会赞

---

① Ebd., B 1 4.
② Ebd., A 1-3. 此外,也可参见 "Philosophische Weltanschauung"。

同这样一种精神立场。正如他所说的那样，他站在柏拉图的比喻这一边，因为在这种比喻中，心灵把观念提升至天国，但然后又必须再一次下降到人间，以便在那里从观念出发发挥作用。①

（译者：方向红 / 中山大学哲学系）

---

① 显而易见，在全部细节上的区别方面，舍勒的与康拉德-马蒂乌斯（Hedwig Conrad-Martius）的构想非常精确地对应。他们同样都要求三个步骤：经验研究、现象学的本质分析和"沉思"（参见 "Sinn und Recht philosophischer Spekulation", *Schriften zur Philosophie*, Bd. 3, München 1965, 357ff.）。值得注意的是，在这条道路上也出现了他们向先验领域和形而上学领域所作的具体的推进。

舍勒的现象概念和现象学经验的观念 *

埃伯哈尔·阿维-拉勒芒

一、前　言

　　我将在会议主题范围内谈论马克斯·舍勒的现象概念，在此之前，请允许我对舍勒的作品和出版状况作三点简短的说明，也以此作为我下面的阐释的背景。

　　1）直到前些年，舍勒的遗稿还是无法接触到的。它一直在舍勒第二任妻子玛利业·舍勒手里，直到 1969 年 12 月她去世。除了一份 1933 年根据其 1917 年之前关于伦理学和认识论的文章首次出版的遗稿卷帙和几份短小的片断之外，还未出版任何东西。不久之前，全集的进一步出版工作才刚刚开始。① 关于舍勒所计划的形而上学的第二卷遗稿出版于 1979 年。② 关于舍勒思想的阐述至今为止也只能依赖于其全集的一部分。我今天的阐释也是建立在这样的条件之上的。就其遗

---

　　* 本文译自：Eberhard Avé-Lallemant, "Schelers Phänomenbegriff und die Idee der phänomenologischen Erfahrung", *Phänomenologische Forschungen*, vol. 9, Neuere Entwicklungen des Phänomenbegriffs (1980), pp. 90-123。——译者

　　① 对此参见 Good (Hrsg), "Anhang"。

　　② *Gesammelte Werke* (GW) 11, hrsg. von Manfred S. Frings.

稿的范围而言①，我们可以说：舍勒全集的出版状况类似于1950年胡塞尔著作的出版状况。

2）以下的简要说明试图呈现舍勒整体思想的基本路线，这个基本路线在很大程度上是作为常项贯穿其思想发展的不同阶段的。初观其遗稿材料就能看出，一旦这些遗稿材料出版，舍勒会在比起今天所见更强得多的意义上作为体系论者出现。他的作品的关联性还隐藏在其丰富多彩的具体的个别研究之下，或者，在其已经出版的著作，尤其是晚期著作中，也只是在指引性的导论中偶然得以简要说明。对我来说，从其全集材料中整理出这个体系，这是就舍勒著作而言最重要、最切近的任务。②

3）我们也要澄清舍勒在现象学运动中的地位——这不仅涉及他的归属性（这不仅仅是历史性的）而且也涉及他的独特性。舍勒本世纪初参与了现象学的突破，这是全新开辟的现象学人类学的关键。他在《人在宇宙中的地位》的前言（GW 9, 9）中说，"问题：人是什么，它在存在中的地位是什么？自从我的哲学意识的第一次出现，我就从事于这个比其他哲学问题都更本质的哲学问题"。但是，这个论题包含了先验的、存在论的和形而上学的维度。我们不可以忽略，舍勒——比胡塞尔和海德格尔都更原初地——来自康德，他对康德的批判性接受深深影响了其早期哲学。他也总是不断援引康德——当然越来越远离康德的形式主义和主观主义。欧根·芬克试图将以先验—现象学还原敞开自身的人和柏拉图洞穴比喻中的转变之后的囚犯类比：现在，不是所有的被给予之物投射在洞穴墙面的模糊映像，而是具有深度、

---

① 遗稿编目，见 Avé-Lallemant, pp. 43-124。
② 和所有现象学家一样，舍勒也拒绝构造的体系，但是，他反对某种单纯的"连环画现象学"（Bilderbuchphänomenologie），他强调，现象学哲学必须遵循现象关联性。"构建一个和可研究的世界自身的实事一样广阔的体系关联体，体系意志不是'虚妄意志'，它必须和这样的意志相反，它没有观察到事物自身中已有的体系特征，它被看作一种无根据的'无秩序意志'的产物。"（GW 2, 10f., 亦参考 GW 7, 311）

多姿多彩的实事本身展现出来。在舍勒那里，人在它和宇宙的关系中有着与此相应的关键地位。作为小宇宙，作为小神，人成为普遍经验领域的相关物。这样的相关物也是现象学的相关物。

由此，我们接近了我们特殊的主题——舍勒的现象概念。我参考了至今为止已有的出版物，尤其是舍勒全集第 2、5、8、9 和 10 卷。首先考虑的是：1）出自 GW 10（1911—1914）的论文《现象学与认识论》和《关于三种事实的学说》以及出自《伦理学中的形式主义与质料的价值伦理学》（GW 2）的相应章节；2）GW 5，195—210（1920）中关于本质认识的发展和功能化的章节；3）出自 GW 8（1923—1925）的《认识与劳动》和出自 GW 9（1926—1928）的论文，尤其是《观念论—实在论》及其出自遗稿的新近出版的附释。

二、舍勒对现象概念的规定

在舍勒的著作中，这里所追问的、在和现象学相关的意义上的现象概念很少明确地被使用。尽管如此，在他的哲学中，它不仅在反思上，而且在功能上具有核心意义。在不同的关联体中探究它，这正是以下阐释的意义。

"'现象'所说的……只是在活生生的行为中直接被给予之物；在自身被给予性中向我呈现的东西；如其被意指的。这个被给予性……是我能够在任意对象上寻求的，不管是非心理之物还是心理之物；也在'物性'和'实际性'之上。"（GW 3, 246f., Anm.）这个一般的规定表明，现象和行为施行相关，它必须并且可能被"寻求"，但并不立刻被给予。现象是被给予性，它作为其直观内涵和一切可能的与行为相关的对象相连；对舍勒来说，现象学首先是行为方式，它应当使得一切与行为相关的完全的直观内涵（作为"纯粹事实"的现象）可通达。它涉及"现象学的经验"，而现象学的经验又依赖于"现象学的态度"，现象学的态度预设了"现象学还原"的施行。这个原则的普遍性将通过列举对象样式而得以指明，这里不仅要列举外在或内在感知的对象，而且也要列举范畴规定性；它们也必须并且可能就其直观内涵而被探究。将直观概念扩展到范畴规定上，舍勒在此看到了"建立现象学的最直接的出发点"（GW 7, 308）。

对舍勒来说，现象学主要是"一种精神观审态度的名称"，"据此人们能够直—观（er-schauen）或者体—验（er-leben）那些没有它就仍然被遮蔽的东西"，它是对"新的事实"的"观审行为"（GW 10, 380），在他的著作中，这一点是据此而表现出来的，即，人们更加经常遭遇形容词"现象学的"，而不是名词"现象学"[1]或者"现象"。对他来说，"现象学"主要指那场历史性的、由埃德蒙德·胡塞尔开创的哲学运动和彻底深入被意指的实事的自身被给予性的行为方式。一切其他的东西都是从现象学的"态度"中产生出来的。

"现象"在哲学关联中意味着什么，就我所知，在其已出版的著作中，舍勒只在一处对此有确切的规定：在"价值伦理学"中一处关于（后来还要阐明）"三种事实"的学说（GW 2, 67f.）的一般附言中。关于此处的意义，我们要说，它被写下来，这最初是和舍勒首次尝试系统反思现象学相关的，尽管只是作为附言被引入"价值伦理学"（参考 GW 10, 518）。[2] 由于它是高度集中的核心规定，我首先要完整地引用这段话。它和舍勒对康德的先天学说的关涉相关联：

> 我们将一切观念的意义统一体和命题称为**"先天"**，它们排除思考它们的主体的任何设定及其实在的自然属性，并且排除对象的任何设定，它们适用于这些对象，并且通过**直接直观**的内涵

---

[1] 在其生命的最后时光中，他曾经写道："我个人避免用这个词"——因为在胡塞尔、海德格尔和其他胡塞尔的学生那里，它具有不同的意义（GW 9, 285）。

[2] 写作时间看起来是 1911/1912 年，和舍勒第一部现象学著作同时。

（Gehalt）而成为自身被给予的。因此排除了一切**设定**。不仅关于这些设定："实际的"和"非实际的"，"假象"或者"实际的"等等。而且比如说我们**虚幻**地接受，这是活生生的东西，在这种场合，"**活**"的直观**本质**也必然在虚幻的内涵中被给予我们。如果我们称这样的直观内涵为"**现象**"，那么"现象"和（实在之物的）"**显现**"或者"假象"毫不相干。但是这种直观是"**本质直观**"或者——正如我们愿意称作的——"**现象学的直观**"或者"**现象学的经验**"。

因此，"现象"就是直接直观的内涵，只不过涉及先天的"观念的意义统一体和命题"（观念和观念关联体或者原则，正如舍勒在其他地方所说的——GW 9, 246）。根据舍勒，指明这个直观之物（作为**原现象和原现象的关联体**），这是现象学的本己的新的要求或者发现。和康德一样，舍勒承认自然的和科学的[①]经验的先天前设，但是与康德不同，舍勒对这些先天前设也要求直观的显示以及"经验的证明"（参考 GW 2, 71f.）。"现象学的经验"是这样的经验，"作为'形式'或者'前设'处于自然的和科学的经验之中的东西，在此之中作为直观的实情（Tatbestand）被显示"（GW 2, 66）。

三、现象学经验领域

对舍勒来说，现象就是经验的被给予性。和一切可经验之物一样，它们属于已有的事实领域。但是它们的被给予性并非立刻出现在我们眼前，毋宁说，它们首先是在和某种"态度"的关联中变得可把

[①] 舍勒——不同于胡塞尔——是在"实证科学"或者个体科学意义上使用"科学"这个概念的，就像近代所构造的那样（scientia），而不是胡塞尔在柏拉图式的知识意义上的。不过，正如舍勒所坚持的，它所涉及的只是和胡塞尔在术语上的差异（参考 GW 5, 34ff.）。

握。根据舍勒，为了获得这种态度，我们就必须运用一种精神的"技术"，他借助胡塞尔的术语"现象学的还原"来称呼它。正如上述引文所引的，它的结果是，扬弃了对象方面和把握它们的主体方面的实在设定。"它在于，在对象方面，【就】一切可能对象（物理的、心理的、数学的、生命的、精神科学的对象）而言，排除对象的偶然的此时此地的此在，指向它的纯粹什么（Was），也就是它的'本质'；与此相似，将把握对象的意向行为从施行它的个体人类的心理—物理生命关联中解脱出来，并且只是刻画它的本质的什么规定性。"（GW 7, 309）因此，它涉及对象、行为以及对象领域和给予行为领域的关联的纯粹本质规定性（参考舍勒在 GW 20, 90 中区分实事现象学、行为的或者原始的现象学以及 GW 2, 90 中行为的和实事的本质性之间的本质关联的研究，相应地也参考 GW 10, 39f.）。

舍勒称现象学的态度为"观审意识的技术"（GW 7, 309）或者"观审方式"（GW 10, 380）——一种精神活动，对此他谈及，胡塞尔"有意识地在他的研究中突出地研究它，但是他对此的说明和理论完全失败了，因为他只是被一种完全不清楚的、就其表现来说完全错误的实在性学说所引导"（GW 8, 282）。它涉及一种"**内在活动**方式，它使得某些不断在自然的世界观中进行的功能**失效了**"，进一步说，它涉及这样一种活动，"据此，不仅关于实在性因素自身的判断而且实在性因素**自身**也消失了"（GW 9, 207），这里不能考虑进一步的还原理论和与此相关的对实在性体验的分析；在舍勒那里，对此最详尽的说明出现在上述论文《认识与劳动》和《观念论—实在论》之中。通过还原表现出来的，是"纯粹的什么性"、是排除任何此在的本质性和本质关联体。这些"本质上是两种对象性，我们只能以这种方式，而不能推理地认识它们：存在自身的方式和种类、质料的本质性以及它们的关联体，也就是客观的逻各斯，它在这个偶然的世界中产生影响或者历史就在它的范围中流逝，我们称此历史为世界"（GW 9, 247）。

根据舍勒，"现象学"这个词表示，"追寻在世界中实现的本质性（essentiae），这首先应当处理直观的**显现**"（GW 7, 307）。正如曾经提及的，舍勒用歌德的表述"原现象"来称呼这样的"纯粹什么性"或者"本质性"的直观内涵，并称相应的意义内涵为"观念"。它们是这样的现象，现象学通过它的还原最终使得它们展现出来。

接下来我们要进一步把握本质性的存在方式、对它的认识以及它与实在的关系，在此之前，我们必须转向舍勒将现象学的经验与之相区别的其他经验领域。除了这个突出的特征之外，其他两个理由也使得这是重要的。一方面，现象学的经验是如此本己的（自主的）类型，但是我们通常不生活在其中，而是必须从我们生活于其中的日常态度出发，通过现象学的还原才能获得它。另一方面，现象学的经验作为相关物是重要的，因为我们在近代思考方式的影响下倾向于将自然态度等同于另一种"次级的"态度：实证科学的态度、多元的实在和观念科学的态度。现象学伴随着实证科学，由此它相对化了这些实证科学——而不是扬弃它们——并由此而使我们重新意识到我们的整体知识是植根于自然的世界观之中的。

四、现象学、科学和自然世界观

在其关于"三种事实"的学说中，舍勒区分了对哲学来说非常重要的三种态度：自然世界观的态度、科学的态度和现象学的态度。首先，在本质上，它们并非相互对立，就其生活意义、科学性或者它们对哲学的价值而言，它们也并非具有某种简单的次序。这三者都奠基于具体主体的可能态度。**自然世界观**距离直接的世界生活最近。它求自作为实在主体的我们和实在世界打交道的方式。其他两种态度，科学的和现象学的态度，它们是从自然世界观出发通过"还原"，也就是**还原的"技术"**而获得的。由此，总是有某些方面被从在自然态度中被给予之物的领域中削弱了，以便其他方面由此而首次出现——这当然不应该被看作对被给予之物的某些元素的单纯抽象的选择，而总是和通过某种精神的视角转换而发生的被给予之物的场景转变紧密相关。如上所述，"**现象学的还原**"（在舍勒的意义上）在方法上不仅排除在对象方面的而且排除在主观方面的实在设定，并且将在实在的（和观念的）被给予性上只是附带地出现的本质规定性主题化为纯粹的什么性或者自为的本质性。① 这是在现象学事实的经验领域中的"纯粹现象"。与此相反的、人们称为"**科学的还原**"的还原则导向近代意义上的科学经验领域。在这里，每种本质的质性规定性都被排除，被给予之物只是作为**在**其实际的此在**中**的实在的（或者观念的）对象性和属于它的如此存在（Sosein），并就其"行为"的法则性而被研究。（必须区分两种如此存在：一种是进一步规定在预设的此在领域中的在此者，我们能够在这一领域中通过抽象获得它，另一种是作为先天的共同规定者通过观念化被展开：后者是纯粹的什么性或者本质性。）②

科学态度奠基于一种还原，与在现象学那里不同，这一点在一开始并没有被认识到；它默默地进行着，然后在其结果中最终作为知识可能性的完成而被把握。它属于某种态度，这一点在科学批判和主体性哲学的道路上才渐渐地被意识到，并且通过现象学得到其原则上的澄清。

舍勒的基本思想很早就以这诸多论题所标识，据此，现象学和科学态度互补地同源于自然态度。③ 之后，对宇宙生命的同情感作为第

---

① 关于它和另一种还原，请参考我的论文 "Die phänomenologische Reduktion in der Philosophie Max Schelers", in Good。

② 关于如此存在的不同方式的区分，除了舍勒，亦参考 Hering（黑林）; Conrad-Martius（康拉德-马蒂乌斯）1963, 368ff.; Hildebrand（希尔德布兰德），IV, 3。

③ 从一开始，舍勒就将自然态度理解为不同于科学态度的自然世界观的态度。莱纳赫也是这样理解的。舍勒提及胡塞尔那里的相应的原则性区分（关于现象学的研究班，科隆 1921/1922；巴伐利亚州图书馆中的 Leyendecker［莱恩德克］的笔记）；要注意，在舍勒活着的时候，胡塞尔出版的最后一部著作就是 *Ideen I*，舍勒全面地研究它，并且在上面所说的研究班中批判性地谈论它。

四者被加入，它对应着"狄奥尼索斯的还原"。对这些首先分开的有待研究的经验领域之综合导向了一种动力学的形而上学，舍勒对它的方法重新作了相应的规定（参考 GW 11）。

这些论题对舍勒规定现象学和现象学概念具有核心意义，由此，不同的经验领域应当被进一步刻画。尤其需要注意自然世界观的经验领域，舍勒由此出发（就像胡塞尔从"自然态度"出发），并且它的错误的主观化必须被近代科学所纠正。

自然的世界观总是在生活中自然地引导我们，它给予我们**一个物**的、生物的、包括我们自己的人的世界，它吸引我们，让我们厌恶，它如此这般，它是美的、丑的、有价值的、无价值的或者失去价值的。它给予我们的不是原子或者电磁波、体验联想或者脊椎动物一类的种属——只有当我们转向科学态度，它们才出现，并且在那里具有它们的意义。同样，在自然态度中，没有什么性、纯粹的质，只有具有其特征的不同方式的存在者；具有其结构的什么性或者本质性、关系和规则只有在现象学的态度中才呈现给我们。如今，我们通常不会混淆自然世界观的事实和本质现象，因为我们对本质的被给予性（"观念"）完全陌生，我们却总是混淆自然世界观的事实和科学的事实：近代科学几百年的发展已经导致，我们不是自明地把自然世界观的被给予性，而是把科学的被给予性理解为"客观的实际的"——即便在我们反对这一结果时——我们一直生活于其中的自然态度的被给予性被理解为"主观的假象"。实证主义和现象学都是 19 世纪产生于对这样的科学主义的抗议之中。

因此，自然的周围世界作为自然态度的相关物必须再次特地被揭示。舍勒多次试图进一步描画它。比如，在自然的周围世界之中，有黑暗的积极概念，它不仅被规定为光的不在场；同样静也不再是动的缺失。有效能和承担（作为被动的行为），而非单纯的效能因果性。有过去、当下和未来，而非单纯的持续和渐变。有空间的上下，它是不可颠倒的。①

为了解释"重建"与科学知识对立的自然经验知识的意义,我从舍勒列举的规定性中选出客观的空间质性。自然的经验世界赋予空间的上下以不可颠倒的固定的意义质性。现在,人们总是错误地认为,空间质性处理的是主观的—心理学的规定,而"实际上"只有几何学和物理学意义上的公制的"中立的"空间维度,我们只是根据心理学的(个体的或者集体的)法则将那些质性投射到这一空间维度之中。与这种理解相反,舍勒会说:和几何学的空间维度一样,空间质性在我们的经验中也完全是客观地给予我们的(事先被给予!),只不过它们涉及的是不同的"事实领域",它们不可以相互投射,以至于将其中之一解释为最终的标准给予者——就像在伽利略的世界观争论中发生的那样。空间质性不是公制的自然,但是公制的空间也不是真正的客观的经验空间。我们已经说过,自然世界观的具体经验空间不是"心理学的空间",我们可以由此推进到科学的公制—形式的空间维度;但是我们也可以就其客观的意义内涵来研究空间的体验质性——依赖于现象学的经验。作为一般的存在规定,"上"和"下"这些规定属于和一切科学对立的超越的质料先天。只有关乎其事实的—经验的表现、梦、神话、艺术、祭礼中的空间象征规定才可能是科学的经验对象——它的本质内涵总是已经被预设了,并且只是现象学的本己经验对象。这不仅适用于一切自然科学,而且适用于所谓的精神科学(历史、语言科学等等)以及数学一类的"理念科学"。这些规定在自然经验中伸展,在科学的对象领域中也不能被取消。自为地主题化和研究它们,这就是现象学的任务。它们是否具有形而上学的意义,这是一

---

① 我是从一份关于舍勒 1921/1922 年在科隆的讲座笔记提取出这些规定的(H. 莱恩德克的遗物,BⅠ2)。这里就不进一步展开舍勒关于自然世界观的学说,就像 GW 6/Ⅰ中的上述讲座里所写的那样。要区分的不仅是狭义的世界观、自我直观和上帝直观,而且是绝对的自然世界观(作为历史的—社会的不变常项)和相对的自然世界观(由有意识的精神活动产生)。研究这些规定和胡塞尔的生活世界概念的关系,这或许是一项重要的任务。在我们的上下文中,只考虑绝对的自然世界观。

个进一步的问题,不仅现象学而且科学原则上必须搁置它。[1] 确切地说:正如有在一切方向上不断伸展的空间,也有绝对的上和下。这需要相应地转变和调整态度,以便自为地把握它们。这两个可能性同样原始地从我们的自然世界观的具体的体验世界中开放自身。根据舍勒,形而上学的任务就是超越现象学和科学,重新回到整全的世界观,它具有本己的条件和规则。

舍勒关于不同的事实领域的学说和他的**此在相对性**思想相关联(参考 GW 9, 196ff.; GW 10, 398ff.)。由此,他从"康德的极重要的学说"出发,他将其称为"世界的三个层次"的学说:作为"物自身",作为"客观的显现实际性"和作为单纯的"意识显现"(GW 9, 198)。在本体论中,还必须从对象的此在相对性中区分出几个阶段。舍勒强调,这里涉及的是纯粹的本体论的关系,不可以和认识问题混淆,它将这些阶段延伸到一切此在领域(比如灵魂的—实际的和物理的—实际的领域等等)。比如,对太阳的认识可以在不同的层次上获得:它可以被意指为上升下降之物、照亮和温暖万物的太阳球体,也可以理解为当今天文学的—天体物理学的知识的体现,最后也可以理解为无私地发光的东西。相应于此,人们会问,在这些通过经验来分有的存在者,也就是人之上,这里涉及的此在相对性阶段关乎什么。根据舍勒,一切自然世界观的内容都是和一个正常的人类机体此在相对的,科学对象和一般的生命存在者此在相对,本质之物和有限的认识着的精神此在相对。这一切本体论的洞见都是从现象学的态度出发展开的。

五、本质现象作为"纯粹的事实"

舍勒意义上的现象是在经验领域中的实际的被给予性,但是它首

---

[1] Conrad-Martius 1958 实行了向这个方向的推进。

先需要敞开（通过"现象学的还原"）。为区别于自然世界观和科学的被给予性，他也称它为"纯粹事实"。这会是什么？现象学的事实因为两个因素而被标识为"纯粹的"：它是非象征的，并且它是内在的被给予性（GW 10, 433；参考 GW 2, 69f.；关于此亦参考 GW 10, 443ff.）。对此应当简要地解释一下。

作为**非象征之物**，现象学的事实是唯一地在其整全如此存在"自身"中，并且由此而是直接地被给予的。这就是说，它的本己内涵不只是通过某种象征、符号、指示被间接设定的。被意指之物，比如某种红，它不只是间接地被指示，就好像人们说：这个颜色被意指，它通过语词"红色"被指示，或者它是对象所具有的，或者它在有色圆锥体上，或者我现在看见它，或者它对应于某种电磁波长——某个红只是显现为在其他关联体中一并被意指的 X。"但是现象学的经验是这样的，符号、指示、种种规定在此获得最终的充实。它给出红'本身'。它由 X 构成直观的现存者。它就像是其他'经验'进行的一切交换的兑现。"（GW 2, 70）

现象学的经验的纯粹事实还是**内在的**事实。现象学的经验之所以是内在的经验，这是因为它只包含在当下的经验行为自身中的可直观之物——它自身也可能具有在内容上的超出自身的外指（就像比如符号的本质包含了，它**本身**可以自身被给予）。"一切非现象学的经验原则上'超越'了它的直观内涵，比如对实在事物的自然感知。在此之中，**未被'给予'**之物'被意指'。但是现象学的经验是这样的，在此之中不再有'被意指之物'和'被给予之物'的分裂，……在此之中，没有不会被给予之物被意指，被意指之物之外，无物被给予。只**在**'被意指之物'和'被给予之物'的相合**中**，现象学经验的内涵才传达给我们。在这个相合中，在被意指之物的充实和被给予之物相遇的一刻，'现象'**显现**了。"（GW 2, 70）

对舍勒来说，现象学的或者内在的事实是完全并且整体显现出来的"事实性"。这会是哪种被给予性呢？根据舍勒，这是纯粹的什么性或者本质性（这里还没有谈及它的存在方式）。现象学的现象就是根据其在现象学态度中的显现并且和它一起而达到自身被给予的"什么性"、实质或者本质性，它们最初只是隐秘地起作用，自身并不被意指，而只是附带地意指和被给予。舍勒也是在这个意义上谈及原现象，我们还会返回到这一点上来。**在**这个直观的被给予性**中**，它们必须并且可能被进一步刻画和标识。因而，有它们**这一事实**，这是现象学经验的奠基性的事实。

六、原现象的存在方式

追问本质性或者原现象的存在地位，这涉及到一些问题，它们在哲学史中被称为柏拉图主义之争和普遍性之争，对它们直到今天还争论不休。在柏拉图主义问题上，舍勒和胡塞尔以及一切现象学家都是一致的，本质性的本己特征和本体论地位只有依赖于对它们的本己存在的经验才能获得，不可以在范畴上由外部而被迫接受它们。最确定的莫过于这个经验事实，即本质性作为纯粹现象被给予，它不需回溯到其他类型的被给予性。人们首先赋予"理念"或者"本质性"以某种存在，"柏拉图主义之争"就总是一再地这样进行的。人们假定这一点。与此相反，胡塞尔在《观念》中已经说出一切必要的东西。首先是康拉德－马蒂乌斯，而后让·黑林（Jean Hering）也作出了一个积极的存在论的规定。① 关于舍勒，我们可以参考上述勾勒的纯粹事实的特征。

更有趣并且更重要的是舍勒关于普遍性问题的立场。他在其工作中总是一再地阐明，本质性和普遍性根本不是同一个东西（参考 GW

---

① 参考 Conrad-Martius 1957, Kap. 9: "Das Sinn-Sein der Wesenheiten"。

2, 68; GW 9, 251）。普遍性是从概念上把握的一般规定，关于它们可以问，它们是否在某个被给予的此在或者在逻辑的、语言的领域中有其地位，或者是否具有本己的此在。对现象学来说，所有这些问题都是不相干的，因为它们超越了现象学经验的领域。本质性既不是普遍的，也不是个别的。因此它既不是和"普遍性"同一，也不是和"个别性"（在范畴规定的意义上，它可能只涉及一个个体，比如存在的绝对性）同一。毋宁说，通过关涉作为相应本质内涵的承载者的个体对象，不管这个关涉被想成是逻辑的还是本体论的，只有这样，普遍性和个别性才出现。

舍勒总是说，本质性自身是纯粹的实质、纯粹的什么性。它们本身独立于和其他种类的存在者的关系。它们通过质性的唯一性被标识，不可以将这种唯一性和实际世界中的（或者理念世界中的）个别事件混淆。它们自身各自都是唯一的、所谓的质性的个体性或者个体的实质、此在领域中的个体性的本质相对物。[①] 舍勒强调，也存在着"个体的本质性"（这里意味着：和个体相关的本质性）以及诸个体之间的本质关联（GW 2, 94; GW 9, 251）。本质性，它的本质内涵在杂多个体中显现，由此具有"普遍"特征，但它**本身**不是"普遍性"。如上所述：普遍性和个别性并不出现在现象学的态度中，也不作为现象学的被给予性出现。只有普遍性的本质或者个别性的本质自身才是现象学的主题。

从舍勒的现象规定出发，它作为纯粹什么性的内涵就立刻变得明晰。普遍性设定预设了世间的个别实在性**和**质性内涵的事先被给予性，并且根本不是直接关涉到这个事先被给予性。这种态度仍然保持本质内涵是超越的。因此人们必然会说，没有现象学的研究，普遍性问题

[①] 追随 W. 施泰格缪勒，古德曼也知道一个"从实质出发的体系"，这个实质也是"作为个体之物而被获取的"（Stegmüller, 18/53）。研究它和舍勒思想的关系，这或许很有趣。

就不能获得最终的澄清。这里我们只是考虑可能的先于事物的（ante rem）普遍性问题。它们和本质性根本不是同一的。或许有作为质性内涵承载者的超个体的实际统一体，它根据其本质以同样的方式铸造多个个体存在者："本质实现"，它只能在实际的个体存在者上变成现实，但是绝不会完全溶入其中，它不是在内在的意义上被包容"在事物之中"（in rebus），而必须以一种客观的意向性把它想成和这些实际的个体存在者相关联。这里涉及的不是纯粹的本质性，而是此在领域中的未实现的"力量"。舍勒并没有谈到"本质实现"——康拉德-马蒂乌斯铸造了这个术语[1]，不过这个实事本身在他那里是完全有其地位的。[2] 在这里，逻辑的、本体论的、人类学的、形而上学的含义在何种程度上共同起作用，这本身也只能依赖于现象学的研究来规定，即，人们投入现象学的态度，由此根据其本质内涵而将即时的含义做成现象或者"纯粹事实"。

本质性虽然独立于任何实在性设定而被给予，并且本身只能如此被给予，对舍勒来说，这并不意味着，它们可以和一般此在无关地存在着。不过必须确定，这样的关系绝不会在上述态度中发现。只有如此存在和此在、本质和存在作为存在规定指引某个共同的存在根据[3]，一个新的、形而上学的维度才在此敞开，它的敞开要求其本己的方法。无论如何，如果没有纳入现象学，它就完全不会超越科学和自然世界观。

正如舍勒所坚持的，本质性自身是"**和**实在同样原初的"。实在的事物是"本质设定的结果和具有设定偶然的如此存在的原则的实在性"。"我们用这个公式来表达：本质性和事物相关（cum rebus）。"

---

[1] 尤其参考 Conrad-Martius 1961。舍勒和康拉德-马蒂乌斯都对将隐德莱希重新引入有机物哲学有影响，两者都批判性地脱离了德里施（Driesch）的具体立场。

[2] 和他的"生命冲动"思想相关，舍勒一方面谈到宇宙冲动想象的客观图像内涵（GW 8, 287ff.），另一方面谈到生命冲动的前实在性（GW 9, 259）。

[3] 参考 GW 5, 92ff. 关于明证性的基本次序。

（GW 9, 252）在我看来，人们在这里也可以谈论两个存在半球（Seinshemisphären）的原初被给予性，借用经院哲学的术语来说，就是本质和存在。与此相应，对这两个领域的"事实"的原始经验，也需要两个相互补充的态度（GW 9, 251f.）。

值得注意的是，本质性自身应当被理解为既不相对于个体的也不相对于社会的实在关系的此在相对之物。两者被现象学的还原加上了括号。它只关涉本质内涵的"存在"，而不关涉它的实际被把握，之后，这里所理解的东西还会在和舍勒的本质认识的功能化思想的关系中表达出来。首先要追问的是本质认识自身。

七、现象和认识问题

根据舍勒，现象学意义上的现象被经验为现象学本质直观意义上的"纯粹事实"。这里有一种认知分有的本己方式。舍勒将认知理解为一种存在关系，一个存在者作为主体由此分有存在者的如此存在，即，由此毫不走样地经验到它的如此存在（GW 8, 227; GW 9, 111ff. 和 188）。认识是将某物认知"为"某物，并且预设了两种认知：通过直观的认知和通过思想的认知。"认识就是某个直观相关物（不管它是感知、回忆、期待，还是感性的或者非感性的直观）和某个被思想者的**相合统一体**，这个直观相关物叫作图像。认识就是编入某个意义领域的图像。"（GW 9, 200）由此，纯粹直观和纯粹思想一样不是认识。舍勒在思想和直观中看到两种不可相互还原的精神行为类型（参考 GW 9, 32）。因此，他同时拒绝理性主义和直观主义。

本质直观是对被给予的本质内涵的"亲身"把握。它出现在非感性的直观和理性行为的相合统一体之中。舍勒将本质认识的对象称作什么性或者本质性，它们是"原现象"和"观念"的综合——舍勒引入这些术语来称呼本质认识的直观的和理性的成分。在这个综合中，原现象是直观地被给予的部分，观念是思想之物或者"理性之物"。因而，原现象、本质性和观念相互区分；在本质性中，原现象内涵通过观念的展示而成为可以明确把握的显现。

一方面，这里处理一种认识过程，另一方面，所处理的不是指向世内存在者的偶然的如此存在的认识过程，它要在其先天的理性形式中把握感性的被给予性。后一种认识方式，正如它在近代科学中所表现和承认的，也奠基于一种综合，舍勒将它描述为一方面是感性直观的被给予的客观"图像"，另一方面是思想的"意义"（首先参考 GW 8 中的《认识与劳动》）。这里，我们是和通常意义上的感性和知性打交道，康德在他的理性批判中已经将认识过程的这两方面统一起来，推演认识只有在这个领域中才可能（GW 9, 248）。如果谈及本质认识，也就是"合理性"，那么，它就不能在知性意义上，而必须在理性意义上来理解。[①] 康德的先天理性形式本身对现象学来说仍然是认识的对象。

舍勒坚持，"总是先天被给予之物，和一切通过在观察和归纳意义上的'经验'给予我们的东西一样，都依赖于'经验'"（GW 2, 71）。"先天被给予性也是直观内涵，并非思想'事先筹划'的事实。"（ebd.）"人类具有'智性原型'，康德只承认它为'界限概念'，反对它——歌德则明确地承认它。"（GW 9, 41, Anm. 1）舍勒看到，"我们直观地原初被给予性的内涵比感性现成物、它的衍生物和逻辑的统一形式在内涵上的相合之物更丰富"，这是现象学的本质上新的东西（GW 9, 308）。在这个意义上，他批判了胡塞尔，他责备胡塞尔，说他片面地为现象学认识奠基。虽然胡塞尔正确地接纳了非感性的直观，同时却要求，一切意义都要在这样的行为中显示自身（GW 9, 201）。将本质性和行为的关系设定为和客观图像与感性感知的关系类似，这或许是错误的。"本质认识的客观性和实事有效性不是由此而被保障

---

① GW 9, 247 说："我们只称本质直观的能力为'理性'，并且严格区别于一切推理思考。"

的，即，我们事后将它们把握为现成之物。从本质变得可通达的过程来看，它们是作为我们所确证的、首先在行为中并通过行为在其即时的终结上出现之物而显现的。"（GW 9, 249）在这个意义上，人们可以补充，本质性，即观念，也是"思想构形物"；它的"确证"不在我们的意愿之中，而是说，我们必须在确证中依照直观地事先被给予的本质内涵。因而，尽管这被给予性是行为内在性，它还是被规定为客观的。

两种质料的原现象，它们首先以这种方式就其本己特征而被规定，它们是和实在性有着根本不同的关系的生命的和精神的原现象。这两种现象的存在方式不能被世间的范畴所把握。自然的经验还够不着它们，它们构建质料的先天，这先天的本质结构能够被现象学的经验所把握。它们共同规定了我们在自然世界观中的整体经验，并且参与了诸科学的构造，划分它们的对象领域。"生命"现象——在一开始的引文中舍勒已经涉及到这一点——根据其存在运动的被给予的典型方式，它可以在世间的被给予性之上并通过观念化而被把握，这些世间的被给予性好像在具体的此在领域中代表它。这合乎具有时间上有限的世内的生命之弦的机体生命，不过人们可以通过喷泉（舍勒）或者起源（康拉德-马蒂乌斯）或者河流（参考胡塞尔使用的"体验流"的说法）现象来解释它。只有超越由这样的世间形态唤起的对"生命"原则性的本质之物的洞见，才可以追问"生命"的可能的形而上学意义，这种意义被隐含在我们的世界直观之中，或许我们没有理解和注意到它们自身。关于一个"有限的生命流程和**这个**世界之死"的说法说的会是什么，关于"永恒生命"、"活生生的上帝"的说法说的是什么？这些只是单纯的隐喻吗？如果要以有意义的而非任意的和无关联的方式言说，那么必须奠基于"生命"的原意义的经验，它自为地被直观，并且其基本特征必然可以被摆明。它独立于关于世界的实际的此在确定性的追问。它也适用于并非指向绝对此在的认识：本质性总是"和事物相关"（cum rebus）地被给予。

八、现象学和整体实际性

最后还要看一看，根据舍勒，本质现象和现象学的经验在整体实际性中具有怎样的位置，我们自己就处于这个整体实际性中，并且在其中生活。如果我们这样陈述，那么它们和作为经验主体的我们自己的关系就成为问题，舍勒和胡塞尔一样从来就没有忽略它。"无须任何种类的'行为链'而让事物的存在自由闲逛，并且并不失去一切方向，这是不可能的"，舍勒有一次反对尼古拉·哈特曼时这样说（GW 9, 293）。这里的主体就是就其一切存在维度而言的人，不是在世界之中的经验的一具体的此在的特殊性上的人，而是一般的人的存在。舍勒在其哲学人类学中想要说明，这个人的存在的基本结构是：区别于人的经验概念——比如我们以不同的种族、文化等等在地球上[①]——的本质概念。根据这个本质概念，人是小宇宙（GW 9, 90f.）、具有精神的生命存在者（GW 9, 96f.）。在此之中，一切存在方式都处于一个动态的相互作用的过程中。与海德格尔关于"此在"的论题（在《存在与时间》之中）不同，舍勒认为，这里并不会导出奠基性的存在方式，毋宁说，海德格尔自己片面地在奠基性的存在规定，也就是生命领域中活动（GW 9, 281f.）——人类学主义这种贬低性的评价并不适用于和人的本质概念的关系，胡塞尔在30年代就曾经用它来反对狄尔泰、海德格尔和舍勒。[②] 毋宁说，康德先验意义上的主体性就奠基于此，但不单单是就其理性而言，而且是在精神和生命的整体上。由此出发进一步澄清舍勒的现象概念和现象学经验概念，这就增加了三项研究，

[①] 关于人的本质概念，参考舍勒 GW 9, 96f., Anm.；小参考 GW 9, 12 和 275f.。

[②] 参考 Hua V, 138ff. 和 Husserl 1941。

我们只能简要地给出它们的主题：1）舍勒关于实在性和实在性的被给予性的规定[①]；2）本质性和对历史的本质经验的双重关系；3）本质性和本质经验对形而上学的意义。

1）根据舍勒，如果我们是生命存在者，也就是说，如果我们具有"生命冲动"，它统一整体自然的实在世界，那么我们就具有实在性经验。在其人类学中，舍勒也称生命冲动为"感觉冲动"，它已经出现在植物生命之中（GW 9, 13）。实在性适用于一切在世界中实际存在的东西，正如舍勒所说，对实际存在的"渴望"或者"欲求"在此之中获得满足。对实际存在的渴望在活生生的东西之中持续起作用。作为实际"生成之物"的实在是根据活生生的东西在其事实性中分有生命冲动而作为对抗之物被给予这些活生生的东西的。以此种方式，我们通过分有生命而体验到整体世界和一切属于它的东西。实在性特征属于整个世界经验。它并不回溯到个别的感观体验，比如我们在此之中感受到个体物体的对抗的触觉体验。在生命的、人格的领域之中，也有实在性。[②] 在自然态度中，生命冲动总是已经一并规定了我们的经验认知，我们还遭遇到实在之物，它具有某种偶然的如此存在，并且作为世内存在者在时空中实际在此，在先天地事先被给予的存在领域之中。实在性特征本身总是已经被预设了，它为所有自然的世界经验奠基。

这些经验方式可以在两个方向上被超越。我们排除给予我们世内的对抗之物（一切在世界之中的实际的实在之物）本身的生命冲动，让它失效，我们将我们的生命能量指向对本质之物的把握，使得现象学的经验得以可能。我们也可以反过来对生命冲动施行"狄奥尼索斯的还原"，我们与生命冲动共同沉浮，个别之物的对抗性不再被感觉到，因为我们放弃了我们本己的实在性核心，并且找到了和一切实在

[①] 从这诸多的简述中整理出舍勒的实在性学说，对我来说，这是尤其迫切需要弥补的工作，这对理解他的现象学思想也是重要的。——尤其参考 GW 8, 359ff. 和 9, 204ff.。

[②] 实在性中心，见 GW 8 和 9。

的共契。两种方向都指向超实在之物：狄奥尼索斯的还原导向下实在或者前实在，现象学的还原导向超实在。两个领域都是超世间的，但是和世界的实在性相关。这涉及的不是世界的两分或者三分，而是揭示实在世界进入前实在领域中的两种方式。

2）现象学经验的被给予性、本质性如何面对世内实在性的经验的被给予性？尤其是如何面对历史？

根据舍勒，我们可以从两个方面来看这些问题。对时空世界来说，本质性是超实在的，它们是超空间的和超时间的——这一点和数学的形态类似，但绝非相同。虽然舍勒不仅拒绝了天赋的和天生的观念学说，而且拒绝了综合的范畴功能学说，但是根据舍勒，我们必须将先天和后天的区分正确地把握为被给予的内容的区分。"先天是对一切属于纯粹什么和本质领域，也就是一切摆脱此在模式而获得的对对象的如此存在的规定性整体的直观的被给予性，它作为如此存在是不可定义的，因而每一个定义尝试都已经预设了它。这一本质性因此只是'可直观的'。与此相反，后天是其他一切可能直观的被给予之物。"（GW 5, 196f.）这样的知识"对一切对象先天有效……（也对那些我此刻或者在某个经验认知阶段上不知晓的，甚至是不可知晓的对象），只要它们是这样的本质的对象。因此很明确，先天本质之物（不管它是个别的本质性、本质关联体还是本质结构）不能被（归纳的）偶然事实的经验所证明、粉碎和反驳"（同上）。因此，曾经在历史中获得的本质认识不会被后来的经验重新质疑，它区别于一切偶然的事实；只有使本质认识更丰富或者在某种情况下失去本质认识才是可能的。

不过由此本质性还是和历史相关。它们在历史中变得实在，因为"本质认识功能化自身为指向偶然事实的知性的单纯'使用'规则，而知性就'根据'本质关联体'特定地'理解、分解、直观和判断偶然的事实世界。以前是实事的东西，现在变成了关于实事的思想形式"等等（GW 5, 198）。本质洞见变成"功能"；它们并不明确地出现在精神面前，只是在偏离的情况下才表明，洞见是引导性的。在这样的本质关联中有"人类精神在个别生命和历史进程中的某种真正的发展，历史的进程不是以遗传，而是以传承为中介"；这不只是经验知识的成熟，而且是"理性自身的生成和发展"。有本质自身的经验历史。康拉德-马蒂乌斯将上述这两个我所谓的互补的原初被给予的半球区分为实际性的宇宙和本质宇宙。[①] 人们可以说，我们是在对本质宇宙的经验的光照之下体验实际性的宇宙。

在本质洞见方面，舍勒看到了人类合作的必要性，因为只有在文化的和历史的工作中，本质洞见才"能够完全认识本质世界"。这里没有可任意替换的东西（GW 5, 202）。对现象学经验的可能性的洞见导向一种一切有死的人在作为历史的免除时间的世界生成中的普遍共契主义。

3）或许，舍勒不仅要区分不同的经验领域，而且要给哲学提出一个最终的问题，它就是对整体世界观的可达成性的追问。这只能在个别经验领域之上来获得。但另一方面，它必须被尝试。这是形而上学的任务。着手这一事业，具有双重意义。首先，它根据为形而上学方法而设定的标准来阻止伪形而上学的世界观，不管它是无意识地主导着，还是被片面地看作是"科学的"。因此，重新获得形而上学就具有批判的—否定的"纯化"意义。这里，舍勒的扬弃"形而上学的迷惘"的思想就具有特殊的作用（参考 GW 10, 408f.）。其次，形而上学实际上满足了不可扬弃的人类追求世界观的冲动，世界观不可避免地引出某些伪世界观，如果它不能以更加适宜的方式得到满足。合法满足的可能性就是舍勒晚期哲学的主要追求。这里也再次表现出已经常常提及的对康德的意图的接近，他在这一关联中总是一再提及这个康德的意图。

---

① Conrad-Martius 1965, S. XXI.

现在，舍勒发展的形而上学方法表明，质料的形而上学不是片面地通过科学而达成——这个错误对几百年来科学的发展是显而易见的。如上所述，这里需要作为补充矫正的现象学经验。作为世界和自我的本质本体论，它本身被舍勒（也被胡塞尔）称为"第一哲学"（GW 9, 81），它是形而上学认知的出发点。舍勒在他最后的出版物《哲学的世界观》中勾画了他的形而上学方法论的建筑原理（GW 9, 81ff.）。对舍勒来说，形而上学作为一切世界认识的形式整体，是"设定着的世界观"（GW 6, 20）。它"不再是宇宙论和对象形而上学，而是原人类学和行为形而上学"（GW 9, 83）。"形而上学……只是人格和一切人类的人格本质力量的负责任的理性冒险，它要进入绝对的实在。"（GW 8, 87；参考 GW 9, 84）

对我们的主题来说，这些问题还有待确定，即，在哲学的世界解释中，现象学作为某种经验方式具有不可跨越的地位，它和其他的经验方式相互影响。

文献目录

Avé-Lallemant, Eberhard（阿维-拉勒芒，埃伯哈德）: *Die Nachlässe der Münchener Phänomenologen in der Bayerischen Staatsbibbliothek*, Wiesbaden 1975.

Conrad-Martius, Hedwig（康拉德-马蒂乌斯，黑德维希）: *Das Sein*, München 1957.

——: *Der Raum*, München 1958.

——: *Der Selbstaufbau der Natur*, München ²1961.

——: *Schriften zur Philosophie*, Bd. 1, München 1963.

——: *Schriften zur Philosophie*, Bd. 3, München 1965.

Good, Paul（古德，保罗）(Hrsg): *Max Scheler im Gegenwartsgesch-*

ehen der Philosopgie, Bern/Munchen 1975.

Goodman, Nelson（古德曼，尼尔森）: *The Structure of Appearance*, Cambridge, Mass. 1951.

Hering, Jean（黑林，让）: *Bemerkungen über Wesen, Wesenheit und Idee*, Darmstadt ²1968.

Hildebrand, Dietrich von（希尔德布兰德，迪特里希·冯）: *Was ist Philosophie?*, Stuttgart/Regensburg 1976.

Husserl, Edmund（胡塞尔，埃德蒙德）: "Phänomenologie und Anthropologie", in: *Philosophy and Phenomenological Research* Ⅱ/1(1941)1-41.

Reinach, Adolf（莱纳赫，阿道夫）: *Was ist Phänomenologie?*, München 1951.

Scheler, Max（舍勒，马克斯）: *Gesammelte Werke*, hrsg. Maria Scheler und Manfred Frings, Bern/München 1954ff. = GW。

Stegmüller, Wolfgang（施泰格缪勒，沃尔夫冈）: *Der Phänomenalismus und seine Schwierigkeiten*, Darmstadt 1969.

（译者：郑辟瑞／南开大学哲学院）

舍勒的意向性问题[*]

沃夫哈特·亨克曼

在1911/1912年便已完成[①]但在其死后才得以发表的论文《关于三种事实的学说》的附录中，舍勒写道，"意向关系"、"关于某物的意识"是所有现象学考察的"基本事实"（X, 475）。藉由这一说法，舍勒同时也表明了对现象学哲学的拥护，当然，现象学哲学对他所具有的意义是有限的。首先，当时把自己算作现象学家的那些思想家就已经非常清楚地意识到彼此站在不同的现象学立场上。比如，1914年，舍勒只在把现象学家置于哲学问题的"现象学态度"中看到了创建学派的契机，但他立即补充道，"对于所有那些打算在这种态度中发现的东西，对于有关这种'态度'之本质的理论来说，每一个现象学家都负有责任"（X, 379）。众所周知，胡塞尔在《哲学与现象学研究年鉴》的前言中也同样明确地指出了这一点。[②]

---

[*] 本文译自：Wolfhart Henckmann, "Das Intentionalitätsproblem bei Scheler", *Brentano-Studien*, 3, 1990/1991, pp. 203-208。译者在翻译过程中得到了李秋零教授的指导，在此表示感谢！——译者

[①] 参见玛利亚·舍勒在马克斯·舍勒的遗著第1卷（*Gesammelte Werke*, Bd. X, 518）的附录部分注明的日期。下引舍勒著述均出自玛利亚·舍勒（1954年以后）和M. S. 弗林斯（1969年以后）编辑出版的 *Gesammelte Werke*，卷号以罗马数字注明，页码以阿拉伯数字注明。

[②] "它不是编选者结合而成的一个学派体系（Schulsystem），或许所有后来的同事都应以之为前提；它所统一的东西毋宁说是这一共同的信念，即只有通过回溯到直观的起源上，回溯到从

其次，舍勒在其思想发展中期阶段（约从 1906 年至 1922 年）的前期把意向性概念看作现象学的基本范畴，在这一时期，他也基本自称为现象学家，然而到后来，由于"现象学"概念的多义性，舍勒试图避免使用这个词。[①] 然而，由于他在中期如此罕见地使用意向性这个概念，以至于引文未被赋予特别的重要性——如果与"意向性"这个概念一起被意指的问题并未在其他问题提法中被忽略的话。因此，意向性问题就只得部分地变成一种对足迹的寻找，部分地变成一种或许随意地对不同概念面具背后的同一性的确定。20 年代初，舍勒哲学扩展成了一种泛神论的形而上学，藉由这门形而上学，意向性概念与现象学一起被贬低为一个局部问题。[②] 所有这一切——与其说对舍勒的（那些几乎完全不存在的）概念来说，还不如说对其意向性概念的把握来说——所意谓的东西将在下文得到阐述。

起初，舍勒著作中的意向性概念与意向性问题的变化（Problemmetamorphosen der Intentionalität）表现出了一种对意向性概念的广泛接受，但这种接受并不像胡塞尔在《逻辑研究》中已经发展了的那样是一种完整的接受。舍勒的接受只是其与胡塞尔毕生争论中的一个插曲，在此，我们只能从舍勒这一方出发对这种接受进行研究。1917 年 5 月 4 日，他在写给格里默（A. Grimme）的信中说，他不是胡塞尔学派中人，在了解胡塞尔的《逻辑研究》之前，他就已经形成了自己哲学的基本观念。因此，大概在这一时期他与胡塞尔的关系就已经疏远了，

（接上页）中获得的本质洞见上，伟大的哲学传统才能依照概念和问题得到评价。"（Jahrb. f. Philos. u. phän. Forschung 1, 1913, S. Vf）在第 2 卷（1916）的前言中他更加明确地说道："新年鉴与第 1 卷不仅在主题上，而且在细微之处的理解上都有明显不同。这些细微差别是由作者对现象学研究的目标、方法和各个具体问题的不同理解所造成的。本来毋庸赘言，但鉴于可能出现的误解，所以必须说，编选者只为他自己的工作负责，所有同事亦如此。"（S. V）

① 参见死后遗留的与海德格尔的 *Sein und Zeit* 的争论，IX, 285。
② 与之相应，P. Emad 的观点应当受到限制："意识的意向性不仅是胡塞尔的核心问题也是舍勒的核心问题。"（"Heidegger on Transcendence and Intentionality: His Critique of Scheler", in Th. Sheehan (Ed.), *Heidegger: The Man and the Thinker*, Chicago 1981, 145）

甚至，这种疏远在"一战"之前就已经在他为哥廷根"哲学学会"所作的报告中发挥了重要的、不只让胡塞尔气恼的作用。[1] 舍勒于 1917 年写道，只有布伦塔诺直接影响了他。[2] 布伦塔诺的《道德认识的起源》一文对其质料的价值伦理学即爱与恨的学说、对其精神哲学来说具有决定性影响。[3] 舍勒对布伦塔诺的认可并不意味着其与意向性概念有关，正如布伦塔诺的《出自经验立场的心理学》(1874) 似乎没有对舍勒产生任何影响那样。在其中期阶段，舍勒马上就把意向性概念理解为了现象学哲学的基本范畴——众所周知，这种理解不同于胡塞尔对布伦塔诺学说的接受。因此，如果舍勒已经从另一个作者那里接受了现象学的意向性概念的话，那么或许只是胡塞尔出了问题——或者"意向性"在胡塞尔那里根本不是真正的现象学遗产，而完全另有来历。

一、舍勒现象学的基本概念

为了探究促使舍勒对胡塞尔的概念进行重新解释的最重要动机，我首先要对从舍勒与胡塞尔过从甚密到 1913 年《观念 I》发表的这段时间里，舍勒所认可的意向性概念作一个草描。[4] **藉由**这一工作方法，我将在对舍勒哲学的生平—发生学的 (biographisch-genetischen) 解

---

[1] 参见 E. Stein, *Aus dem Leben einer jüdischen Familie*, Louvain 1965, 182。

[2] 这封信收在巴伐利亚州立图书馆的舍勒遗稿中。感谢弗林斯惠允我查阅舍勒的往来书信——舍勒多次表达了类似的观点。Berl, *Gespräche mit berühmten Zeitgenossen*, Baden-Baden 1946, 57。

[3] 参见 I, 385。迄今为止针对舍勒与布伦塔诺的思想关联的研究尚付阙如。

[4] 众所周知，胡塞尔的 *Ideen zu einer reinen Phänomenologie und phänomenologischen Philosophie* (1913) 的出版致使慕尼黑—哥廷根的现象学家拒绝接受胡塞尔的先验哲学的现象学。舍勒亦属此列。舍勒前期现象学的最重要文本是 "Die Lehre von den drei Tatsachen" (1911/1912, X, 431-502), "Phänomenologie und Erkenntnistheorie" (1913/14, X, 377-430), "Über Selbsttäuschungen" (1912, 从 1915 年起改名为 "Idole der Selbsterkenntnis", III, 213-292), 以及 1913 年出版的 *Der Formalismus und die materiale Wertethik* 部分 (II, 28-172)。

释框架内工作①,依照如下论断,即舍勒的现象学还原概念与胡塞尔的概念除了"名称相同之外几无共同之处"②,通常不可将二者相提并论,而只有在涉及舍勒哲学的特定发展阶段时才可以这样做。

与胡塞尔一样,舍勒开始发展意向性概念的问题视界是一门绝对奠基性的、无前提的科学的可能性问题,这门科学能够证明自己是严格的科学——舍勒也明确认可胡塞尔对一门作为严格科学的哲学的要求。③两位作者都把自己所寻求的科学称作"现象学哲学"。对于现象学哲学来说,所谓"现象学还原"是关键所在,因为要是没有现象学还原,我们就无法理解意向性的奠基功能。意向性问题也与还原相关,当舍勒哲学已经扩展和深化为形而上学时,或许识别意向性问题的最重要手段就是通过现象学还原所揭示的东西。

与流俗的解释不同,舍勒从一开始几乎就无限制地把胡塞尔的现象学还原概念理解为对实在设定的加括号④:"因此,在所有真正的现象学研究中我们都可以看到,当我们实行所谓的'现象学还原'(胡塞尔)时,我们是从两件事情开始的:首先从实在的实行行为和所有其伴随现象——这些伴随现象本身并不存在于感官和行为的意向方向中——以及它们的载体(动物、人、上帝)的所有性质开始。然后,

---

① M. S. 弗林斯在其有关舍勒的著述中试图将舍勒的方法与"起源发生"的方法区别开来:"舍勒的各个主题的统一在一定程度上源于其思想背景,这一背景的基本路线在其不同的著述中明确地表现了出来。"(Frings, *Person und Dasein: Zur Frage der Ontologie des Wertseins*, Den Haag 1969, XIV)与海德格尔的存在问题不同,弗林斯在价值问题这里看到了舍勒哲学的核心(vgl. ib. 11)。

② G. Deininger-Meyn, *Philosophische Grundlage der Wissenssoziologie Karl Mannheims und Max Schelers*, Diss. Heidelberg 1986, 199.

③ 参见 "Phänomenologie und Erkenntnistheorie" (1913/1914), X, 419; "Vom Wesen der Philosophie" (1917), III, 75。

④ H. 施皮格伯格强调得很对,舍勒从未区分"本质还原"和"现象学还原",更别提"先验还原"了(H. Spiegelberg, *The Phenomenological Movement. A Historical Introduction*, third rev. and enl. ed. with the collaboration of K. Schumann, Den Haag 1982, 280)。也可参见 E. Avé-Lallemant: "Die Phänomenologische Reduktion in der Philosophie M. Schelers", in P. Good (Hg.), *M. Scheler im Gegenwartsgeschehen der Philosophie*, Bern/München 1975, 162。

从实在性程度（Realitätskoeffizienten）的特性的所有设定（相信与不相信）开始，实行行为及其伴随现象的内容是带着一定程度的实在性质在自然的直观和科学中'被给予'的（现实性、假象、想象、错觉）。然而，与此同时，实在性程度本身及其本质依然是研究对象；被排除的不是实在性程度的特性——而是这些特性在明确的或未被表述的判断中的设定——也不是其可设定性，而只是其特性的一种特殊样式的设定。只有我们直接发现的东西，即在对这一本质的一个内容的这一本质的体验行为中所发现的东西，才是现象学研究的实事。"① 如果这里的"本质"也是现象学还原的剩余物的话，那么意向性也就必然被共同意指了，因为"本质"始终只能被看作一个特定的意向性行为的对象。

对实在设定的排除是从意识或意向性关系的两个方面进行的：（1）意识行为方面（意向行为）（由于"意识行为"这个概念在胡塞尔那里所具有的单纯性质，所以我们在这里也保留了它，但需要预先指明的是，虽然舍勒后来也谈论"行为"，但他所谈论的行为已经不再是"意识行为"了），在这一方面，行为与一个实在载体的关联被排除了；（2）意识行为的对象方面（意向相关项），在这一方面，对象的实在样式被排除了。以现象学还原为基础，在此在与本质、实存与本质间所作的区分支配了现象学所有流派的思考，舍勒亦不例外。② 但这并不意味着，我们可以在相同意义上把舍勒与其他现象学家相提并论。通过现象学还原，唯独具有规定所有个别意识行为的意向性之基本结构的意识领域，也即作为研究对象的"关于某物的意识"领域剩余了下来。与胡塞尔一样，舍勒通过如下要素规定了自己的研究领域，这些要素进一步规定了其现象学哲学的基本观念：

---

① "Phänomenologie und Erkenntnistheorie" (X, 394). 也可参见 "die Lehre von den drei Tatsachen" (X, 441f), *Zur Phänomenologie und Theorie der Sympathiegefühle* (Halle, 1913), 55, 81, 125。

② 例如参见 "Die deutsche Philosophie der Gegenwart" (1922), VII, 307。

1. 行为与对象的相关性规律。行为现象学、实事现象学和关系现象学（Korrelationsphänomenologie）都建立在这一规律之上。①

2. 多数具有意向性功能的行为类型间的区别。与布伦塔诺和胡塞尔不一致的地方在于，他主要把爱与恨、对本质的直观、思维、意愿、感受、相信等行为看作这样的行为类型。②

3. 在意向性行为中被意指对象的内在性的规律。③ 与可变的行为不同，这一规律绝不会排除对象的超越的自同性（Selbigkeit）。

4. 把意向对象规定为本质。与此在的领域不同，这些本质具有先天的地位，因此，所有关于它们的认识都建立在"本质直观"的基础上，与归纳和观察的经验方法不同，本质直观的有效性是完全独立的。④

5. 合规律的关系。这些关系把本质和行为类型与一个全面的"奠基顺序和被给予性顺序"的系统的本质关联结合在了一起。⑤

6. "自身被给予性"的认识标准。如果某个东西应当被认作先天本质的话，那么这一标准就必须得到满足。借助这一标准，现象学的认识被证明是真实的、无前提的、直达事实的、"非符号性的"认识。⑥

7. 现象学分析的方法。这一方法应当使意向对象得到明见的本质看（Wesensschau）、得到直观。⑦

从舍勒早期的现象学著述来看，突出的一点是，他还在坚持使用

---

① 胡塞尔通常只区分行为现象学和对象现象学，因此，可能关系尚未成为其研究主题。有关舍勒的这一区分可参见 *Der Formalismus in der Ethik und die materiale Wertethik* (1913), II, 90; "Tod und Fortleben" (1911-14), X, 39f. ; "Vom Wesen der Philosophie" (1917), III, 75。

② 对这种行为类型的列举，例如，参见 "Phänomenologie und Erkenntnistheorie" (1913; X, 384); "Ordo amoris" (1914/1915; X, 365)。

③ 早期现象学著述中的内在性。首要参见 II, 70。

④ II, 67ff.

⑤ 舍勒把奠基顺序理解为这样一种顺序，"在这种秩序中，特定的行为（依其意向性本质）与把握这些行为的内容（依其本质）互为基础" (X, 449)，也可参见 X, 383, 416。

⑥ 关于作为最高现象学认识标准的"自身被给予性"。例如参见 X, 398, 406, 413, 458f.。

⑦ 舍勒在关于三个事实的学说中提到了"现象学分析" (X, 459)，而且也提到了"统一" (X, 392, 446)、"界定" (X, 392) 及类似的表述。

胡塞尔和利普斯的自我概念。这一自我还是所有意识行为之不可被进一步定义的统一形式。不仅心理的功能，而且"精神的感受领域和欲求领域以及思想领域的深度层次"都共存于这一形式之下（III, 267）。利普斯首先发展了自我的深度层次的思想，舍勒对他的相关著述非常熟悉。舍勒在他1916年发表的《伦理学中的形式主义与质料的价值伦理学》中首次把作为不同意向行为之中心的"位格"与心理自我区分了开来，但他的区分与胡塞尔和利普斯的区分有所不同。

我们仍需对舍勒的基本概念的两个认识论要素——自身被给予性和与之相关的直观——进行简要阐明，因为它们是把意向性理解和同一化为"所有现象学考察的基本事实"的条件（X, 475）。它们代表现象学直观的对象方面和行为方面，正如它们以其特有的方式展示现象学的自身反思那样。

人们常常指责舍勒说，他在自己的研究中提出那些所谓的直接明见的本质洞见时，既缺乏批判精神，又无方法可言。这一论题并不具有这样的普遍性，尽管它可能符合许多个别情况，撇开这一点不谈，因此，我们必须从根本上作出如下区分：

a）表现方式（Darstellungsweise）。舍勒常常根据表现方式放弃对本质洞见本身的证明。

b）或许通过正确的方法获得的，或者与方法无关的有效本质洞见。

c）最终把舍勒的现象学分析和揭示本质洞见的理论与本质洞见的表现方式及有效性区分开来。即便他在其研究中并不一定符合或完全遵循这些表现方式，但它们依然是适用的。

表现方式、阐明或者证成洞见的方法，以及现象学的方法理论[①]虽

[①] 虽然舍勒断言，从实证科学的意义上来说，现象学不认识什么"方法"，而只有通过其对研究对象的特定"态度"才能得到刻画（X, 380），但从另一方面来说，他又常常不厌其烦地提到现象学的工作方法，即我们必须把对"方法"的拒斥限定在具体科学的方法上，由此就不会对无论如何必须被规定的现象学方法有任何先入之见了。

然在舍勒那里实际上并不总是一致,但这并不导向对其研究之彻底性的普遍批判,毋宁说应该导向对这种彻底性的批判的检验。这样一种检验当然几乎不再能解释自己的动机,如果人们相信舍勒丝毫没有对方法问题的意识,因此也并不期望任何对其本质洞见的(先于表象的)批判的反思的话,那么人们相信有理由作出判断,即在其轻率的表现方式(sorglosen Darstellung)[①]中已经看到了完整的现象学家舍勒,这种表现方式远远背离了严格科学的合理性标准,也背离了解释学的合理性标准。因此,舍勒针对意向性或者现象学还原的剩余物所发表的言论必须就其现象学地位得到检验。众所周知,这一检验过程是一个烦琐而又审慎的过程,在此,我们无法实行。

或者,人们也因为舍勒在接受现象学还原的同时保留了胡塞尔在《观念 I》中称作"本质还原"的东西而原谅了他。事实上,舍勒的观点是这样的,即虽然对实在设定加括号导致了事实与本质的分离,但这并不必然要求我们接受仍将回归于其上的先验哲学立场。[②] 在对"爱多斯"(Eidos)、"本质"(Wesen)、"观念"(Idee)这些词的意思的理解上,舍勒偏离了胡塞尔,他的观点大概是说,本质"既非一般亦非个别"[③]。从舍勒关于先天本质[④]的各种并不完全一致的表述中我们可以看出,对他来说,(1)现象学还原与一种分析有关,这种分析把偶然的东西与本质的东西,把实在的东西与观念的东西区分了开来(至于舍勒是否知道这两对概念间的区别,我们始终不得而知);(2)首先通过这种方式,本真的爱多斯"被揭示了出来"。虽

[①] 此外,兰德格雷贝也在论及胡塞尔的时候提到了一种"轻率的方法";参见"Geschichts-philosophische Perspektiven bei Scheler und Husserl", in P. Good (Hg.), *Scheler im Gegenwartsgeschehen der Philosophie*, Berlin/München 1975, 82。

[②] 舍勒很可能已经意识到了这一点。参见 1923, in XI, 49, Anm.。

[③] II, 68. 也可参见 XI, 259 (1927)。

[④] 参见 Wolfhart Henckmann, "Schelers Lehre vom Apriori", *Gewißheit und Gewissen: Festschrift für Franz Wiedmann zum 60. Geburtstag*, hrsg. von W. Baumgartner, Würzburg 1987, S. 117-140.

然舍勒从来不提"本质还原",但他或许提到了"现象学指明"、"现象学研究"或"分析",通过它们,"显象"(Erscheinung)被转化成了"绝对的现象"。[①] 由于舍勒始终没有明确地而且常常只是不完整地实施了这一任务,所以就会产生一种不加批判的、任意联想的论证的印象。因此,对舍勒哲学的诠释常常明显地落后于他的区分艺术(Unterscheidungskunst)。

如果说舍勒与胡塞尔的不同之处在于,他认为现象,也即获得自身被给予性的对象,"从一开始就先于方法问题和构造问题"的话,那么认识论反思的领域与其说被揭示了不如说被遮蔽了。[②] 如早已承认的那样,这与一个复杂的问题有关。如果我们在"构造问题"的名下理解胡塞尔意义上的先验构造的话,那么我们必须立即赞同这一论断。相反,只要在舍勒这里"开始"或"先于方法问题"的意思没有搞清楚,我们就绝不能这样做。回想一下舍勒在《现象学与认识论》的开头部分所写的引言,这一点就容易理解了:我们在缺少对现象学方法的明确意识的情况下也能获得现象学洞见(X, 379)。因此,不论"开始"还是"先于方法问题"这样的表述都不合适,而毋宁说"与方法问题无关"这样的表述则更恰切一些,正如舍勒在当时的实验心理学中看到了各种各样对现象学本质(Natur)的研究那样,他也在对"与方法的明确意识无关"的限定中看到了这一点——虽然它们"通常缺乏对现象学研究之统一性的明确意识"(X, 390),或者在受普罗提诺主义影响的"否定神学"——"否定神学"首次看到了现象学态度和方法的应用——的历史中看到了这一点(V, 168)。舍勒分享了胡塞尔的观点,即在现象学方法获得理论上明晰的形式之前,现象学的认识

---

① 例如参见 X, 461 或者之后的 V, 167f. 。参见 E. Avé-Lallemann, "Schelers Phänomenbegriff und die Idee der phänomenologischen Erfahrung", in *Phänomenologische Forschung* 9 (1980), 90-123。

② M. S. Frings, "M. Scheler, Drang und Geist", in J. Speck (Hg.), *Philosophie der Gegenwart*, Bd. II (Grundprobleme der großen Philosophen), 2. erg. Aufl. Göttingen 1981, 11.

实践早已取得了丰富的成果。如果我们前面提到舍勒与胡塞尔之间的区别是为了说明，舍勒在方法上证成现象学之前，是以一种本质洞见为基础的，而胡塞尔则只是在严格遵循其方法的前提下才获得了现象，那么仅就本质还原来说，我们在胡塞尔那里同样也如在舍勒的现象学研究那里找到了一种对于方法的阐明所必需的对爱多斯的预先把握（Vorgriff），这样一来，在两位现象学家那里，从广义上理解的"现象"就既先于现象学研究又处在现象学研究的终点，只不过是以意向内容的另一种清晰且充盈的方式存在而已。舍勒总是一再提及最准确地区分现象的必要性，因为正是通过这一区分，现象才获得了自身被给予性。① 只有在这些分析的末尾，被局外人尤其是尤利乌斯·克拉夫特（Julius Kraft）② 所批评的"直观"或者更确切地说"本质直观"才首次获得了被要求的明见性，而且只有在这里，"现象"概念才首次获得了其作为"事实"（Tatsache），也即唯独作为"现象学经验"或"本质直观"的事实的被给予性。

如前所述，这一点不仅对胡塞尔有效，而且也对舍勒有效。在关于三种事实（1911/1912）的奠基性的论文中，舍勒已经明确区分了确定认识的方法和被确定的东西的本质。完全清楚的是："尽管存在纯粹直观——通过纯粹直观，一个事实被给予我们——但当纯粹直观与其载体的心理学构造进行必要的混合时，对这一事实的重构还是可以与间接的思维行为，与分析、比较和变更行为，与推理行为结合起来。这也就意味着，事实可能是：通过纯粹直观而直接被给予的东西在其纯粹性中首先是通过一个间接的思维过程，作为直接被给予的东西、作为通过直观而被给予的东西被意识所获得的。如果在对所有感性之

---

① 例如参见"现象学论争"（X, 391ff.），"现象学事实的查明"（X, 443ff.）。

② 参见 J. Kraft, *Von Husserl zur Heidegger. Kritik der phänomenologischen Philosophie* (1932), 2, erw. Aufl. Frankfurt 1957。这场论战主要是她对胡塞尔、舍勒和海德格尔的批评："哲学讨论的艺术与过去几百年相比已经衰落了……"（S. 8）

物的感知中,在对共同世界观的所有表象、回忆和预期中,纯粹直观的作用是对这些现实性进行彻底精神化,是给出其纯粹肯定的内容,是建立其意向性关联及其与'同一个东西'的同一性关系的话,那么对这些事实——这些事实只有通过与对这些特殊的方式、形式及其活动方向的去除(Auzug)相统一的直观才能被给予——的重构仍然可以与这样一个过程结合在一起,这个过程本身不再是纯粹直观,而是'间接的思维'。"(X, 445f.)

因此,在纯粹直观能够在一个本身透明的行为中被实行之前,就应被理解为一种洞见,这一洞见通过非直观思维的适当行为,即通过不同的分析方法,通过因胡塞尔而闻名的"变更"[1],才首次得到了揭示。在直观中,认识行为和认识对象达到了更清楚分明的一致。当舍勒和胡塞尔使用明见的本质直观和"体验"这个概念时,并不意味着他们倒退到了非理性的世界观中,因为这里的体验指的不是心理学的,而是认识论的—现象学的"体验"概念。舍勒之所以提到"体验"或者"体验行为"(Er-leben)或者"看见"(Er-schauen)这些概念,理由在于,认识主体最终应当在一个唯一的、不可划分的实行行为中,在被直观的东西中生成——因此,进行直观的行为完全是由被意向之物通过自己实现的自身给予所规定的。[2] 所有可能的先天认识的这块基石,就像统治所有意向关系领域的系统学的担保那样,同时也是行为与对象之可统一性的担保。从现象学哲学的基本概念来看,舍勒完全不是一个"连环画现象学家"(Bilderbuchphänomenologe),因为连环画现象学家只研究孤立的"现象"[3],而他则是一个体系创建者。当他在

---

[1] 对于"变更"参见 X, 445, 446f.。舍勒认为"变更"也适用于实证科学的工作方法,参见 X. 455f.。

[2] 因此,舍勒提到了"完整的精神体验"(X, 384)、"进入内容"(X, 381)、"体验的和直观的行为"(X, 380)。"体验"、"直观"、"现象学经验"都被他当作同义词在使用。

[3] 舍勒在 *Der Formalismus in der Ethik und die materiale Wertethik* 的前言中明确反对慕尼黑现象学小组提出的"完美现象学"的说法(II, 10)。

这方面既看到了与胡塞尔的共同点,也看到了与海德格尔的共同点时,他是完全正确的:"除了胡塞尔之外,只有我和海德格尔给出了一种具有确定轮廓的现象学和系统地构建哲学的基本路线。"①

虽然我们能够从"一战"之前的这段时间里得出对舍勒基本概念的这一草描,也即意向性概念构成了通过现象学还原所获得的本质与本质关联的基本结构,以及修正它们的行为类型的基本结构。由此,这一概念就变成了构造体系的基本概念。但我们也必须承认,舍勒并未把意向性概念作为他自己的主题进行研究,也未在其基本的系统功能中规定它。这种理解的后果可能就是,胡塞尔在经受了现象学还原的"纯粹意识"中所承认的意向性功能在舍勒看来并不能令人信服。舍勒在对现象学哲学进行奠基时,对意向性的非主题化被理解为下面这种情况的一个证据,即所谓的奠基问题可能更适合根据其他概念线索得到发展。

这样就会导致下面这个问题,即哪些思考促使舍勒改变了意向性概念的含义。从根本上来说,这些思考集中在两个问题上:(1)用精神概念代替意识概念;(2)把现象学还原的问题强化为对实在性论题的排除。

二、舍勒对意识概念的批判

如果舍勒后来不再把意向行为——他从一开始就像胡塞尔一样把它理解为"对某物的意识"②——回溯到意识概念上,而是回溯到精神概念上的话,那么这似乎只是一个术语问题。事实上,在这一问题后面隐藏着一个多层次的奠基性问题。

---

① Scheler, Handschriftliche Zusätze zu "Die deutsche Philosophie der Gegenwart" (1922), VII, 330. ——不可理解的是,施皮格伯格把普凡德尔称作"现象学运动唯一的奠基者","他为我们留下了现象学哲学体系的纲领。"(A. Pfänder, *Philosophie auf phänomenologischer Grundlage-Einleitung in die Philosophie und Phänomenologie*, Aus d. Nachl., hg. v. H. Spiegelberg, München 1973, 21)

② 例如参见 X, 386, 397。

如果我们从发生学上考察舍勒那里精神与意识之间的关系问题的话，那么我们就会遇到意向性问题的前现象学和前术语学的起源。在大学任教资格论文中，舍勒就已经在其后期现象学哲学的意义上深入理解了精神或者"精神生活"的概念。他把"精神生活"理解为"所有的现实性——这些现实性同时以其存在形式超越它们自身而指向一个它们所不是的东西，并且在这种超越自身中（Übersichselbsthinausdeuten）藉由其现实性把一种权利、一种有效性与一种不可分离的统一性联结在了一起"（I, 321）。在这一规定中，有三个要点：（1）首先，虽然精神生活有赖于意识本身所固有的有效性标准，但它在存在论上被理解为一种存在形式。因此，舍勒这时把他的哲学也称作"批判的形而上学"（I, 334）。（2）我们在"超越自身"中，因此也在与某个超越之物的内在的意向性关系中看到了这种存在的基本规定。（3）超越之物在其（先天的）有效性要求中，在精神或意识所固有的意向性关系的不可分离的统一性中显示自身。上面的引文表明，虽然舍勒在1900年发表大学任教资格论文时既不了解胡塞尔的意向性概念，也不了解布伦塔诺的意向性概念，但他已经预先提出了后期理解意向性概念的一些关键要素：精神作为存在形式；行为所固有的与某物的关联活动（Beziehungstätigkeit）；被意指之物的先天有效方式。因此，当舍勒认识了意向性概念之后，他就立即采用了它，尽管这个概念在他的任教资格论文中一次也没有出现。虽然我们不能准确判定这一情况是何时发生的，但似乎是在他前往慕尼黑大学（1906）重新申请获得任教资格之后开始的，那时他参加了慕尼黑现象学小组，这个小组是由利普斯学圈中的道伯特斯·威尔肯（Dauberts Wirkcn）创建的。[①] 舍勒从耶拿时期就已在构想并于1906年付印

[①] 对此参见 R. N. Smid, "Münchner Phänomenologie-zur Frühgeschichte des Begriffs", in H. Spiegelberg, E. Ave-Lallemant (Hg.), *Pfänder-Studien*, Den Haag 1982, 109-153。

（aus dem Druck gezogen hatte）的《逻辑学》[1]同样也没有使用意向性概念，尽管他偶尔会说，概念或感知"意图"（intendieren）、"意指"（meinen）、"表明"（auf etwas hindeuten）某物[2]；有一次他也提到了一种"认识论的意向性关系"（第96页）。但是，所有这些都是顺带发生的，没有体系的重要性，也缺乏主要受（西南）新康德主义学派影响的哲学基本概念的背景。

虽然在《逻辑学》中，体系的基本概念不再像在任教资格论文中那样是精神概念，也不是作为一种精神行为的思维的概念，而是"思维功能"的概念——逻辑被定义为"思维功能的规律的科学"（第4页）。在"精神"和"思维功能"之间也不存在任何本质区别。舍勒已经在任教资格论文中提到了精神的"诸功能"：道德和认识论的规范建立在先验的"功能"之上，而且舍勒像康德主义者那样把这些规范回溯到了一个共同的"根"上，回溯到了"精神"上。[3]舍勒已经把在精神功能的多样性中指明精神之统一性的任务指派给了哲学的"基本学科"，即上文已提及的"批判的形而上学"。[4]

舍勒把"功能"理解为精神之超个体的合规律的关联活动，这些关联活动证成了伦理、美学和理论之中的一般有效性和必然性的合法要求——在对其老师奥伊肯（Eucken）的宗教哲学的评注中，舍勒提到了"人类精神的价值功能"（I, 340）。在《逻辑学》中，他偶尔也在完全相同的意义上把思维称作"精神的功能"（第180页），因此他所意指的"先验逻辑"[5]是一门先验的精神哲学的整体系统[6]的一个分支

---

[1] M. Scheler, *Logik I*, Mit e. Nachw. v. J. Willer, Amsterdam 1975. 这涉及计划出版的舍勒两卷本《逻辑学》的第一卷的校对清样的重印本。
[2] 例如参见 77, 81, 169, 198, 210ff.。
[3] 例如参见 I, 278ff.。
[4] 对此参见 I, 334, 281ff., 302f.。
[5] 参见 *Logik I*, 20f., 33, 51, 60 u.ö.。
[6] 对于一个所有多样功能植根于其中的"人类精神科学的唯一整体"，参见 Scheler I, 270；类似地可参见 283, 284, 302 u.ö.。

学科——任教资格论文中的第二篇文章依然模糊不清地把哲学定义为"精神的学说"（I, 334）。这就已经不再容许把哲学限制为一门"意识的学说"了。舍勒一生都把他在早期哲学中提出的精神的标志看作一种唯一的、统一的、超个体的、合规律地划分的存在形式。这一对他后期哲学具有奠基作用的关于（精神）行为与（心理物理）功能之间的区别虽然直到1906年为止还未在术语上发挥任何作用，但从事实来看，这一区别被坚持看作精神的和个体—心理的被给予性与合规律性之间的根本区别[①]——对心理主义的这种受新康德主义影响的批判构成了贯穿舍勒全部哲学的一个不变的主题；这种批判也促使他反对布伦塔诺的《出自经验立场的心理学》。

在"人类精神的价值功能"中，我们可以看到舍勒意向性概念的发生学起源和事实起源。从事实来看，他实际上把意向性概念回溯到了非现象学的源头，最终回溯到了他对康德"知性功能"——即赋予被给予我们的杂多表象以一种范畴统一性——的诠释。[②] 舍勒的意向性概念起源于他青年时代的新康德主义哲学，这一说法可以从他后来把"功能"一词用在意向行为上开始，直至"精神的功能化"学说得到证明；这一点可以间接地看得出来，因为他在1922年放弃了如下观点，即：在我们精神的意向行为中获得的本质洞见"建立在'先天的观念'上"或者"（像康德认为的那样）表达了精神行为的单纯的功能规律，也即'知性规律'"（VII, 309）。

自遭遇现象学以来，范畴之思维功能的"内容之空乏"（Inhaltsleere）就成了对（新）康德主义的意识概念的主要指责。因此，我们可以认识

[①] 舍勒明确地把思维"活动"的概念贬低到了逻辑的合规律性的单纯现实化条件上。思维活动"只是逻辑意识的综合统一的行为形式，这一形式总是在意识中被思维和认识，而且也必须被充实"（S. 27）。舍勒在另一处说，他更喜欢说思维的"功能"，而不是思维的"行为"。（S. 52, Anm.）

[②] 参见 Kant, *Kritik der reinen Vernunft*, B 92ff.。

到，从新康德主义的立场向现象学立场的转变与意向性概念有关：康德的知性的先天关联活动——扩展到精神的功能规律上——必须依照远远超越了形式功能范围的精神的先天直观得到修正。胡塞尔已经用范畴直观的概念证实了先天直观。与其说舍勒在其任教资格论文中就已经主张通过奥伊肯所理解的"工作环境"（Arbeitswelt）的内容来扩展先天的精神功能，倒不如说他想知道范畴直观对哲学所具有的根本意义——这里有他把先天主义从形式的先天向质料的先天扩展的根据。这一不可动摇的基础（Fundamentum inconcussibile）存在于质料的和精神的本质洞见的事实中，这一事实虽不显眼，但不容动摇。舍勒由此得出了其基本的哲学结论：他将其新康德主义哲学转化成了现象学。"胡塞尔将把握本质的、对某物实行了我们的精神意识的行为叫作'本质直观'，并且断言，在这样的本质洞见和对这样的必然关系——这些关系的基础本身在这些'本质'内容中——的洞见中，所有关于实在的（positive）现实之物的理论都具有其最终携带的理由……。因此，现象学为一种新型的先天主义奠定了基础，这种新型的先天主义不仅把逻辑学和价值论的纯粹形式命题包含在了其不同的下属学科（伦理学、美学等）中，而且也发展了质料本体论。"（VII, 309）

如果舍勒在这里还将把握本质的行为称作"我们对某物的精神的意识"的话，那么这与胡塞尔无关，而与他自己的理解有关。毋宁说，舍勒很早以前就赞成将把握本质的行为从意识的束缚中解脱出来。在《逻辑学》中——实际上在任教资格论文中——舍勒就已经完全学会了"'意识'这个表述。当代的主观唯心论学派在'一般意识'"这个概念规定中使用了这一表述。这部分是由于"根本错误的看法，即世界首先是'我的意识内容'"，部分是由于把意识主体理解为"我的"（我）或某个其他的具体之我的危险[①]——舍勒从一开始就想避免这种

---

① *Logik I*, S. 53.

通过与"意识"等同而将超个体的精神重新与一个具体的"我思"捆绑在一起的危险。于是下面这点就立刻清楚了，即：对于舍勒来说，一旦胡塞尔回溯到"一般意识"或"绝对意识"上，那么他便会遭到人们长期以来对主观唯心论的批评，这一责难始终贯穿于舍勒后期的著述中。[①]

除了现象主义的反对[②]和自我难题（Ich-Problematik）之外，还有两个论据，这两个论据是舍勒针对作为基本范畴的意识概念提出来的：（1）意识概念过于狭隘；（2）意识概念不是基本概念。

之所以说它过于狭隘，是因为在舍勒看来，如果意识概念仅仅局限在认知行为（感知、表象、思维）上的话，便会忽视具有意向性能力的情感行为。与这样一种事实上不合理的狭隘做法相反，舍勒提出了——当然他没有一以贯之地执行——一门完整的意向行为学（Noetik）理论，意向行为学使意向性有能力成为揭示整个精神之行为类型的线索。"意向性能力"可以在两个前提下变成系统的—有启发性的（systematisch-heuristischen）线索：首先，通过明见的本质洞见，先天本质和本质关联的领域能够被揭示出来；其次，通过关系规律，所有先天的属（jeder Gattung von Apriorís）也都必须将其本质赋予相应的行为。因此，行为类型的系统和整个相互关联的问题域也能在先天本质洞见的坚实基础上揭示出来。但是，"系统"必须在一种原则上开放的意义上被理解，而且，这对舍勒来说是一个反对意识概念之狭隘性的论据：自任教资格论文以来，他就确定不疑的是，意识根本不是一个已完成的封闭的东西，它始终处在不断的历史进化中。

对舍勒来说，意识概念之所以过于狭隘，还因为他有这样一个先入之见（Vormeinung），即有意向性能力的行为不仅可以与一个自我联

[①] 参见 1922 (VII, 311), 1923 (XI, 49), 1927 (IX, 208) u.ö.。
[②] 1913 年舍勒把"现象主义"理解为这样一种学说："我们的认识只是对所谓的存在于显象背后的实在的'显象'的认识。"（X, 420）

结在一起，而且也可以与作为其唯一载体的人联结在一起。舍勒想起了胡塞尔对人类学主义的批评，即在与载体的关系中必须撇开所有实在设定——但胡塞尔自己也陷入了这种人类学主义，因为他认为只有人才能成为意识的载体。与此相反，舍勒完全摆脱了动物、人或上帝是否是意向性行为的载体的问题。意向性领域以这种方式包含了贯穿世界的全部逻各斯。由此，它获得了一种自由漂浮的、无地点无时间的、无限的特性，与这一特性相比，实在性领域则表现为某个偶然的、有限的东西。

就这种对（胡塞尔的）意识概念之狭隘性的批评而言，下面这点也很重要，即舍勒把意向性行为的领域与"内感知"的领域彻底地区分了开来，因为他只在行为的实行中设定精神的存在，而对象则没有这种能力。早在任教资格论文中，舍勒就已经持有了这种观点："正因为如此，这一判断，或者更确切地说，所有在上面提到的特征中与他（胡塞尔）相像的东西，既不是'可观察的'，也不是通常意义上'可体验的'，而只是从下面这种意义上来说是'可实行的'，即其实行本身与实在和权利要求是同一的。"（I, 321）精神之实行的实在性不同于心理生活的存在方式，因为，在精神行为的实行中，我们经验到了对有效性的要求——有效性要求不是通过反思被考虑到的。因此，舍勒可以断言说："精神不是心理的存在。"① 然而，至于精神或精神行为或所有行为之中心、人格应具有怎样的存在方式，舍勒并未进行充分讨论，而海德格尔则指明了这一问题。②

针对这些对意识之狭隘性的质疑，另外一些反对意见认为，意识不具有意识的观念论（Bewußtseinsidealismus）所要求的那种根本性。意识总是关于某物的意识——这个某物必定已经预先被给予了。"意

---

① I, 322；参见 I, 329；以及论题 7 和 9（I, 335）。

② M. Heidegger, *Metaphysische Anfangsgründe der Logik im Ausgang von Leibniz*, Marburger Vorlesung 1928, bg. v. K. Held (*Gesamtausgabe*, Bd. 26), Frankfurt 1978, 164ff.

识"本身暗示了其派生地位:"被意识到"(Be-wußtsein)始终是一种随后的知道,这首先由"反射"(re-flexio)得知(IX, 185),由自我因实在的反抗而被回抛得知——所有意识都源于与现实的遭遇。[①] 因此,在舍勒看来,"意识"只是多种认识(Wissen)方式中的一种——"认识"是更一般的同时也是更基本的概念,因为,意识已经被证明是一种派生的认识方式。在修改1922年出版的《同情书》第二版的过程中,舍勒首先在"同一感"(Einsfühlung)(感受的同一化)——"作者在第一版中还完全没有弄清楚移情的特性"[②]——的不同形式的基础上发展了作为最原初的认识方式的"绽出的认识"(ekstatischen Wissens)的概念。绽出的认识是"对事物的简单拥有",这种简单拥有依然不完全地被包含在所有对事物和事件的感知与表象中,但是对于成熟的文明人来说几乎不再能够得到认同——在极限情况(Grenzfällen)下,也即,在特定的病理状态中,在儿童和原始人那里,这种情况得到了证实。绽出的认识尤其通过下面这种方式与"意识"区别了开来,即它并不表明任何对这种认识的认识,也不表明任何自我关系(Ich-Beziehung)(IX, 189)。针对笛卡尔主义的传统,以及布伦塔诺和胡塞尔,舍勒宣称,不是"所有的心理功能和行为都必须伴随着一种关于它们的直接认识",而且,自我关系也不是"所有认识过程的本质条件"(IX, 189)。因此,意识不是不能再被回溯的"原事实"(Urtatsache),而是一个派生的范畴。

舍勒的论题——即意识从其发展史上来说,源于绽出的认识——提出了其他问题。在《同情书》中,舍勒宣称,所有在"身体意识——就像它在特定的统一流中包含所有机体感觉和被定位的感受感觉那样——和作为所有'最高'意向行为之中心的意向活动的—精神

[①] 参见 VIII, 370, 375; XI, 73, 101 u.ö.。

[②] "Vorwort zur 2. Auflage", VII, 11. 舍勒在1913年以后完全重写了一遍同一感形式的类别(VII, 29-48)。

的（noetisch-geistigen）位格之间存在的同一感（都处于）中间位置。因为在我看来：不论是我们精神的位格中心及其相关物，还是我们的身体—躯体以及所有那些作为这一领域之变型或进一步规定而被给予的东西（就像机体感觉和感受感觉或者感官感受那样）依照本质规律都不允许同一感和同一化——在所有上述典型情况下，我们都与同一感和同一化有关"（VII, 44）。然而，在《观念论与实在论》（1927）中，舍勒再未提到这三个认识领域的本质区别。他这时的论题是，存在一种从同一感领域向意向行为领域的过渡。因此，下面这个问题依然未予讨论，即意向性领域是否可以被局限在位格领域上，或者，意向性领域是否在一种不完全的意义上也存在于同一感的领域中。在这种情况下，意向性领域也必定可以出现在动物、儿童和原始人那里。从 20 年代以来的不同表述可以假定，舍勒想要了解局限在更高精神行为上的意向性，这些精神行为建立在行为中心和意向对象的"距离"（Distanz）[①]上。这种建立在反思基础上的距离可以被理解为存在论的、标志着人类精神和存在的范畴。在此，引人注目的是，舍勒在对这一概念的——本来非常少见并且是完全附带的——阐释中几乎从不谈论自由，这多少有别于胡塞尔。在绽出的认识中，距离的缺乏反对把意向性赋予这种前意识类的认识类型，而绽出的认识是"认识"的称谓却迫使人承认其意向性，因为认识始终是一种精神行为。倘若精神进入了人类的此在领域，那么意向性也——以或大或小的距离——被包括其中。然而，在这里，我们不能遵循相关性的概念，因为这一概念并不局限于精神行为上，它也作为存在论和现象学都不关心的理论结构的范畴，在一种相互关联的意义上被使用。

这种绽出的认识的学说不仅表明，意识不能被理解为不可被欺骗的原事实，它要重新阐明意识概念之狭隘性。把意向性概念扩展到所

[①] 参见 VII, 52, 55 u.ö.。

有精神的行为类型上的做法，在绽出的认识这里导向了悬而未决，而且也可能导向一种不确定性——意向性与行为和对象的可区分性之间的联系好像得到了贯彻，然而，这并不必然意味着要承认被舍勒所否定的关于意向性与意识相关联的论题，因为意向性本身也包括非认知的精神行为。

虽然在中期阶段就已经出现了一个与意向性竞争的概念，但这个概念从来没有被完全排除。至迟从撰写《哲学之本质》（1917）以反对胡塞尔的"作为严格科学的哲学"（1911）开始，舍勒就用柏拉图的分有概念（methexis）代替了意向性概念："当整个人的具体的行为中心试图分有本质（Wesenhaften）时，其目的是为了把他自己的存在和本质的存在直接统一起来，也就是说，人的目的是为了'成为'所有可能的本质核心的行为相关者，并且'成为'这一王国所固有的秩序。"（V, 86）

用分有概念代替意向性概念的做法对于舍勒后来20年代向存在论和形而上学的转变具有决定性影响。通过分有概念，实现了在没有术语约束的情况下将意向性结构既扩展到前反思认识的（不确定的）行为种类上，也扩展到不具有对象能力的行为种类——这些行为种类只有在实行过程中或实行结束后才能被理解——上的目标。而且，通过分有概念，也获得了一种意义统一，这种意义统一不仅允许在存在论上把认识理解为一种存在关系，而且也允许对所有其他精神行为，甚至精神本身作存在论的理解。当分有在相关性规律的基础上、在行为种类的多样性和统一性的基础上、在存在领域的等级基础上得到阐释时，它使得一个全面的精神哲学体系成为了可能。通过分有概念，对意向性的普遍问题域的系统限制与意向性概念向精神之整体的扩展、与精神的存在论化联结了起来，这一点可以通过舍勒对现象学还原的阐释加以说明。

三、舍勒对现象学还原的阐释

舍勒总是指责胡塞尔对现象学还原的理解过于简单了,因为他把现象学还原仅仅描述成了一种对实在论题的逻辑的排除。[①] 胡塞尔对此在方式加括号[②] 是以他尚未反思过的事实条件为基础的,也就是说,是以一个复杂的存在—过程(Seins-Prozeß)为基础的,通过这一过程,人们从心理—物理的存在关联中抽取出了其精神的行为中心。当舍勒把现象学还原与人的此在整体关联起来时,现象学还原就从意识所固有的对存在论题的排除变成了一种生存论的精神技术,这门技术适合于消除人的生命需求与其自然环境之间的所有关联,并由此使其精神—观念的存在的现实化成为了可能。在柏拉图洞穴喻的意义上,现象学还原包括所有从自然世界观的地下洞穴上升的论题,然而,精神性的实存首先是在地面上,在先天观念的和与之相关的行为的光照中发生的。当然,舍勒也已把这种上升理解为一种精神技术,因此,精神已经在尘世艰难的(erdenschweren)此在中起作用了。在这里,对上述问题的研究不能继续进行了,因为要想这么做的话就必须对"精神之昏庸无能"的误解给出一种全面解释。[③] 而我只想弄清楚,舍勒对现象学还原的解释在多大程度上影响了他对意向性的理解。

在关于"哲学之本质"的论文中,舍勒就已经和柏拉图一起把哲学之自身构造回溯到了一种"道德的提升"(moralischen Aufschwung)上,但他也把这种道德的提升叫作"精神的认识技术"[④];在后来的

---

① 比如 1917(V, 86);1927(IX, 208)。
② 舍勒明确指出,胡塞尔并未如他所认为的那样把此在放在了括号里,而只是把此在方式放在了括号里。(V, 86)
③ 参见舍勒对于 K. Lenk 往昔的批评性谈论:*Von der Ohnmacht des Geistes. Darstellung der Spätphilosophie M. Scheler*, Tübingen 1959。
④ V, 86;也可参见 V, 69。舍勒 1923 年提出的"本质认识的技艺"是以 1917 年的论文为基础的(XI, 26)。

一些年里，他几乎只提到过"本质认识的技术"①和类似的表达。通过对 1917 年的纲领性文章与 1927 年的论文《人在宇宙中的位置》对"观念化行为"（Akt der Ideierung）这一表述②的阐释的比较，在用"本质认识的技术"代替"道德的提升"时，意向性问题被推延（Verschiebung）了。这种推延的根据并不在于两种阐释的问题提法不同——好像 1917 年的论文是为了确定哲学的本质，而 1927 年的论文则是为了指出在哲学的核心认识行为这里即观念化的行为这里精神的本质。尽管 1927 年舍勒对哲学概念的认识兴趣已经转移到了精神概念上，但观念化的行为涉及的还是他在 1917 年的论文中讨论过的相同的事实问题。在对个别要素进行相互比较之前，有必要进一步确定讨论的基本语境。

道德的提升是由三种基本行为类型构成的：

1. "整个精神位格对绝对价值和存在的爱"；

2. "对自然之我和自身的贬低（Verdemütigung）"；

3. "自身控制（Selbstbeherrschung）和由此而可能的对本能冲动的对象化。作为'身体上'被给予的和以身体为基础而被体验到的生命的本能冲动始终必然同时限定了自然的感官感知。"（V, 89）

舍勒在 1927 年的论文中同样也提到了三种基本行为类型，它们分别是：禁欲、压抑（Verdrängung）和升华。舍勒两次提到三种基本行为类型的做法引起了如下猜测，即对他来说一开始就涉及一种具有确定轮廓的、人们愿意的话可称之为一种有系统架构的还原理论，这种理论后来也应当构成他的未完成的形而上学的一个自有部分。③与之并不矛盾的是，在其死后遗留的写于 1921/1922 年的手稿中，舍勒已经在还原过程中区分了四种"相关性"或"存在层次"：自我、人、有

---

① 比如 1926（VIII, 138f.）；1927（IX, 206）；1928（IX, 42）。

② 关于"观念化行为"可参见 IX, 40ff.。

③ 参见 VIII, 362; IX, 117。

身体的生物（leibwesen）、有限的精神。[1]这仅仅表明，舍勒相信不能停留在三种基本行为类型上，而是认为还要在一种完整系统的理论意义上关注更为广泛的类型。为了能够判断是否还有其他行为类型也应被列举出来，我们必须确定赋予理论以统一性的原则。当舍勒在1917年和1927年强调说，这三种行为类型构成了一个"结构"（Gefüge），并且如果"只有它们"能够在统一的共同作用之下引导精神位格通过认识来分有存在的话[2]，那么，一个可能"结构"的三个相互依存的要素就彼此分隔了开来：（1）一个静态的要素，这个要素存在于行为类型的一个确定的构架中；（2）一个动态的要素，这个要素规定了分解运动（Ablösungsbewegung）；（3）一个目的论的—有等级秩序的要素，这个要素使分解运动朝向精神的更高存在阶段。在柏拉图灵魂上升的图景中，这三个要素都可以直观地统一起来。因此，共同的语境是不同要素和联结规律的一个结构，而且这个复杂的系统应该通过一门系统的还原理论得到完整把握和阐明。

然而，舍勒已经分别阐明了结构的三重构造的意义。1917年，他认为这三重构造的意义在于人类已经从"自然环境的结构"（V, 89）或"此在的相关性"中彻底解放了出来："为了使精神在根本上脱离只与生命有关的存在、为生命（并在生命中为作为生物的人）的存在，为了使精神分有存在——如其自在地、在自身之中那样——就需要这些行为。"（V, 89）这个并不怎么精炼的表述是由精神与生命的对立所决定的，也就是说，是由"人作为全部生命的一个特殊种类所具有的生物学的特殊构造"所决定的（V, 88）。1927年，问题的提法得到了深化和扩展，这时涉及的是"对事物的现实性特征的排除"（IX, 42），而且在现实性和现实地被给予的行为的所有普遍联系范围

---

[1] 参见 XI, 99f., 102f.。

[2] V, 89; IX, 42.

中——舍勒提到了"世界与自我发展的技术"（同上）。现在，舍勒回溯到了自我和世界的现实体验的起源上，他发现这种起源是在"已被揭示的世界领域……为我们有所追求的、为我们本能的生命、为我们核心的生命冲动（Lebensdrang）的反抗体验"中、在"所体验到的对最低级、最原始的……甚至灵魂生命的属于植物的等级，'即感受冲动'（Gefühlsdrang）的反抗印象（Widerstandseindruck）"中被给予的（IX, 43）。舍勒从1917年由之出发的属人的"普世生命物种"（die menschliche „Artspezies des universellen Lebens"），现在被心理之物的（生命的）存在论层次的学说所接替了。虽然现在也涉及精神和生命的基本规律，但它不再只是在基本行为方面，而是在行为与对象的完整关联的基础上被思考的。精神与生命的对立，虽然贯穿于舍勒思想发展的中后期[1]，但是在后期出现了这种普遍的看法。依照存在论的结构规律和等级规律，这种普遍的看法被规定得比以前更加严格了。对还原的道德阐明必须转变成一种普遍的技术的阐明，因为现在涉及的也不再只是个体位格，而是对世界的精神化共同起作用的人。舍勒从人格神论向去人格化的泛神论（depersonalisierten Panentheismus）的转变也在这一转变中得到了反映。可以设想，在对这三种基本行为类型的指称中，术语的变化同时也受到了作为其基础的问题提法的限定，反过来，术语的变化又使问题的提法承认了这种变化的意义。为了研究肯定地被指向的爱的行为类型（positiv gerichtete Aktart der Liebe），我从对1917年和1927年的个别行为类型与舍勒在1917年称作否定地被指向的（negativ gerichtet）行为类型（贬低和自我控制）的比较开始。由于舍勒也在否定的行为类型这里暗示了肯定有助于实现哲学认识的东西，所以我们必须依循其固有之理（auf ihre immanente Ratio）追问这种两面性，尤其是有助于理解意向性的东西，而还原的作用就在于

---

[1] 1927年舍勒甚至把这种对立回溯到了其博士论文：IX, 65, Anm. 1。

揭示意向性。

1. "对自然之我和自身的贬低"（V, 89）摧毁了人的天生的高傲，摧毁了自然活力论（V, 89f.）或肉体生物（Leibswesens）的存在层次的影响（XI, 100），借此它也是下述行为的道德条件，即那种"对哲学认识而言必不可少且同时发生的 1）从纯粹所是（对纯粹'本质'的直觉的条件）中对偶然此在方式的（去除），以及 2）对认识行为在心理—物理的有机体的活力—家政中的交织的去除"（V, 90）。人们从与贬低相关的意义那里看出了舍勒试图把现象学"基督教化"的努力。这一意义表明，这个名称从两方面来看都是不合适的。一方面，因为实际上涉及的是行为与对象的全部关联；另一方面，摆脱实在性与"贬低"毫无关系——正如舍勒同时在别处所做的那样，说"对自身存在的否定"和"认识主体对自身的超越"可能更合适一些[①]——如果涉及的只是关联主体极（Subjektpol der Korrelation）的话。除了行为与对象关联的实在论题之外，舍勒在 1913 年就已经形成了现象学还原的完整概念（X, 394）。胡塞尔的这一理解现在已经从三个（或者更多）基本行为类型及其相关对象缩减到了一个，这样一来就可以说明舍勒对其他行为类型的阐释，他已经看到胡塞尔的理解是不充分的。由于舍勒在 1927 年就把此在与本质的分离看作人类精神的根本标志，而这个标志是所有其他标志的基础（LX, 42），所以，如果与贬低被共同意指的行为类型被理解为一个奠基顺序的根本标志的话，那么我们就能够在这种既静态又按一定等级设定的奠基顺序中看到行为类型的"结构"意义；这一行为结构将被统一为在哲学认识中起决定作用的意义统一体。贬低之奠基性的行为类型的肯定方面也即其"为何"（Wofür），在于实现了哲学的本质认识，这种本质认识必须按照一定的明见性程度得到充实。把本质认识与对此在的否定连接起来的

---

① Scheler, *Deutschlands Sendung und der katholische Gedanke* (1918), IV, 518.

理智（Ratio）建立在这样一个现象学公理上，即每一个在此存在者都有一个本质，而每一个本质都与一个此在者连接在一起。贬低必须由关于这样一个东西的知识所引导，这个东西使本质成其为本质，使此在成其为此在——然而舍勒在 1917 年并未对此进行研究。就此而言，还原的第一步依然与一种有关本质与实存的未经证明的前识（Vorwissen）关联在一起。

1927 年，舍勒用禁欲概念取代了贬低。禁欲把人变成了不同于动物的"能说不者"（Neinsagenkönnen）、变成了"生活的苦行僧"（Asket des Lebens），由此他就变成了"反对所有单纯现实性的永恒的基督徒"（IX, 44）。舍勒强调，这一规定与所有世界观问题和价值问题无关——这暗示了对他早期将现象学还原基督教化的批评，现在他在不同文化圈和时代中为这一要素寻找根据；在其后期文稿中，舍勒常常引用佛陀否定世界的学说，因此他批评这种学说也是一种"否定的"人的理论（"negative" Theorie des Menschen）。由于生命概念包含心理之物的四个层次（感受冲动、本能、联想记忆、与有机体相关的实践理智），所以在根本的"能说不"之后已经有一门复杂的理论了，舍勒在他遗留的手稿中已经初步完成了对这一理论的阐释[①]——其现象学还原理论的不完善性在细节之中，然而我们可以明确看到，舍勒的兴趣在于通过对被排除的存在关联的准确认识来确定还原的第一步。因此还原理论必定优先于存在论，虽然存在论并不能通过还原理论得到担保，但或许能够通过还原的实践得到担保，还原的实践在理论当中仅仅获得了事后的表述、澄清和完善。尽管如此，两个理论部分都存在于一种相互依存的关系中，这种依存关系包含在一个"开放系统"的不可封闭的起源中——在这一前提下，对一门完整的"结构"理论

---

① 尤其参见 1921/1922 年的手稿 "Zur phänomenologischen Reduktion" (XI, 92-103) 以及 1923 年的 "Metaphysik und Wertwissen, insbesondere Ethik" (XI, 54ff., bes. 64f.)。

的疑问必定依旧是开放的。

2. 自我控制——舍勒在1917年将其理解为"抑制手段和将本能冲动对象化的手段"——应该战胜自然的肉欲（natürlich Concupiscentia），而且"在世界内容（Weltinhalt）的被给予性的充盈中是一种从零向完善上升的契合性的"道德前提（V, 90）。在舍勒看来，人的自然的本能冲动显然并未通过贬低得到克服。舍勒是针对存在于在贬低和自我抑制之间的什么样的区别而看到了第二种行为类型，这一点很难得到洞察，即使人们将舍勒在1927年以此来替换自我控制概念的"本能压抑"——有关于弗洛伊德的《超越快乐原则》（Jenseits des Lustprinzips）——考虑进来。然而，如果我们考虑到"为何"需要自我控制的话，那么否定的功能就会变得更清楚：它涉及对"自我中心主义"的克服（V, 89）、对自我的存在层次和"唯我论"的存在层次的克服（XI, 100）。在完成第一次还原之后，这些存在层次依然存在——舍勒批评胡塞尔没有完整地实行还原：正如舍勒在1927年所说的那样，还有一个任务是"超越其自身独有的自我现实性（Selbstwirklichkeit）"（IX, 45）。当自我控制阻止生活实践的、实证科学的认识兴趣转移到本质认识领域上时，"实事性"（Sachlichkeit）就首先成为了可能，而现象学家已经以"回到实事本身"为座右铭致力于这种"实事性"了。此外，明见性程度向自我控制的回溯表明，舍勒也明确区分了"明见性"和"契合性"。由于自我控制和本能压抑这两种表述实际上与认识主体的还原一样都应当作用于观念化行为的纯粹自我，因而，从这个意义上来说也具有相同的目的，所以这两种表述都被证明是不合适的语言表述——两者显然都是在未经还原的外部兴趣的影响下（unter dem nicht reduzierten Einfluß externer Interessen）被选中的：一个回溯到了希腊—基督教的德性学说上，而另一个则回溯到了弗洛伊德的深度心理学上，但舍勒并未因此接受弗洛伊德的本能学说。与胡塞尔不同，对自我的还原并不具有将个别自我提升到普遍自我的意义，因为，对于舍勒来说，个体的位格统一性不是缺陷，而是精神—存在（Geist-Sein）的本质条件；对自我或者毋宁说本能冲动——在第一次还原之后，本能冲动依然在自我中起作用，而且构成了自我——的还原应该被排除。对于意向关系领域来说，这意味着，内感知和反思行为的自我不能与精神行为的自我混淆起来——舍勒在《自我认识的偶像》一文中已经就这种混淆对胡塞尔进行了批评。[①]

3. 爱虽然被称作三种基本行为类型中唯一肯定的行为，但它像另外两种行为一样也具有否定功能：它应该摧毁所有周围世界中的存在相对性在人之中的根源（V, 90），并且用"全部精神位格对绝对价值和存在的爱"（V, 89）代替这个根源。由此，"精神位格"出现了，它与和此在的认识及生活状况相关的自我不同，它具有在胡塞尔那里承载纯粹自我的功能——它就是所有纯粹意向性的主体。

如果舍勒说，爱仿佛是"整个行为结构的核心和灵魂"的话（V, 90），那么我们就必须在一种"纯粹的"意义上理解：只有涉及"纯粹的"也即精神的行为类型的意义上，它才构成了贬低、自我控制和爱（作为结构的构成要素）这一行为结构的核心。与在另外两个要素那里一样，爱这个概念的意义也必须完全依从所谓精神从其被嵌入的此在相对性的所有层次脱离的语境。"精神之爱"与人际间的爱无关，但或许与有限的精神不懈地追求与上帝这个绝对位格的统一有关。舍勒在1917年所谈论的"爱"应该在奥古斯丁对柏拉图的爱若斯（Eros）的注释的意义上理解。爱赋予了贬低和自我控制以否定的功能取向和关于被排除之物的知识——被排除之物是妨碍对爱进行充实的东西。因此，应该区分两种关于哲学本质的观点：（1）未被还原的主体的观点；和（2）本质直观的观点。与之相应，对行为之结构的理解也被推延了。从精神位格出发，爱是首要的和奠基的行为类型。如果我们在行

---

① 参见 III, 246ff.。

为类型的向度上来看哲学的肯定的实现的话，那么爱是作为从界限上与向来属我的我（je-meinigen Ich）相对的自我控制起作用的，是作为与实在性和所有此在相对性的层次相对的贬低起作用的。如果我们在否定功能的向度上来看的话，那么爱是作为扎根于实在性中的东西起作用的——在还原行为开始之前，爱始终已经借助了（vermittelt mit）所有生命层次，这与柏拉图关于人类起源的灵魂堕落（Sturz der Seele）的神话类似。与此相反，从此在的角度来看，在颠倒的构造顺序中，行为类型的结构表明，我们超越了胡塞尔的实在性还原而到达了自我还原，从自我还原到达了精神位格，并由此到达了进入意向性领域的入口。

因此，从根本上来说，精神位格与心理—物理之我无关，可以说，它寓居于心理—物理之我中。① 在其自身中，它通常是潜在地由所有精神的行为类型的结构所构成的，这样一来，它所实行的所有个别行为就总已经被编排进了整个可能的行为类型中。舍勒在1912年就已提到的这个总体（Totalität）② 包含了这样一些行为类型，通过这些行为类型，有限的精神旨在分有世界整体——它就是潜在地被完全构造的微观宇宙，宏观宇宙在这个微观宇宙中得到反映，微观宇宙建立在宏观宇宙的基础上（auf den der Mikrokosmos hin），同时，宏观宇宙也被编排进了微观宇宙中。微观宇宙与宏观宇宙间的区别对应于有限精神与绝对精神间的区别，也就是在上面最后提到的应被还原所排除的"关系"或存在层次（XI, 99ff.）。爱是一种运动，通过这种运动，有限的精神—位格将会获得对宏观宇宙的分有，以便在宏观宇宙中"生成"，并变成绝对者的一个"局部中心"。爱在所有行为类型中

---

① Temuralp 从其心理学立场出发认为，位格与自我间的区分是"矛盾的"，而他并不了解舍勒这样区分的理由。（T. Temuralp, *Über die Grenzen der Erkennbarkeit bei Husserl und Scheler*, Berlin 1937, 29, 134ff.）

② 参见 III, 269。

具有优先地位，而且只有在其中一种行为的实行中才能得到实现。介于位格和绝对者之间的这些"轨道"（Bahnen）的整体是意向性的整体——先天的中介结构，这些中介结构通过爱的有限精神等待其实现。因此，舍勒区分了结构要素和动力要素：结构要素是意向性的宪法（Verfassung），而动力要素则被赋予了优先于所有意向性的爱。把这两个方面结合在"意向性"这一概念——意向性这个概念不能胜任绝对位格的爱的取向（Ausgerichtetheit）——中的做法并不怎么有助于澄清"实事本身"，其结果倒是，这一概念已被证明过时了。

舍勒在1927年就已经用弗洛伊德的"升华"（Sublimierung）概念取代了爱的概念，虽然这种取代没有贯彻到底。通过"对本能的并非偶然的，而是决定性的'否定'，人可以通过观念的思想王国来构建其感知世界，从另一方面来说，就是通过寓居于其中的精神来引导在受到压抑的本能中蛰伏的能量上升。也就是说，人可以将其本能'升华'为精神活动"（IX, 45）。这一表述表明，与1917年的观点不同，在这里，第二种行为是以第三种行为即对本能之压抑的升华为前提的，因为只有这样，从本能向精神活动的转变才是可能的。然而，"本能"的"化学"变化并不是直接通过对压抑的否定，而是首先通过观念认识的中介才发生的。但由于观念认识是一种精神活动，从它这方面来说依赖于被升华的能量，所以舍勒的基本问题依然没有得到解决，就像生命与精神彼此交织在一起那样。1917年，舍勒几乎毫无来由地引入了作为原始的"原现象"（Urphänomen）的精神之爱。1927年，他试图从本能概念中引出精神之爱来，但要想这么做，就必须以作为新的原现象的观念认识为前提。然而，这一推延突出了这样一种趋向，即不仅要把动力要素与意向性整体区分开来，而且要把它从意向性整体中剥离出来纳入生命欲求（Lebensdrangs）的范围中。因此，严格说来，一旦可以为升华了的本能使用时，意向性行为就不再是行为，而只是被"实现"的先天的结构规律了。由于观念认识远远超越了感知世界和实在，所以升华也不再只能被理解为依赖于一个具体个体的本能压抑，而是表现为生命欲求的一种原始性质，这一性质通过人的帮助得到了揭示："就升华这个概念而言，人类的形成是我们所知的最高的升华——同时也是自然的所有本质区域的最紧密的统一。"（IX, 54）借此，舍勒对于意向性关联的整体所进行的形而上学还原就终结于一种存在者本身（Ens a se）的属性，它借助于人经验着精神和自然的在宇宙中的渗透（die kosmische Durchdringung）。在这样一种语境中使用"意向性"这个表述只会引起误解，这样一来，舍勒作为现象学家所采取的做法就是不再使用意向性这个概念。

（译者：张浩军 / 中国政法大学哲学系）

舍勒的先天学说*

沃夫哈特·亨克曼

舍勒在现象学运动中的地位通常被表述为，他证实了胡塞尔建立的现象学方法，或者更确切地说"现象学的态度"，在实事领域（尤其是伦理学和宗教哲学）的运用是卓有成效的。① 无疑这种表述是有道理的，但它却掩盖了这一点，即舍勒并非简单地接受胡塞尔的基础，而是在现象学方向的意义上独立地构拟现象学哲学的基础，虽然还没有完成它。这个基础的一个本质要素就是他的先天学说。

我们将舍勒哲学发展划分为三个阶段。② 当然，这种"变化"（人们有时会将舍勒看作是一个"哲学上反复无常的人"）已如何深刻和广泛地影响到他的哲学，这仍是有争议的。在第三阶段舍勒越来越喜欢，

---

* 本文译自：Wolfhart Henckmann, "Schelers Lehre vom Apriori", *Gewißheit und Gewissen: Fe-stschrift für Franz Wiedmann zum 60. Geburtstag*, hrsg. von W. Baumgartner, Würzburg 1987, S. 117-140。——译者

① 比如，参见 W. Stegmüller, *Hauptstroemungen der Gegenwartsphilosophie: Eine kritische Einführung*, 5, erw. Aufl. Stuttgart 1975, Bd. 1, S.99ff., 以及 H.U.v. Balthasar, *Apokalypse der deutschen Seele, Studien zu einer Lehre von letzten Haltungen*, Bd. 3, Salzburg 1939, S.84.ff., bes. S. 100ff.。

② 参见 H. Spiegelberg（施皮格伯格）, *The Phenomenological Movement: A Historical Introduction*, third revised edition with the collaboration of K. Schuhmann, Den Haag 1982, bes. S. 273-277，以及 M. S. Frings（弗林斯）, *Max Scheler. A Concise Introduction Into the World of a Great Thinker*, Pittsburgh P. A. 1965, S. 27 f.。但是，弗林斯没有明显的理由就将第一时期延续到 1912 年，这在诺塔那里也一样（J. H. Nota, *Max Scheler. De man en zijn werk*, Wereldvenster Baarn 1979, S.10.）。

对这个基本统一的演化意义加以强调，尤其是通过着重说明人类学的基本旨趣。① 另一方面，他自身又指出了两个显然不同的新转向。第一个产生于与胡塞尔的《逻辑研究》（1900/1901）的遭遇，通过它舍勒逐步跨越了与新康德主义亲近的哲学研究的第一阶段。这个新转向最清楚的表现就在于，舍勒从耶拿到慕尼黑改变大学教职之后，将他那已编成两卷的《逻辑学》取消付印。② 几年的沉寂后，舍勒从1912年开始发表大量基础性的现象学著作③，它们几乎都是围绕其代表作来展开，这个代表作以《伦理学中的形式主义和质料价值伦理学》为题将六篇文章联结起来，它在1913年和1916年分两部分发表在现象学"学派"自己的刊物《哲学与现象学研究年鉴》上。④ 在第一次世界大战及其后几年里，他逐渐地进一步完善他的"质料现象学"，以至于他成为了除胡塞尔之外现象学运动的首要代表。在1922/1923年在公众眼里他突然轰动地进行了第二个新的转向。在《形式主义》书的第三版（1926）序言里舍勒写道："公众并非浑然不知，笔者从本书的第二版（1921，W. H.）发表以来在形而上学和宗教哲学的某些最高问题上，不但显著地继续改进其立场，而且对诸如一个绝对存在（在笔者看来此前一直坚持）的形而上学的本质问题进行如此深刻的改变，以

---

① 参见舍勒在其论文 "Die Stellung des Menschen im Kosmos" (1928) (in Scheler, *Gesammelte Werke*, Bd. IX, Bern/München 1976, S. 9 [后文用罗马和阿拉伯数字来表达对该全集的"卷/页数"的引用]) 的序言。N. 哈特曼也看出人类问题中的这个中心问题，舍勒 "一生纠缠在一起的各种方法都以之为导向"（*Kleinere Schriften*, Bd. 3, Stuttgart 1958, S. 357），弗林斯（a.a.O., S. 22）也类似地认为，"所有舍勒思想的最终聚焦之处有一个主题：人"。

② 第一卷的拼版保留在舍勒的遗著中，同时也被再版：Scheler, *Logik I*（V. J. Willer 作后记），Amsterdam 1975。

③ 舍勒发表的著作目录参见 XI, 282-289。对舍勒全集的补遗，附带不知名书评的增补，载于 *Zeitschrift fuer philosophische Forschung* 39, 1985, 289-306。

④ 第一部分发表在 *Jahrbuch für Philosophie und Phänomenologische Forschung I*, Teil 2, Halle 1913, S. 405-565，第二部分发表在 *Jahrbuch* II, 1916, S. 21-478。基于发展史的解释原因，我们对出版第一部分的引用会在页码前加上 "a"，对第二部分的引用则加上 "b"；此后，我们参考1966年第五版的 *Gesammelten Werke* (GW) Bd. II 将添加相应页码。

至于他不会再（在传统的词义上）被看作'一神论者'了。"（II 17）但舍勒坚持强调，其形而上学观点的改变完全不必归因于"其精神哲学和精神行为的对象相关项上的某种改变"（ib.），如此我们可以认为，这种先天学说没有产生任何变化 —— 要是我们认同舍勒自己的说法的话。

但是，与舍勒本人过去所做相比，应当更加细致地对待问题。对此，我们不仅要考虑到，舍勒的先天学说在第三阶段本质地修正过，而且我们甚至也不能确认，此前没有发生过变化。因为，至少书名及其诠释学的框架（在这个框架内这种先天学说就能确定）也是从"现象学与认识论"[①]，到"世界及其认识，认识问题的解决尝试"[②]，再到"现象学还原与意志实在论"[③] 进行变化的。关于这个"进展中的工作"，存在着各种各样、部分内容相当丰富的未完稿和大量与其他著作相联系的、或多或少详细的反思，这些反思并不能轻而易举形成一种统一、更不用说得到完整阐释的先天理论。接下来，我要探讨的既不是第一阶段的[④] 早期新康德主义先天学说，也不是第三阶段的晚期学说（在这个阶段舍勒越来越不信奉现象学[⑤]），而只局限在中期，这个真正"现象学"阶段。为了能够将舍勒在此阶段内的观点变化问题在一定程度上中立化（因为对此问题的彻底讨论在此不可能被实行），我从

[①] 在 *Der Genius des Krieges und der Deutsche Krieg* (1915) 中，舍勒预告了论及"现象学与认识论"的一部"即将在尼迈尔-哈勒"出版的著作（IV 80；同时参见 X 182 脚注）。出现于 1913/1914 年的这个标题的文章出版在 1933 年的遗著第一卷，现载于 X 377-430。

[②] 1917 年 在 "Vom Wesen der Philosophie und der moralischen Bedingung des philosophischen Erkennens" 这篇文章中，以这个书名预告了一部"即将出版的著作"（V 94; 99）。

[③] 这是"下一年"出版的一部著作的书名，舍勒在其 1922 年末的著作 *Vom Ewigen im Menschen Ende* 的第二版序言中作了预告。

[④] 在此参见 R. J. Haskamp 的 *Spekulativer und phänomenologischer Personalismus* 中 J. G. 费希特和 R. 奥伊肯对马克斯·舍勒的人格哲学的影响（Freiburg/Muenchen 1966, bes. S. 64ff.）。

[⑤] 参见施皮格伯格（a.a.O., S.277）。舍勒在最后一般都想避免使用"现象学"这个词，因为它已变得意义太模糊了（IX 285）。

公开发表的最详尽的舍勒文本出发,亦即从论及"形式主义和先天主义"(1913)的《形式主义》书的第二篇①出发,来说明先天主义问题,并且会根据第二阶段的其他文本附加增补性的阐释,如果它们看起来与《形式主义》书的理论原则上协调一致的话。据此,我希望能够获得一种基本构想,可以用作讨论舍勒先天学说的改变与变化的基础。N. 哈特曼在一篇《论先天的可认识性》(1914)文章中觉察到"对先天的研究在我们的时代"的一种重新"活跃",它首先要归功于格拉茨的对象理论和现象学。②它们的独特贡献在于,摆脱了理智主义偏好的先天研究,先天的位置被发现仅仅处在逻辑方面(知性、理性、思维、概念、判断)。相对于此,对象理论和现象学不仅候补地在每个对象领域,而且也在非逻辑的精神行为中揭示出这种先天(Apriorische)。"为此,先天的领域大大扩展出了其先前的边界,哲学的面貌也产生了一个更广阔的新视野。"(ib.)以完全类似的方式,舍勒也谈到了先天主义的质料扩展,但却喜欢将这种扩展仅仅归因于现象学。③现象学运动内部关于先天的各种研究,舍勒本人并没有进一步跟踪,如果我们撇开对胡塞尔作品零星的、越来越批判性的反思④,那么必然还存在着一个尚未解决的问题,即舍勒是在哪里认识到其先天学说与诸如莱纳赫(A. Reinach)、海林(Jean Hering)、康拉德-马蒂乌斯(H. Conrad-Martius)、英加登(Roman Ingarden)的先天学说,甚或与林

---

① a 444-513; II 65-126.

② Nik Hartmann, "Über die erkennbarkeit des Apriorischen" (1914), in *Kleinere Schriften* III a.a.O., S. 186-220, hier S. 190.

③ 参见 1913/1914 年 X 383,1916 年 II 9,1922 年 VII 309。舍勒在此强调,对象理论与现象学之间的先天主义区分仍然是"极其深刻的"——那里缺乏"直观的特性"(VII 312)。

④ 关于舍勒与胡塞尔的关系参见 L. Landgrebe(兰德格雷贝),"Geschichtsphilosophische Perspektiven bei Scheler und Husserl", in P. Good (Hg.), *Max Scheler im Gegenwartsgeschehen der Philosophie*, Bern/Muenchen 1975, S. 79-90;以及 A. Lambertino, *Max Scheler. Fondazione fenomenologica dell'etica dei valori*, Firenze 1977, S.47-76。

克（P. F. Linke）的"对象现象学"之间的相符或区分的。①

从一本委婉地议论"某种立场偏向"②的书出发，我们无疑可以进行一种清楚明白的探讨。舍勒本人尤其在关于先天和形式的概念的篇章方面提到"对一般的和特殊的认识理论和价值理论的附论"（II 10）。此外，这些附论就如形式主义书的其他五个篇章一样也有利于检查那些"无论是否说出都是康德学说的基础"③的预设，对此它们就处在双重的主题限定之中：一方面限定在对康德的阐释之中，如果这种阐释同时界定了舍勒从康德那里，更确切地说是从一种（就如康德首先描述的④）哲学立场那里形成的构想；另一方面将其研究限定在个别的实事方面——两个限定都不允许一种纯粹由实事结构引导并且彻底由其表达的研究。但这并没有排除，舍勒的论述能够作为系统性研究的组成部分来看待，也就是说无须（比如）在他严格拒绝的"连环画现象学"意义上还原为任意选择、直到某个当下化程度才得到阐释的观念。⑤其阐释是"系统性的"，首先就在于这两个方面："形式上"要求专注于"能够指明严格意义上先天的本质观念和本质联系之物"（II

---

① 参见 A. Reinach（莱那赫）, *Was ist Phänomenologie?* (1914) (hg. v. H. Conrad-Martius. München 1951); J. Hering（海林）, "Bemerkungen über das Wesen, die Wesenheit und die Idee（关于本质的评论，本质性与观念）", in *Jahrb. f. Philos. u. phaen. Forschung* IV, 1921, S. 495-543; Conrad-Martius（康拉德-马蒂乌斯）, "Zur Ontologie und Erscheinungslehre der realen Außenwelt", in *Jahrb. f. Philos. u. phaen. Forschung* III, 1916, S. 345-542; R. Ingarden（英加登）, "Essentiale Frage. Ein Beitrag zu dem Wessenproblem", in *Jahrb. f. Philos. u. phaen. Forschung* VII, 1925, S. 125-304; P. F. Linke（林克）, "Das Recht der Phänomenologie", in *Kant-Studien* 21, 1916, S. 163-221；舍勒在其德国哲学的研究报告中指出了个别的现象学研究，参见 VII 311f.。

② J. Cohn, "Recht und Grenzen des Formalen in der Ethik", in *Logos* 7, 1917/18, S. 89-112, hier S. 90.

③ a 407, II 30.

④ 关于舍勒对康德的阐释，参见 K. Alphéus, *Kant und Scheler* (1936), hg. v. B. Wolandt. Bonn 1981, 以及 I. Heidemann, *Untersuchungen zur Kantkritik Max Schelers*, Koeln 1955。

⑤ 参见 1916 年（II 10）和 1922 年（VII 311）的论述。E. Avé-Lallement 合理地写道，必须看到舍勒著作中"最要紧、最迫切的任务"是，从"基本材料出发"凸显出"体系性"（"Schelers Phänomenbegriff und die Idee der phänomenologischen Erfahrung [舍勒的现象概念与现象学经验的观念]", in *Phänomenologische Forschungen* 9, 1980, S. 90-123, hier S. 91）。

9),"质料上"指向不变的、先行给予的实事状态及其所附有的联系。在这两个要求之下也就能够看出舍勒对先天的阐释。最终,它们二者都必须在对先天的阐释中实现其证成,因为这里涉及的无非就是先天概念所产生的这些要求。

一般认识理论中的附论特性告诉读者,需要严格地遵从舍勒思考的顺序。但是,这些阐释的第一点已经具有一个基本条件:"我们将所有观念的意义统一性和定律视为'先天',这些意义统一性和定律是在排除了每一种思考它们的主体及其实在的自然本性之设定的情况下,排除了每一种能够将它们应用于其上的对象之设定的情况下,通过一种直接直观的内涵而达及自身被给予性的。"[1]

经过这种"对……排除"就出现两个不同的领域。一个是先天的领域,它涵盖了"观念的意义统一性和定律"的总体。另一个领域是实在性和各种"设定"的领域,因此它类似于第一个领域也必须被设想为一个总体,一个世界。因此,这种"对……排除"就将观念性领域与实在性领域,将本质性世界或者本质(essentiae)世界与实在的现象世界,即此在者世界或实存世界区分开来了。[2] 这个区分在舍勒哲学的第三阶段进一步发展成"精神"与"欲求"(Drang)的区分[3],而这种区分方面若不是从发生的最初阶段出发来进行解释,就几乎无法适当地加以理解。

这种"对……排除"后面最终潜藏着的无非就是"现象学还原"。当然,引人注目的是,舍勒在形式主义书中使用胡塞尔的这个术语是如此少,以至于我们几乎可以判定为是一种隐瞒。[4] 在此,我们要看

---

[1] a 447, II 67.

[2] 参见 VII 307:实存与本质的对立表明了现象学思维的特征。

[3] 参见 M. S. Frings, "Max Scheler. Drang und Geist", in Jos. Speck (Hg.), *Grundprobleme der grossen Philosophen. Philosophie der Gegenwart*, Bd. 2, Goettingen 1973, S. 9-42。

[4] GW II 的索引对"现象学还原、分析"只列举了三个出处。

出"慕尼黑现象学"的特征，它并没有参与胡塞尔《观念》（1913）的先验哲学转向。[①] 但是，一开始舍勒看待这个问题完全是与胡塞尔相一致的。在一篇为《精神科学》杂志所作的、关于"现象学与认识论"（1913/1914）的文章中舍勒写道，"在一个非常本质的问题上现象学哲学与所谓'先验'认识学说的各种思潮具有深刻的亲缘关系。其方法具有这样的特性，即其后果完全独立于人类自然的特殊机体，也就是独立于他们探讨的'对……意识'的行为之载体的实际机体。因此，在任何一种真正的现象学研究的地方，我们通过实行所谓的'现象学还原'（胡塞尔），都排除了两种情况：一种是实在的行为施行以及其所有的伴随现象，这些现象不停留在感官以及行为的意向方面，也不涉及其载体（兽、人、神）的所有性状。另一种则是实在性系数的特殊性的全部设定（相信与怀疑），借助这个实在性系数其内容就在自然直观和科学之中'被给予'出来（真实性、假象、幻觉、欺罔）"[②]。实在性系数能够以双重方式，即以"自然直观"和"科学"的形式而被给予，以至于用两种不同方式来讨论"实事"[③] 在此就不再让我们感兴趣；但两者都涉及到"直观"。[④] 更重要的毋宁说是，这种还原中所排除的这个"设定"概念和"两种情况"需要史准确地加以确定。

---

① 关于"慕尼黑现象学"参见 1971 年的会议报告：H. Kuhn, E. Avé-Lallemant (Hg.), *Die Münchener Phänomenologie*, Den Haag 1975，以及 H. Spielberg, E. Avé-Lallemant (Hg.), *Pfänder-Studien*, Den Haag 1982。

② 1913/1914 年表述参见 X 394。完全类似的表述参见 1922 年：现象学还原就是，"在所有可能对象（物理学的、心理学的、数学的、生命的、精神科学的对象）的对象方面排除这些对象的随机和即时的此在（Dasein）并且朝向其'本质'；此外相类似地，把握对象的意向行为犹如从个体之人的生理物理的（施行意向行为的）生命关联体出发抽取出来，并且仅只按其本质的何物规定性来加以刻画"（VII 309）。

③ 参见遗著"Lehre von den drei Tatsachen"（1911/1912, X 431-502），它已证实是《形式主义》书的先天主义篇章的组成部分。在《形式主义》书中此篇章的准确编排却由于玛利亚·舍勒的不充分说明（II 518）而不可能。

④ 据我所知，舍勒从未使用过胡塞尔"悬置"（Epoché）的表述。可是他谈到了"对……的排除"、"接替"（Abloesung）（X 441）、"切断"（Abschaeltung）、"抽取"等诸如此类。

在舍勒那里，"设定"意指的不是在同时代的先验哲学意义上对表象或认识的意识内在的生产，也不是命题的提出，而是对被给予之物的实在性方式的承认并使之产生效用（"相信"）。"被给予之物"（Gegebenen）概念在舍勒那里远比"被给予之物的意义"概念更为宽泛；它涵盖甚至超过了先天的领域——它标志着与所有形式的人之"感受"（receptio）方面的关联。因此，"设定"只是与属于实在性领域的被给予之物发生关系。在先天领域，与之对应的是意想（Vermein）和所意想（Vermeinten）、意向和所意向的概念。在关于"绝对域与上帝观念的实在设定"的遗留手稿（大概形成于1915/1916年）那儿，舍勒更细致地探讨了设定概念："对'相信'以及'不相信某物'本身，我们理解为在某个此在领域的被意指之物或所意想之物上关于一个本身持存地被给予、而不是仅仅所意想的（肯定或否定的）实事状态（或者价值状态）的设定或不设定（也是一种肯定行为）。"（X 211）

在这种还原中应该加以排除的这"两种情况"（Dinge）是在思维着的主体方面的设定和被思的客体方面的设定。这"两种情况"将"情况"描述成一个经验联系的两极特性。这种联系被认为是一个合乎规律的结构，其中无论哪一极都无须回归到或被视为依赖于另一极。由于两极仅指明了一种不可还原的独立规定性，它们的相关项才获得一个独立的意义。因此，任何经验联系都建立在一个具有三个不可还原的要素的基本结构上：经验极、被经验极以及特定的经验方式，其中经验和被经验是相互促成的。

通过这个涉及总体经验结构的还原，先天领域或"现象学经验"就从实在经验领域凸现出来。舍勒非常看重的是，先天领域竟然涉及一个经验领域。在此，两个要素起着决定性的作用，而且通过它们舍勒断然地与康德的先天学说划清界限：第一，在现象学经验的前提下先天能够被理解为某种被给予之物，而不是理性生产出来的某物；第二，先天的范围不是通过人类理性的界限而得到确定，反而被认为是一个开放的、不可预知地丰富的体系,也许人类理性永远不能完整地揭示它。

这些评论可能得出这样的印象,似乎舍勒对先天领域的扩展仅仅与现象学经验的对象方面相关。但如此一来,这个领域就已无法从原则上胜任所有经验的基本结构了。因此,在可能的对象方面,即在"世界"方面,与这种先天的开放性相符的,就必然是经验行为由其引发的中心方面的一种类似开放性——这个中心将世界作为可能的先天实事状态的开放总体性来加以关联,舍勒称之为"人格";① 以类似的方式,人格必须像"世界"一样被设想为整体和开放的系统。那么,"人格"和"世界"这两极能够将先天的经验世界展现出来,唯有具备必要的经验方式。所有可能的先天经验方式被舍勒从概念上概括为"精神行为"。由于舍勒认为任何经验的基本结构都有不变的规律性,因此,精神概念必须而且应当合乎规律地与"人格"和"世界"概念相符,并且依照同一个整体性和开放性的标准来加以思考。据此,"人格—精神—世界"构成了先天领域的基本结构,由此就从原则上产生了现象学研究的三个任务区:"现在,现象学在其进行研究的所有领域,都必须区分三种本质联系:1. 在行为之中被给予的质性和其他实事内涵的本质性(及其联系)(实事现象学);2. 行为本身的本质性以及行为之间现有的联系与功能(行为现象学抑或起源现象学);3. 行为本质性与实事本质性之间的本质联系(比如,价值只在感受中被给予;颜色只在看中被给予;声音只在听中被给予,如此等等)。"② 鉴于

---

① "人格"是舍勒哲学中最困难的概念之一。我们的行文满足于如下的规定:"人格既非是事物本身,也不像对价值事物来说是本质的一样,承载着事物性本身的本质。作为所有可能行为的具体统一,人格与可能'对象'(无论它们是内感知还是外感知的对象,亦即无论它们是心理对象或物理对象)的整个领域相对立:因此就更与作为那整个领域之部分的所有事物性领域相对立。人格只实存于其行为的施行之中。"(a428, II 50)

② a472, II 90. 亦可参见论文"Absolutsphäre und Realsetzung der Gottesidee"(1915/1916), in X 179ff., bes. 184f., 212f.。

这种看法，如果我们将舍勒的现象学哲学归结为单纯的"对象现象学"或"实事现象学"，那显而易见，我们是多么滞后于其现象学哲学的构想的。而他主要阐发实事现象学，那是另一个问题。

前面的评论容易给人这样的印象，似乎舍勒自我沉醉在思辨构造中。如此，现象学就走向了它的反面了，因为现象学本身无非是要反对任何一种远离事实的构造。按说，舍勒关于现象学经验所论及的一切都不该提出一种有关该经验的理论或假说，而是在经验中自身被给予——不过是在现象学经验中。但是，现象学经验的本质如何能从现象学上加以经验？如若人们试着去厘清，舍勒在何处看到了现象学经验的独特性，这一在此所隐藏的困难将会变得更清楚。紧接着本文开头所采的引文，舍勒写道，现象学经验是"本质直观"。[①] 在这种直观中所指出的经验基本结构自身实现出来："人格"（不能与"我思"或作为人格的实在载体的"思维主体"混淆在一起）在具体的精神行为中"观视"（erschauen），更确切地说就是完全地、不打折扣地"观视""本质性"。本质直观作为精神行为总只是在观看（Schau）行为的施行之中被给予——恰在这点上出现这个问题：如何能够根据所给的前提将任一个精神行为的本质直观本身加以思考？总是只作为施行而被给予的一个精神行为如何能够将另一个精神行为作为对象？如若舍勒只是准许精神行为的单一类型，亦即思维行为，那这个问题会简单得多；但是他的精神学说的独特就在于，他揭示了众多不同的精神行为之存在。[②] 因此，对精神的认识必然能够在单一行为中是自身认识和对其行为之差别的认识。将自身作为意向对象来理解，对精神来说必然同时意味着，在它自身之中并且除了它自身没有任何他物。这需要

[①] "现象"的直观是"本质甚或——像我们愿意说的——'现象学直观'或'现象经验'"（a447, II 68）。

[②] 比如，直观、思维、感受、意愿、爱、信如此等等都是这种行为。为此可参见形式主义书中的章节"Person und Akt"（b 255ff., II 382ff.）。

在"明见性"原则中来思考。明见性是对精神的被给予之物直接的精神洞察。这不是意味着，只有被给予之物才是可洞察的，而是说，全部现象学经验都是对它们的自身透察，更确切地说，只要精神在这种洞察中持存。要是单个行为方式甚至各不相同，要是它们自在地含有对精神的自身透察，那么，这样一个契机就是，使精神的认识行为甚至在另一个精神行为之中也能够理解自身。据此，可以这样思考，在一个具体的行为施行之中（就如这个思考活动对它所作描述一样），对另一个行为方式的参与可以发生在一个而且同一个精神行为的施行之中，或者更确切地说，其他的行为施行可同时描述认识行为。

这些假定存在两个问题，即在所有精神行为中同一地实现自身的精神之本质的问题，以及第二个问题：这个统一的本质如何可能在行为方式的差异中变化并且在任何一个通过行为方式得到限定的区域内规定本质性之多样性的。对舍勒而言，这最终都不是问题，或者更确切地说，当精神已经弄错了其最本真的本质的时候，它才成为一个问题。实际上，精神只需去观视它所呈现之物——的确存在着其行为方式的差异，的确存在着本质性的多样性，同时所有的一切都如其自身所是地显示自身。如此去接受精神被给予性的准备，就如精神"揭示"它们之时才从自身显示出来的，就使舍勒在"现象学经验"的基本作用方面谈到了一种独特的"经验论"抑或"实证论"。[1] 这样一种无法框限的精神"感受"（receptio）其可能性条件就在于爱，即人格从精神上分有本质性及其联系的总体性之后本质上固有的欲求。[2] 当然，爱是可扭曲的。自身认识的"偶像"可能会取代对精神真正的自

---

[1] 比如参见 a 450, II 71; X 381, 382; VII 310。

[2] 在此参见舍勒的论文 "Ordo amoris" (1914-1915, X 345-376)。在《形式主义》书中舍勒写道，"在最终路线上……爱与恨的先天主义甚至就是所有其他的先天主义的最终基础，如此也既是先天存在认识，也是先天内容意愿的共同基础"，"在它那里，而不是在一种（无论是'理论理性'，还是'实践理性'的）'优先性'那里，理论和实践的领域才形成了其最终的现象学关联和统一"（a 464 Anm. 2, II 83 Anm. 2）。

身认识。① 这些具有深刻精神根源的欺罔导致了相应的明见性欺罔："明见性"尽管是完全可洞察的，但全部被给予性却只通过模糊的光亮来显示。一切偶像崇拜的、对精神自身认识的歪曲都显示出爱的萎缩，即对被给予性之开放性的束缚。如此得出的是，把某物断言为明见—给予的，是不够的，因为它可以通过被大大减缩的被给予方式而明见地被给予。毋宁说，明见的被给予性的断言必然可以证明，并且它只能自身证明，因为被给予之物，亦即所意指的本质性，是"相即的"（adaequat），并且通过其完全的充实，通过其总体结构来加以审视的，直到实现这个目的，即本质性自身，并且只是它自身而没有一点其自身外之物，达到了被给予性——在这些条件下才兑现了现象学经验真正的最高认识标准，即本质性的"自身被给予性"。② 当舍勒说，现象学经验由两个特征来表示（即它是完全"非象征的"和完全"内在的"经验）③ 之时，自身被给予性的本质就因此得到了更清楚的说明。因为，现象学经验是"非象征"就在于，它不同于日常经验和科学经验，是"亲自地，因此直接地"给出实事，"亦即不通过任何一种象征、符号和命令间接获得"实事。④ 在此，甚至总体的经验结构也得到意指——非象征的特征涉及的不仅仅是对象极，而且还涉及行为方面：先天经验不像实在经验那样，是对经验自我的某一状态的象征，而完完全全只是精神直观的行为。因此，非象征的特征使现象学经验的直接性凸

---

① 参见舍勒的论文 "Die Idole der Selbsterkenntnis" (1912, III 213-292)。

② 通过自身被给予性才实现"绝对明见性"（a469, II 87）。自身被给予性构成最高的认识标准："任何一种'认识'的绝对标准是而且一直是事实构成的自身被给予性——在所意指之物与恰如通过亲历（亲视）所意指的被给予之物明见的符合统一中被给予出来。如被给予的某物也就是绝对的存在，只有这样一种存在，只有这样一种纯粹本质，其对象才在观念范围内相即地被给予。"（"Phänomenologie und Erkenntnistheorie", 1913/1914, X 398）

③ a449, II 69f., 在此参见 P. Good, "Anschauung und Sprache. Vom Anspruch der Phänomenologie auf asymbolische Erkenntnis" (P. Good [Hg.], *Max Scheler im Gegenwartsgeschehen der Philosophie*, Bern/München 1975, S. 111-126)。

④ a449, II 70. 关于非象征的特征亦可参见 X 384ff., 443ff.。

显出来，这种直接性在本质性的自身被给予性中将自身现实化。

与非象征的特征一样，内在性特征也将现象学经验与所有其他类型的经验区别开来。当所有这些经验根据"所意指"之物超越了直观上被给予的内容的时候，那么在现象学经验之中就没有任何不是直接被给予之物被意指，没有任何不被意指之物被给予。"在'被意指之物'与'被给予之物'的符合中，被我们所熟悉的只是现象学经验的内涵。在这种符合中，在同时发生被意指与被给予的充盈的时刻，产生了这个'现象'。"① 在此，甚至行为方面也已纳入对这个特征的解释，亦即，注意到总体的经验结构。其蕴意就是，能够一同被意指的，不是本质直观的载体，即思维着的主体或我思，而仅只是发出观看行为的人格。

一旦舍勒认为，现象学经验能够"通过两个特征清楚地区分于"所有非现象学的经验，那这可以引出这个说法，"非象征"和"内在"所关系到的，是在涉及争论的地方能够选取出来加以澄清的两个特征，却不是充分地规定现象学经验本质的两个特征。在关于三种事实的论文中，舍勒对此表达了更加明确的态度，他认为，这四个规定性构成了现象学事实的本质。

1. "纯粹事实"必定作为一种"肯定的某物，作为一种可洞察的同一之物而持存于自身"，即便特别顾及到出自非现象学经验领域的各种变化；这对纯粹事实的各种联系也同样适用——"通过我们感性功能实际上的生理学和心理学的实在联系"纯粹事实必然是"完全无法解释的"。②

2. 纯粹事实相对于感性—混杂的事实来说，必定是"自主的变

---

① 关于"现象"概念参见舍勒的"Lehre von den drei Tatsachen"（X 436）以及 E. Avé-Lallemant 的论文（同上，注释 20）。

② X 447.

量",相反感性内涵则是"不自主的变量"。①

3."纯粹事实的同一性与差异性必定完全不依赖于所有用来刻画它们特点的可能象征……同样,它们的联系必定完全不依赖于我们通过象征之间的传统、定则、习惯而为事实确立的联系。"②

4. 纯粹事实可以分成两类。第一类包含了处于"对象一般"的本质之中的广义现象学事实。在此所意指的是纯粹逻辑学的基本事实,其现象学分析为"纯粹逻辑学或对象理论"奠基作准备。③第二类事实由狭义现象学事实所组成:通过这类事实对象整体区分出自身。这些事实尽管是奠基于,但却不是导源于第一类的一般本质。另一方面,它们作为可洞察的本质组成无须回溯到感性经验,相反,相对于多样性来说却表现了其奠基于本质之中的前提。

如果我们将这四个规定性与其他两个特征相比较,我们虽然可以在非象征的规定性之内认识到一种一致性,但内在性特征不能轻易通过其他三个规定性的任一个得到认识;如果可以的话,那也是通过第一个特征来加以认识。最初提到的两个特征与其他四个规定性相协调的困难可追溯至这一点,即开端与规定性的视角不持存于同一物。这四个规定性主要是基于兴趣而将现象学经验与非现象学经验加以界定;当然,第四个规定性却在另一种联系之内从属于现象学逻辑学和认识论,以至于在舍勒看来,这四个规定性所引证的理性(Ratio)不是对本质性,抑或对"纯粹事实"的一种统一的现象学分析,而是源于不同的和实事外部的兴趣。相反,其他两个特征则来源于对自身被给予性的分析,即来源于这一个特征,它不考虑本质性的划分就构成所有先天被给予性的肯定而同一的规定性。但是,由于无论是(在舍勒看来可以构成纯粹事实的)四个规定性,还是另两个特征都不能被理解

---

① X 447.
② X 447.
③ X 447f.

为一种完全充分的规定性，所以1913年这个研究的问题域被证明是不清晰并且未完成的。

鉴于这种不清晰性，问题就是，舍勒会在多大程度上认为其有关先天特征的看法是奠基性的。对此，就先天本质必定达到自身被给予性的范围而言是容易回答的；而达到自身被给予性，只有在明见的直观中才能得到理解。但是这样一种直观却不能通过贯彻现象学还原而实现，因为这种还原只存在于否定的实行之中，亦即在排除了所有能看出实在设定之物的情况下。因此，现象只能肯定地"指明"① 自身给予的本质性——但是，这并不必理解为精神目光的一种简单敞开（然后它就绝对直观地理解了实事本身），而须理解为一种现象学分析的棘手块片。所以，并非是说，在舍勒那里不同于胡塞尔，在本质直观之初"现象"已一下子显示出自身②，毋宁说，现象通过一个"清除"所有并非其本质固有规定性的漫长过程，才得到指明，或者才达及自身被给予性。在《三种事实的学说》中舍勒有一次谈到了"内收"（Adduktion），它必定在现象学还原实行加括号后才产生作用。现象学还原"只是一种否定的规定性。它不直接和肯定地涉及排除纯粹直观之物后事实（即感性功能之对象）所是之物。所完成的只是将显现回溯到感性内容之上的还原，而不是将显现回溯到不依赖于感性功能及其统一构成的那种内容之上的内收"（X 444）。因为人不是纯粹精神，而是感性—精神的生物，所以他完全不能直接随便地自身就处在对绝对本质性的直观观视之中，而是必须首先通过"最为艰苦的间接思考、比较、变化、去除"来使这些本质性显露出来（X 445）。如此舍勒宣

---

① "指明"是现象学的具体证明程序（a449, II 69），并且本身就与实证科学的证明方式（归纳法、演绎法）相对立。

② 在这点上我与弗林斯不一致，他宣称，在舍勒那里不同于胡塞尔，"最初就有现象"，也就是说，它是"在方法问题和结构问题之前"（Frings, "Max Scheler, Drang und Geist", in Jos. Speck (Hg.), *Grundprobleme der grossen Philosophen. Philosophie der Gegenwart*, Bd. 2, Goettingen 1973, S. 9-42, hier S. 11）。

称,"经由纯粹直观而来的直接被给予之物在其纯粹性中只有通过间接的思维程序作为直接被给予之物以及作为由直观所给予之物才能达及我们的意识"(ib.)。

这里无疑就要区分"确证的方法与确证的本质"(ib.)。但并不是说,舍勒还没对确证的方法作出反思。在其代表作中,他对现象学研究的不同任务提出了三个标准。第一个标准涉及到的是,从实在的经验被给予性领域中剥离出先天本质内容来:"当然,完全必须将以下看作是一种预先给予内容之本质本性的标准之一,即在'观察'这一内容的企图中已表明,我们为了给予这个观察一种所意愿和所假设的方向必定总是已经先觉察出这一内容。"[①]"观察"和"归纳"作为本质内容的效用标准也就遭到反驳,因为它们都不能扮演自主的审查机关。

第二个标准涉及到本质关系的指明。这里所表明的是,"我们尝试着通过所有其他可能想到的(在想象中可表象的)、针对实在联系的观察结果来取消这些本质联系,但我们从实事的本性出发却无法做到这一点;或者,我们试图通过观察的积累来发现这些本质联系时,始终已经预设了这些本质联系——在排列观察顺序的方式中。"[②]根据这样一个思想"实验"[③],"本质直观内容对所有可能观察和归纳内容的不依赖性就鲜明地给予我们"[④]。

第三个标准涉及到概念的构成与理论构成。"但对于先天概念(因为它们是在本质直观中得到充实的)来说,一个标准就是,我们试图定义它们时,就不可避免地陷入一种定义循环之中;而对定律来说,

---

① a448, II 69.
② a448f., II 69.
③ 在此,我们无法进一步说明舍勒在现象学研究范围内对这种实验的理解。在"Phänomenologie und Erkenntnistheorie"中他曾将它与数学中的"直观化实验"加以比较(X 380, 389)。
④ a449, II 69.

其标准就是我们试图说明其理由时也不可避免地陷入论证循环之中。"①因此，一开始被给予的、关于先天的规定性（前面第 88 页）（这种规定性没有更细致地区分就将"观念的含义统一"与"定律"列入先天领域）也就必须作如下修改，即概念和定律，唯当其意指之物在本质直观中能够指明为是先天被给予的，才能是先天有效的。那么，一个定律，唯当其完全与纯粹事实相一致，才先天是真的。②所以，先天的被给予性领域完全不依赖于判断和定律领域。

舍勒概括地写道："先天内容只能（借助于一个运用此标准的操作过程）被指明。因为，即使是这个操作过程，就像'划界'的操作过程一样——在这个过程中表明所有那些还不是本质性的东西——也永远无法进行'证明'或者以某种形式进行'演绎'，它只是一个使人看到或向人'演示'这些区别于所有其他东西的先天内容本身的手段。"③

舍勒早明白，需要一种认识，亦即一种先天、普遍有效并且主体间可共享的认识。但这个需要他只在一定条件下承认。如果普遍有效性都是在"对某种知性主体有效"的意义上来理解的，那么舍勒首先会这样反驳，即完全可能存在"一种只被甚至只能被一个人洞察到的"先天④，其次他会强调，在先天自身之中合乎本质地被给予的，与某个主体没有一点关系，也与认识本身无关。虽然认识对所有能够理解它的主体都必然有效，这仍是认识的本质。在此意义上舍勒当然承认普遍有效性的这个需要。

主体间可共享的需要，直接引出舍勒针对冯特批判胡塞尔《逻辑

---

① a 449, II 69.
② 参见 a 448 Anm. 1, II 68 Anm. 1; a 469f., II 87f.。
③ a 449, II 69
④ a 477, II 94 以及 X 393. 本质性的"普遍性"必须与"普遍有效性"区分开来，在此我们无法对其进一步探讨。

研究》① 而提到的"现象学论争"问题。② 现象学认识尽管本质上是非象征的,但它仍使用象征符号,为的是与他人交流。但是,与个别科学和实证科学的要求相比,现象学是在另一种意义上使用语言符号。"这种意义只是使读者(或听者)观—视到某物,它只依其本质地被观视到,而且对这个观视到(Zur-Erschauung-Bringung)来说,所有书本上出现的定律,所有结论,所有可能暂时接受的定义,所有暂时的说明,以及总体性中的所有连锁推理和证明都只具有指示棒的作用,这个指示棒指向被观视之物。"③ 在此,舍勒再度以胡塞尔作引证。但是如此一来,问题只是被转移而已。即便能够承认这一点,即现象学仅通过自身行为就可达及直观,如此从原则上避免了定义的尝试,但是语言至少在其指示棒—作用方面必然无可置疑是充分的——有关于此舍勒却没有任何进一步的思考。虽然我们不能说,舍勒没有反思过语言问题④,但是在本质直观和被给予之物本身的可认识性方面,语言对他来说完全只具有从属性的意义:我们必须首先获得一种认识,以便能够判断,是否语言表述对它来说是适当的。

本质性的先天性最重要的一个特征是对来自实践的经验的"不依赖性"。值得注意的是,舍勒并没有专门对这个特征进行主题化。所以就不奇怪,这个特征在其所出现的许多联系之中具有不同的含义。从词的意义那里就必须区分两方面,即与本质性的被给予性相联系的一方面,以及表明与其他东西相关联的另一方面。根据有关的先天特征在本质性特征的秩序中占据的位置,前一方面间接或直接地立基于自

---

① W. 冯特在其文章 "Psychologismus und Logizismus" (1910) 中对胡塞尔等人的指责是,胡塞尔,当涉及其他人作品的概念使用时,尽管是一位"杰出的批评家",但在其具体的使用之中本身仍是"极其贫乏的"(Wundt, *Kleine Schriften*, Bd. 1, Leipzig 1910, S. 608)。

② Scheler, "Phänomenologie und Erkenntnistheorie", in X 391-304.

③ X 391.

④ 比如 H. G. Gadamer(伽达默尔), "Die Phänomenologische Bewegung", in *Philosophische Rundschau* 11, 1963, S. 40。

身被给予性中。所以，这样一种特性完全独立于实在载体的特性而被归为一种本质特征，在此载体之上本质性显现出来。为此（比如）舍勒提到了"真正的（echte）和真的（wahre）价值质性"，其中"甚至存在着秩序和等级秩序"，这个秩序"完全不依赖于秩序在其中显现的善好世界之存在，也同样完全不依赖于善好世界在历史之中的运动和变化，并且对这种经验来说是'先天的'"①。由于本质性在实在领域中显现但又独立于这一领域，所以必须更加准确地详述，除了实在设定之外本质性还独立于哪些特性。在所列的引文中舍勒除了存在系数外尤其提到历史中存在者的运动和变化。如此就显露出范畴与本体的区分问题，这个问题在舍勒的后期哲学中才完全展开。② 在这个视角下，也要看到舍勒在广义和狭义的现象间所作的区分——这不仅是先天的奠基秩序之展示的开始，而且尤其是对观念领域与实在领域之间关系的本体论说明与奠基。③

在最后所列引文中以及在其他许多地方，"不依赖于"与"对某物的先天"之间的区别都表明了一个倾向，一个将先天的意义限制在本质性领域与实在性领域之间的联系上的倾向。如此，"对……的先天"（Apriori-für）就是对实在领域的展示可能性来说决定性的本质特性。这种决定作用按照精神行为和制约它们的被给予性来修正自身，如此以至于就存在着，比如实在可感知方面先天的规定法则，可能企图和行动方面的意愿的先天规定法则，如此等等。从实在性出发的相反视角下，"对……的先天"也可以被表示为是"取决于"先天的合法则性，当然在这里必须注意，要严格按照各自范围条件来理解这种关系，而不能（比如）将对感知有效的规定性关系套用到对意愿有效的规定

---

① a414, II 37.
② 舍勒一再预告其 *Metaphysik* 会很快出版，但是关于该书，由于他的过早去世，只有未完稿存于遗著中。与此相关的选本 M. S. 弗林斯现已令人称道地发表于 GW XI (1979)。
③ 参见舍勒的未完稿 "Idealismus-Realismus" (1927, IX 183-241)。

性关系上去。

最后需要引出一种先天的规定性，它有时被看作是舍勒最重要的发现，即"质料先天"的发现。① 舍勒用这种表述首先表明了其与康德相反的立场。在康德将先天局限在人类理性的立法功能上的同时，在本质性中质料被给予之物的先天性还需要得到承认。因此，舍勒将康德的质料概念，亦即感官—被给予之物概念借用到观念的本质性领域，它绝对地与实在的经验领域区分开来。先天主义向本质洞察的质料的扩展同时也就是被给予之物概念的扩展。这种扩展之可能就在于，舍勒并不将精神活动限制在立法功能上，而是将精神归属于感受，归属于一种对预先被给予的本质性内涵的接受能力。② 必须越来越深入和广泛地推进到先天领域的精神追求，以及本质洞察的扩增，构成精神的"增长"。自身显露的本质内容使得制约它们的精神行为活动起来，在此活动中这个行为首先识别其中具有的行为可能性和各种行为的可能性。因此，质料先天主义的这种理解也表明了这个观念，即精神在一种不可预见的、巨大而又多层次的先天经验领域里发现自身，在此领域内精神可以一步一步地向前探索。舍勒指责康德基于西方国家独有的某种"怨恨"而将历史形成的、对先天经验领域的部分现实化，冒充作最终确定的人类理性自身经验领域。他通过理性的"功能化"理论超越了这个"欧洲主义"立场，该理论一般被理解为舍勒后期哲学的一个特征，但它本身早已在 1906 年的逻辑学残篇中清楚地透露出

---

① 舍勒本人曾将其哲学的立场视为"质料先天"（1921, II 14）。"质料先天"可能是"舍勒最富成果的伦理学发现"（F. Hammer, *Theonome Anthropologie? Max Schelers Menschenbild und seine Grenzen*, Den Haag 1972, S. 4）。

② 舍勒用"感受"（receptio）否认先天本质性刻画的特性是"天生的理念"，同时也不承认这种特性是人类精神的自发产物："对一种先天被给予性内涵的认识既不是遗传，依其内容也不是纯粹的精神产品，毋宁说它如同每一种对被给予之物的认识，恰好就是自在的'感受'。"（"Probleme der Religion" 1918-1921, V 197）

来，那里谈到的是"世界观的基本结构法则的历史变迁"①。在1918年至1921年间所撰写的关于"宗教问题"的论文中，更准确地说，尤其是在精神增长理论与仍坚持的、本质洞察先天有效方式的不可消除性的联系之中，详细阐明了这个功能化问题。假如在历史上曾获得一种本质洞察，那么通过所有的随后经验都不能对它提出质疑或加以修改。不过对它所能做的，舍勒称之为"功能化"；我们也可称作一种"图形化"："本质认识功能化为一种法则，这种法则是朝向偶然事实的知性的单纯'运用'。知性'依照'本质联系'确定地'理解、直观、判断偶然的事实世界。先于实事的东西就成了关于实事的思维形式，爱的客体之物成了爱的形式，在爱的形式之中无数的客体就能被爱；意愿对象所是之物成了愿欲形式（Wollensform）等等。……理性本身的生成与发展，也即理性在先天选择法则与功能法则上的财富（Besitztum）的生成与发展，将通过本质洞察的功能化而对我们成为可理解的。"②

理性功能化的学说表明，本质性的质料先天概念不是被归属于自在本质性的自身被给予性，而是被归属于其在功能方面的自身被给予性，尤其是"为了"实在经验的功能。换言之，"质料先天"与"形式先天"表明了其功能性中的一种本质性，如此，在相应的预设下一个本质性能够先被理解为质料先天，再被理解为形式先天；相反亦然。先天本质性的功能能够自身修正的那些条件，一方面通过本质性存在于其中的奠基秩序而预先被给予，如此，本质性在自身审视时显现为质料先天，而在涉及次级秩序的本质性时则被看作形式先天；另一方面这些条件却能够在个体理性与类的理性的增长历史之中得到奠基，据此，当然只有从质料先天到形式先天的转变才成为可能。

这些特征可能就是构成舍勒1913年前后的先天学说的最重要要

---

① *Logik* I, a.a.O., S. 96.
② V 198.

素。几乎不用说，这种学说是不完善的，而且最重要的是它缺少一种将先天要素的本质联系和奠基秩序加以突出的自身论题性研究。随后几年舍勒继续阐发他的这门学说。与此同时，由于年鉴（1913）第一卷开始日益增加的疏远，就不再具有与胡塞尔的《纯粹现象学与现象学哲学的观念》显著的协调一致了。这种疏远非常明确地形成于"现象学态度"的理论中，这种理论一开始就使舍勒将所有现象学的认同标志继续阐发成专门为人类学奠基的关于"观念化行为"的理论，他将它理解成一种为"世界与自身去现实化的技术"（IX 42）。舍勒哲学的着重点越是从现象学转移到形而上学，先天本质性及其效用类型相对于实在被给予性的存在方式问题就受到越多的关注。精神增长的学说最终成了历史哲学的组成部分，这种历史哲学在"上帝的生成"的命题中达到了顶峰。

  舍勒强调过，在其哲学进程中他的先天学说没有改变过。他不仅一再依据形式主义书中的论述，而且在后期也常常使用同样的措辞。但是不可能不考虑到的是，使这门先天—学说在更宽泛的理论视野和本体论规定中适用，必然要追溯到措辞的意义和单个要素的编排上去。这些内在的变化我们这里不再在预定的框架内作探讨。尽管我们基本上将舍勒的学说限定在 1913 年前后，但这并不是说，舍勒在这个时间点上给出了其先天学说比较成熟的形式，而是说我们在这里可以看出一个要加以充分说明的基本构想，这个构想必须在完成舍勒哲学的其他学说部分，即一种系统的发展史的阐释后才是可能的。

（译者：钟汉川／南开大学哲学院）

现象学意义上的经验与身体性[*]

米歇尔·伽贝尔

一、引　言

  在所有文化圈中人类在现实整体中的地位都是通过身体与精神，感官的功能与理智的活动之间的张力得到说明的。这一张力以不同的方式得到规定和解释。印度思想以驾车人的比喻来规定精神对于躯体和身体的优先性。理智是车的驾驶者，而感官则是缰绳。
  中国传统通过多种方式来规定这一关系。在孔子传统中除了理智和感觉的辩证对置之外也存在着调和的态度。辩证对置反映了人相对于动物的特殊地位。人的认识成就并非仅仅在于对个别被给予性的那种受到对象限制的感官把握，而是在于从个别事物到普遍规定性的这一上升。而精神或者智性的这一上升的成功是借助于，不借助于或者甚至是对立于身体构成，这才是真正的问题。在孔子传统中墨家学派代表了一种调和的立场，这一立场尽管把认识的最重要的组成部分看作是在理智之中，但仍然承认了感觉在认识活动的实现中所起到的一

---

[*] 本文译自：Micheal Gabel, "Phänomenologische Erfahrung und Leiblichkeit", 该文为作者应邀于 2013 年 10 月在广州中山大学哲学系所作的讲演，外文稿待刊出。——译者

种配合作用。①

　　在希腊哲学中身体和精神的这一关系自前苏格拉底哲学家以来就是以相似的方式被考虑的。巴门尼德就这样将感觉和理智对置起来，但他并未主张一种生硬的对立。但另一方面这两者并不具有同等价值。用原则对认识对象进行的规定是理智的一项成就。② 在这一背景下柏拉图从他的立场反对将感知和认识视为等同。感官服务于理性。我们不是借助于感官而是通过（希腊语：dia）感官来认识。③ 这样一来，一种关于身体性相对于精神的低等性的想法就再次被严格确立起来了，因为理念（Ideen）的无躯体的（asomata）存在是唯一真实的存在。④ 而在近代在对笛卡尔主义的身—心二元论的追随之下从这一发展线索之中出现了这样一种观念，即身体限制了理性，理性本身则应当是一个无限的理智（Intellectus infinitus）。⑤ 由于与身体相捆绑，人类的认识就受到了感性的错误影响，烙上了昏暗与迷误的印记，而无法达到清楚（clare）与明白（distincte）。对身体的生硬的贬低尽管在康德和德国观念论那里被拒绝了但并未得到克服。身体尽管在认识活动中执行它自己的功能，但这功能却是理性给它分配的。⑥ 与这整个传统相反，尼采把这一关系颠倒过来，在查拉图斯特拉中"身体是一个伟大的理性，而你叫作精神的那渺小的理性只不过是渺小的工具和玩具"⑦。

---

① 见 E. Scheerer, "Sinne, die", in Joachim Ritter (Hg.), *Historisches Wörterbuch der Philosophie*, Bd. 9, Basel: Schwabe & Co, 1971-2007, Se-Sp, 第 824—869 页, 第 826 页引述了冯友兰：*A history of Chinese philosophy*, trans. D. BODDE 1 (Princeton 1952, 303f.); A. FORKE, *Geschichte der alten chinesischen Philosophie* (2, Aufl. 1964, 223)。

② 见 E. Scheerer, a.a.O. 827。

③ 见 Platon, *Theaitetos*, 184 cf.。参照 E. Scheerer, a.a.O. 830。

④ 见 Platon, *Sophistes*, 246a/b。

⑤ 见 F. Kaulbach, "Art. Leib, Körper", in Joachim Ritter (Hg.), *Historisches Wörterbuch der Philosophie*, Bd. 5, Basel 1971-2007, Sp., 173-185, 179。

⑥ 见 E. Kaulbach, a.a.O. 180-182。

⑦ F. Nietzsche, *Also sprach Zarathustra* I-IV, in *Kritische Studienausgabe*, hg. von G. Colli und M. Montinari, München, Berlin, New York 1988, 39. 参见 E. Kaulbach, a.a.O. 183。

二、现象学的经验的要求

现象学力求克服身体与精神的二元对置。这种克服在舍勒那里一方面是通过对身体作为外在与内在经验之对象的探讨以及对身体和那作为经验的执行者和承载者但自己并非经验的对象的人格（Person）的对置实现的（见 GW 2, 386ff.）。

追问身体和精神之关联的意义的第二条重要的进路是由对就像这样的经验和认识的现象学分析提供的。

首先，现象学家们对于在经验中遇到"事情本身"的信心显得像是又给人的身体构成强加了一种低于其精神结构的低等性。人们可以从舍勒在其主要著作《伦理学中的形式主义与质料的价值伦理学》的第二部分中对经验的先天结构的描述上看出来。这里舍勒回答了经验最终和什么相关的问题。

"我们把这样一些观念的含义统一和命题描述为'先天的'，它们在不考虑任何一种思想着它们的主体性的情况下……通过一种直接直观的内容而成为自身被给予性。"（GW 2, 67）

"我们把这样一种直观的内容叫作'现象'，因此这种直观就是'本质直观'……或者'现象学的直观'。"（GW 2, 68）

"它所给出的那个'什么'，不可能被更多或更少地被给予……而他要么是被观视到并且因此给出自己，要么不被观视到并且因此不给出自己。"（GW 2, 68）

在这　段中首先需要强调的是，现象学上的被给予者与在康德那里不同，它不是任何后天经验性的经验的被给予者，而是那种被给予者，它在纯粹精神的现象学经验中在其自身被给予性中显示出自己。一个同时让人想起亨利·柏格森确定问题时的方法程序上的重要形式特征[①]是，这里没有更多和更少，即被给予性没有程度的差别，而只有一个在某物的先天直接的自身被给予性和后天经验性的非直接的材料质料（那间接的被给予者）之间的唯一的本质区别。在这一对被给予性的规定上重要的是躯体—质料性的（körperlich-materiell）的借助于经验的被给予性与理性的先天—范畴性的（apriorisch-kategorial）被给予性之间的区分。

这两种不同的被给予方式如何联结起来仍然有讨论的余地。只有当经验的如此的三个维度得到规定，这一问题才可能得到回答。众所周知，舍勒区分了经验的三种形式：自然的经验（die natürliche Erfahrung），科学的人工的经验形式（die künstliche Erfahrungsform der Wissenschaft）以及现象学的经验（die phänomenologische Erfahrung）。最后一种在其先验的特性（transzendentale Verfaßtheit）中是人格的实现方式。（见 GW 2, 70 和 GW 10, 431-502）从这三种经验方式出发身体性的意义原则上得以开显。

三、自然的经验

首先人逗留在自然经验中，在其中人与周遭的事物建立起一种个人的、与每时每刻的需求相应的打交道方式（der Umgang）。自然经验带有一个人在其事实的、实际的身体性中的生活需求的烙印。不难想象，在人的身体性的不同需求与有用性之下，与同一事物的打交道方式也会有所不同。身体性的差别尤其表现在性别、文化、传统以及语

[①] 在 „Materie und Gedächtnis" 中亨利·柏格森通过区分程度的差别和本质的差别不断深入他的分析。见 H. Bergson, *Materie und Gedächtnis*, Hamburg: Felix Meiner, 1991。R. W. Meyer, "Bergson in Deutschland. Unter besonderer Berücksichtigung seiner Zeitauffassung", in E.W. Orth (Hg.), *Phänomenologische Forschungen*, Bd. 13: *Studien zum Zeitproblem in der Philosophie des 20. Jahrhunderts* (Hamburg: Felix Meiner, 1982, 10-64), 第 14 页确定认为，第一份德译本是"在舍勒博士的促成之下"在耶拿的 Diederichs 出版社完成的。

言中。在《论人的观念》(Zur Idee des Menschen)一文中，舍勒以男女之间的性别差异为例强调自然经验是一个无法再追溯和化解的差别。在《质料的价值伦理学》和《关于三种事实的学说》(Lehre von den drei Tatsachen)中，舍勒强调自然经验在身体性中构成的其他变化形式。

对人们来说共同的是，他们都在其心理物理上不断变化的身体构成的每一种边界之内经验着现实性。在每一个个别的身体性的构成形式中都存在着一个活跃的交往。但没有一个可以越出自己的身体性特性的边界。自然经验是在身体性中被构成的人类经验之多样性的不被反思到的表达。这时舍勒则推测，当人类在现实中逗留，他们也就希望要有一种可以交流的、在主体间可传递的对这个现实性的立义。

四、科学性的经验

根据数学—物理学的原则和方法建构出的科学看起来像是一种提供给我们的解答。科学性的经验是一个在不同自然经验构成之间交流的人造平台。它之所以是人造的，是由于为了获得一个抽象的、脱离个别身体性的普遍心理构成，一个普遍感性(Sinnlichkeit überhaupt)，它不顾那身体性地构成的经验形式的多样性。

事实上，在舍勒眼里，科学性的经验无法成为这样一个主体间的桥梁。科学在它自己的体系中诚然完全能够在对自然的科学—技术性研究和构造中取得巨大的成就，但以多样的自然经验形式在主体间的中介(Vermittlung)这一观念来衡量，这一项目必定会失败，因为它有两个缺点。首先，科学这一系统又在已经存在的心理生理的组织形式之外建构起了一套额外的心理生理的组织形式。这样一来它就只不过建立了一种程度的差别，并且我们也无法正确地看出，应该从哪里着手建立身体性的不同构成形式之间的中介功能。其次，哪怕这一中介功能能有效，被给予者也会被置于最小公分母之上并因此相对于那每种身体构成的自然经验中的被给予者而被无限还原。科学固然可以把经验加工成认识，但只限于这样的经验，这种经验对于一切自然的经验形式都是共同的。以这种方式得到认识的毋宁说是一种贫乏的现实，因为它在自己的构成过程中已经把身体性的中介的多样的各不相同的方面剪除了。谈到科学，人们就得把马里翁的主题颠倒一下：还原越多—被给予性越少。①

舍勒对科学对人类经验的意义的批判性考察表明，从被给予者和还原的角度来看，一种不仅参照程度、而且也参照本质的差异才是恰当的。

五、现象学的经验或本质直观

这样我们就回到了《质料的价值伦理学》中被引用的那一段关于自身被给予性的段落上。它记录了舍勒在对本质区分的追寻中所努力找寻的解答。与在自然经验和科学世界观之间的联系中按照科学的结构将感性以量化的、程度化的方式不断朝着一个非个人化的普遍标准上还原不同，舍勒以现象学方法看出了扭转这一过程的可能性。现象学的经验正是科学经验的对立面。它把那在每一个身体性构成形式中被传达的现实的被给予性带向自身被给予性。

乍看之下，似乎通过现象学的还原被传达的直观甚至比科学经验更加尖锐地否认了身体性在认识中的意义。科学固然为了一个唯一的抽象的经验构成形式而把身体的经验构成形式的多样性还原掉了，但现象学的经验则通过把自己置于本质现实的纯粹自身被给予性之前而将一切身体构成形式抛在身后。如果的确如此，那么现象学还原就直

---

① 见 J.-L. Marion, *Réduction et donation*（见 Anm. 1）303: "autant de réduction, autant de donation"。

接成为一种敌视身体性的呼声了。但的确如此吗？

如果人们跟随舍勒的提示来贯彻现象学还原，那么人们便恰好不能不考虑在经验自然中身体性的构成形式的多样性。这一点当人们想到了自然经验与现象学经验之间的联系时便会显示出来。

在这里，还原也像在科学经验中一样起着作用。但是它并不以非个人化的普遍有效性为目的，而是追随心理组织形式的个别的特性一直到它最深的分支。在由于身体性而不同的表述之上，每一个单个的细微之处都应该在其自身被给予性中作为通往本质现实的一条特殊的无可替代的道路。还原并没有否定感性事物的多样性，而是抓住了它。（见 GW 10, 444f.）它把每个单个的身体变化形式用作通向本质现实与价值现实的纯粹自身被给予性的阶梯上的横木。正是在最丰富的身体特性的位置上现象学还原赢得了那在每一种感性中介中作为由自己而来的被给予者在场的东西。这样，感性中介就在其自身被给予性中直接看到了现实性。

对于在人类经验中的被给予者来说，这意味着获得一种本质区别。经验获得了一种新的层次的质（Qualität）。被给予者不再总是被以越来越贫乏的方式被给予，现在它在质上（qualitativ）在其自身被给予性中完全在场。身体性不再构造出任何把本质现实的自身被给予性通过黑斑遮蔽掉的滤镜（Filter）。这意味着，在自然经验的由感性被传达的内容中的个别变化形式没有被摧毁，而是作为进入现象学经验的先天自身被给予性的充沛性之中的跳板而被扬弃（aufgehoben）。

这恰好不意味着无身体的精神。身体性在使自己适用于现实的过程中没有留下任何黑斑，这并非因为现象学的经验是无身体的，而是因为它将身体性完全内在化为自己的一个部分，正如一副眼镜只在它不被作为眼镜被知觉到的时候才发挥着最佳效果。[①]这里我们可以重

---

① 见 M. Gabel, *Hingegebener Blick*, 193-197。

新表述马里翁的主题①:"越多还原—越多被给予性。"也许人们更应该说:"越多可被还原者,越多被给予者。"

与此相应,舍勒乐此不疲地把现象学经验中的自身被给予者与那经验性地被传达的经验的有效先天形式等同起来。自然经验与现象学经验之间的还原关系在舍勒的眼里并不是作为一种在一种无含义性的遗产意义上的提升被思考的——仿佛现象学的经验就是一种不再回头与经验性的经验(emprische Erfahrung)相联系的形而上学的精神化。两种经验维度之间的还原关系更多地是一种对经验性经验对那在它之中被给予的东西不知疲倦的活的指涉(Verweisung)的忠实保存。怎么强调都不过分的是——这也不违反舍勒自己不准确的说法,现象学的经验并没有打开一个独立的先天的经验领域,而是打开了一个每种经验的维度,当然也是一个不可抛弃的维度。在这个意义上,我们可以去看舍勒对于亨利·柏格森作品的富于同感的描述。② 舍勒在这里暗示:心理学的生活结构的任务就在与精神的关联之中"服务于精神向直观与(对上帝和对世界的)爱的逐步的解放"(GW 3, 331)。这样,生活结构就为创造性精神创造出了它的"新突破口"。由于生活结构使精神得以可能,在人类之中那与精神相连的利于事物作为世界之纯粹被给予的开放性就得到了生长,那利于那不可追溯者、崭新者以及不可预见者的开放性就得到了生长(GW 3, 325)。柏格森的启发让舍勒给逆转了的还原的意义找到了"投去的目光"(hingegebener Blick)这一提法,通过这种目光,"世界的内容"不断重新摆脱一切人类理性的把握并溢出概念的边界(GW 3, 325)。

以这种方式现象学经验中自然经验的身体构成形式中的不可追溯

---

① 见 Anm. 9。

② Max Scheler, "Versuche einer Philosophie des Lebens" (1913), in GW 3: *Vom Umsturz der Werte*, Bern-München 1955, 311-339. 舍勒引述柏格森的 *Essaissur les donnéesimmédiates de la conscience* (1889), *Matière et Memoire* (1896) 以及 *L'evolutioncréatrice* (1907)。

性就得到了克服，而且同时也不忘记那道路，那身体性的梯子上的横木。它的道路通过本质现实的纯粹自身被给予性得到了辩护。这一自身被给予性，它是在诸多不同起点的现象学还原道路上从自然的身体性经验形式那里赢得的，它在每个这样的起点那里都独一地也就是说不同地被经验。在现象学的经验的维度里，有一种他异性，它不转移对本质现实的关注，反而就是对本质现实的自身被给予性的表达。

这意味着，在现象学的经验中有着许多不同的变化着的现象学还原的实际道路。这无非就是那些作为精神现实性之存在形式的不同的实际的人格。它们的现实性不是无身体的，而是恰好在身体与精神的统一中得到实现的。每一个这种人格都在现实的纯粹自身被给予性中把自己托付给这个现实，每一个这种人格都以每一次独一无二的方式去赢得世界。这些世界并不是相对的，而是绝对的，因为它们是本质现实的纯粹自身被给予性的表述。同时它们在自身中也包含着身体性构成的全部财富。

六、绝对者的被传达

在《论人的观念》（Zur Idee des Menschens）一文中舍勒澄清了身体性对于人类与绝对者、有神性者之间关系的意义。对此他联系克塞诺芬尼的残篇，并且仔细探讨了这个问题，身体的多样性以什么方式是对于有神性者的不同设想的原因。[1] 舍勒在此探讨了两种见解。要么身体性歪曲了通向现实的通道，并且只让那些放在它的界限之内的东西起作用。在这种情况下有神性者将只不过是那身体性的人类的一个肖像（Abbild）。诸神的形象将是一种人形主义（Anthropomorphismus）的表

---

[1] 见 Hermann Diels, *Die Fragmente der Vorsokratiker*, griechisch und deutsch, hg. von Walther Kranz, Berlin, 6. Aufl. 1951。

达，仿佛人用他的超越也不能克服身体性的界限，不能克服它的"贫乏和局限"（GW 3, 187），就像在一座监狱里。

然而，舍勒更偏爱他对身体性的现象学理解。在其多样性中的身体性不是一条局限着人的通道。正如一块放大镜一样，它实际上针对现实的完满（Fülle）而富于发现地起着作用，并且以此使现实之显现得以可能。因此绝对者的不同身体形态（leibliche Gestalten）就是绝对者的通过身体被传达的经验的表达，是与"神之完满"（GW 3, 187）的相遇。人作为神的"有限的和活生生的"肖像奠基于绝对者之中。绝对者是完满，而人类的身体性就反映出这一完满。身体性的变化并没有将绝对者相对化，而是扩充了对其完满的经验。

人类经验的局限性（Begrenztheit）和有限性（Endlichkeit）属于经验的先天结构，并且构成了一种先验的被给予性（transzendentale Gegebenheit）。同时，这一有限性又是质料性的现实的本质特性。这样就有了精神性现实与质料性现实之间的统一性的问题。是精神和质料性现实才带来了经验和认识的实现形态的有限性，还是认识的有限性和随机性就是一种精神和质料现实都具有的本质特性？如果肯定第二种可能性，亦即认为有限性也影响了人类人格存在的精神活动，那么就产生了一个问题：身体性何以是身体—精神的人格存在的同一的表达？

对人类的人格性存在的有限性的经验再次将自己解释为对其他有限的人格性存在以及对神的本质无限的（wesensunendlich）人格的先验关涉（Verwiesensein）上。马克斯·舍勒在他的《爱的秩序》（Ordo amoris）一文中以他对爱是"本质无限的过程"这一定义表明了这一点。[1] 舍勒把对其他有限的人格性存在的关涉叫作合作与团结，把对神的本质无限的人格的关涉叫作信（Glaube）与爱（Liebe）。在《论

---

[1] 见 Max Scheler, "Ordo amoris", in Max Scheler, *Schriften aus dem Nachlass*, Bd. I (*Gesammelte Werke*, Bd. 10, hg. von Manfred S. Frings), Bonn 3. Aufl. 1986, 345-376。

人的观念》一文中舍勒更明确地表达了这一点。人类文化是由朝向崇高性的趋势规定的。只要这种崇高性不是人为的自欺，那么合作与团结，信与爱就构成了崇高得以不断被更深刻地表达出来的条件。在它们的实现过程中就在一种神圣的爱的祷告和运动里出现了那崇高性的"X"：神（GW 3, 186）。

身体性并没有限制现实的自身被给予性的尺度，而是后者的中介器官（Vermittlungsorgan）。现实因此就恰好在有限的人格性存在的多样性中，以及在那在这多样性中开显的世界里给予自己。正因此，现实对于神的无限的人格存在的自身被给予性以及它的世界整体（Welttotalität）而言才是开放的。[1] 在这一意义上那向着现实的自身被给予性的逐步的超越（graduelle Transzendenz）同时也就是向着那绝对者之现实性的绝对的超越（absolute Transzendenz）。舍勒着眼于克塞诺芬尼把绝对者与人类的身体性之间的联系这样表述出来：神是身体性表象的多样性，"不仅如此"他"在某种意义上是这个，只不过还会是许多其他的、更多的东西"[2]。

（译者：蔡勇骏 / 德国海德堡大学哲学系博士研究生；
校者：江璐 / 中山大学哲学系）

---

[1] 见 M. Gabel, *Hingegebener Blick*, 208f.。
[2] M. Scheler, GW 3, 187.

方法还是技艺？
——马克斯·舍勒"现象学"还原中的伦理学与实在[*]

圭多·库斯纳托

众所周知，舍勒确实从胡塞尔那里接受了"现象学还原"这一概念[①]，但在其晚期创作时期，他同样清晰地表明要规避"现象学"这一术语[②]，事实上他要么加引号地使用"现象学还原"这一表述，要么就使用"还原的技艺"（Techne der Reduktion）[③]这个概念。我下面试图给出的论题在于：舍勒那里并非只是有一种独特的还原理论，同样还应区分不同的实在理论（Realitätstheorien），以及应辨别他在处理还原问题上的诸多尝试。这些尝试大体上归结为两种"模式"：第一种模式我们都了解，舍勒自己在其中期创作时期称为"现象学还原"。第二种还原模式没有被他清晰地规定，并且也很难为其找到一个名称，但他

---

[*] 本文译自：Guido Cusinato, "Methode oder Techne? Ethik und Realität in der 'phänomenologischen' Reduktion Max Schelers", Chr. Bermes, W. Henckmann & H. Leonardy (Hrsg.), *Denken des Ursprungs – Ursprung des Denkens, Schelers Philosophie und ihre Anfänge in Jena*, Würzburg 1998, S. 83-97。——译者

① 参见 GW VIII, 362, GW VII, 309。

② 参见 GW IX, 285。舍勒区分了三种还原：现象学还原、科学的（wissenschaftliche）还原和狄奥尼索斯（dionysische）还原。下文我的论述仅涉及第一种还原。

③ 参见 GW XI, 102，GW XI, 118。

总是将之与以下概念联系起来：纯化（Sublimierung）、狂迷（Ekstase）、苦行（Askese）和"道德提升"（moralischer Aufschwung）等等。为与第一种模式相区别，我将称之为"净化式还原"（kathartische Reduktion），"净化的"一词在此是在柏拉图的意义上被意指的。

尽管有这些丰富的考虑要素，舍勒的还原概念通常还是只被从胡塞尔的还原概念来解释，似乎后者是不可或缺的解释性范例。这种解释假设舍勒只是从《逻辑研究》中接受了还原观念，却没有观察到在《观念Ⅰ》中这一概念的那些变化。由此人们认为，舍勒的"现象学"还原还保持在胡塞尔于《观念Ⅰ》中称为"本质还原"的那种界限之内，没有达到"先验还原"的地步。① 下文我将试图阐释，在还原这一概念上舍勒与胡塞尔的观点是如何不同；由此出发我将借助实在概念（Begriff der Realität）分析舍勒式还原的两种模式，以便最终将舍勒式还原与那种在我看来是其真正关键的要点联系起来，即恭顺的行为（der Akt der Demut）和将自我置入括号（die Einklammerung des Ego）。

一、舍勒对胡塞尔式还原的批评

在耶拿时期，即《逻辑研究》出版之后不久，舍勒写作了《逻辑学Ⅰ》，从某方面人们可视之为是对胡塞尔逻辑学的一个反对建议。这里涉及到舍勒在其学术生涯的批判性时刻将不会仓促付梓的一个文本，尽管其核心思想在后来的著作中仍可寻见。这一著作的要点在我看来并不是其新康德主义的资产，而毋宁说是其对胡塞尔观

---

① 例如，参见非常有价值的 M. Gabel 的著作 *Intentionalität des Geistes* (Leipzig 1991, S. 71)。另外我同意 Avé-Lallemant 的观点，他写道："人们不能……说［舍勒］只认识和施行了胡塞尔意义上的本质还原。"（Avé-Lallemant, "Die Phänomenologischen Reduktion in der Philosophie Max Schelers", in P. Good (Hg.), *Scheler im Gegenwartsgeschehen der Philosophie*, Bern und München 1975, S. 164）

点（Positionen）的明确批判。胡塞尔通过对心理主义的批评再次提出永恒自在真理的实存（Existenz）的论题，这些真理不仅完全独立于人类的心理—物理器官，而且完全不依赖于思维（Denken）。以这种方式——舍勒注意到——在《逻辑研究》中被批判的心理主义就其自身而言是建基于一种对思维机能的设想（Konzeption der Denkfunktionen），这些思维机能据说是"心理的"和还原式的（GW IV, 148）。这迫使胡塞尔将"永恒真理"完全地与思维的机能分离开：

> 胡塞尔和鲍尔扎诺把……思维机能的产物……投射到一种前定义的难以理解的（如果可以的话也可说是神秘的）平面上，称之为"自在真理"：（仿佛）**在**思维的对象**之上**，在单纯实在论意义上作为"被给予者"和思维行为的生动施行（des lebendigen Vollzugs der Denkakte）之（超然）对立面的那些对象的上面，还有一个"自在真理"的领域。（GW XIV, 141）

舍勒认为对心理主义的真正批评（GW XIV, 140）不应导向一种绝对的和永恒的"自在真理"领域的想法（GW XIV, 152）。因此，胡塞尔的结论就被当作一种"新柏拉图主义逻辑"（GW XIV, 138）的表述来反驳。

在我看来，舍勒在这些纸页上对胡塞尔的反对理由业已清楚：他的论点是从一种类似于笛卡尔的立场出发的，后者断言即使是关于上帝的所谓"永恒"真理也是被创造的，这种论点曾被布伦塔诺批评为是心理主义的。①

对抽象理论（Abstraktionstheorie）的抨击，就还原问题而言有着

---

① 然而在舍勒那里人类对上帝的分担（Teilhabe）行为具有核心作用，以至于人类思想（Denken）的能动性最终也以其为根据。正是人类思想的限度和"历史性"引领舍勒通过"功能化"（Funktionalisierung）这一范畴去理解人类的思想与本质（Wesen）、价值、真理之间的关系。

直接意义，正如胡塞尔在"第二研究"中阐述的那样[1]，抽象理论将服务于"本质还原"概念的产生（Entwicklung）。从这一视角来看，"范畴抽象"或者"观念化抽象"（ideierende Abstraktion）的概念——同样必然被称为"总体化抽象"（generalisierende Abstraktion）[2]——获得了一种特殊含义。实际上，舍勒自己在《形式主义》中，至少在术语上相当接近胡塞尔的观点，例如他谈及了"本质抽象"（eidetische Abstraktion），但同样清楚的是，舍勒后来解释说，他在观念化抽象这个概念背后看到了"胡塞尔特殊的柏拉图主义缺限"（GW XI, 74）。关键在于，最终在舍勒那里，观念化（Ideation）并非以感性内容为起点然后达到一般概念（例如数学的概念，或者某种抽象的不变形式等等），后者至多不过是科学性还原（wissenschaftliche Reduktion）的对象。

与之相对的是胡塞尔的看法[3]，他同样讨论了对感性（Sinnlichkeit）的"总体化（generalisierende）抽象"。需要强调指出，胡塞尔将自己的尝试与他从洛克、休谟那里总结的抽象概念区别开来，以便在感性抽象之外提出一种观念化的或者范畴的抽象。尽管范畴抽象不仅将所有个体之物，而且甚至将所有感性之物从其意向内容里排除出去，但需要说明的是，"最终所有的范畴之物都建基于感性直观，一种缺乏奠基着的感性（fundierende Sinnlichkeit）……的范畴直观是荒谬的"（Husserl GS IV, 712）。[4] 胡塞尔想法的核心在于，这种"观念化抽象"不同于经验性的抽象，因为它以一种能包含着本质或者一般概念的直观为基础，而不需要诉诸于某种归纳法的步骤。这样一种论题当然表现了相对于休谟的一种创新，但它也全然不同于蕴含在舍勒的观念化

---

[1] 参见 GW XIV, 138-156。
[2] 参见 Husserl, *Gesammelte Schriften*, hg. von E. Ströker, Hamburg 1992[=GS] Bd. III, S. 226。
[3] 这里和下文我无疑只限于讨论舍勒可能读过的胡塞尔著作。
[4] 参见 Husserl, GS III, 226。

（Ideation）概念中的论题。①

舍勒后来对"第二研究"抽象理论的批判也出现在《胡塞尔借助错误的抽象理论（参见"第二研究"）而接纳"观念的种"（idealen Spezies）》一文中（GW XI, 241）。也是在这一文章中——正如在《逻辑学 I》中一样——舍勒批评了《逻辑研究》的"新柏拉图主义观念论的"内核。②

由此已清晰显示了两者的区别，但舍勒对"本质还原"的批评的实质要点还有待明确：这就要涉及胡塞尔对个体化原理（principium individuationis）的阐释。通过"本质还原"，胡塞尔似乎为以下论点辩护，即时间和空间是某种个体化的原理③，以至于当我们扬弃（aufheben）了它们，就能获得对被给予物的一种去个别化（Entsingularisierung），并由此获得一种本质化（Verwesentlichung），即意味着获得一种矗立在被给予物之上作为"观念的种"的本质。与之相对，在舍勒那里时间和空间并不是"个体性的原理"（Prinzip der Individualität）。它们仅仅是对在杂多性中偶然如此存在着（zufällig soseinder）的诸对象的共同本质之个别化（Singularisation ein und desselben Wesens）的提示和标记，而这些对象处于不同的时间和空间位置，从来也不可能严格同一"（GW IX, 245）。此外，时—空坐标对舍勒来说仅仅是身体—环境相互关系（Leib-Umwelt Korrelation）的一种表达和结果。④ 当日常的时—空坐标不得不预设一个"个体的"生

---

① 此外人们必须总要考虑到，对舍勒来说，能够标识出一种一般特质的这种抽象，是一种基础性的（grundlegende）过程，这一过程又以某种任意的生理和感官反应为基础。并且就舍勒而言这种抽象远远不止于仅仅是人类的高级智力的成就。

② "胡塞尔的命题'红是一种观念的种……是错误的柏拉图主义'。"（GW XI, 248）

③ 舍勒注意到，在胡塞尔那里"实在存在（Realsein）……即意味着'在时间中有一位置'"（GW IX, 207）。

④ "没有身体的设定（Setzung）则现在、过去和未来这样的时间方向性（Zeitrichtungs-qualitäten）根本就无意义。这种时间特性（Zeitqualitäten）是相对于身体而言的。"（GW X, 443）

活中心（Lebenszentrum）时，个体化原理必须被提到另一层面来讨论，即欲望（Drang）的层面："被给予性（Gegebenheiten）借以自我分殊（sich vereinzeln）为偶然形态并表现其本质的那种本真原理，毋宁说就是设定着实在存在的原理自身（das Realsein sezende Prinzip selbst）。"（GW IX, 245）确切地说：一旦时—空坐标只是生活中心的后果，那么在将偶然的如此存在（Sosein）置入括号这一目的上，胡塞尔的自由本质变更方法即表明自身是纯粹无用的，因为问题不再是扬弃坐标，而是去扬弃生活中心本身。

> 如果为知识起见而扬弃了实在存在，那么现在—这里—如此存在之物（Jetzt-Hier-Soseinden）的个别化也一并被扬弃。为了获得杂多之中同一和唯一的本质，对时空体系中的位置与状况的单纯不关注（Nichtbeachtung）与注重（Brücksichtigung）无论如何都是不够的。因为空间与时间恰恰依赖于实在，且实在的内在因果关系并不依赖于空间和时间，而是相反。（GW IX, 245）

为了让如此存在（Sosein）摆脱其偶然属性，必不可少的并非是通过本质变更将时—空坐标中性化，而毋宁是要将那奠基着时空坐标的环节（das Moment）本身扬弃，即扬弃生活中心本身，因为只有生活中心的停止，才能消解这种多样性的存在（das Sein），但并非通过无物剩余的方式，而是让本质性（die Wesenheiten）在人格（Person）面前揭示其自身。

对本质还原的批判因此极少容许在胡塞尔与舍勒的本质知识之间作类比。本质知识能够发生，"只有基于彻底实行了的**还原的技艺（我们的还原）**，它通过对本能中心（Triebzentrum）——对立的存在（das Widerstandsein）取决于这本能中心的功能——的中止，而中止了世界的现实存在（Wirklichsein）本身（而非现实的事物）；不像胡塞尔，只是阻止（悬搁）实在判断（Realitäturteil），以此也并未成功超越（über）偶然的如此存在"①。为了描述去理解本质的那种行为，舍勒没有提及胡塞尔，而是提及了佛陀的事例，即他在某一天领悟了苦的本质（das Wesen des Leidens）。②

"先验还原"的情形与此相似。舍勒谈及了一种"本我论的（egologischen）还原"，但并不意味着对超越于意识之外的领域的排除，而是对本我论的意识自身的排除。它因此处理的是这样一种还原，其能力在于通过一种苦行主义的行为（asketischen Akt）扬弃生命中心（das Vitalzentrum）与自我（das Ego）。苦行与纯化于是融合于一种指向世界诚实性（Weltoffenheit）的"道德提升"（GW IX, 45）。

胡塞尔意识到了一种反向运动（Gegenbewegung）的必要性，亦即意味着要去克服日常的态度。于是他在《观念Ⅰ》——在同一时间舍勒关于同样主题写下了《三种事实的学说》一文——的导论中提出了如下程序：

> 我们将从自然的观点出发，从与我们相对而立的世界，从在心理学经验中呈现其自身的意识出发，并揭示自然观点中的本质性预设。然后我们将发展出一种"现象学还原"的方法，按照这种方法我们将清除所有自然研究方式之本质中的认知局限，转变其固有的片面的关注方向（Blickrichtung），直到我们最终获得"先验地"被纯化了的诸现象的那个自由视域，在我们的特殊意义上亦即现象学的领域。（Husserl GS V, 5）

先验还原的任务在于，通过对心理领域（psychische Sphäre）和

---

① 参见 Bayerische Staatsbibliotek（巴伐利亚国家图书馆）Ana 315, CB II, 38。
② 佛陀对舍勒的意义，参见 M. 弗林斯在 GW IX, 358 的注述。

超越（transzendente）世界的不断中性化（Neutralisierungen），达到绝对纯粹意识或先验主体性。然而以这种方式胡塞尔表明其仍然一直处于布伦塔诺学说的影响之下，即内在感知相对于外部感知具有明证优越性。① 这一预设也解释了先验还原的目标，即通过对全部自然世界和本质—超越领域的中性化，到达内在的、不可怀疑的领域。② 给世界加括号尽管改变了意识的存在（Sein），但并不会将意识的实存（Exsitenz）置入讨论，因为相对于意识自身来说没有什么实在的存在（reales Sein）是必然的。③ 并且胡塞尔尽力使我们确信："我们根本上什么也没失去，但却获得了那个全部的绝对存在（das gesamte absolute Sein），确切来说这一绝对存在自身中包含了所有世界性的超越之物（Transzendenzen），并在自身中构造起它们。"（Husserl GS V, 107）

但这一命题是可信的吗，据此我们给世界加括号就能获得一种内在的和绝对的存在？胡塞尔只是以违悖相关性法则（dem Gesetz der Korrelativität）的方式才能提出这样的命题。那么他如何界定"相关"（Korrelation）这一术语呢？内在于人类意识自身吗？那么例如意向活动的意向相关项是内在的？如果是这样，也应将绝对（das Absolute）理解为相对于人类意识来说是内在的吗？如果另一方面，胡塞尔在此接纳了意识与绝对之间的某种同一性（Identität），那么超越物问题难道不是只有在涉及绝对的意义上才是可把握的吗？

"意识的存在"与"实在的存在"的分离表明，胡塞尔将先验相关（Korrelation）理解为是内在领域所固有的。而舍勒则首先承认，与超越—内在划分相对应的实在—非实在划分是同样有效的（GW IX,

---

① 例如参见 Husserl, *Ideen I*, § 46。舍勒在 "Die Idole der Selbsterkenntnis"（见 GW III, 213-293）一文中批判了这种源自笛卡尔的学说。

② 参见 Husserl, *Ideen I*, § 64。

③ "内在的存在（Sein）是 绝对的存在 另一方面超越的'对象（res）'世界根本上依赖于意识。"（Husserl GS V, 104）

191)。给超越意识之物加括号，对舍勒来说并不意味着要确定意向的领域（intentionale Sphäre），而是要将这一领域虚无化（annihilieren），因为超越意识的那些对象和意识一起构成"一种不可撕裂的结构"，并同时借助同一过程而分化（GW IX, 193）。从而以下情形是不可能的——这是决定性的要点——即把超越意识的领域中性化，却不同时也把意识虚无化。

对舍勒而言基础性的问题即纯粹现象学的事实的取得，既不是通过对某种本质同一性的总体化抽象，也不是通过对本质—超越（eidetisch-transzendenten）领域的中性化。当意识是一种本我论的和客体化的意识时，它并不是还原所达到的不可怀疑的领域，毋宁相反，意识才是毫无疑问必须在还原中被加括号的。易言之：正如在识别（identifizieren）非偶然的如此存在（Sosein）时本质变更毫无用处一样，为了达致先验领域而给超越的世界加括号，对舍勒而言同样也是毫无用处的。

二、舍勒式哲学还原的两种模式

那么舍勒是如何建议的呢？前文已指出有诸种不同的尝试可以分辨出来，并能归纳为两种模式。在他中期创作时期形成的第一种模式，显示了清晰的胡塞尔影响，并且有着其认识论的视野；它以精神概念（den Begriff des Geistes）为基础，致力于扬弃（被视为此在［Dasein］的）实在的存在（realen Seins），以便揭示（被视为如此存在［Sosein］和本质领域［Reich des Wesens］的）理想的存在（idealen Seins）。[①] 情形或许类似于星辰的运行，尽管白天它们也在天

[①] 对于舍勒式现象学还原的阐释，迄今为止还没超出这样一种"现象学的"模式的视野而前行。

空中，但只有太阳落山之后才可见：只有实在被扬弃了，本质性才显现，并且被一种纯粹的精神行为所领悟。①

就这第一种模式而言舍勒的现象学图景似乎显而易见，正如伽贝尔（Gabel）与罗姆巴赫（Rombach）提议的那样：一种"放弃了经验论式经验的过程（Vollzug empirischer Erfahrung）"的现象学，这种现象学成为一种从经验对象通向概念、从空间通向空间性、从人格（Person）到人格性（Personlichkeit）等等的抽象的前行。②

毋庸置疑，第一种模式很快遭遇了严峻的困境，并且还表露出一种尚未解决的歧义性，这涉及本质与事实（Wesen und Tatsache）之间的关系问题。在《观念Ⅰ》中胡塞尔对此很清楚，为了区分心理学和现象学，他不得不主张心理学作为经验科学是一种事实科学——即休谟意义上的"matters of fact（事实）"——和一种关于各种实在（Realitäten）的科学。与之相反，先验现象学根本不是事实科学，而仅仅是一种本质科学。以这种区分为出发点，胡塞尔能够融贯地主张：本质还原将事实置入括号而通向本质普遍性，先验还原将实在连同实在世界的秩序（Einordnung）置入括号，从而将现象作为非实在刻画出来（Husserl GS V, 6）。舍勒的态度与此相对，他自始至终倾向于认为本质和事实同时发生，并且声称现象学的世界观（Weltanschauung）本身就是在一个由事实而非由某个理智的那些构造物（Konstruktionen eines Verstandes）组成的领域中运行（GW X, 433）；此外它所处理的是被给予性，或易言之：自身被给予性（GW X, 433）。这一点在舍勒那里意味着，现象学是"最彻底的经验论和实证主义"，因为它通过去符号化（Entsymbolisierung）而找到了完全的自身被给予性的路径，没有置身于自然的和科学的世界观时的那些局限（GW X, 381）。

---

① 参见 Avé-Lallemant 的"现象学还原"，a.a.O., S. 169。
② 参见伽贝尔（Gabel）"精神的意向性"，a.a.O., S. 87。

然而如下问题又被提出：当现象学自身被定义为最彻底的经验论时，舍勒如何能声称它放弃了经验？当这种现象学从事于事实时，这些事实又如何可能与某种非实在的本质相同一？当现象学完全致力于理想的存在时，他又如何能谈及现象学的事实呢？概言之，人们可以说，第一种模式中有一种基础性的疑难（Aporie），因为它排除所有实在并因此指向自身仍然与实在相联结的本质性。[1] 胡塞尔则表明自己好像融贯一致，因为他丝毫没有提出要通过先验还原到达经验事实的领域。表面来看，舍勒在第一种模式中基于一种非常歧义的实在概念，试图将不同的观点作一种不可能的合并（Vereinigung）。长久以来舍勒以矛盾的方式尝试着将自己的思路（Ansatz）和胡塞尔的相调谐，第二种模式成形的前提条件只有慢慢地才具备起来。

三、作为非现实化的观念直观：净化式还原与实在问题

决定性的问题——在我看来迄今为止在对舍勒式还原的种种阐释中已给出的那些完全不充分的解答都指向这一问题——在于"什么"根本上被扬弃了：欲望、整个实在、此在以及偶然的如此存在、生活中心、自我？如果我们用"非现实化"（Entwirklichung）概念来考虑一种对整个实在或仅仅是生命—本我论的（vitalen-egologischen）实在的扬弃，还原的含义将会彻底改变。此外还要定义被达到的那个领域的状态：它是与实在相分离、由非实在的本质性所组成、内在于某种理想和绝对意识的一个领域，还是一个特殊的由非感性的

---

[1] Avé-Lallemant 正确地注意到："本质性（Wesenheiten）虽然并不依赖于实在设定而⋯⋯被给予，但对舍勒而言并不意味着，本质性可以根本不涉及此在（Dasein）而实存（existieren）。"（Avé-Lallemant, "Schelers Phänomenbegriff und die Idee der phänomenologischen Erfahrung", in *Phänomenologische Forschungen*, IX (1980), S. 111）此外他同样指明了 ideae cum rebus（有思想的东西）这一命题，根据这个命题本质性并非处于实在之前（vor）或之上（über），而是和它一起（mit）。

（sinnlichen）事实组成的经验领域？最后同样重要的是要确定：以这种还原为基础的那种道德提升的意义在哪里：它涉及一个认知的、实践的、道德的还是实存的动机（existentielle Motivation）？

正是由于作为非现实化的观念化（Ideation）理论——如同它在《人在宇宙中的位置》中被表述的那样——后期舍勒被以一种二元论的方式解读。在一个著名的段落中舍勒自问道：

> 那么我所说的这个"否定"指的是什么呢？将世界"去现实化"或"观念化"（ideieren）指的是什么呢？它并非像胡塞尔意图的那样，指的是中止（在每一个自然的感知中都有的）实存判断（Existenzurteil）……毋宁说它指的是将实在因素（das Realitätsmoment）本身尝试性地（就我们而言）加以扬弃……这种非现实化的苦行行为只能……存在于对那种生命冲动（Lebensdranges）的取消、扬弃中……这生命冲动是所有感性感知的条件。（GW IX, 44）

首先，这一后期著作的引文，是否可能通过那属于中期创作时期的第一种模式被解释？在我看来答案只能是否定的。另外将胡塞尔的观点强加给舍勒更是不可取的，这一点特别适用于以下主张，即扬弃关于实在的判断并非那么必要，毋宁说扬弃实在本身才是不可或缺的。当胡塞尔声称，通过将关于实在的判断中性化的方式，悬搁（die Epoché）允诺了一条通向先验意识的路径时，若根据这一解释，则舍勒想要通过将实在本身中性化的方式达成这一目标。舍勒在此或许还比胡塞尔走得更远，并且将"观念直观"（Ideation）行为理解为一种具体的和完全的"非现实化"。因此他也许会陷于一种对胡塞尔观念论的过分美化之中，并导致一种对本质性的胡塞尔因素的绝对化（Verabsolutierung），在理想存在的领域中对其实体化（Hypostatisierung）。这样一种阐释性假说导向一种非实在的意识（irrealen Bewusstseins）的观念，这意识观察着非实在的对象——导向一种在实在的和非实在的存在中间太鲜明和绝对的二元论，以至于不仅胡塞尔甚至鲍尔扎诺在此也要退缩。换言之，导向一种荒谬和站不住脚的命题。

有鉴于这样的结果，恰当的做法是向后多回溯几步，带着决心和更多注意力前行。在 1922 年即已出现的一篇论文中有一个重要观点，据其看来胡塞尔的还原只是一种"逻辑程序"（logisches Verfahren），后者必须要被一种具体的精神的"还原的技艺"所代替，这种"技艺"正如佛陀的那种技艺一样，能够改变我们的生活类型（Lebensart）。① 有趣的是，这一论题几年后几乎逐字逐句地在《观念论—实在论》一文中被重复：在还原中"我们不再与一种称为**思想程序**（*Denk*verfahren）的单纯方法（Methode）打交道，而是涉及一种技艺（Techne），亦即一种**内心行为**程序（Verfahen *inneren Handels*），通过这种程序某些在自然世界观中总得以施行的功能（Funktionen）实际上被设定为无效"（GW IX, 207）。以下观点可以确定：舍勒并未将还原理解为纯思维的某种操作过程，并且当他提出要把设定着的意识也置入括号，以便达到那种中立性变异——在其中，中立性的意识不再包含现实的谓述能力（wirklichen Prädikabilien）②——时，他也不会追随胡塞尔。

---

① 这里涉及一些未出版的材料，有着"Realität und phänomenologische Reduktion"的标题并被玛利亚·舍勒标记为 1922 年。参见 Bayerische Staatsbibliothek（巴伐利亚国家图书馆）Ana 315, CB II, 2。由此可见，在其中期创作时期——如果这些材料源自 1922 年——他与胡塞尔已经有着一种可分辨的重要区别，因为在舍勒看来"对世界进行非实在化的剩余物或许［就是］那种客观的'理想的'本质世界（'ideale' Wesenswelt）——但不是'内在意识'"（参见 Bayerische Staatsbibliothek Ana 315, CB II, 2）。就这一主题同样可参见 GW XI, 72-81（这些页面的材料同样源自 1922 年，正如第 79 页的提示承认的那样）。关于佛陀的这种技艺的一些有趣评论也在 GW VII, 88 出现。

② 参见 Husserl, *Ideen I*, § 113。

与胡塞尔相区别的最重要方面,涉及还原与实在的关系:胡塞尔命题的局限是双重的:1)没能以有说服力的方式回答"给实在加括号是什么意思"这一问题;2)主张在加括号之后还剩下"绝对意识"。且还原理论预设了:我们已经拥有一种实在被给予性学说(Realitätsgegebenheitslehre),我们已知道通过还原的技艺要清除的东西究竟是什么,已知道那合乎本质地实在给予着的(wesensgesetzlich realitätgebend)、我们要悬搁起来的是什么样的行为。①"胡塞尔从未深入考虑这样的问题,而是满足于这种模糊甚至错误的陈述,即实在存在与'在时间之中有其位置'是一个意思。"(GW IX, 207)② 分歧的核心无论如何已是确定的,从而在《知识与劳动》一文中舍勒能够重申:胡塞尔的现象学还原理论是"失败的",因为它建立在一种完全不清晰的和"就目前所知无疑错误的实在学说"之上(GW VIII, 282)。

如果继续前行并且在没有回答"舍勒的实在意指什么"这一关键问题之前就得出结论,那么就显得草率了。在此通常舍勒会被误解:他制定了不同的实在概念,那他要援引哪一种呢?

这里出现从第一种到第二种还原模式的决定性转化,而舍勒式还原理论中的歧义性和疑难看起来是对实在理论内在歧义的反映。人们可以在舍勒那里区分出两个不同版本关于作为抗阻(Widerstand)的实在的理论:在第一个版本中实在等同于与心理—生理中心相对立的那种抗阻,在第二个版本中抗阻的概念被扩展了。我的论点在于,诸多疑难中的绝大部分由此形成,即第二种还原被借助这第一版本的实在理论来解释。在其中期创作时期人格与精神在"非实在存在"的意

---

① 对还原技艺具有决定意义的是这样一些问题,"这些问题涉及实在要素(Realitätmoment)本身和给出它的那些行为。因为如果实在要素应被扬弃以使真正的本质显现,如果对世界的'非现实化'——作为世界本质化的条件——要被施行,那么首先清楚的是,我们通过还原要清除的实在要素本身是什么,以及这一要素是在哪里被给予的"(GW IX, 206-207)。

② 同一命题已在1922年逐字表述过(参见 Bayerische Staatsbibliotek Ana 315, CB II, 2)。

上被理解为行为—存在（Akt-Sein）：它们构成如此存在（Sosein）的理想的这一面，与作为实在世界的另一面相对，除此之外实在也被赋予一种专有的心理—生理含义。① 完全清楚的是，"对实在的排除"在这样一种关联中别无他义，只能意味着去揭示剩余着的人格和精神的这一面。但在舍勒晚期语境中对实在的排除还有完全另外的一种结果。实际上在1923年到1925年之间实在概念也被赋予了人格中心（dem persönlichen Zentrum）和绝对本身。现在人格本身成了一个"实在的中心"，那么对实在的排除也就是对人格的排除，与它一起还有对还原旨在达到的那种行为亦即本质认知（Wesenserkenntnis）的排除。易言之：人们或许会发现置身荒谬，因为这一非现实化本身会带来一种对观念化行为的中性化。

如果把上面引自《人在宇宙中的地位》的段落放在这一1923年之后制定的新的实在理论之下来阅读，那么就完全不会获得荒谬结果，它通向这样一个方向，我曾提议命名为"第二种模式的还原"或"净化式还原"。② 在我看来具有关键意义的是，舍勒将对作为非现实化的观念直观概念的研究，联系上了柏拉图："于是由于本能（Triebe）与意义（Sinne）共属一体，柏拉图认为，哲学沉思是一种'永恒的死亡'（ewiges Ersterben）。"（GW IX, 44）这里哲学沉思据说是一种对感性生活的"永恒扬弃"，并且正是在这一意义上，允诺通向哲学生活的这种舍勒式还原，让人想起柏拉图的"净化"（Katharsis）。但意味深

---

① 参见例如 GW XII, 160。在早期的一个阶段舍勒和胡塞尔一样谈及"对实在的设定"，还原因此就是将这种自然和科学观点中与生俱来的设定加括号（参见 GW X, 394）。但对舍勒来说这种设定不是来自某种判断行为（Urteilsakt），而是来自一种前逻辑的因素（关于……的信仰 [das „glauben von"]）。

② 在第二种还原模式中舍勒详细阐明，将实在设为无效（Ausserkraftsetzung），只是限制于扬弃作为本能冲动体系之主体的生活中心和作为客体化着的思想之主体的本我。在这一第二还原模式中，哲学转向作为自身被给予性和纯粹事实、作为精神与欲望之具象化（Konkretionen）的那种本质性。

长的还有，他在一种"纯化"的"技艺"的意义上来解释"悬置"，在这种纯化中，将"在自然世界观中持续起作用的某些功能"设置为无效，成为要扬弃日常观点而必不可少的"苦行式"提升（Aufschwung）的前提条件。胡塞尔的悬置被转化成了一种"技艺"，借此一种通过人格（persönlichen）价值而对生命—本我论（vital-egologischen）价值的代替发生了：它涉及一种"苦行的"行为，这行为能对生活价值（Lebenswerten）说"不"（GW IX, 44）；它还涉及一种"具体的"导致"重生"和转向一种"新生命"的行为，柏拉图在《斐多》篇里已将这新生命描绘为依据真实的德性（nach wahren Areté）的生活，这德性为实践智慧（Phronesis）所伴随。净化是对生命的和自我中心主义价值的持续"说不"，在这一意义上它是一种死亡学习（Sterbenlernen）：一种永恒的死亡，一种排除生命和自我中心的实在的不断尝试，作为达到一种更高实在的条件。还原于是将自身展示为一种"柏拉图式提升"的技艺，一种"向本质领域的上升行为（GW XI, 118）。它涉及一种"精神的"技艺，在其中我们将身体的逻辑虚无化，而让人格的逻辑显现出来：

> 这也完全不同于"逻辑的看"。毋宁说它涉及将身体、将生机主义（Vitalismus）所确立的那些理解"形式"设置为无效，以导向纯粹的精神行为（印度的瑜伽术）……最后，这种"技艺"的理想目标是永恒的存在与意识，即"我"在精神的人格中"聚集"（gesammelt）和"集中"（zentriert）。（GW XI, 102-103）

净化的还原当然有一个"苦行"环节，但是它涉及一种如此特殊的"苦行"，以至于这苦行转向某种对人格价值的美化，这价值——远远不止于对实在的否定——使我们的世界诚实性（Weltoffenheit）得以可能，并且正是这种强制的"自我敞开"（Sich-Öffnen）使得观念直观行为得以可能。从这一观点看来,将观念直观理解为"完全的"非现实化的一个过程,这是成问题的,毋宁说它也从事于,要整体地克服实质(substantiellen)二元论的那些命题,以及真正学会精神的昏厥(Ohnmacht des Geistes)。这迫使我们去澄清,在舍勒关于本质(Wesen)的概念中那种特殊的歧义性:本质要么是一种自在的观念,要么是一种纯粹现象,要么被理解为像一种抽象物或一种数学对象。后面这两种例子肯定要被排斥出去的,因为它们与净化的还原毫无关系,而是与科学的还原最密切相关。本质看起来于是与那种纯粹现象概念相符合,它不是"非实项的"(irreelle)"自在"观念,而毋宁说,是那在自身被给予性的形式中显现着的人格性实在(persönlichen Realität)的内容。

四、谦卑与自我之扬弃,作为净化式还原的要点

最重要之点在于,"净化式还原"表明自己并非是对单纯(*tout-court*)实在的排除,而仅仅是对实在中相当于生命和自我中心的那一领域的排除,并且为了达到作为人格中心(Personzentrum)的实在,这一状态还被体验为必然的"净化的"环节。但是这种还原看起来完全难以理解,如果没有进一步的、极其重要的进展的话:这就要涉及对自我进行排除的那种恭顺(Demut)。基于这一观点,关联于利己主义(Egoismus)概念的那套重要分析发展出来——开端于叔本华的这种分析打开了一个新的视角。就自我中心主义(Egozentrismus),舍勒说道,"我这样理解幻相,即把自己的'周围世界'当作'世界'本身……自我中心主义涉及到对对象的实在领会(Realitätserfassung)的时候,即是'唯我论'(Solipsismus);涉及到意志和实践行为的时候,即是利己主义;涉及到爱的方式时,即是自身情爱(Autoerotismus)"(GW VII, 69)。这一现象的最深刻根源处有一种清楚明确的价值

论（axiologischen）特征：在世界中只是看见自己的价值的反光（Widerschein）。[1] 在这个意义上，利己主义者也是唯我论者，因为这里——正如舍勒就施蒂纳（Max Stirner）的《唯一者和他的财产》（*Der Einzige und sein Eigentum*）一书评论的那样——自我不再是单纯的（so sehr）自我，而毋宁说成了绝对实在本身，作为这种"唯一者"："所有他物都是它的使用对象、控制对象、享受对象，这正是'财产'一词非常清晰地暗示的。"（GW VII, 70）

在此必须指出，舍勒对施蒂纳"利己主义"的批评并未采取庄严的、道德上的腔调，而是某种意义上以施蒂纳自己的论证为依据。首先舍勒在一处注解里提示，要注意亚里士多德在《尼各马可伦理学》里作出的自爱（Selbstliebe）与利己主义之间的重要区分（GW VII, 154）。同样在舍勒这里自爱与利己主义也是非常不同的两样事物，因为人们首先将自己看作人格，然后才看作自我（Ego）。在前一情形人们追寻着属于本己的、自由的、深刻本质的那些价值与兴趣，而在后一情形追寻的是"他律的"、异化的自我的那些价值和兴趣："利己主义者恰恰完全被他的'社会自我'（sozialen Ich）所吸纳了，将其个别的内心深处的自身（Selbst）掩藏了起来！"（GW VII, 155）利己主义者追寻的实际上并不是"本己的兴趣"，因为本己的兴趣首先来看并非是自我中心的，而是要成为一种完全意义上的人格。人格将自己置于自我的逻辑之上，因为它在爱的行为中指向的不是对价值的占有，而是价值自身（GW VII, 153）。

我们借以克服利己主义并到达哲学维度的行为，在舍勒看来

---

[1] 自我中心主义实际上否定本己价值（Eigenwerte）与价值世界（Wertewelt）两者的同时确立。就此舍勒使用了"timetischer Egozentrismus"（价值的自我中心主义）这一表述，人们也可以称之为"价值论（axiologischen）的自我中心主义"，因为舍勒在此也许提及的是"价值学"（Timologie）这一术语，后者在"价值论"（Axiologie）的意义上出现在科莱比（Josef Klemens Kreibig）的著作中，他是"Psychologischen Grundlegung eines Systems der Werttheorie"（1902）的作者。

即是恭顺的行为。哲学需要一种不幸（Pathos），一种情感的处境（Einstellung），而这态度伴随着一种"道德的提升"，在排除自然和科学观点中统治性的价值级序（Wertrangordnungen）的意义上，这提升使得对一切价值的重估得以进行。① 这种提升已感知到一种新价值类型（Wertklasse）的引力场，并且包含着一种特殊的行为，即恭顺行为，后者已上升为净化式还原的中心环节。在此涉及到古代基督教的**谦卑**（*humilitas*）概念②：谦卑是一种情感态度（Gemütshaltung），首先标志着与古代的和现代—市民社会的世界不一致的基督教信仰："恭顺是基督教德行中最温柔的、最隐秘的和最美的"（GW III, 17）；它是"对伟大的基督—神圣性（Christlich-Göttlichen）运动的一种内在的灵魂的模仿（Nachzeichnung），在这运动中神自愿牺牲其高贵和庄严，化成为肉身，以成为所有人和一切创造物的自由的和幸福的仆人"（GW III, 17）。但需要注意，在舍勒那里谦卑并不意味着"贬低"自己的人格，即放弃自己的尊严并试图在他者面前变得平庸和微不足道，借以期望，通过这种放弃自己所有价值的行为，达到某种功绩（Verdienst）并因此获取某种更高的、隐秘的道德价值。舍勒的思考基于这样一种视角，它已将康德的观察纳入自身，据此真正的恭顺应该与自尊、与对本己内在尊严的高扬（Erhebung）联系起来，因为仅仅以这种方式，内在的宗教才与迷信区别开来。③ 于是这一观点远远不同于那种中世纪式的理解，在后者这里只强调人类之不幸的与有罪的本性，并且谦卑首先意味着认识到自己是罪人，以引起羞愧、耻辱和惩罚。

　　舍勒基于不同的和新的理由来阐释这整个问题域（Problematik）。

---

① 这些主题为舍勒在 1911/1912 年 "Lehre von den drei Tatsachen" 一文和 1917 年 "Vom Wesen der Philosophie" 一文中所涉及。提升的概念当然要在柏拉图的意义上来理解（参见 GW XI, 118）。

② 谦卑概念已在来自 1913 年的著作 "Über Scham und Schamgefühl" 中被阐发。1913 年舍勒也发表了短文 "Zur Rehabilitierung der Tugend"，其大部分篇幅致力于试图为谦卑正名。

③ 例如参见 *Kritik der Urteilskraft*, B, 109。

首先他让自我（Ego）与人格的区分应用于它：从而"耻辱"必须与人格不相干，而只是涉及自我。这样做的效果在于，谦卑（humilitas [tapeino]）是一种贬低，但确切来说是对自我的贬低，从而人格还是可以高高置上的（hochgehoben）。"肉体消灭"（Ab-Tötung des Fleisches）的概念在他这里将在"净化式还原"的意义上被思考：还原成为这样一种行为，通过它我们的自我"死亡"，通过它我们进行"死亡学习"并由此作为人格向着新生命复活。要说谦卑中预设着一种罪责，那它也只是涉及一种幸运的堕落（felix culpa）：只有拥有谦卑体验的人，才能处于这种境地，即达到"整个人格的某种道德状态"，而哲学也可能做到后面这点（GW V, 96）。

以同样的方式或许我们也可解释使徒保罗对谦卑的呼吁[①]：在此谦卑同样不是要求在他人面前贬低和消灭自己的人格，以致我们最后必须把他人视为比我们自己高出一等。毋宁说谦卑只是贬低和消灭本己的自我（Ego），并由此提升"本己的"人格，但这并不是在一种个体行为中，而是在一种内在于某个共同体中被进行的行为中，从而这行为可以被"人际地"（interpersonell）重复进行，由此多倍地强化这行为的力量，并最后导向提升这个共同体的真正认同（Identität）。人格不是孤独的，而是一开始就生活在一种团契维度（Solidaritätsdimension）。在此涉及的是借助恭顺而超越本己自我的"相互"设定（„einander"-Sich-Setzen），从而与我们一起具有同样行为的所有人，都能被我们视为人格并将我们视为人格。此外，这正是共同体借以构造起自身的那种行为，因为只有每个人将自己对他人敞开为人格，并停止将他人视为客体[②]，这样的共同体才能存在。同样施行这种行为，同时参与这一"神圣的"运动，意味着一种从本己自我

[①] 参见 "An die Philipper" 2, 3。
[②] 实际上这正是保罗的请求，以便拯救基督教共同体（参见 "An die Philipper" 2, 1-3）；这一请求几乎达致某种政治的含义，并在其特殊真理中无疑贡献于基督教自身的历史强化。

的献身（Sich-Hingeben）、一种入迷（Ex-stase），以达到一种通常我们并不熟悉的共同体与团契水平。

谦卑将会自己表明为爱的特殊方面（GW III, 21），如果爱也将这一创生的（poietischen）行为包含于自身的话：换而言之谦卑首先是超越（Transzendenz）的条件，并由此是诚实存在（Seinsoffenheit）的条件；它被提升到这种程度，在其中它显示为团契的根源和对自己是自己唯一创造者的狂妄的克服。这里出现了与斯宾诺莎的区别，因为对舍勒而言，自身强化（Selbstverstärkung）是一个尴尬的概念：如果它强化本我的或生命的（egologische oder vitale）中心，那么它意味着对人格的削弱；如果反之它强化人格，那么它根本就不再是"自身"强化，因为人格必然随之带来团契的维度。谦卑中已存在着向着他人的某种超越，向着他人价值的某种献出自己（Sich-Geben）和失却自己（Sich-Verlieren）。

如果我们将现实（das Wirkliche）视作在其规定性界限之内矗立着的现实，那么个体（das Individuum）也会表明自己满足于（stolz auf）其界限并努力保持或扩展这一界限；但是如果同时不能够借助谦卑以越过这一界限去观看，那么这一界限或许就成了监狱之墙，将这一个体隔离于世界的其余部分。

通常对本己存在的骄傲（der Stolz）与对非我（Nicht-Ich）的彻底贬低（*die superbia*［傲慢］）有关联。而舍勒的目标在于，将那种合理的对于本己的相对存在（relative Sein）的骄傲，与对本己的相对非存在（relative Nicht-Sein）的必然的恭顺联系起来。"在对存在、每一事物的肯定价值的相对的'骄傲'之外"，我们也必须感知"与之相适应的、对其相对的非存在的恭顺的程度与种类"（GW V, 96）。除了局限在"为我存在"（für-mich-Sein）中的骄傲，在哲学中必须获得"一种为了无知的知道"（ein Wissen um das Nichtwissen），即是说一种涉及这一界限的彼岸之物的意识——而这种智慧只有通过谦卑才得以可能。

舍勒的立场在于，将扩展或限定着世界诚实性的情感处境（die emotionalen Einstellungen）揭示出来。在这种揭示之下，自我中心主义获得了一种否定的含义，因为它把我们与世界隔离并形成唯我论。而恭顺则相反被提到这样的程度，即它带来了某种拯救的意义，并由此带来对我们的存在诚实性（Seinsoffenheit）的扩展和对人格的增强（Ermächtigung）——提到这样的程度，即恭顺能够再次建立一种与原初的绝对生成（ursprünglichen absoluten Werden）之间的联系。在一个富有强烈表现力的段落中舍勒说道：

> 骄傲，它的眼睛垂于它的价值——像是被吸引——之上，必然生活在黑夜或是日月食的时候。它的价值世界一分钟一分钟地昏暗下去；因为每一被看见的价值在它来说都是对它的自身价值的偷窃或抢劫……被关在它的骄傲的牢笼中，那将它隔绝于世界之光明的墙一点点生长着。当它皱眉时，你们看见那自我贪婪的、嫉妒的眼睛了吗？相反，恭顺则打开精神之眼，面向世界的所有价值。正是恭顺——它发现没什么值得拥有，一切都是礼物和奇迹——使得万物皆获光彩！

从这种新的观点出发，即从人格的观点出发，一切都获得一种新的含义：即使是世界、尘世间的物品和身体，只要它们被移出自我的视角，都显现于一种新的光线之中。谦卑（humilitas）甚至并不显示为"肉体的消灭"，而是赋予"腐殖质"（humus）以新的价值，并且它还使得我们"感觉到，物体在其中延展其自身的空间是多么壮丽"（GW III, 21）。

在此，自然不是自我之需求的反观自照。谦卑启示了一个泛爱主义的（agapischen）特征，因为它在那种人类视作"腐殖质"的东西上投射一种新的光彩；它赋予这腐殖质以新的逻辑、使其有生气；并将这腐殖质揭示为"创造着的自然"(*natura naturans*)。正是谦卑,得以克服作为"灵魂之牢笼"的身体概念,在此它让我们隐约意识到一种身体性(Leiblichkeit),这身体性摆脱了感官体验的逻辑并且被人格的维度所充溢。

(译者:唐杰 / 重庆大学人文社会科学高等研究院)

直观与语言

——论非象征性认识的现象学要求[*]

保罗·古德

> 幸运的是,他们知道,所有语言之后有未言说的东西。
>
> ——里尔克

现象学——这是什么?如今,每当人们针对马克斯·舍勒而重新提出这个问题时,他们就会不由自主地遭遇那个罕见的"非象征性认识"的要求。对此,人们不太知道甚或根本不知道如何着手。在相当大程度上,人们对它可能意味着什么缺乏清楚的表象。或许人们会想到神秘的经验和认识,而这或许不是根本不合适的。但是谁想要声称自己并未早已经超越了神秘主义呢?理性主义的攫取行为坚定不移地占有了一切生命要求、世界要求和存在要求。理性具体出现在各种形态中,它的多种可能性就在所有种类的"符号"之中。只有"象征性"认识被承认为这样的认识。由此所说的不仅仅是:以符号为中介的认识。对"实事"的兴趣偏向了对"符号"的兴趣。人们总是满足于认

---

[*] 本文译自:Paul Good, "Anschauung und Sprache. Vom Anspruch der Phänomenologie auf asymbolische Erkenntnis", in Good (ed.), *Max Scheler im Gegenwartsgeschehen der Philosophie*, Bern: Francke, 1975, S. 111-126。——译者

识"符号",这就意味着,同一化、分析、单义地规定它。

一种真正的"符号"欣快症标识着我们的时代。数理逻辑、语言学、语言哲学、交往科学、结构主义、控制论、符号学等等都是或多或少精神上的时髦工作。所有人都以某种方式专注于"符号"。它可以涉及字母、语词、命题、逻辑符号、数字、象征、密码,也就是涉及某种由约定规范了的"统一体"。自查尔斯·S.皮尔士和费迪南德·德·索绪尔以来,"符号"就从句法学、语义学和语用学的角度不断地被揭示和规定。新近出现的所谓的"文本的愉悦"[1],算得上是一个奇观吧?

符号理论已经代替了古典认识论。康德的认识批判已经转变成语言批判。如果说,在康德那里,"自然"取决于理性法则,那么,如今符号规则规定了,可能存在着哪种"现实性"。在旧的认识论基本图式,即对象—符号—意识或者存在—语言—思想之中,中间环节获得了独立。它在许多方面都不再承担指明他者的任务。当然,这里有一段和唯名论的概念相关的很长的历史。那个曾经的他者只还作为现在的符号之物而"存在"。人们要么不再考虑本体论的观点,要么拥护本体论的约定主义。在人们大体上艰难地走过存在的时代(古代和中世纪)和意识的时代(近代)之后,人们谈论正来临的语言时代,这也不无道理。

"非象征性认识"就像一块漂石,挺立在当前符号学的大陆之中。舍勒倒转发展的车轮,再次接续古希腊的认识类型[2]。也就是说,他主张"存在优先于认识"(GW 7, 261)。他在奠基的意义上意指优先性,这不是时间或者因果次序,而是在存在自身中已有的次序,据此,认

---

[1] Roland Barthes, *Die Lust am Text*, Frankfurt a. M. 1974.

[2] 如果他让爱先于认识,让价值设定先于感知,那么,他就在很大程度上脱离了纯粹的古希腊认识类型,毋宁说,他是在奥古斯丁的意义上历史性地思考。参见 Max Scheler, „Liebe und Erkenntnis", GW 6, 77-98。

识行为原则性地建立在实事内涵之上。这一奠基次序的被给予方式是"非象征性的"。我们暂时也可以把这个表达式写成"非—符号性的"。不过，我们还是不理解，他确切谈的是什么。

舍勒想全新地指向"存在"或者"实事"，在这方面比现象学的创始人胡塞尔更为严格地遵守着其"面向实事本身"的呼声。在胡塞尔那里，先验主体性和它的方法论阐明是所谓的"实事"，是它而不是存在值得思考。与此相反，马丁·海德格尔和舍勒相似，甚至更进一步施行现象学的彻底化，他遵循"在'面向实事本身'这个呼声中未曾思的东西是什么"这个问题，揭示"澄明"这个原—现象（Ur-phänomen），那个"允诺某种可能的让显现和指示的敞开性"[1]。

当然，"非象征性认识"以某种特殊的方式和"实事"相关，也就是和它"自身"相关。这里要讨论的就是，这意味着什么。[2] 要谈论"纯粹的"或者"绝对的"事实，如今这一定显得非常狂妄。"现象学的兴衰取决于这个主张，即，**有**这样的事实"（GW 10, 448）。舍勒的这个命题让人们判定，在何种程度上，对"非象征性认识"的要求的分析也间接地向我们回答了这个问题：现象学——这是什么？人们必须补充：根据舍勒，它所涉及的东西和大多数现代符号理论正好相反。

一、论"非象征性认识"的要求

"根据其本质，**哲学**认识是**非象征性**认识。它追寻如其自身所是的存在，而不是作为单纯的充实因素对于分配给它的象征所展示出来的存在。"（GW 10, 412）哲学和存在相关。它不是简单现成的，而是必

---

[1] Martin Heidegger, „Das Ende der Philosophie und die Aufgabe des Denkens", *Zur Sache des Denkens*, Tübingen 1869, 61-80, 71.

[2] 此项研究首先依据两篇根据遗稿出版的文章 "Phänomenologie und Erkenntnistheorie" 和 "Lehre von den drei Tatsachen"，它们出现在1911—1914年间。

须被追寻。现成的是它的显现或者符号，它在此之中展示自身，但是它们部分地来自在它之外的源头，人们将它们分配给它，由此，存在就降格为"单纯的充实因素"，这就意味着，自然的或者约定的象征能够显示到什么程度，它就在何种程度上是可见的。它们是被追寻的存在的"展示"。哲学**首先**关心的不是它们，而是"如其自身所是的存在"。它的不同寻常的要求就在于此。

舍勒总是不断地回到康德，大多数情况下都是将自己从他那里分离出来，但是，他们共享区分自在之物和现象的观点。不过，康德认定前者是不可知的，并且完全着力于现象，而现象学则想指明一条道路，自在之物或者存在自身通过它被认识。这并不是通过我们去夺取它，而是单单通过我们让它给予我们。它涉及的是"非象征性的"被给予方式。为此提供的称号就是"直观"。舍勒称被这样直观的"内涵"为现象。听起来很荒谬，但它和通常的对象的显现无关。

但是，这并不意味着，"显现"就成了完全无关紧要的东西。它把它的重要性留给所谓的"自然世界观"和"科学"，它们专注于自然的和人造的"象征主义"。留给哲学的则是一个本己的空间、一项特殊的任务。就现象内涵而言，从哲学开始，经过自然的世界观，再到科学，这是一条逐渐变窄的线，同时，象征化程度则不断提升。人类精神的设定作用变得越大，实事——"相即性"（Adäquation）就变得越小。最终，它就只在自我生产的符号世界中活动了。与此相反，现象学哲学则追寻那个存在，它先于人类精神那方面的构造功能而存在。

自然的和科学的认识是此在相对的（daseinsrelativ），这意味着，它基于身体机体，或者说一般而言的生活兴趣而展示出从整个存在领域中作出的选择。与此相反，由于一种特殊的道德"提升"，也就是一种面对实事的爱的、无渴望的敞开性，一种恭顺地排除自然自我的兴趣和一种以冲动的对象化为目的的自我控制，哲学家就获得了那种素质，它使得朝向**绝对的存在**得以可能。依照舍勒，没有了不断地从相对之物指向绝对之物的爱,没有了为了把握事物的本质而排除此在对事物的控制的恭顺,没有了这种"从不相即的,在最极端的情况下从对零充盈对象的单纯的象征性单义意指导向直观认识的**完全相即性**之方向"(GW 5, 90)的自身控制,没有这个爱的—恭顺的—自我控制的提升,哲学的透视就不能穿过身体的—生命的相对性达到绝对性。[①] 绝对认识的可能性依赖于这个道德准备。

现在,如果在符号和象征中无法遭遇"如其自身所是的存在",那么它就必须自己给予"自身",敞开"自身"。"自身被给予性"就是如此这般的现象学的核心事件。"**自身被给予**的东西只能是这样的,它不再只是通过某种象征被给予,也就是说,如果它是这样的,那么它只是作为符号的单纯'充实'被'意指',而这符号事先就以某种方式被定义了。在这个意义上,**现象学**哲学就是**对世界的**持续不断的**去象征化**。"(GW 10, 384)由此我们——至少在要求上——已经描绘出那个表明了我们时代特征的符号欣快症的对立场。

这个在世界的去象征化过程中发现的存在和实事本质性是同一个东西。当舍勒强调,智慧就是"存在关联",他把它理解成对这样的本质性的"分—有"(Teil-habe)。不过,这种"分—有"的可能性依赖于原初的"分—获"(Teil-nahme)。因为我们总已经是获取者,所以我们才**有**某物。获取的原初过程是"非象征性的",它不被符号固定并且不可固定。而先行于这样的固定,它决定了这样的固定。"符号以单义的方式对对象的纯粹规整也是这样的分有的亚种,尽管只是象征性的。"(GW 8, 206, Anm. 1)

"非象征性"这个词否定两种意义上的"象征性",也就是"意义图像的"(象征性的)和"涉及符号的"(符号性的),舍勒对此没有作

[①] 参见 Max Scheler, „Vom Wesen der Philosohie und der moralischen Bedingung des philosophischen Erkennens", GW 5, 61-99。

区分。他把象征和符号用作同义词。哪怕"自然世界观"的象征也根本不是随意产生的。毋宁说，从对象出发，并且根据身体机体而决定了，何者能够在此作为象征出现。在"科学"层面上则没有这样的自然准则，除非人们把"机制科学"（Institution Wissenschaft）的规则看作其符号使用的社会条件。哲学对此和对象征与符号的区分一样完全不关心，因为归给它的认识是非—象征性的或者非—符号性的。

但是现在哲学家要从他这方面来谈了。人们必须赋予他的话语怎样的意义？在这一现象学开端的后果中包含了，它的最本己之物能够被清楚地看见，但是不能被确切地说出。一切言说都具有对可说之物的否定的形式。被书写之物和被言说之物只具有指引功能："现在看过去，你就看见它了！"（GW 10, 392）谁要是在一切语言的"围绕"、"划分"、"剥削"之后还总是看不见实事本质性，他就无药可救了。"现象学哲学是一切迅速完成的话语哲学的对立面。在这里，人们说得更少，沉默得更多和看得更多——包括世界的或许不再可言说的东西。"（GW 10, 393）所见之物在这个意义上是"前—逻辑的"，它也为逻辑关系奠基。A＝非A（在判断层面上）这一关系之所以是不兼容的，这是因为存在和非存在的不兼容性事先就被"直观地"经验到。在作为关于现象的言说的现象—学（Phänomeno-logie）之中，语言具有"指针"的功能：它指向现象，而且不将它还原为概念。语言不是从一种符号规则性那里，而是从被看见的实事那里获得单义性。当然，它的内容的可交流性还是个问题。舍勒意识到，产生了"**交流**被认识之物的可能性和方法的最特殊问题"（GW 10, 392），不过他并没有进一步关注这个问题。可以肯定的是，仅仅通过规范交流过程（通过获得单义的符号系统），它是不会被消解的。如果思想不再关心从语言那里回身接续事物在历史中表现出来的道说力量，那么，它必然会开始"乞讨"。现象学把语言用作一种启发性的和展示的原则，而不是想将世界还原为语言。"世界存在于此，以便通过单义的象征被指明，并依赖它的帮助而被规整和被言说——在它进入话语之前，它还是个'无'，不过，这还只是世界的存在和意义的很少甚至太少的一部分！"（GW 10, 393）

二、对现象学要求的"消极的"回答

如果我们研究"自然世界观"的和"科学"的象征主义，我们对此问题，即"非象征性认识"意指什么就有一个消极的回答。"自然世界观"的认识和意指在何种程度上涉及象征之物？人们仍然普遍相信，实事自身在它之中被最切近地把握。但是，在感性直观那里，我们却和自身被给予性无关。因为根据我们的事先被给予的感性结构，只有事物的"显现"被直观。在这个层面上的被给予之物依赖于我们的身体机体。因此，所有自然直观的内容都是**"相对于身体的"**。根据我们的身体结构，世界显现为"环境"（Milieu），这就是说，处于一种依赖于机体（及其活动）的游戏空间的侧视或者近观之中。"我们只能看、听、闻、尝属于我们的环境之物。"（GW 10, 440）感受性扮演的不是生产性的、产生显现的角色，而只具有分析、选择、否定、压制的功能。它从丰富的供应物之中作出选择。这当然不是任意地，而是自然地发生。因此，这种感性内容指示着一种特殊的强迫性。尽管如此，实事在此之中并非"自身被给予的"，而是间接的或者被中介的。而且我们在这里涉及到双重的象征主义。显现内容（线条、形状、颜色）一方面是所涉之物的符号，另一方面是我们心中的情状或感受的符号。显现之物只显露房子的一面，但是这个被给予的面指引这整个被意指的房子。人们所感知的根本不是个别显现（符号），而是完型式地感知整个房子。在这个层面上它已经比它实际被给予的更多地被意指了。就这一方面来说，感性感知——和每一个象征性一样——是超越的认识。

这种象征性的一间接之物并不意味着推论性之物。人们并非首先分散地感知房子的线条、形式、颜色，然后从它们那里推论出房子，而是穿过这些同一物的特殊性质直接意指房子。同样，人们不是在远处红色的闪耀之物的基础上推论出火焰，而是在红色的显现中感知火焰。对如此被指明之物的感知虽然是符号性的，它却是发生在**一个**行为之中。因此，这里的这个符号性是一种完全特殊的东西。也就是说它涉及的不是产生中介的语言符号，而是具有符号功能的事物的显现性质。"自然世界观"的认识是依附显现而被获取的，在这个意义上，它是象征性的。显现性是身体相对性的对等物。这个通过身体施行的"选择"不是为自在的认知兴趣服务，而是为生物机体方面的实用性和可利用性服务（对舍勒来说，我们的感性机体应当服务于一种纯粹的认识，这是不可思议的）。感知为了生活实践而出现。"房子"的意义仅限于它的生活服务性，比如局限于"可居住性"。这是对物件的"绽出地"身体性的"拥有"阶段，它依赖于对象和身体对显现性的同一个"要素"的自然"分获"。梅洛-庞蒂称此普遍的要素为"la chair"[①]。这个身体相对性或者被感性感知之物的身体意蕴也附着在自然的或者日常语言的语词（比如上下左右）含义上，而它就在它们之中展示自身。日常语言首先"指引"有助于机体的实事。[②]

因此"非象征性"认识首先意味着**非身体相对的、非显现性的**认识。对机制科学的象征主义的思考使得一个第二次区分得以可能。

科学排除事物的具体显现。它没有能力看见这之中的本己内涵，而是单单把它们看作"空的展示功能"。显现不是为了获得本己的"现象"，而是为了能够建立普遍理性的合规则性而被消除。科学还原和现象学的还原正好背道而驰。一旦对象被还原为"空的展示功能"，人

---

① 参见 Maurice Merleau-Ponty, *Le Visible et l'invisible*, hrsg. v. Claude Lefort, Paris 1964。

② 这不可被误认为，似乎日常语言的这个特征事实上也会表现在每一个语词上。毋宁说，它关涉它的整体功能。

造符号和范式就足以获得单义的固定。自然感知仍然涉及被感知的房子的颜色,这房子不仅在形态上而且在颜色上作为典型的阿彭策尔式的房子表现出来,"颜色"在这个行为中也还没有达到完全的自身被给予,而科学家则只把它看作由不同的光波引起的特定的眼部神经反应的符号。

"但是在恰恰这一种相对于生命的存在相对性中认识和思考存在者,以使这个存在者在最大可能的**完全独立性**中,在严格地原则性地排除一切相对于个体、种族、民族等等的存在相对性(本质的和此在的相对性)的条件下,**只不过更多地相对于**一般人类机体或者每个人之中的同一之物而是存在相对的,这就是这样的还原,它施行对周围世界的存在和内涵的**科学的'普遍有效的'**认识。"(GW 5, 88)

科学认识表现为一般的**生命相对**。个体的和文化圈的自然感知的认识还可能相互有别,科学认识则普遍有效。它是人类合乎生命地影响和控制一般周围世界的功能。(倘若周围世界的或者环境的依附性并非自身被置入世界结构之中,科学就绝未提升为世界认识!)就此活动而言,科学已经使得某些基本规则机制化:(1)"事态"和象征之间的关系的单义性,(2)象征的经济性,(3)象征被所有科学交往社会的成员承认,(4)试验的控制程序等等。实事的被给予性收缩为零。对象只能符号性地被意指。在这里,象征主义达到了它的顶点。选择统一体(范式)和展示统一体(符号)都依赖于约定。(与此相反,自然世界观的对象还在自身展示着的显现中**被给予**。)因此,科学事实就叫作"实事状态",因为是定义首先规定了,实事处于何种状态之中。"因此'定义'实际上就是'科学对象'的不可扬弃的成分。"(GW 10, 461)定义表明了判断层面的特征。科学过程在这一层面上进行。

所以,第二,"非象征性"认识可以是**非生命相对的—普遍有效的**认识。它涉及"如其自身所是的存在",而不是必然被约定所构造。这里的非—象征性表示的和非—构造性是一个意思。

用一个形象的比喻来说，自然的世界直观施行对事物的"有限的日视"，科学施行"无限的夜视"（在此之中，所有的猫都是黑的）。现象学则追求"无限的日视"。前两者是此在相对的，后者则提出绝对性要求。舍勒把此在相对性理解成个体—身体的或者普遍—生命的"对绝对对象的现象内容的选择"（GW 10, 407）。据此，从积极的意义上说，非象征性认识和绝对的认识是一回事。

现在，这样的现象学哲学的非同寻常的要求变得完全明晰。想认识"如其自身所是的存在"，这不是意味着从上帝的眼光来观察事物吗？舍勒否定了它，并且批评康德通过人类精神的创造性的—构造的力量来建立世界的次序，并由此消除上帝创造的混沌。如果现象学家获得了绝对的认识，那么也只是始终在"接受"（receptio）的态度中。① 但是哪里有这样的接受性？而且，它不能有一点象征主义。这个法官就叫作"直观"。对在直观态度中通达的绝对性的分析使得对舍勒现象学要求的**积极**理解得以可能。

三、"直观"作为认识的基本事件

因此，**直观**应当是这样的事件，在此之中，存在给出自身，实事的本质规定性被揭示。为了能够做到这一点，直观必须摆脱感性的缠绕——在康德那里，直观就陷入其中。感受主义——康德也追随它②——取消了它的精神特征。与此相反，现象学依赖于精神直观，在此，舍勒不仅想到本质直观，而且想到情感的价值认定。感受性、情

---

① "对先天被给予的内涵的**认知**既不是天赋的，根据其内涵，它也不是纯粹的精神成果，而是和每一种对被给予之物的认知一样，自在地是'接受'。"（GW 5, 197）

② 因为康德将直观还原为感性之物，所以范畴综合必然行使"生产性的构形力量"。对此，舍勒认为，这些必要的形式统一体（实体、因果性、关系等等）还是精神直观所获得的对象规定性。

感性、精神性具有原初的、相互不可还原的接受性。1922 年，舍勒赞赏胡塞尔区分"感性的和范畴的直观"，并且在这个重新揭示中看到"建立现象学的**最直接的**出发点"，"建立理论哲学的新的富有成果的原则"（GW 7, 308）。他和埃德蒙德·胡塞尔的"精神联系"就依赖于此。不过在这个问题上这一联系走得并不远。舍勒拒绝胡塞尔的范畴直观奠基于感性直观的观点（参考 GW 10, 467），因为这就等于"回到康德以前"。

首先必须确定，对现象学观审而言，要涉及的是一种**经验**。经验和构造相对。价值被感受，本质被直观，而不是被构造。因此，原初的精神"主动性"就在于"接受"，在于"分一获"。人不是处于混沌的对面，并且必须根据主体精神的先天形式将次序植入其中，而是总是和以某种方式被规整、被构形的实事关联体照面。比如，一棵树从不显示为混沌的 X，而是持续地作为以某种方式被规定的统一体；也就是说，对散步的人来说是阴凉处，对艺术家来说是美学的吸引，对农民来说是果实和木材供应者，对化学家来说是分子复合体，对生态学家来说是氧气制造者等等——在每一种情况下，树这一"充盈"都从自身中释放出这些可能性，所有这些可能性加在一起才说出了人们可能称之为它的本质的东西。在充满意义的人类主动性可能规定它之前，这样的本质方面必然已经从实事那里被释放出来。而这一个树—本质就在所有这些所谓的方面中表现自身。现象学家希望弥补这个"推演"，返观他已经构造性地走过的道路。这发生在本质直观的行为中。"这个首要的，建立在现象学基础上的哲学作为基本特征必然具有的是最活生生的、最强烈的和**最直接的和世界自身**——这意味着，和这种哲学所要处理的实事的——**体验交往**。而且是和这样的实事，正如它在体—验，在体验行为中完全直接地给出自身，自在地并且只是自在地'**自身此**'在。"（GW 10, 380）现象学的经验特征就在于**这样的**实事指向。

虽然在实事的具体展开中,本质性总是起效的,这也就是说,即便在异化的实事理解中仍然可见,但是在其"自身性"之中的本质性首先是在返一观的行为中才"相即地"被给予。在此之中,被给予之物和被意指之物完全相合。① 在此,直观到的内涵(比如树木维度)既不是普遍的,也不是个别的。这规定性首先是在判断—本质中才出现。它们是关联到诸多对象的范畴,从这些对象中,一种本质性可以被说出。这里的被给予之物,也不会落入通常的真假判定之中,因为它仅仅涉及前语言的被给予性,而这被给予性为判断活动奠基。② 在**这样的**原初敞开性中,"实事"纯粹地、自身绝对地在此。它的被给予方式是非象征性的、直接的、内在的、先天的。(因此,这种现象学同时包含经验和先天的因素,或者宣称一种质料的先天论。)对自身被给予性来说没有所谓的标准。"'自身被给予性的标准'这个观念是矛盾的,因为所有对标准的追问都只在这样的情况下才有意义,即不是实事'自身'被给予,而是只有一个关于它的'象征'被给予。"(GW 10, 382)

关于绝对性、自身被给予性、先天论的说法引发这样的猜测,现象学活动在永恒观念的领域之中,而具体的实事丧失了它的意义。舍勒反对这一点,他否认天赋的和天生的观念(参考 GW 5, 195),并且不允许将本质性移入一个"完全独立于可能的活的精神行为的施行而存在的应然观念的和价值的天空"(GW 2, 21),只有爱着转向显现着的实事,它的本质结构才传达出来。由此,对哲学家来说,显现也

---

① "**在**'被意指之物'和'被给予之物'的**相合中**,现象学经验的**内涵传达**给我们。**在**这个相合**中**,在被意指之物的充实和被给予之物相遇的**一刻**,'现象'**出现了**。"(GW 2, 70)
② 对舍勒来说,后期海德格尔所理解的"无蔽"是明确无误的。在认识的分获一特征上,两位哲学家也是一致的。海德格尔将存在历史性理解为"天命"和"缘构发生",它们把人排除出去,而舍勒则认为,存在的充盈只有通过"爱"才能总是崭新地敞开。因此,他会将哲学定义为"被爱规定的人的有限位格核心分获一切可能的事物的本质的行为"(GW 5, 68)。因此,存在的内涵必然是自爱的,"因为分获原本质的基本形式也依据其本性是取决于此原本质的**内涵**"(GW 5, 69)。

变成本质性的。但是他是在其绝对性中获取它,这就是说,不是为了个人或者普遍的目的使用它,而是在它的行为—历史性地显示出来的现象性中考察它。现象学家不能显露出不同于此的直观着的施行—本质。但是这是历史性的绝对。①

一次在一个或者更多的实事上获取的本质明察不是马上就挥发了,而是在和实事进一步照面时充当"图式"的功能。舍勒称之为"**本质直观的功能化**(Funktionlisierung)"。如果树维度的某个方面已经变得明证,那么人们就倾向于在这个方面下看一切树木,而不必总是重复木质行为。本质内容转变成进一步的把握的结构、形式、图式,它固化为主体的财产。"据此,原初的存在先天就**变成了**主观先天。"(GW 5, 208)如果人们已经揭示了一个新的人类存在的可能性,那么它就会功能化为规定时代的人类—图景。精神的成长就在于此,这精神不必总是重新开始,而是具有集聚已经被明察的实事关联体的能力。"本质认识功能化为指向偶然事实的知性单纯'运用'的法则,这知性'根据'本质关联体'确切地'统握、拆分、直观、判断偶然的实事世界。曾经的实事之物**变成了**实事的思想形式,曾经的爱的对象之物变成了爱的形式,在此之中,无数对象可以被爱。"(GW 5, 198)这个功能化事件规定了历史:生活经验变成时代生活形式,它耗尽自身,并且在一个新的经验出现的那一刻毁灭。

现在人们也明白了,为什么舍勒能够主张知识形式的多元论。② 知识形式必然被看作直观的知识内容的功能化,它服务于和我们的兴趣和目标设定相关的欲望结构。由此,自然的世界观的和科学的选择活动和图式化也都奠基于实事的本质可能性。事物使其自身在其可用性

---

① "历史性的绝对"应该表示,舍勒认为,现象学的任务最终并非对绝对性的认识,而是要求对实事的历史性的最大可能的本质明察。它是"对绝对价值和存在的**爱**",它摆脱了"来自人类一切周围世界存在的**存在相对性**"(GW 5, 90),但是,因此认识本质的具体充盈不是被创造的。

② 参考 Max Scheler, „Die Formen des Wissens und die Bildung", GW 9, 85f.。

中被获取得以可能,或者允诺了对普遍合规则性的一种阐释。哲学摆明它的"自身性"。它要降到一切认知方式、语言和象征都以之为基础的那个深处。这样,舍勒认为,"非象征性"并**不是**和"象征性"**对立**,而是把它看作**先于**它。因此,现象学先于符号理论,但绝不是让它变得多余。

四、语言的可能性

在这样的现象学之中,语言最终如何成为论题?虽然马克斯·舍勒没有写语言哲学,因为他想阐明直观的前语言的被给予性,但是他的与此相关的表述也对此现象学活动富有启发。他纲领性地表达为:

> 根据其本质,**哲学**认识是**非象征性**认识。它追寻如其自身所是的存在,而不是作为单纯的充实因素对于分配给它的象征所展示出来的存在。因此,符号功能自身对于哲学来说也成了问题。因而,哲学在实事上既不能默认自然语言及其含义划分的现存,也不能为其研究默认某个人造符号系统的现存。哲学的对象不是可**讨论**的世界,即,不是一个已经承载如下义务的世界:必定可能有一种关于这个世界的单义的理解,必定存在着在一个或多个个体的多个行为中进行的对此世界内涵的单义规定;哲学的对象也不是那个根据和按照获得一个"普遍有效的"可认识性的目标而已经被选择和被划分的世界内容——哲学的对象是**被给予之物自身**,连同所有可能的符号对它的影响。当然,哲学也需要运用语言达到这个目标,无论是在启发式的意义上,还是在展示的意义上——但永远不是为了借助于语言来规定它的对象,而只是为了使那个由于其自身已经通过自身而得到规定因而本质上无法通过任何可能象征而被规定的东西被**直观**到。哲学运用语言,是为

了在其研究的过程中从其对象中删除所有那些仅只作为一个语言象征的充实的 X 而起作用，因而不是自身被给予的东西。（GW 10，412）

现象学的对象包括两种：实事本身和关于它的可能的符号。现象学的活动不能单单被日常语言的意义现存①或者人造符号系统的意义现存所引导。现象学使得符号功能成为问题。在此，现象学揭示了语词和语言之间并非无关紧要的区别。我们的日常体验和认识保持在事先被给予的语言的固定含义统一体的轨道之中，这语言所展示的无非就是曾经的语词把握的功能化沉积物。②这样的原初语词——本质的功能化刻画出一个思想、言谈、感受、感知的时代的特征（比如古典主义、浪漫主义）。诗人们——"神让他们说出他们所遭受的"——不能满足于现成的含义量。"通过创造新的表述形式，他们超越了主宰性的图式网——在此图式网之中，被给予的语言仿佛捕捉住了我们的体验——由此他们也使得其他的人在其本真的体验中第一次看到在这个新的成熟的表述形式中可能包含的东西，并且，他们由此而**扩展**了其他人的**可能的**自身感知。"（GW 7，246-247）他们将"新的分裂和划分"引入体验流之中，其他的人由此而获得更好的对自身和实事的理解。整个艺术都具有这样的、启示着本质—可能性的功能，因为它是"为了可能的把握而使直观世界——内在的和外在的世界——不断提升的过程"（GW 7，247）。因此，哲学家、诗人和艺术家的任务表现为同一个。

---

① 舍勒完全拒绝语言的实用主义。"我们为何'使用'、'运用'语词，或者，语词在一个群体中如何被'使用'、'运用'——这个所谓的'使用语言'——这一切都和它的**本质**无关。它自身'意指'、'意味'某物，'具有'意义，它的意义——虽然总是不明确——**规定**了它的**可能的**运用、它的使用，或者说，圈定了它的可能运用的范围。"（GW 3，178）

② 这不意味着，舍勒把一种语言的所有语词都理解成语义之物。虚词就不意指对象。但是它们的被意指之物（比如关系）必须首先在精神观审中"充实"自身，因为它涉及的也不是我们精神的构造活动。

舍勒论及语词，它是"**原现象**"（GW 3, 183）。这意味着，它和直观一起组成一个结构。直观活动首先在语词中达到目的。它消解了由延伸到新的维度中的"观审"所产生的张力。因此，在对一幅现代画的最强烈的观视之后，最终一个释义语词突然浮现出来，此时，人们谈及"拯救性的"语词。就其构成历史的时代意义内容而言，舍勒也称此语词为"意义—前提"。它在语言的开端处。甚至一个单独的语词在自身中也已经包括了语言所有的可能性。它和人类一样古老。这个起源或者来源问题不能够历史地，而只能形而上学地回答：这个语词来自上帝。

在追问"语词的本质"时，舍勒一方面将它区别于表述，另一方面将它区别于符号。他把**表述**理解成体验的因果的语音展示。这样的表述表达，比如"啊！"代表突然的悲伤，"哦！"代表巨大的痛苦。他进一步想到动物的发出信号、引诱声和警告声。语词的本质肯定不是由此而被把握的。因为它**意指**一个对象。因此它不能被还原为刺激反应。另一方面，语词的"意指"区别于单纯符号的意指。**符号**是人造单位，它依赖于约定。它的意义并非从实事处浮现，而是大体上任意约定的。比如，人们遵循实用性因素。因此铁路信号的含义现存只在功能上区别于其他交通符号的含义现存。

在语词那里就不一样。"语词作为充实**对象自身**的要求而给予我们。我们追寻那个适合于对象的'正确'——在对象每次对我们呈现出的那个方面。"（GW 3, 180）这和简单表象无关，语音形态必须直接对应于实事。语词的语音方面不算是它的本质。这个以语音的方式发生的意义开启也可以非语音地发生（比如，在艺术家那里就是图画）。当然，根据人类的机体，语音表现为"最自然的"，"最切近的'外衣'"。在直接的听的行为中，人们并不注意它。只有在人们不明白一种语言时，人们才听到语音序列，这时人们没有一下子把握到这个序列的分节。语词显现为一个整体。只有从语文学的视角来看，"语词—身体"和"语词—意义"才分离开来。"从语音到意义的典型的体验过程，这过程只是作为精神的意向**活动**的起点和终点起作用，它构成语词的核心和本质。"（GW 3, 180）由此，语词的本质就在于，作为符号而消失，以便仅仅让意义形态在场。

这种语词现象学绝不是将自身理解为通常的语言哲学的替代品，而是理解为它的基础。舍勒并没有注意语言的其他维度。他的评论只是强调，表述和符号理论并不足以原初地涉及语言现象。在爱着的直观中获得的语词必然将自身功能化为"语言形式"。不过语言现存能够通过获得更新的语词（这并不必然意味着创造新的语词）而一再地被启动。"非象征性"认识是实事结构在语词中的自身被给予性，虽然这听起来有些矛盾。但是语词的本质就在于它**不在其间出现**的能力。"未言说之物"，"在所有语言后面的东西"就在历史性的语词中传达出来。

现象学——这是什么？不同的症候难道不是表明，它涉及的是一种神秘主义，它要克服这样的困难：因为它所**看到**的超出它能**说**清楚的，它依赖于一种经验，为此没有外在的标准能够被指出来，它转向事物，而只从事物那里要求关于它的内在可把握性的回复？现象学不是也涉及到那个舍勒所给出的关于神秘主义的形式描画，也就是说它是一种"分获，它是持续不断的（发生的）完全**非创造性的次生的—后发的显现——一次返回**"（GW 8, 31）？即使在直观的思想活动中它们保持一致，在目标设定中它们则相互间毫无关系。现象学家绝不涉及像神秘主义者所追求的那样的和世界根据的交织。只要历史在上升中和在本质方面的功能化中才构造起自身来，他的向源源不断的本源的"返回"总是新的未来的"先于"。现象学——就其今日所要求的形态——通过具体分析发掘出当前支配性的语言、思想和经验现存的规范结构，由此给出新的本质可能性的空间。马克斯·舍勒划出了这片工作领域。对历史材料的分析仍然是一项持续不断的任务。

（译者：郑辟瑞/南开大学哲学院）

胡塞尔与海德格尔背景中的舍勒

舍勒对胡塞尔弗莱堡伦理学的影响*

乌尔里希·梅勒

舍勒像胡塞尔那样对此都深信不疑，即时代的贫困、现代人及其文化的危机，首先表达了一种精神和道德的挑战，并且要求一种精神和理念上确定的回答。两者都看到，用舍勒的话来说，"现代人的一种宗教—形而上学性的绝望"[1]是生活和文化危机的根源。不仅舍勒，而且胡塞尔也是一个新时代、一个新世界、新人的先知。对于胡塞尔来说，先验现象学的还原不仅仅是达成认识论一致论证的方法论工具。现象学对于胡塞尔更是治疗和拯救的科学。他在1923年8月给罗曼·英伽登的一封信中指出，"人只能自身拯救，只有当我们，我们中的任何人实行自身拯救时；当我们每个人发现这种勇气，并将这种伟大的意志以及我们整个目标朝向自身解释、自身知识，进而朝向自身净化的时候，人才能获得自身拯救"[2]。只有"先验还原的坚决的世界弃绝

---

* 本文译自：Ullrich Melle, "Schelersche Motive in Husserls Freiburger Ethik", in G. Pfafferott (ed.), *Vom Umsturz der Werte in der modernen Gesellschaft*, Bonn 1997。——译者

[1] Max Scheler, "Der Bourgeois und die religiösen Mächte", in *Vom Umsturz der Werte. Abhandlungen und Aufsätze, Gesammelte Werke*, Bd. 3, Bern: Francke Verlag, 1955, S. 381.

[2] Edmund Husserl, *Briefwechsel. Band III. Die Göttinger Schule*, in Verbindung mit Elisabeth Schuhmann, hrsg. von Karl Schuhmann, Husserliana Dokumente, Bd. III, III, Dordrecht, Boston, London: Kluwer Academic Publishers, 1994, S. 218f.

（Weltentsagung）"[1]才使新人和新人类的重新诞生成为可能，只有"先验还原的坚决的世界弃绝"才使"绝对的生活"成为可能。

相对于胡塞尔，舍勒参与了其时代的公开讨论，并对时事问题做出了回应。如果在今天他想必是谈话节目里的红人。逐渐才在完整范围内变得清晰的是，不仅通过胡塞尔在1922/1923年为日本《改造》杂志写的书信和文章的编辑[2]，而且通过关于他的伦理学和社会哲学的新出版物[3]，一种根本的伦理和文化革命的革新观念属于胡塞尔整个弗莱堡现象学的内在核心。胡塞尔在1920年8月给加拿大学生温特洛普·贝尔（Winthrop Bell）的信中写道："我对很多东西进行过了仔细思考，所有的理论对我来说都不算什么，除非它是为了一个新世界。"[4]

我想把我的文章基本限制在胡塞尔"最最令人惊异的自身革新"[5]的弗莱堡伦理学的几个主线和主要论题上。舍勒对胡塞尔弗莱堡时期的伦理学、人类学和神学方面的直接影响在范围上是很难确定的[6]，但引人注意的是，舍勒的中心概念像人格、精神、爱、呼唤和共同体以及形成中的上帝（werdender Gott），在胡塞尔本来完全处在布伦塔诺影

---

[1] Edmund Husserl, *Aufsätze und Vorträge (1922-1937)*, hrsg. von Thomas Nenon und Hans Rainer Sepp, Husserliana Bd. XXVII, Dordrecht, Boston, London, 1989, S. 173.

[2] 参见 Husserliana Bd. XXVII, a.a.O., S. 3-124.

[3] 这里指的是，在已出版的现象学研究系列中 James Hart 撰写的优秀著作 *The Person and the Common Life*, Phaenomenologica 126, Dordrecht, Boston, London: Kluwer Academic Publishers, 1992。

[4] Husserliana Dokummente Bd. III, III, a.a.O., S. 16.

[5] Ms. F I 28, 135a. 这一表达来源于胡塞尔 1920 夏季学期的弗赖堡讲座 *Einleitung in die Ethik*，胡塞尔在 1924 年夏季学期重复了这一讲座。我想借此机会感谢鲁汶胡塞尔档案馆的馆长 Samuel Ijsseling 教授允许我引用胡塞尔未出版的手稿。

[6] 根据以前的标注确认，胡塞尔至少已经阅读了舍勒的下列著作：*Die transzendentale und die psychologische Methode*（第一卷的三分之一画线）；*Zur Phänomenologie und Theorie der Sympathiegefühle und von Liebe und Haß*（第一卷的三分之二画线）；*Der Formalismus in der Ethik und die materiale Wertethik*（整个文本连续作了评注）；*Vom Wesen der Philosophie*（很少画线）；*Erkenntnis und Arbeit*（整个文本画线并少数注解）；*Die Stellung des Menschen im Kosmos*（整个文本大量画线和几处评注）。在胡塞尔手稿中至少可以发现来自舍勒的 *Vom Wesen der Philosophie* 和 *Zur Idee des Menschen* 的简短摘录。此外，无论在迄今出版的 29 卷胡塞尔全集中，还是在他未发表的手稿中只发现很少而且简短的对舍勒的看法。

响之下的哥廷根伦理学的扩展和改造中扮演了重要的角色。在我描述这些之前，作为一种过渡，我想简短地探讨一下胡塞尔对舍勒的看法。

众所周知，胡塞尔并不欣赏舍勒。如胡塞尔在 1937 年 2 月给卡尔·勒维特（Karl Löwith）的一封信中指出的那样，舍勒、海德格尔和所有早期的学生"都不能理解先验现象学特有的和深层的意义"[①]。如胡塞尔在舍勒一位学生的博士论文的报告会上所言，舍勒"通过现象学本质直观方法的某种过分使用……通过过快的直观的本质明察的绝对化而趋向一种僵硬的存在论"[②]。"我的《逻辑研究》对艾多斯（Eidos）、对先天知识或存在论知识重新进行了辩护"，舍勒存在论的理念论"在这种辩护中看到的是一种对稚气的形而上学的准许，而不是去追随朝向主体的构造研究的内在趋向"[③]。他的同情理论是"一种真正现象学理论的对立物"[④]。

除了这种实事上的否定，胡塞尔还作出了对舍勒人格的感性的批判。如他在 1921 年 9 月给贝勒的一封信描述舍勒的那样，"一个造作（Pose）的天才，一个最隐秘的伪先知"[⑤]。在这封信里，可以发现关于舍勒所发表的意见，胡塞尔首先描绘了德国物质和精神境况的昏暗画面，然后但为了强调指出，即使这样，"爱的积极指向的治疗力量仍在发挥作用……爱吸引爱，并相互加强——对理念的热爱，在纯粹信念里对智慧的热爱，对美的热爱，对上帝的热爱和对上帝子女的热爱在各个方面都能发现"。固然，胡塞尔因此有所保留地指出，"对

[①] Edmund Husserl, *Briefwechsel. Band IV. Die Freiberger Schüler*, Husserliana Dokumente Bd.III, IV, S. 397.

[②] Edmund Husserl, *Briefwechsel. Band VIII. Institutionelle Schreiben*, Husserliana Dokumente Bd.III, VIII, S. 191.

[③] Husserliana Bd. XXVII, a.a.O., S. 180.

[④] Edmund Husserl, *Zur Phänomenologie der Intersubjektivität. Zweiter Teil: 1921-1928*, hrsg. von Iso Kern, Husserliana Bd. IV, Den Haag: Martinus Nijhoff, 1973, S. 335.

[⑤] Husserliana Dokummente Bd. III, III, a.a.O., S. 25.

此我们显然也发现很多不仅是不清楚的，而且是非真正的或者说半真正的观念主义，非真正的、半真正的对上帝的痴迷，对'精神'革新的狂热，对通过精神力量提高以及通过精神科学提高的狂热。这使人们回忆起中世纪的运动（贝居安会和贝格会和很多不同形式的神秘运动）。那就是可怕地扩散的斯坦纳主义……；此外还有一大批改信新天主教的运动，可惜他们的大明星马克斯·舍勒也是一位造作的天才，一位最隐秘的伪先知；遗憾的是，他不是要在亚里士多德哲学基础上而是在现象学基础上改革天主教的宗教哲学。舍勒对一代文学青年和天主教青年人的影响整个是非同寻常的"[1]。可以这样说，这里胡塞尔与魏玛的新时代运动及其精神导师马克斯·舍勒保持着距离。胡塞尔在 1922 年 3 月给托马斯·马萨尔克（Tomas Masaryk）一封信，听起来完全相似。但这次没有提及舍勒，他在信中指出："像斯坦纳主义（Steinerianismus）的神秘主义运动，令人难以置信地传播，并且冒充为真正超出经验的超越的'精神'科学。数年来无休止地被拷问（gemarterten）的灵魂被热切的渴望解救所充满，它们陷入模糊的幻想之中，或者在新老宗教中寻找治疗。惹人注目的是，一种具有巨大规模的改信天主教运动恰恰是在知识分子圈里。此外还有在教会之外的，在全民范围内包括在工人中间的个体宗教活动。"[2]

胡塞尔将这种狂热的沉迷与其严格科学的工作哲学的冷静对立起来。与此同时，胡塞尔在 1927 年 9 月给斯坦托恩·考伊特（Stanton Coit）的信中写道："当今这种茫然失措会使一些人陷入到一种绝望的怀疑主义，使另一些人陷入到一种模糊的神秘主义，还会使一些人投入到东正教（新天主教的改宗运动）时刻保持敞开的臂膀中。"另一方面，这种茫然失措推动了另外的东西，胡塞尔把自己看作是其引领者：

---

[1] Ebd., S. 24f.
[2] Edmund Husserl, *Briefwechsel. Band I. Die Brentanoschule*, Husserliana Dokumente Bd. III, I, S. 114.

"对于围绕真正哲学进行的热烈斗争,这种哲学同时是一种新的根本变革的,最终来说是为自己辩护并因此对自身透明的科学;一种普遍的科学,在这种科学里,人自己真正理解自身和世界的意义,因而能够在真正的理性中伦理地支配自己。"①

胡塞尔意义上真正的和纯粹的人是这种理性人,即具有绝对理论的、价值的和实践理性的人,这种人,在所有涉及他的判断、价值和实践执态的生活中给出理性的形式。伦理生活在于,这种理性理想在其意志中被意识到并被接受,他把自己及其整个生活置于绝对命令之下:"做一个真正的人,过一种你能够无例外地证明是正当的生活,一种出于实践理性的生活。"②

这种完整的、成熟的人不仅生活在此刻,而且具有其整个过去、现在和未来生活的统一意识。胡塞尔在他后来的研究手稿中指出:"这种人通过其全部未来生活视域的构造开创成熟的人的此在。"③ 从中他也产生在整个未来生活视域持续的自身规定的能力。在一种伦理的悬搁和还原④ 中,我能够也必须对我整个过去的生活、我的实践习惯、我的价值设定进行加括号,并且就根本的新的开端,就根本的人格的革新作出决断,就像胡塞尔在 1920 年的伦理学讲座中表达的,"一种永远

---

① Husserliana Dokummente Bd. III, VIII, a.a.O., S. 40f.

② Husserliana Bd. XXVII, a.a.O., S.36.

③ Ms. A V 22, 3a.

④ 在针对 1923/1924 年冬季学期的讲座 *Erste Philosopgie* 的一篇重要摘要中,胡塞尔使用"伦理悬搁"这个表达来说明(在讲座的文本中这个表达并没有出现)。在这个讲座中胡塞尔谈及了一种针对我的整个生活的普遍批判的可能性,这种批判使得我意愿把我的整个未来生活统一地塑造起来。在这种值得注意的,关涉到对生活的普遍概观的反思性的自身规范之中包括了一种普遍的悬搁。"这个普遍的悬搁着眼于一切有效性,作为基础,为了一种普遍的批判以及一种普遍的,要出自真理和事实性来完成的自身塑造和一种对新的和真实生活的塑造的目的得到实行。"对此胡塞尔在其批判性的笔记中指出,"伦理悬搁作为现象学的悬搁具有完全不同的普遍性"。伦理悬搁关系的仪仪是人格的有效性,"世界存在的有效性并没有涉及"(Edmund Husserl, *Erste Philosophie* [1923/24], Zweiter Teil, hrsg. von Rudolf Boehm, Husserliana Bd. VIII, Haag: Martinus Nijhhoff, 1959, S. 154f. u. S. 319. 据我所知,在胡塞尔这里没有发现"伦理还原"这个表达。就"伦理还原"以及在"伦理还原"和先验还原之间关系的讨论,参考詹姆斯·哈特有关这个问题的重要阐述, a.a.O., S. 26-40)。

约束着的誓愿的方式"①。他首次在《改造》杂志上这样指出:"人——个人的和共同体的人性——的革新,是所有伦理学的最高主题。这种伦理生活据其本质是一种自觉地置于革新观念下,由意志引导和塑造的生活。"②

伦理悬搁意味着理性主导的我与卑微的"有过失的"我之间的自身分离。"道德人并不是纯粹协调一致的人,而是通过绝对意志与自身斗争的矛盾人。"③如同已在他早期完全受布伦塔诺影响的1902年的伦理学讲座中表明的那样,胡塞尔在1920年的讲座中拒绝"康德式演绎",尽管它还继续作为"一种自上而下的先验论证的典范"④,与之相对,康德的义务观念对他来说则具有无限价值。所有伦理生活的中心要素——我的自身规定和自身设定——首次在康德伦理学中显露出来。

胡塞尔的伦理学奠基在其人格性精神的本体论上。大约从1910年到《危机》的后期著作,胡塞尔在其讲座和讨论课上从事这方面的研究,另外也在1920年的伦理学讲座的附录中,连同带有自然和精神多层次讨论的主题区的大量研究手稿中从事这方面的研究。其中核心的总是对人和精神的自然还原的批判。

这种自然的研究方案这样看待人,即把他所有的行为方式和表现都按照自然法则的原则解释,并以这种方法论的看法作为出发点,即所有迄今不能预见的,在研究的持续进程中都可以变成可以预见的。这种自然的研究方案——胡塞尔也说到一种自然主义的摈除——在他看来依据的仍然是一种"人格自我的自身遗忘"。⑤灵魂、意识、自

---

① Ms. F I 28, 204a.
② Husserliana Bd. XVII, a.a.O., S. 20.
③ Ms. F I 28, 204b.
④ Ebd., 167a.
⑤ Edmund Husserl, *Ideen zu einer reinen Phänomenologie und phänomenologischen Philosophie. Zweites Buch*, hrsg. von Mary Biemel, Husserliana Bd. IV, Haag: Martinus Nijhof, 1952, S. 184.

我、精神在时空因果方面相互外在的意义上，虽然对于自然并不是完全超越的，它们通过与身体的结合，也参与到"一种盲目的、包含着它们的机械因果性之中，一种心理物理的因果性之中"①。但是它们通过特有的本质抗拒被还原到自然上，并以此抗拒因果法则解释的算计性的掌控。

人格精神的特有本质的两种基本规定是意向性和动机引发。确切地说是就意识而言。在现时的或潜在的自我和陌生的经验中意识或者说精神伸得有多远，意向性和动机引发就伸得有多远。作为人格性、精神性主体，我是意向性的，换句话说，是经验着的、评价着的、意愿着的和行动着的指向我的周围世界、周围的人和我自身的。我的执态、信念、评价、决断和行动是多方面地由我自己的经验或者被告知于我的陌生经验，由早前的评价和决定，由我的习惯等等所引发的。这样的动机引发可能完全是强制的，例如当我进行一个数学证明或者当我体验到一种威胁时。但是只要我还是把我经验为一个人格—精神性的主体而不是一个单纯的物，我就在我的意识行为和身体行为中不把我自己经验为像一个被另一个球撞动的球，只必然地以一确定的速度朝着一确定的方向滚动。胡塞尔这样说道："动机引发的'因为—所以'有一种完全不同于自然意义上的因果性的意义。"②

这种人格性主体是意向性的主体，而这种动机引发是精神生活的法则性。在被动的意向性和动机引发基础上，人格性主体是主动执态着的和主动被促动着的主体。精神生活进一步受到习惯和程序的规定。习惯、获得的能力、信念属于精神的被动背景，它们产生于积极的执态和行动之中。区别于这种次级的被动性，即出于本源被动性的积极实行的被动性，存在着一种不包含积极性之沉淀的首要被动性。在

---

① Ms. A IV 22, 52a（在此涉及的引文来自关于自然和精神的大段离题——即在1920年 *Einleitung in die Ethik* 的演讲中的自然科学和精神科学——的手稿）.

② Husserliana Bd. IV, a.a.O., S. 229.

《观念Ⅱ》中胡塞尔谈到了精神的自然方面和自然根基。

精神生活自身熟悉其自然根基：它不是它自己产生的，它有来自于自然的特定的性格、才能和能力，它通过其身体、通过感性是自然的一部分并且依赖于自然，精神生活才存在。精神生活将其本源感觉（Ursinnlichkeit）即感觉性的知觉，以及感觉性的情感和本能作为服务于它的主动成就的自然的在先被给予来体验。这种植根于自然的状态不会被精神经验为一种机械论意义上的外在强迫。尽管可能是一种重负和困难，然而精神的自然层面对于精神来说仍然是那个承载着精神的载体，那个使精神得以可能的东西，那个给他提供了用于主动成就的构造材料，并且赋予了他进行表达和行动之器官的东西。

精神生活是历史性的，作为如此的生活不可逆转。任何精神行为都是一种历史事件，在这事件之后人们不再能够返回，人们将要接受它们对历史生活的后续过程的影响，不管那种影响多么微小。任何精神行为都会留下不再能够被消除的痕迹，任何步骤都是变化和发展的步骤。什么都不能保持不变，如它所是的那样。"主体的本质基础是，仅仅去存在并且能以发展的形式存在，任何新的状况和行为都会必然地激发主体的变化；僵硬原子的反面是活生生的不停息发展的单子。"[1]

任何个体的精神都是交互主体精神世界的一个环节。这里特别清楚地展示了自然心理学的局限性。因为自然心理学对社会历史生活和文化的整个领域漠不关心。对于自然心理学，主体间的相互影响只有借助于主体物理的身体间的因果关系才可能产生。自然心理学不了解人格性主体间纯粹精神的相互关联，如胡塞尔所述，它以"将精神自然割裂为一大堆孤立的精神"[2]为依据。然而单子本身并不是被包裹在

---

[1] Edmund Husserl, *Aufsätze und Vorträge (1911-1921)*, hrsg. von Thomas Nenon und Hans Rainer Sepp, Husserliana Bd. XXV, Dordrecht, Boston, Lancaster: Martinus Nijhoff Pbulishers, 1987, S. 322.

[2] Edmund Husserl, *Phänomenologische Psychologie. Vorlesungen Sommersemester 1925*, hrsg. von Walter Biemel, Husserliana Bd. IX, Den Haag: Martinus Nijhoff, 1968, S. 357.

身体中的灵魂附属物。单子有窗口。它有社会和交往行为,"这些行为在人格与人格之间建立起一种更高的意识统一体并且把事物世界作为判断、意愿、评价的共同世界联系到这一意识统一体之中。一个世界,只要它拥有了这种联系,它就获得了社会性世界的特征,而这个社会性的世界是一个接受了精神的意义的世界"[1]。

在我—你—行为中,在社会和交往行为中,产生出本身具有人格特征的人格共同体。胡塞尔称这共同体为"更高一阶的人格统一性"。人格性主体在人格的联结和共同体之中具有一定的功能和社会角色。

意向性和动机引发,建立在被动性基础上的积极性,自然的被动性和习惯的次级被动性,历史性、社会行为和作为更高一阶的人格性的共同体精神:所有这些都是人格精神的本质规定和本质结构。其中清楚地展示了作为一种法则性标准的,在一种时空的外在相互作用中的身体的因果关联中的自然和人格精神之间的根本差异。

现在对于伦理学来说具有奠基意义的是,所有人格精神的积极性,即所有执态着的行为和所有来自于本源的积极性并被保留下来的信念、评价和决定等等,以及所有的动机引发,这些在源被动性中都不是纯粹被动地进行的,所有这种精神的实行、相互关联和成就都位于理性和无理性的规范的对立之中。就它们的价值、真实性和理论的、价值的和实践理性意义上的真理而言,它们和它们的成就能够规范地被评价。但是规范的态度正是伦理的态度、伦理批判的态度和负责任的态度。"所有的伦理问题都是合法性问题,都是理性问题。"[2] 伦理学必须被作为"一门理性主体性的共同行动着的生活的科学,被置于统一地支配着此种共同生活的这个理性的态度之下"[3]。

---

[1] Edmund Husserl, *Zur Phänomenologie der Intersubjektivität. Erster Teil: 1905-1920*, hrsg. von Iso Kern, Husserliana Bd. XIII, Den Hagg: Martinus Nijhoff, 1973, S. 98.

[2] Ms. F I 28, 101a.

[3] Husserliana Bd. XXVII, a.a.O., S. 21.

哲学源初的和特有的任务早已在苏格拉底那里揭示出来，即"最高和真正的人类的创造"①。包括他的学生柏拉图，胡塞尔在他1919/1920的哲学导言的讲座中称其为"严格科学和科学哲学的始祖"②，柏拉图不仅要发现真正的和真实的科学方法，而且要借助于这种科学的哲学并按照这种真理和真实性的观念改造整个实践生活。一种普遍的和绝然明见地得到奠基的哲学的最高理想是为这种可能性建立不可缺少的根基，即一种理性生活、理性人和理性文化的最高实践理想的实现可能性。如胡塞尔在1922/1923的哲学导言的讲座中指出的那样："因为认识理性具有这种优越性，即所有其他的理性只有在接受认识理性的形式的前提下，才能够达到最终理性的阶段，也就是绝对自身负责和自身辩护的阶段。"③

胡塞尔在其早期关于伦理学和价值论的哥廷根讲座中阐述过，就规范、价值、目标以及价值的和实践的原则恰好是判断对象和判断而言，这种"逻辑理性的全面统治是不可否认的"④。但这并不意味着，只有一种理性，即产生逻辑认识的理性。任何执态行为的基本方式都有一种与之相符的理性的方式。胡塞尔区分了三种行为的基本方式：逻辑认识行为、情感价值行为和意志行动行为。与之相应，除了逻辑理性之外还有价值理性和实践理性。

对统一与差异，平行和类比的详细规定，以及行为和理性类型之间的奠基顺序使胡塞尔碰到了很大的困难，对此这里我们不可能进行详细探讨。然而仍可确定的是：正像价值的和实践的原则的源初明见性一样，评价和目标设定的源初明见性都是情感和意志的明见性，而

---

① Ebd., S. 207.
② Ms. F I 40, 33a.
③ Ms. B I 37, 34a.
④ Edmund Husserl, *Vorlesungen über Ethik und Wertlehre, 1908-1914*, hrsg. von Ulrich Melle, Husserliana Bd. XXVIII, Dordrecht, Boston, London: Kluwer Academic Publishers, 1988, S. 59.

不是认识的明见性。"但是，"胡塞尔这样说道，"逻辑理性现在具有这种唯一的优先权，它不仅在它自己的领域，而且在可以推测的任何其他领域，因而在任何其他的理性领域，都表达了这种权利，它规定其合法性，并判定和宣布为法则的正当性法则。价值理性和实践理性几乎可以说是哑的并且在某种程度上是盲目的，单纯的价值理性不能看，不能领会，不能解释，不能判定。最宽泛意义上的逻辑行为，即信念（doxischen）领域的行为与它们必定交织在一起。仅仅在这些行为的实施中，我们才能使行为一般和这种可以推测的行为达到对象性的被给予。然后我们才能理解，具有'推测性的'评价行为是认某物为美或为善的行为，并进而理解到它们居于正确性和不正确性的观念性的述谓之下。因此必须举起逻辑理性的火把，才能使隐藏在情感和意志领域的形式和规范被照亮。但是逻辑的诸行为仅仅向我们揭示其内的可见之物。它们仅仅构造逻辑的形式，但并不构造这种平行的理性领域中的以这种理性形式得到把握的特有的理性内容。"[1]

借助于苏格拉底和柏拉图，欧洲人性的目的才第一次被意识到：出于理性的绝对自身负责的人性和文化的创造。"不是让共同体生活本来怎么进行就怎么进行，不是让义化出现，让它本来怎么生长就怎么生长，而是应当让一种新的和真正的文化出于纯粹理性得到奠基并且得到贯彻。哲学科学的行为就这样自身成为伦理行为的一种分支并同时成为任何一般伦理行为的必不可少的手段。"[2] 伦理生活是科学的、哲学的生活，哲学就其整个范围和最终设定的目标来说是伦理学，正如胡塞尔在1931年的一篇手稿中写到的那样，哲学是"关于可能性的人性之普遍沉思，出于根本的自由去这样塑造他们的此在，以使人类在绝然的明见性中必定把这个此在承认为无条件的善的以及绝然的应当

---

[1] Ebd., S. 68f.
[2] Ms. F I 29, 6a (*Vorlessung Einleitung in die Philosophie.Vorlesungen 1922/23*).

被意愿的"[1]。

对于胡塞尔来说，欧洲人和文化危机的深层原因在于理性理念实现可能性之信念的遗失和对于这种理念条件的背弃。正如他已在1922/1923（而不是首次在他的晚期著作《欧洲科学的危机和超越论的现象学》）写到的那样："欧洲人偏离了他们天生的目的，他们在如下意义上陷入到罪恶的退化之中，即他们尽管已经意识到了这一目的（已经享用这棵知识之树），但他们既没有把这个目的带向彻底的意识，也没有始终把它作为实践性的生活意义来坚定不移地贯彻，而是反倒对这个目的变得不再忠诚了。"[2] 随着理性理想在苏格拉底和柏拉图的古希腊哲学中的觉醒，人性永远地被驱逐出纯真的伊甸园和神秘的故土。从那时起，欧洲的历史和欧洲世界的历史就带上了实现这种理念的斗争的标记。

伦理生活的普遍的和形式的规定以及伦理理想，这样看来，是彻底的和无条件的表达，人们能感受到并倾向说，那是一种唯我独尊的理性主义和逻辑中心主义的表达，然而在胡塞尔的理解中，这里应当强调一下，是绝对不可等同于一种单方面的理智主义的。伦理意志是朝向一种绝对理性统治的意志。在个体如同在社会生活中，在文化的历史发展中，不应再听任偶然事件的摆布，不应当再仅仅是像生物那样有机地生长。没有任何东西应该在没有自律理性的让它发生（*fiat*）的前提下发生，所有的发生都应是理性的发生。

然而值得注意的是，在胡塞尔弗莱堡的伦理学中能发现一些开端和想法，这限制了他的救世的（soteriologischen）理性主义，他的反抗非理性主义的摩尼教式的"毁灭性斗争"[3]，也许甚至同非理性主义处在某种程度上的紧张关系中。特别是在这不谐和的开端和想法中，能

---

[1] Ms. A V 19, 10a（这个手稿胡塞尔自己在上面注明日期"31.1.1931"）.
[2] Husserliana Bd. XXVII, a.a.O., S.118.
[3] 参见 Ebd., S.107。

够猜测到舍勒的影响。无疑，这里最引人注目的是，除了理性理念之外爱的理念的出现。人，人格在朝向绝对人格价值的爱中，在对他人爱的价值的相互促进中和在爱的共同体的绝对共同体价值中成就自己。胡塞尔在一份出自20年代晚期但可惜没有注明详细日期的手稿中写道："这种真正的自我的爱是充满爱地献身于他的真正的目标，他的操心是爱的操心。真正的生活是完全在爱中的生活，这完全等同于在绝对应当中的生活。我也用这样的词语来描述它，我所意愿的是我所应当的。我遵循这种要求，这里我遵循它，那完全是对我自己人格的要求，这不是别的，在最深层意义上正是我所爱的，在最深层意义上完全是我本来所意愿的。从我并纯粹从我的角度来说，我能意愿的不是别的，正是我完全地在人格上的所爱；爱是自我对这样一种东西的朝向，这种东西以完全个体的方式牵引着作为自我的自我，并且自我一旦实现了它，它对自我来说便是圆满的。"[1]

任何人格，任何伦理主体都需要遵从他个体的规定，在真正的自爱中，应当充满爱地去寻找和创造他真正的自我。胡塞尔也谈到属于绝对价值和绝对应当的召唤和使命。每个人格都以绝对价值，爱的价值，以绝对应当的形式从他人格性的深处接受到一种人格性的召唤。

在自我的中心化和自我深处存在着区别，胡塞尔在这种关系中解释，这个自我不是纯粹"中心化着的内在性"[2]，不是单纯的空乏的自我极，而是带有深刻中心的个体的自我，以及人格爱的中心，伴随人格爱并在爱中，这个自我被一种居于中心的最内在的召唤（Ruf）所吸引（getroffen），并追随它。这个最深处的我被一种新的责任和决断唤起。它应当超出纯粹普遍的实践理性，并以一种特别的方式服务于个体的价值，因此它才根本上具有个体性。"作为一个这样最内在的我，向这

---

[1] Ms. A V 21, 90a.

[2] Ms. B I 21, 54a.

个我发出召唤（Berufungen），这是他的召唤，亦即这个我的召唤，它具有个体性。"①

这里谈论的是绝对应当，因为这个绝对的、人格性的价值无论相互之间还是与普遍的、客观的价值都是不可比较的。"对于价值，它接受于人格性的深处和其人格意义上的人格的爱，这里没有选择也没有量的区别，也就是说没有重要性的差别、没有占上风与败下风的差别。"②如果我决定背离这个价值，那么我的行动不仅在实践上是非理性的，而且是我对我自身的背弃，对真正自我的背弃。"与一种绝对源于我自身的价值、出于他的爱（作为绝对的爱）产生的价值相比，一种客体的价值就无足轻重。"③相应于客体价值和绝对价值之间的区别，胡塞尔区分了人格得以被评价的两种方向：客体的方向和主体的方向。从客体方面来看，人格的价值取决于，在人格所能达及的范围内，它每次在何种程度上实现了就客观而言最好的，这就是说，它对世界中的客观价值内涵之提升作出了何种贡献。从主体方面来看，人格价值依赖于它是否为它整个人格的绝对价值作出决定。从主体方面来看，正是这种评价规定了真正的、人格的根本客观价值。"因此人格首先由此具有客观价值，人格服从它自己的个体应当。个体的价值，也是作为伦理人格的我的价值，因此对人格真正客观的评价来说是决定性的，即决定了人格是否把对它来说突出的人格价值（朝向召唤的）作为它的毕生使命。"④

个体爱的价值伦理学意味着胡塞尔对布伦塔诺理想功利主义的背离，这种伦理学对于他的价值论的哥廷根伦理学具有决定性意义。"做可达到的最高善！"是这种伦理学的形式上的绝对命令。在我被给予

---

① Ebd., 55a.
② Ebd., 53a.
③ Ebd., 53b.
④ Ebd., 57a.

的实践处境中我必须在能实现的客体价值之中选择最高的价值。在 20 年代初的手稿中胡塞尔明确地使自己疏远于布伦塔诺的伦理学:"这整个最高实践善的伦理学,如它被布伦塔诺导出的,并被我在本质特征上接受的那样,不能是最后的定论。它需要本质性限定!其中天职和内在的召唤没有获得真正的权利。有一种无条件的'你应当和你必须',它指向人格,对于那些体验到这个绝对触发的人来说,这种'应当和必须'并不受制于理性的论证,在其合法的连结中也不取决于这种理性的论证。"①

胡塞尔新的爱的伦理学的开端与舍勒人格价值和爱的伦理学的核心思想的接近是显然的。在他的《爱的秩序》(Ordo amoris)的文章中,舍勒在爱的普遍有效的价值秩序和具体个体的规定之间作出区分,这些规定被奠基和包括在真正的自爱和朝向自己的拯救的爱中。在来自于 20 年代的一篇手稿中,胡塞尔也把"布伦塔诺规则"——即绝对命令"做可达到的最高善"——称作不充分的规则。对于任何一个避开了价值比较的绝对应当而言,他没有举出毕生使命意义上的召唤的例子,而是举出了眼前不容回避的任务意义上的例子,用舍勒的话来说,一种日常要求的例子。"弹一首莫扎特的奏鸣曲比给小孩子洗澡更美妙"——这就是说客观上更有价值——"但后者是义务,如果现在正是需要做这件事的时候。对于我来说,所有的实践善不是同等的善,也不是所有我能实现的。良知的声音,绝对应当的声音,可能向我提出要求,它是我绝不能在这价值比较中认识最高善的东西。对于进行价值比较的理智来说愚蠢的东西,也会作为高尚的得到赞同,并成为极为崇拜的对象。"②

对于胡塞尔来说,绝对应当的伦理学不再是理想功利主义意义上

---

① Ebd., 65a.
② Ms. A V 21, 122a/b.

的价值伦理学。伦理和价值的态度是不同的。正如胡塞尔在 1920 年的伦理学讲座中指出的：

> 人们想要价值审视的被给予的世界，并且把它作为一种尽可能更高价值的世界来向往，并为了它贡献自己有价值的东西。人们也同样把人格本身而不仅仅是它的成就判断为这个世界之中的善之价值。但是人格在这种评价态度中恰好是其他善之间的善，正如它在单纯美的评价中作为美在其他美之间展示的那样。这种态度显然不是伦理评价的态度，它既不是伦理自身评价的态度也不是他人评价的态度。①

在 1922/1923 年一篇重要的伦理学研究的文章中胡塞尔提出了这个问题，在多大程度上一个有价值的文化世界的理想，即一个价值生产主义的理想，一个要实现尽可能多的客体价值的理想不是一个有罪的理想？"人怎么样呢，在这种成就中的人，遗失了最伟大和最有价值的成就，不正是一个失主吗？这时他不再是自己，而是被寻找的东西（Sachen），不是自己，不正是被发现的商品（Güter）吗？"②正如胡塞尔在他同一份手稿中表达的那样，我是，"一种仅为了制成某种有'价值'的东西而开动的功能机器，并且是在一个须去制造的、具有保持不变的价值世界里的保持不变的价值"③。功利主义价值的基础是现代的生产论和经济论（Produktivismus und Ökonomismus），它是劳动和成就的文明。但他追求的不应是东西、商品和对象价值，而应是他自身。"我们也许还完全不够利己，还完全没做到'自我中心'，但无疑这要在正确的意义上（来理解），并非自我保存，而是成为自己

---

① Ms. F I 28, 195a.
② Ms. F I 24.
③ Ebd., 75a.

（Selbstwerdung）才是利己的目标。或者毋宁说利己正是这最美好的名字：我们一定要处于最真正意义上的利己（Selbstsucht）之中，进行自身寻找（Selbstsuchen），去寻找真正的自己（das Suchen des wahren Selbst），这种寻找是在持续不断的寻找过程中，一种持续不断的自身发现，以及进一步的自身寻找。"①

紧接功利主义价值伦理学这里出现了一种朝向人格价值的和价值人格指向的伦理学。

> 所有的行动，所有的目标都关联着价值，最终，只要它是绝对的行动，它就与绝对价值相关联，这是属于人格的价值和为了人格的价值。最终一切都只有在和人格的联系中才谈得上有价值，而且只在和此人格的绝对应当的联系中才有绝对的价值。所有的价值真理都指向人格，人格在这种爱中实现自己，向"完美性"趋近。在绝对应当中的生活是在纯粹自身评价和自身实现的爱之中的一种生活，这样的生活是极乐的生活，不是享受的生活，而是在精神和真理中的生活。②

这里在术语上和实事上与舍勒的相近又一次是无法忽视的。

在绝对应当和绝对个体价值的领域中的价值冲突，这在此只能被简短地提及，对胡塞尔来说是悲剧性的。悲剧性的范畴冲破了理性和非理性的二元论。这里没有贯穿一种奠基在价值比较之上的价值优先性。这里仅仅是一种价值对于另外一种价值的悲剧性牺牲。如胡塞尔在一篇 30 年代的手稿中指出的那样：

---

① Ebd., Ms. A VI 30, 104a.
② Ms. A V 21, 14b.

一种个体价值并不是一般意义上单纯的价值，也就是说在默认的条件下，一种更高的价值并不处于选择之中，亦即一个价值，其实践上的实现可以吸纳较低的可供选择的价值；而相反个体价值，一个只关涉到人格的个体性和被评价者的个体性的价值不能被吸纳，而只能被牺牲。选择是并且在这里奠基了一种无法化解的内在冲突，只要根据选择的意义存在着分离的价值之间的不相容性。对一种价值的放弃意味着"牺牲"——（正如）亚伯拉罕为了顺从上帝，牺牲了他的儿子。①

直到目前我们把胡塞尔新的爱的伦理学的开端纯粹作为个体的伦理学进行了考察。然而对于胡塞尔来说，个体伦理学和社会伦理学不可分离地建立在"个体理念和所有人的自身规定的惊人的交织基础上"②。由此真正的自爱选择包括了对邻人的爱。正如在舍勒那里也在胡塞尔这里发现的这种无所不包的责任的想法。所有人都是为了所有人共同负责任的，每一个人都是为了每一个人共同负责任的。个体人格主体的自身责任是相互渗透的。我的生活与他人的生活密不可分。"我们互相影响，其中总有一些零乱和交互，我们为了共同的行动联结起来正如我们事先也为了共同的计划、决定和行动联结起来并且产生共同体之作品。"③ 我不能以他人的自身实现和自身完善为代价或者独立于它们来实现真正的自我。真正的自爱不可分割地与真正的对邻人的爱，与对其他的生成着的真正的自己的爱联结在一起。伦理爱的共同体是出自于自由的共同体，在这共同体中那些爱着的人努力追求相互之间的发展和促进；任何人都使自己适合于其他人的绝对价值。

自然现在这个问题也提出来了，即爱的共同体与意志共同体之间

---

① Ms. E III 9, 33a.
② Ms. F I 28, 189a.
③ Ms. F I 24, 77a.

的关系问题,意志共同体用胡塞尔的术语来说具有一种更高一阶的人格性的形式。这里事关一种更高一阶的人格统一性,"一种具有意识统一性的众多人格的结合"①,"一种这样的人格,亦即有多人组成的并仍旧结合为一体的主体"②。这种更高一阶的人格性(Personalität)是特有(eigen)的超人格的主体,它带有特有的超人格的行为,并持有综合的特有性格和特有的信念等,并且恰恰也具有一种特有的、真正的和理想的超人格自身。适用于单个人格的,也适用于更高一阶的人格:它必须意识到自己的理想自我并且逐步地实现它。正如每一个个别人格都有其不可混淆的个体规定性,每一个更高一阶的人格性也有其本己的超人格规定性。正如在个体人格层次上,在超人格的层次上也有伦理的诸自身实现,而且还是有意识地、自愿地相互交织在一起。

更高一阶的人格性是共同体,其中人格性主体通过社会行为借助于统一的共同体意愿把自己统一为一个意愿的共同体。共同体自身具有共同体的计划和共同体的目标,人格性主体按它特有的意志接受了这种共同体的目标,并在其位置上与任何他人相互协作。问题在于,这个共同体的目标,归根结底这个共同体的理想的自身与各个人格性主体的理想的自身之间具有何种关系,抑或,这种伦理上的自爱和对邻人的爱,与伦理上的共同体的爱之间具有何种关系。

家庭能够接受更高一阶的人格性的形式。那么就存在着一种家庭成员的意愿和行动的彼此之间的互相关联的存在。任何人都意愿他自己的善、其他家庭成员特有的善以及作为整体家庭特有的善,在理想的情况下这种特有的善不是三种彼此被分开的目标设定,这些目标设定相互之间处于竞争关系并且必须被带入到一种脆弱的平衡之中。毋宁说,我自己的善、其他成员的善和共同体的善是相互规定的,它们

---

① Edmund Husserl, *Zur Phänomenologie der Intersubjektivität. Zweiter Teil: 1921-1928*, hrsg. von Iso Kern, Husserliana Bd. XIV, Den Hagg: Martinus Nijhoff, 1973, S. 200.

② Husserliana Bd. XXVII, a.a.O., S. 22.

不能被还原到某一方之上。相应地，作为更高一阶人格性的家庭不仅是相互关心和相互照顾的共同体，也是充满爱地相互帮助和相互支持以此实现他们每一个人的自己的善的共同体。这种任何个体自己的善在更高一阶的人格性中不是独立于我们全体一同为了我们全体——作为一个共同体——所做的事情来得到规定的。

胡塞尔更高一阶的人格性学说与舍勒总体人格学说显然有很大一致性。在胡塞尔关于舍勒的代表作《伦理学中的形式主义和质料的价值伦理学》①所作笔记的旁注中，可以发现一个重要的"请注意"："在人格性和世界之内的作为个体人格的存在总归是在个体化的本己行为的特殊本质类型中构造起自己；但是总体人格的存在是以社会行为的特别本质类型构造起自己。属于交互体验行为的所有体验的全部内容（在同'理解'的关系中只刻画出一个变种）是一种共同体的世界，一个所谓的共同世界，他们在行为方面的具体主体是一个总体人格。"②这将取决于胡塞尔和舍勒共同体理论之间一致与差异的进一步研究。

胡塞尔没有系统地完成的伦理学和社会学说，也没有一个完成的形而上学。爱的伦理学的开端，也许被舍勒激发和影响。正如已经描述的那样，在来自胡塞尔弗莱堡时期的伦理学手稿中除了发现一种占普遍统治地位的理性主义和逻辑中心主义，还发现了一种与之不同的、单独性的、爱的伦理学的开端，也许被舍勒激发和影响。正如理性和爱一样，普遍和个别能够在一种同等重要的关系中被对待，这一点正成为今天伦理学的中心课题。

对于胡塞尔来说，绝对应当的明显的非理性能转变为理性，如果它被安排在上帝世界的整体关联中。胡塞尔在一份出自 20 年代的

---

① *Etudes Phenomenologiques* VII, 1991, S. 3-57.
② Max Scheler, *Der Formalismus in der Ethik und die materiale Wertethik. Neuer Versuch der Grundlegung eines ethischen Personalismus*, *Gesammelte Werke*, Bd. 2, Bern und München: Francke Verlag, 1966, S. 511.

研究手稿中写道:"只有这个被限定了的应当含有非理性,而这个大全的并被揭示出来的应当则是彻彻底底的理性。"① 胡塞尔首先想到的是在日常之需意义上的受限定的应当的整合,它应归入我的毕生使命（Lebensberufung）由以得到揭示的大全之中。然而这个使命重又是一种被限定的应当,进而它应该被整合进共同体之目的的得到揭示的大全之中。然而,这个目的依旧是一种非理性的片断性,只要它还没有被整合进上帝世界得到揭示的大全之中。"要认识到,所有价值和那个要促进所有人的绝对应当之实现的要求在一个上帝之世界里拥有其最高的使人理解的理性意义。而这就是对上帝的必然的理性信仰。"② 关于上帝和上帝世界,胡塞尔这里所言完全与舍勒晚期的上帝学说一致,也谈及关于我们在上帝之生成（Werden Gottes）方面的协作。"所有这些——也就是说不同的伦理特殊性——有意义,仅当这是上帝的召唤,在这个价值创造的进步的世界中,根据我的能力让上帝的绝对完善性共同实现出来。这时朝向最伟大伦理义务的共同体在绝对应当中形成。"③

如我们已经阐述的那样,胡塞尔弗莱堡伦理学和形而上学同舍勒的核心学说有着明显的一致性和共同点。然而在这种情况下人们要密切注意以防丢失胡塞尔和舍勒之间的深刻差异:只有一种先验现象学的——在这里胡塞尔将它理解为一种严格地科学地得到奠基的——伦理学和形而上学才可能给出人们新的根基。我的最深处的我是我的先验自我,我的最深处的生活是我的先验生活。对于胡塞尔来说,从这先验的生活之中所有的存在和应当都包含了它的意义和它的最终权利。"只有先验生活的总体——在其中作为所有存在的构造和所有层次的价值的构造得到实行——成为主题,且只有当这个先验生活的所

---

① Ms. A V 21, 121a.
② Ebd., 122a.
③ Ebd., 122b.

有如此成就的普遍结构在符合其本质的相关性（出于明见性的来源的合乎规范的相互一致的真理）中成为可理解的，确切地说，是在这唯一的和必然的先验研究的方法中，世界的绝对意义，其中包括人的存在的绝对意义，以及存在者的绝对的无限丰富性才能被理解，也才能在最终的和唯一可设想的意义上绝对地被认识。"[1]胡塞尔自己对伦理学和形而上学进行先验现象学奠基的尝试在其手稿中仅止于开端和勾勒的程度。但是胡塞尔自己在一个事情上是确定的，他在1918年给阿道尔夫·古曼的信中写道："毫无疑问，对于哲学来说，一个新的时代开始了，一个真正科学的时代，这门科学没有理由去放弃高深问题中的任何一个。"[2]

（译者：曾云 / 河南大学哲学与公共管理学院）

---

[1] Ms. E III 4, 36a（这份手稿来自30年代中期）.

[2] Husserliana Dokumente Bd. III, III, a.a.O., S. 82.

从埃德蒙德·胡塞尔到马克斯·舍勒的现象学伦理学
——从作为"价值逻辑学"的伦理学到一门人格主义的伦理学[*]

阿里翁·L. 凯尔克

> 关键在于贯彻在纯粹伦理学和纯粹逻辑学之间,以及在伦理学和逻辑学的观念主义和绝对主义之间的相似性。围绕善自身和价值自身的观念上的争论,根据它与在真理中的争论的相似性而具有一般性。
> ——E. 胡塞尔:《1914 年伦理学与价值学基本问题讲座》[①]

规定着这里所提出的伦理学的精神是一种严格的伦理学绝对主义和客观主义精神。在另一个方向上,笔者的立场可以被称为"情感的直觉主义"和"质料的先天主义"。最后,笔者所阐释的

---

[*] 本文译自:Arion L. Kelkel, "L'éthique phénoménologique d'Edmund Husserl à Max Scheler. De l'éthique comme 'logique des valeurs' à une éthique personnaliste", in A. T. Tymieniecka (ed.), *Analecta Husserliana LXXIX*, Kluwer, 2004, pp. 515-535。——译者

[①] *Vorlesungen über Grundfragen der Ethik und Wertlehre 1914*, in *Husserliana*, tome XXVII, éd. U. Melle (La Haye, Boston: Kluwer Academic Publishers, 1988), p. 29.

原理是：一切价值，也包括一切可能的实事价值，……都隶属于**人格价值**；这个原理对笔者来说是如此重要，以至于他在书中把他的研究标明为"一种**人格主义**的新尝试"。

——M. 舍勒:《伦理学中的形式主义与质料的价值伦理学》①

在"一战"前的几年里，埃德蒙德·胡塞尔和马克斯·舍勒几乎同时面对着在一个为"心灵的无序"所困扰的世界中凯旋的伦理学怀疑主义的兴起，两位思想家都感到迫切需要进行一种反思，即：对为一门哲学伦理学进行彻底**再奠基**的必要性进行反思。最初，在严格**批判**康德伦理学，进而制作各自根本性的主导观念的同时，他们都将把自己的论证步骤置于康德实践哲学的庇护之下；一位思想家追问它的基本原则的合法性，考虑绝对命令是否真的值得拥有传统赋予它的如此高的评价，而另一位则揭示了贯穿始终的抽象理性主义的**形式主义**，他们都以一门价值的质料伦理学来对抗康德的先天的形式伦理学。胡塞尔试图使价值的质料伦理学与形式的伦理学和价值学相协调，而舍勒则以一种建立在新的**人格主义**视角中的先天价值的质料伦理学来反对后者。

当舍勒赋予直观与价值**感受**以特权，并将人格价值和作为神圣（Sacré）和神明（Divin）的宗教价值置于**等级**的最高端时，胡塞尔仍然固执地持守着理论理性、实践理性和价值理性的理念。直到生命的最后时期，为了一门绝对的人格价值的伦理学、一门拟奥古斯丁主义伦理学——其**目的**（télos）是根据爱的共同体的理念而被思考的伦理共同体——胡塞尔才倾向于放弃为理性伦理学所保留的（在1914年的《伦理学讲座》中）优先权。

---

① *Der Formalismus in der Ethik und die material Wertethik. Neuer Versuch der Grundlegung eines ethischen Personalismus*, 7ème éd. (Bouvier Verlag, Bonn: Manfred Frings, 2000), Préface de la 2ème éd., 1921, p. 14.

一、作为价值"逻辑学"的伦理学与价值学：胡塞尔

与马克斯·舍勒不同，胡塞尔本人生前极少出版伦理学著作。即使存在着大量未出版的、涉及伦理学的现象学**基础**这一主要问题的各个不同层面的文稿，他的现象学伦理学的主要来源还是可以在 1914 年的《伦理学与价值学的基本问题讲座》（在他去世后出版的这本书中收录了 1902 年到 1914 年的文章）中找到。与长期被认同的观点相反，在由《逻辑研究》（1900/1901）的出版所产生的现象学的突破的那些年里，胡塞尔并非仅仅关注逻辑学问题、认识论问题或新生现象学的那些根本性的基础问题；在他的主要著作，即奠定了"现象学哲学"之基础的《纯粹现象学与现象学哲学的观念》第一卷（1913）出版刚刚一年，他便扩大了自己的兴趣领域，转向了这样一个与他最初源于数学而对逻辑哲学的原初关注相距甚远的问题域，专题性地关注哲学反思的一种根本性的新方法的制作。1914 年，他开设了关于伦理学和价值理论之基本问题的重要课程。人们倾向于认为，刚刚在《哲学与现象学研究年鉴》上发表的马克斯·舍勒的论著——《伦理学中的形式主义与质料伦理学》的第一部分（1913）——给了他巨大的推动。

即便对现象学奠基人过世很久才出版的哥廷根《讲座》的快速考察也可以得出，他在某种意义上仍然隐含地停留在原初的逻辑问题时期。实际上，如果 1914 年的文本为一门现象学伦理学奠定了基础，那么这门伦理学很大程度上取决于那些支配着现象学逻辑学概念的原则，作为证明，作者提出了如下论题：逻辑学与伦理学之间存在着**平行论**，胡塞尔的所有努力都在于寻找这样一种相似性，即在包含形式逻辑的逻辑学与被构想为先天的价值学（Wertlehre）和"实践学"（Praktik）的形式伦理学之间，或者在理论理性与实践理性之间，更准确地说，在判断（urteilenden）理性与最广义上的包含整个感性领域和伦理领域

的"价值理性"（werteden）之间能够显示出来的**相似性**。①

主导着胡塞尔的反思的是这样一种观念（它同样散见在出版于1913年的《观念》第一卷的大量段落中），即在所有系列的形式学科之间存在着密切的交错关系，比如在形式的逻辑学与本体论之间、形式的价值学与实践学之间，而传统哲学对此一直疏于考虑②，而这或许就是胡塞尔在他的《讲座》中所规定的课题。此外，这些"讲座"也使他坚定了信念：在这个被标明为与康德，或者可能与新康德主义的思想具有牢固的亲源关系的时代里，创生出他自己的哲学概念，也就是说，现象学要以建构一种新的理论和实践的"**理性批判**"为己任。

然而，在"一战"前的这些年里，激发作者的主要动机首先是拒斥伦理学的**怀疑主义**和**相对主义**。对胡塞尔而言，它们不可避免地**产生自**一门奠基于纯粹的经验情感之上的伦理学，既然情感从根本上说是主观的和偶然的，缺乏任何**客观**有效性。③康德成功地从休谟肇始的英国道德哲学中的情感伦理学的失败中得出结论：为了拯救道德法则的有效性、普遍性和客观性，必须把伦理学建基在**纯粹的实践理性**及其**先天法则**之上，而后者与所有情感和主观倾向无关。尽管在这一点上胡塞尔的观点接近康德，但这并未妨碍胡塞尔把康德基础性的绝对命令的原则指责为"**形式主义的**背谬"。

通过伦理学的**经验主义**与**绝对主义**间的对立，胡塞尔径直进入了如下问题：他注意到，作为逻辑学的伦理学同样历史地生成为一门**规**

---

① E. Husserl, *Vorlesungen*, loc. cit., "Der Parallelismus zwischen Logik und Ethik"（第一部分）.

② 在本书的 §§ 117, pp. 133-134, 146-147, 胡塞尔并不满足于仅仅指出在形式学科中存在平行论或相似性，从 § 27 往后，他开始对价值世界，而不是仅仅对"纯粹事实"（blosse Sachen）的世界进行具体的描述。另外，在 § 95, 在精细地区分了诸如价值性（Wertheit）、价值态（Wertlage）、价值事态（Wertverhalt）、价值体验（Werterlebnis）等术语的基础上，他界定了"价值"（Wert）的观念和评价（Werten）行为的意义，而这些做法对整个价值领域同样有效（op. cit., p. 198 sq.）.

③ *Vorlesungen*, § 2. "Der Gegensatz zwischen ethischem Empirismus und Apriorismus", loc. cit., pp. 10-14.

范的和**实践的**学科，而作为对我们最流俗的伦理学反思的证明，它显然为这门规范的和实践的学科所保留。① 通过那些把我们的行为认定为"正当的"或"不正当的"、理性的或非理性的以及道德的或不道德的判断与评价，难道我们没有习惯于评估自己和我们的同伴的行为？我们根据在这些行为中认识到的伦理性质和价值来赞成或反对它们。如何认定我们的生活是幸福的和善的？这类问题一旦成为反思的核心，它们就会完全自然地导向一门一开始便背叛了它的经验特征和人类学特征的实践伦理学。② 然而近代以来，人们也将其与这样一门**先天**的伦理学相联系，它以规定实践理性的绝对的和纯粹的"原则系统"为任务，并且能够独立于所有对自然人及其经验生活的条件的指示，以形式和质料的方式来构造人类行为的绝对的强制性规则。正是在这里，与逻辑学状况的相似性就凸现了出来。根据胡塞尔，理性行为"**工艺论**"在伦理学中同样是必然性的，但它的基础并不存在于感发性功能的心理学之中，而是存在于某些先天的法则和理论之中，后者能够充当理性规范、能够指导所有种类的理性实践。③ 正如真理观念也不能从认知心理学中得出，而意志行为的伦理价值的观念和实践有效性的观念也不能从感发和实践功能的心理学的教导中推导出来一样。

在胡塞尔看来，伦理学的**先天主义**和**经验主义**之争触及到了多个高度哲学化的问题。因为正如心理主义和人类主义的逻辑导致理论的怀疑主义一样，伦理的人类主义必然导致从根本上反对伦理规范之绝对先天有效性的伦理的怀疑主义；既然诸如"善的"与"恶的"、理性的和非理性的这些观念只不过是人类本性的经验事实和心理事实的同义词——这些事实，跟随着人性的文化进化的偶然状况，甚至是贯穿着永恒的"生存斗争"的人类种族之生物学进化的偶然状况，在几个

① loc. cit., pp. 11-12.
② loc. cit., pp. 12-13.
③ Ibid.

世纪，甚至几千年中得到发展——那么，这种怀疑主义会完全否定义务（devoir）和责任（obligation）的观念。①

因而，断言"伦理规范是有效的"和无条件的就将意味着：通过一种专断的推动和内在强制，人类感到自己被驱使去以这种或那种方式行动，以便能够避免某种难以忍受的心理不适或某种社会惩罚。总之，一切都是**生物学**的效用问题或者**心理—社会**的时机问题，这些效用或时机使人类形成了某种可以称为道德意识（良知/Gewissen）的东西，以及某种判断方式，即根据"善"与"恶"的标准去判断其同伴的意图和品行。但是胡塞尔问道，我们如何能确保这种功能有朝一日不会因退化而告终，这些伦理原则和范畴本身不会以颠倒而终结，并且不会产生一种"一切价值的根本颠覆"？胡塞尔毫不怀疑，伦理学的经验主义不可避免地会导致最有害的结果：造成一种明确的反伦理的态度。因为对任何得出怀疑论的**人类主义**结论的人而言，谈论善本身和恶本身都将毫无意义。因而，为什么会被这些最终只是表达了文化和人类进化之偶然性的自以为是的价值所规定？为什么要倾听这种被如此夸耀的所谓道德意识的神秘声音，既然它只不过是祖先的本能之声音？让我们不要再被一种过时的、虚假的"神秘学"所欺骗！做我们乐意做的事情，成为"自由的精神"！②

因而，对胡塞尔而言，在围绕"善本身"的观念与伦理规范的绝对有效性的争论和围绕"真理本身"的观念与逻辑规范的绝对有效性

---

① 胡塞尔在这里直接影射达尔文和斯宾塞式的进化论学说。与舍勒（op. cit., p. 283）完全相同，他明确拒绝了这些与伦理学相关但又无法证明的结论。

② loc. cit., p. 14. 人们可以考虑，胡塞尔在这里是否想起了尼采以及他对传统的，尤其是继承自基督教"价值的颠覆（Umwertung）"的观念。在同一文本的 § 3，他提到了"伦理学经验主义的反—伦理的结论"，并坚定地指责那种把生物学上的实用观念实体化和绝对化为人类种族的生存的理论所迎合的"概念神秘论（Begriffsmythologie）"；对他来说，他只能在这些观念中看到"纯粹的虚构"。在假装认真考虑那些源自生物学的经验主义的论证的同时，他揭示了其反—伦理的结论以及对伦理实践有害的结果。（ibid., pp. 14-19）在舍勒那里，人们可以看到对伦理学经验主义的相同批评（op. cit., pp. 280 sq. et 293-294）。

的争论之间具有平行性。人们在这两种争论中都遭遇到了**心理主义**所使用的相同论据，而它们一开始就否决了所有微弱的反驳的愿望。人们仅限于引证，思想规范完全自然地建立在思想和理智的心理学之上，而意愿规则则建立在关于意志的心理学或生物学之上。既然所有概念都源于从对特殊具体事例的**直观**出发的**抽象**，那么，为了理解伦理学概念，只需回到某些感发行为，回到某些与这种行为、行动的意志或意图相关的赞同或反对就足够了。德性（vertu）与恶性（vice）最终只是一些为了指明自然的心理—社会禀赋而发明的**规范**。①

胡塞尔提出的类似方法使人们回想起他在《逻辑研究》中为了反驳逻辑学中的怀疑主义和心理主义所诉诸的论据。然而，在胡塞尔看来，这一反驳似乎不能局限于凸显两种学说建诸其上的理论矛盾，因为在伦理学怀疑主义的情况中，人们更倾向于援引它所造成的无法接受的实践后果。它实际上仅仅徒劳地刺激了我们的情感，这一学说并不是一个违背理性的错误。但是，既然伦理学促使我们遵循如此这般的行为规则——因为遵循它们是合理的，那么，否认任何实践规则具有理性有效性的怀疑论，难道不同时蕴含着如下规则：对一切规则的否认是合理的？在胡塞尔看来，他所揭示出的怀疑论背谬与逻辑学背谬的相似性就在这里。②

由此，人们不能设想在没有先行澄清理性在实践领域中的作用，进而在没有研究支配**实践**的理性原则的情况下来建立一门理性伦理学。它不仅需要探索实践理性的最普遍**形式**，而且也要研究实践价值的**质料**、范畴和等级；从而提出形式伦理学与质料伦理学的双重要求。在

---

① E. Husserl, loc. cit., pp. 17-18, 以及致力于"反驳怀疑主义和心理主义"的整个 § 4。胡塞尔觉察到，伦理学怀疑主义的论据实际上甚至与逻辑经验主义较早提出的论据相吻合。

② loc. cit., § 4, pp. 20-26. 在对伦理学怀疑主义的严格的反驳中，胡塞尔直接参考了他在 Prolégomènes à la logique pure（§ 34）中已经发展出的论据：他再次提到了最古老的希腊的怀疑主义，诡辩论者普罗泰戈拉和高尔古亚的怀疑主义——柏拉图在他著名的对话篇中，已经对他们提出了决定性的反驳。

某种意义上，人们认为伦理学与正当的、理性的行为有关，因此奠基于实践理性之上，与此完全相似的是，逻辑学与具体的理性思维有关，奠基于理论理性之上。因而，正如在伦理学中一样，在逻辑学中，关键就在于支撑各种理性概念、规范概念以及与之相一致的诸原则的绝对基础的可能性。在这两种情况中，冲突可以通过对人类学家以及心理学家的**相对主义**范畴的断然拒绝而消解，这种相对主义永远只能通向一种质疑真理本身和价值本身之存在的**否定主义**。然而，在"伦理学原则"的标题下，人们可以看到以普遍有效的方式来**确定**什么是善的东西的命题和规范法则。但是，如果在实践价值和价值一般的区域内，"善本身"和"为他物的善"之间存在着一种区别，如同"善"与"更善"之间的区别，那么，这些原则便旨在确定，在可获得的善的领域内，哪些才是那样的善，即它作为目的本身**为其自身**合理地值得选择，而不仅是依据他物才值得选择，而所有其他的善只是为了这种卓越的善才被当作为一种**手段**。[①]

因而，伦理学在没有考虑具体的特殊事例和具体境遇的情况下——在其中，我**此时此地**（hic et nunc）通过行动被确定——便为所有可能的实践领域和每个特殊的事例规定了"在实践上何为善和更善"。以**普遍"原则"**的名义，它要寻找那样一些适用性标准：人们为了知道在何种事例中所采取的决定在道德上是正当的，在何种事例中这种决定是不正当的，可以处处参照它们。人们将看到，伦理学原则（是否）把快乐、善一般或圆满设定为最高的实践目的，这一点并不重要；或者会看到，人们会像康德一样把**绝对命令**视作唯一有效的伦理学原则，因为它是卓越的"纯粹形式原则"，而且仅仅建立在对规定个别事物的价值的**普遍性原则**的提升（la mise en valeur）之上。在他看

[①] loc. cit., § 5, pp. 36-51. 实际上，形式的实践论与形式的逻辑学之间的相似性建立在形式逻辑的原则与形式的伦理—实践原则之间的相似性的基础之上，后来的分析表明，它们最终都是规范性命题。(ibid., pp. 40-42)

来，"形式的"原则排斥了所有从属于感性和感发性的"**质料**"因素，不管这些原则是什么，它都是一种对任何在其完全具体的特殊性中被给予的事例都有效和充分的决定性原则。①

根据胡塞尔，只要质料伦理学与质料逻辑学一样被放弃了，并且只要被还原为一种形式原则——它排除了所有意愿材料和评价行为的材料——的形式伦理学被视为为每一个具体的、在质料上被规定的事例指定了什么是善以及什么是道德义务的东西，那么，即便康德已经决定性地推动了一门先天伦理学的建立，他的**形式主义**伦理学也不可能真正成为形式逻辑学的**相似物**。与胡塞尔相反，康德没有认识到存在于逻辑理性与实践理性之间的绝对的**平行性**。胡塞尔本人思考的是，是否逻辑理性、进而实践理性以及价值理性最终只是同一种理性——它支配着整个经验领域——在不同领域的特殊应用，或者，是否必须拒绝承认理性拥有一种种的**多样性**，而它恰恰对应于奠基行为的种的多样性？②

困难在于如下论题：**逻辑理性**具有普遍的支配性。"**理性**"这一术语自然没有被理解为人类灵魂的一种官能，"理性"指的是行为与行为相关项的一种相合序列。然而，逻辑理性拥有这样一种**特权**：不仅在

---

① 对胡塞尔而言，康德的**绝对命令**代表了一种"纯粹形式的伦理学原则"的模式，这一评定并没有阻止胡塞尔一开始对其作为"唯一的伦理学原则"的有效性，以及对康德以此建立那种对一切"德性"（Sittlichkeit）而言不仅是必要的，而且是充足的唯一标准的抱负的怀疑。人们知道，在康德看来，唯有**普遍性原则**（处于绝对命令中的这种责任就源出于这一原则）才能决定特殊意愿的伦理价值。胡塞尔质疑的是，康德伦理学的纯粹形式主义的基础，在排除了对一切"质料"因素的指示的情况下，还能够成为一种充足的甚至是唯一可能基础（ibid., p. 44）。胡塞尔参考的康德的两个文本是 1785 年 *Fondements de la métaphysique des moeurs*（特别是第一部分）和 1788 年 *Critique de la raison pratique*（第一部分第三章，题为 "Des mobiles de la raison pure pratique"）。

② 为什么不能接受以下观点：所有形式的合理性仅仅是唯一的理性，即逻辑理性的某种形式的应用，而据此，实践理性和价值（wertende）理性不就是逻辑理性指向诸个别应用领域的不同方式（loc. cit., p. 57）？胡塞尔坚持，"没人能够否认逻辑理性的普全的支配性（Allherrschaft）"，但他并不同意这样一种解释，即认为在逻辑理性中存在着一种"严格意义上的评价理性"，正如当今有些人倾向于混同判断理性与价值理性，倾向于把判断视为某种情感行为（Gemütsakt）意义上的评价（Wertens）。（loc. cit., pp. 57-8 et 62）

它自己的管辖范围内,而且在整个意向性的总体区域中,规定什么是具有有效性或合法性的东西以及什么不是。与之相对,胡塞尔注意到,单凭其自身,**价值的**、**实践的**理性可以说是**盲的**和**哑的**,它既不能感知什么,也不能解释什么。所以,必须将信念领域的行为结合到它之中,使得诸一般行为与它们所指向之物能够进入客观的被给予状态。胡塞尔对此略加强调:"必须高举逻辑理性的旗帜,以便充分显露在感发和意欲领域中被遮蔽的形式与规范!"只是,逻辑行为单凭其自身只能使已经被给予的东西成为可见的,或可以说成为可读的。①

在更直接地进入那种指涉形式"价值论"或价值学的伦理学的关键问题时,胡塞尔反思了一般价值和特殊伦理价值的本体论地位。② 他从两种价值范畴之间的拟形式的区分开始:一方面是"价值—**前提**,另一方面是**派生**价值,即相对于某种意义上的奠基性价值而言的价值"③。诚然,形式价值学需要一种包含了肯定和否定"价值"的一般的

---

① 在 § 8 对前几段的概述中,胡塞尔再次回到他对康德伦理学的批评,尽管他承认康德对先天的形式伦理学的建立有"主要的推动"之功;但他同时指责康德放弃了所有质料伦理学,把形式伦理学建立在绝对命令这个唯一的形式原则之上,而绝对命令被认为是能够为所有从质料上被规定的行动的个别具体事例制定什么是善和道德责任,什么是理论所要求的东西,同时它却排除了"意愿和评价行为的一切质料"(ibid., p. 65 sq.)。

在相同的段落里,胡塞尔也回到了康德没有充分考虑的、在**理论**理性与**实践**理性之间的平行论,而他本人则赋予逻辑理性以一种不可质疑的优先性,并且在逻辑—判断理性和评价的价值理性的相似关系中来理解这种平行论。即使胡塞尔承认,面对"既不能感知、理解,也不能解释某物的**单纯的价值的**(bloss wertenden)价值理性,逻辑理性的"普遍权威"会产生一个问题,但他仍然诉诸逻辑理性,唯有后者才能照亮价值理性的给予物并且使之成为可理解的。显然与舍勒相反,胡塞尔似乎并没有认识到感发行为和意欲行为的揭示能力,因此当他承认逻辑—理性有一种不可否认的优先性时,那就依然屈从于康德曾经屈从的理性主义学说。然而就在胡塞尔承认"逻辑行为仅仅使已经在场之物明晰可见"时,他实际上认定了唯有逻辑和信念领域的行为才能赋予一般行为及其所指向的对象以客观有效性(loc. cit., p. 69)。

② 这涉及 *Vorlesungen* 的第二部分,它特别讨论了"形式的价值学"(§§ 9 à 12)。实际上,在讨论一切伦理学说——关于**目的与手段**的关系的伦理学说——的标准问题中,正如在他对"逻辑领域与价值领域间的动机关系"的分析中,或者当他援引"形式逻辑的法则"在价值领域中的地位和矛盾律原则在价值领域中的角色的时候,他就已经间接地触及到了形式价值学这一问题(§ 11)。

③ Ibid., pp. 71-73.

价值概念，然而，它还需要一种特定的术语来意指价值的行为与有效性。在对象感发我们、以感发的方式刺激我们的范围内，我们赋予它们以价值谓项，这一点正属于价值理性及其法则的权能。

然而，价值理性之所以必然紧密地与理论理性相交织，是因为每个评价行为或评估行为都把一些理智行为和"客体化"行为当作基础，被评估的客体正是通过这些行为自身被给予的。但是，在确切意义上，只有客体化行为指向某物，而评价行为则指向各种肯定的或否定的价值。至于建立在价值的本质本身之中的价值学法则，它们是纯粹形式的，并且奠基在价值和价值客观性的最一般的观念之上。①

对胡塞尔（正如对舍勒）而言，最重要的是抵御怀疑主义——无论它是相对主义的、心理主义的还是生物主义的——的攻击，捍卫理智领域、价值和伦理领域的**有效性**与**客观性**的论题。这些论题特别强调："价值任何时候都不会消融于评价行为的**主观性**和相对性中"，正如对某人有价值的东西不会对另一人没有价值，也不会与第三人毫无关联。与之相同，对某人为真的东西，不会对另一人为谬误，在相同意义上，对某人为善的东西也不会被另一人判断为恶。② 所有肯定"某物对一方有价值，而对另一方则无价值"这类价值**相对主义**的表述，实际上都是诉诸被指向的**价值**与指向**行为**以及指向价值的**人格**之间的关系。

与舍勒一样，胡塞尔承认有某种价值**等级**，在其中可以存在相等关系、增长或减少关系。自然，"人们只能比较相同区域或范畴的价值"。由此比较伦理价值与美学价值就不会有任何意义。只有限定在相

---

① Ibid., p. 72. "胡塞尔写道，逻辑理性与价值理性到处彼此交织……因为每个评价行为都把一些被评价客体在其中得到表象的理智行为、'客体化'行为当作基础。"

② Ibid., § 11 b). 胡塞尔认为，正如在逻辑领域中一样，在价值领域中，必须从**客观主义**和**观念论**的立场上全力反对时而表现为相对主义和心理主义，时而表现为人类主义和生物主义的怀疑论。(ibid., p. 89)

同的范畴内，人们才能确定增长或减少关系。另外，对价值的所有比较只有在偏好（Bevorzugung）或贬抑的原初的感发行为，以及与所有那些从属于理性判断的行为相似的、必须避免被忘却的评价行为的基础上才能实现。①

正是这种解释使我们回到胡塞尔认为对一切伦理学来说都是至关重要的问题，即自康德的**绝对命令**以来的古典问题之上，他在实践偏好行为的背景和一般法则的范围内——根据这种法则，"设定总是奠基在别的设定行为之上"，价值的和实践的设定则"与其他设定相一致"，而意欲总是与评价行为相一致——重新涉及到了它。然而，在确定的情境中，我通过我的行为选择了一个向我显现为"善本身"的某物，只要这个善"自在自为地被思考"，它就是一种善，但是，只要它引起某些有害的结果，那么对胡塞尔而言，它就变成了否定性价值的基底，并且由此丧失了它的伦理价值。②

正是在这一背景中，被胡塞尔称为"更善的法则"的伦理学和价值学的法则被表达了出来："在所有选择中，更善吸收了善，而最善则吸收了其余所有可以被自在和自为地看作善的东西"，一言以蔽之，最高的价值"吸收"了所有低等的价值。然而，选择最高的善不会因此

---

① loc. cit., § 12, "les lois de la comparaison axiologique". 在回顾弗朗兹·布伦塔诺的著作 *Vom Ursprung der sittlichen Erkenntnis* (1889)——为了构造一种形式的伦理学和价值学，布伦塔诺在其中开始了他自己的研究——的同时，胡塞尔在这段文字中试图建立价值等级秩序（Rangordnung）的形式法则（ibid., 91-93）。但是，与布伦塔诺仅限于纯粹心理学的解释相反，胡塞尔在对偏好（Bevorzugung）行为和忽视（Hintansetzung）的否定性行为的考察中区分了两种视角，即意向的视角和本体（或意向相关项）的视角：作为对第一种视角的例证，他标注了这样一个公式："选择人们视为善的某物是合理的"；对第二种视角的例证是关于这个表达，在其范畴的范围内，"存在着某些自身拥有价值的东西"，它们比那些仅仅相对于他物才具有价值的东西（比如作为某一目的的手段），或那些自身"无价值"（Unwerte）的某物"更具价值"（wertvoller）。(ibid., 92-3 et 99-100）

② 参见 § 18，题为"Formale Praktik"的第四部分的 a 和 b（pp. 126-129）。即使胡塞尔认为绝对命令构成了"伦理学的最核心的问题"（p. 137），他还是在上下文中批评了康德的这一论题，根据这一论题，"善的意志"被视为独立于它所实施的情境，并且不顾行为的完成所导致的结果而凭其自身就是"善本身"，是唯一的道德价值。

就变成"绝对的"义务，而是仅仅成为一种"相对的"义务。① 为了使绝对命令成为可能，必须能够设想一种**观念**主体，他支配着在观念上被限定的实践行为领域；这就假定他能够在他生存的任何时刻在这一领域中意欲和执行善。然而，他在所有可通达的善中所能选择的善，依然无法**形式地**被决定，就像真不能仅仅通过形式逻辑而被规定一样。

怎么会看不到各人实践领域的千差万别，并由此看不到那对各人为最善者亦根据各人处身其中的具体情境而千差万别呢？然而，所有理性主体难道不应当承认，某人如果以这种或那种方式公正合理地进行了判断，那么所有一般个体只要把握了相同的质料，就必须以同样的方式来判断？至少对胡塞尔而言，唯一能够理解的便是赋予康德的如下要求以公正的对待：将绝对命令建基在行为动机的可能的**一般化**原则之上；此后必须宣称："在适合的实践范围内，尽可能行最高的善。"但是，在不考虑行为的**质料**，因而不考虑价值客体的特殊性的情况下，如何遵从它呢？正是在这里，胡塞尔选取的伦理学道路与康德的明确分道扬镳，他在"**公正的旁观者**"的形象之下描绘了的理性主体，后者并非完全与康德所强调的普遍化原则无关。② 然而，如果没有**质料先天**，如果我们没有任何区分包含着先天价值谓词的客体种类和类型的手段，那么，**客观**价值的概念将不再具有任何基础。诚然，在实践领域中，形式原则——据此原则，"最善是善的敌人"——具有

---

① 胡塞尔时常想起实践领域中非常著名的格言，"最善是善的敌人"，而"将对最善（das Beste）的东西的选择放在第二位就是一种绝对错误的伦理行为，因此，'选择尽可能的最善就是一种绝对的伦理规则'"（loc. cit., pp. 136, 140）。只是问题在于，这样的个别情况下，如何决定'可能的最善'？"

② 实际上，问题在于用"公正的旁观者"——它是一个对处境理性地进行判断和评价的主体，是一个我们会将我们放置在它的位置上的主体，因为我们也对自己和同伴的行为方式进行判断——这样一种"虚构"来替代康德所设想的观念的观念主体。对胡塞尔来说，"最善的法则"是这样一种观念法则：如果一个主体正确地行动并与这一法则相一致，那么"所有其他主体，只要其实践领域是相同的"，能将他自己置身于他人的处境，"就将**会**以同样的方式行动"。（loc. cit., § 19, pp. 139 sq.）

价值；但问题在于，限于行为的单独的形式规定，如何知道这种情境中可能最善的事物？①

与舍勒完全一样，胡塞尔认为在着手考察基本价值的范畴所揭示的偏好法则之前，必须首先根据基本价值的范畴等级进行一种排序分类。因而，他一方面区分了**感觉**的善与**理性**的善，另一方面区分了**人格**价值或者它的人格性质的价值。他追问了与共同体（家庭、社群、族群和国家）相关的特殊价值或非价值，并且思考在何种意义上这些共同体能够"在观念上被价值化为以及识别为一种能够作出道德上好与坏的行动的高级主体。只有从这一类问题出发，人们才可以进入真正意义上的伦理学，并且才能从个体伦理学进入社会伦理学"②。据此，胡塞尔重新遭遇到了舍勒在同一时期从他自己的角度提出的对哲学伦理学的反思。然而，形式的价值学和实践学只不过代表了先天伦理学说之序列中的一个最初阶段（尽管是一个决定性的阶段），只是一个导向一种"价值、评价和意欲理性现象学"——它是一般理性现象学的不可或缺的部分——的完整而系统的研究。

最后，根据胡塞尔，在对现象学伦理学的基本原则的展示中，必须要强调的一点是，与判断的真理——它是"自在的真理"，不以任何方式依赖于进行判断的主体——不同，在意愿与义务领域内，具体的主体性及其特殊情境并非与对他要履行的义务和他的行动意志的规

---

① 既然每个人都与他人不同，并且每个情境都有其质料的特殊性，那么，如果我要理解被我认为是遵从道德法则而行动的主体，我就必须不仅仅考虑形式的普遍性原理，还需要考虑我想实行的行动的质料和客体，以及我在其中被促使去行动的处境，另外还要考虑我自己的实践的可能性，例如身体或精神上的。（ibid., pp. 138-140）

② "形式的价值学和实践学构成了伦理学学科序列的第一阶段，并显然成为首要之物。与这些先天学科分别相对应的，就是各种意向—意向相关项的学说，就像与形式的逻辑学相对应的就是命题的、可能性的、或然性等等的逻辑学，这里有一种关于理性行为的理论与之对应……伦理学与此相同。人们在伦理学中同样可以从客观的或意向相关项的思考过渡到对行为及其规则的思考，由此出发，借助于一种完整的系统研究通向一门价值和意欲（wollenden）理性的纯粹现象学，后者是关于意识本身的一般现象学的一个不可或缺的组成部分。"（loc. cit., § 19, p. 141）

定毫无关系。由此，那使每个主体拥有其存在的责任的主观相对性也延伸到了实践的时间维度：如果每个人在任何时刻都只应该意愿那些他能够实现的、客观地是善的以及最善的东西，那么对同一个主体而言，在他生存的不同时刻，他就有一种不同的义务。因而，根据胡塞尔，绝对命令只有被表达为如下话语才是可接受的："在你的能力及权能范围内行使行为中的最善，并且把握行为的带有一种理性明见性的客观有效性！"①

二、马克斯·舍勒的现象学伦理学：通向一种人格主义伦理学的基础

与胡塞尔不同，马克斯·舍勒在世时就出版了一部重要的伦理学著作，这部著作问世于他的学术生涯中以紧张的现象学研究为标志的那些最多产的年代里。然而他对伦理学的兴趣可追溯到他的思想的前现象学时期，早在 1900 年之前，他就已经清晰地区分了（在他 1897 年的博士论文中）**伦理**原则与**逻辑**原则。然而只有在他 1901 年与胡塞尔相遇，以及稍后在慕尼黑（始于 1906 年）和哥廷根（始于 1911 年）与其他现象学家持续多年的富有成效的交流之后，受惠于他更个人化的现象学方法，他对伦理学的反思获得了一种更本原和更严格的形式。在这一时期，舍勒出版了他的主要著作《伦理学中的形式主义与质料的价值伦理学》（1913—1916）。人们可以把它看作一部与康德的**形式主义**的伦理学相对的**应用现象学**著作，后者旨在建立一门建基于**目的论**直观和质料价值的现实化的基础之上的**人格主义**的伦理学。他尤其发展出这样一种观点：存在着一种独特的感发意向性，它独立于理性，诸价值通过它**先天地**被把握了。伦理价值不是一种理智统觉的对象，

---

① loc. cit., § 21, pp. 140-153，尤其是 pp. 151, 153。

而恰恰是一种价值感受（Wertfühlen）的对象。①

舍勒在伦理学上的思虑一直被他这样一种敏锐的意识所激发，即他生活在一个**危机**的时代，一个正历经着历史的、经济的、社会的、政治的、文化和精神的变迁的时代；他意识到，欧洲历史的**伦理**已经面临没落的危险，它的价值正逐渐被一种在现代资本主义的不可抗拒的发展所统治的世界中占有绝对优势的新的价值体系所消解。在这些充满了预示着"一战"灾难的重重危机的年代里，舍勒感受到了在新的坚实基础上进行一种根本性的"伦理学**再奠基**"的急迫需要。回归一般意义上的古典伦理学，或者回归英国道德哲学所提倡的功利主义原则已不再可行。面对伦理学的**怀疑主义**和**相对主义**的攻击，和胡塞尔一样，此后的任务对舍勒而言就在于为伦理学的真正**复兴**作出贡献，这门按其心愿命名的伦理学应当在现象学的支持下推动一门新的价值哲学的建立。

即使舍勒认为使他理解现象学的真正含义这一事实要归功于胡塞尔，他看起来也并没有束缚于现象学的奠基者所专注的那些专门的方法问题，亦未能沿着该奠基者为了展开这些方法问题而一直从事的方向随之前行。舍勒坚定地拒绝了胡塞尔（1913年的《观念》时期）赋予逻辑理性和理论理性的**优先性**，并且拒绝了胡塞尔的如下断言：与**意愿**行为一样，**感发**行为也必须建基在理智行为之上，并且唯有通过

---

① *Der Formalismus in der Ethik und material Wertethik* 的第一部分于 1913 年在由胡塞尔编辑的 *Jahrbuch für Philosophie und phänomenologische Forschung* 的第一卷中刊载，第二部分于 1916 年在 *Jahrbuch* 的第二卷中刊载。在第一版的前言中（loc. cit., pp. 9-11），作者明确指出，他在书中展示的各项研究的主要目的在于科学地为哲学伦理学奠定基础（Grundlegung），而不在于完整的阐述。同时，他表达了对现象学奠基人的重要工作的敬意。在第二版前言中（1921），舍勒致力于唤醒主导其伦理学研究的精神：在舍勒看来，它被规定为一种为与所有流行的伦理学的相对主义和主观主义相对立的"严格的绝对主义和客观主义"，同样也被定义为一种"情绪的直觉主义"和"质料的先天主义"。最后他还明确提出，正是从其著作的第一版的副标题，"为一门人格主义伦理学奠基的新尝试"开始而被引证的"人格主义"视角主导了他的伦理学（op. cit., p. 14）。在论"价值感"（Wertfülen）中（op. cit., p. 87 及 pp. 263 sq.），舍勒对价值感进行了精确的描述。

对知性的课题化与客观化的谓述行为才能被理解。相反,舍勒坚持价值理解的感发模式的**优先性**和**自主性**,这种模式拥有自己的逻辑,一种独立于理论理性的、帕斯卡尔意义上的"心的逻辑"。①

正是胡塞尔的"**范畴直观**"概念开启了一条通向舍勒价值论的道路,这门价值论建基于质料**先天**和"本质直观"(Wesenschau)等现象学观念之上,实事本身就在其先天的、直接的明见性中由本质直观给予我们。舍勒从胡塞尔现象学那里汲取的不是思的态度和**方法**,而是一种原初的经验模式,我们通过它来"体验"(erleben)和领会那些连同其本质构形一道给予我们的直接直观的实事。②

参照康德的伦理学来理解舍勒的伦理学无疑是最好的办法,正如舍勒自己在为《伦理学中的形式主义与质料的价值伦理学》的第一部分所写的引论性说明中提示的那样。在"说明"中,他列举了康德学说的各种**预设**,这些预设逐条地充当了他自己的伦理学反思的指导线索。③ 舍勒赞同康德对道德自然主义理论,即**享乐主义**的和**功利主义**

---

① 众所周知,舍勒反对胡塞尔的理智主义,并且坚持伦理学以及感发领域相对于逻辑学及其原则的独立性,还坚持存在着拥有自己的逻辑的心灵的情绪维度,即帕斯卡尔所看重的"心的逻辑"(op. cit., pp. 11 及 82-3, pp. 260-263 同样)。舍勒着重强调了如下事实,即"价值现象学"和情绪的"生命现象学"必须视为属于一个完全自主的、独立于逻辑学的研究领域。(ibid., pp. 83 及 87)

② op. cit., ch. Ⅱ, pp. 65 ssq. 舍勒明确地提到了胡塞尔的"本质直观"(Wesenschau)以及现象学的直观或经验。(ibid., p. 68)

③ op. cit., pp. 30-31. 这里可以恰当地引述康德伦理学的八个"前提",从这些前提出发,舍勒不仅完成了对康德的形式主义的批评,同时也提出了他自己的"价值的质料伦理学"的主要命题。"引论性说明"的整个前几页显示出舍勒在何种程度上在这位大哲学家的影响下进行思考。尽管他认可康德伦理学的巨大价值,但仍然将其形式主置于一种更根本的批判之下。舍勒将作为康德学说基础的八个命题当作主要的批判目标,并且针对它们一步步替换着提出了他自己的对伦理学基本原则的说明。在舍勒看来,质料伦理学并不必然是一种"善和目的的伦理学",它不是仅仅拥有一种后天的经验有效性,更不是一种"成效伦理学"(Erfolgsethik)或一种仅仅诉诸感性愉悦的纯粹**享乐主义**。同时,认为质料伦理学不能建立在人类人格的**自律**之上,也不能建立在意愿和行动的纯粹"合法性"(Gesetzmässigkeit)的基础之上,这同样是不准确的。最后,质料伦理学丝毫没有将道德主体及其对伦理价值的判断建立在人类本性固有的利己主义的基础上,他完美地维护了人类人格的尊严。

的批评，赞同他对所有形式的善和目的伦理学（Güter/Zweckethik）的"**决定性**"拒斥，他接受康德的如下强调：伦理学必须是**无条件的**和**先天**的，它不能建立在某种跟偶然目的或善的预先实现一样不可预见的东西之上。但是，他拒绝了康德关于经验的"**质料内容**"不能在一种对行为的伦理价值的规定中发挥任何作用的论断。根据康德的论题，唯一可想象的**合法性**的原则只能是理性主体以绝对命令的形式构想出的原则，为了确定行为的道德性，意志行为应该仅仅以一种纯粹**形式**的方式被理解，完全不考虑这些行为的质料性内容，相反，这些内容——作为意愿或欲望所指向的对象和目的——应当被坚决加以排除。①

尽管舍勒同意绝对命令关涉道德性的本质方面，但他还是拒绝了康德的**形式主义**，并认为这种形式主义阻碍了康德拥有与我们的伦理经验，甚至与我们关涉世界的原初行为相一致的视角，根据舍勒，这一视角具有一种感发本性，并且蕴含了一种前—理论的价值把握（Wertnehmung）；同时在舍勒看来，在"**质料的**"价值内容之外，以一种纯粹形式的方式来规定意志的野心，一开始就注定会失败。② 另外，

---

① op. cit., pp. 32 sq. 尽管舍勒赞同康德的如下观点，"任何哲学价值学，（无论美学的还是伦理学的）都不应该假定善和实事"，也不应该假定意愿的目的（Zwecke）和目标（Ziele），并且赞同他对一切善与目的伦理学的反驳，因为道德价值不能依赖于价值的"载体"；但是，舍勒却不赞同康德宣称善和恶的伦理价值完全独立于它们的质料的现实化，同时也不同意康德以"合乎法则"（gesetzmässig）或者"违背法则"（gesetzwidrig）这些形式概念来替代这些道德价值。（ibid., pp. 45 sq. et 88 sq.）与把善的道德价值仅仅置于意志的康德相反，舍勒把这种道德价值定义为"与肯定价值或高等级价值的实现相关的，存在于意愿领域中的价值"，同时把恶定义为"与否定价值或者低等级价值的实现相关的，存在于意愿领域中的价值"。（ibid., p. 48）

在舍勒看来，由于所有康德式的"律令伦理学"——它把道德价值置于"义务"（Pflicht）观念的基础之上，并且仅仅在对法则命令的服从中考察它，以至于它仅仅具有一种纯粹否定和强制的特征——根本错误，导致了这门伦理学忽略了一切伦理价值的唯一参照，这个唯一参照就是人格的价值，它不能被还原为被康德置于其形式主义伦理学之核心的"理性人格（Vernunftperson）X"之中。（op. cit., pp. 190 sq., 216 sq., 233 sq. 及 278-279）

② Ibid., pp. 86-87. 舍勒不断强调他的伦理学的**先天主义**，根据这种先天主义，价值先天（Wertapriori）和伦理学就不是实践理性的"产物"，而是建立在一种维系于感受行为、偏好（Vorziehen）行为或者弃置（Nachsetzen）行为中的，简言之，维系于在爱或恨中的——价值在这些行为和情感中拥有自身被给予性（zur Selbstgegebenheit）——"价值直观"（Wertschauung）之上。

在赋予形式主义的研究方式以特权的同时，康德没有认识到由绝对命令所规定的"道德责任"自身恰恰预设了旨在排除其形式主义的东西：由"道德法则"隐含提出的对现实价值的"**质料直观**"。由此就产生了人们能够指责的康德伦理学的最严重的错误：没有认识到这些作为所有道德经验的原初的基础现象而**先天**被给予的经验因素就是各种**价值**；舍勒指责康德忽视了价值相对于作为它们之"载体"的实事和善而言所具有的**独立性**，并因此断言："价值先行于客体，价值是客体之特殊本性的最初信息。"①

与把"质料"混同为纯粹感觉一样，康德错误地把**先天**还原为纯粹**形式**。根据舍勒，这种先天存在于"**所有含义的观念统一体，存在于通过直接的直观内容的中介而自身被给予的命题中**"，以及下述独立性之中：即相对于任何设定这些统一性和命题的**主体**而言的独立性，或相对于这些统一性和命题所适用的、被设定的**客体**而言的独立性。和胡塞尔一样，他把先天等同于范畴直观的内容。至此，**先天**不再是"**主观的**"，而是"**客观的**"，不再是"**形式的**"，而是"**质料的**"，它不是由理性所强加或构造的，而是**在直观中被给予的**，不是"独立于所有经验"（如同康德认为的那样），而是"在现象学的经验中被把握的"。②

人们熟知的舍勒的一个主要论题就在于坚持在价值与作为价值之"载体"的欲望的对象，或者善之间的区别。与康德相似，他同样认为，人们不能简单地通过被追求的善来定义道德责任，因为那必定使它相对化，使它依赖于我们的特殊的目的和目标的任意的经验**偶然性**。相反，他强调，与它们的"载体"一样，这些价值既不是经验的善的**抽象物**，也不是经验意志的**公设**，而是独立于意识到的意愿，在经验

---

① op. cit., pp. 40-41.
② 关于价值相对于它们的"支撑物"或者载体的独立性（op. cit., p. 176）；关于对价值的直观理解，参见 ibid., pp. 65 sq., 尤其是 pp. 70 及 86-87。

的感发意向性中被给予的**第一性的被给予物**。尽管舍勒承认价值不是像柏拉图的理念那样的自在的**真实**存在，而仅仅是一种根据它们与实项存在着的"载体"的关系而存在着的"**功能性**存在"，但他仍然赋予价值以一种在现象学的明见性中先天被给予的客体所固有的"**被给予性**"（Gegebenheit）上卓越的存在论地位，舍勒宣称，正是"在善中，价值获得了客观性和实在性"。①

价值能够在各种关系的一种先天的**客观**序列中以某种方式展现自身，而这种客观序列则拥有对一门被严格创立的伦理学而言的所有必要特征。根据舍勒，价值实事是在感受（fühlenden）直观中被给予的不可还原的基础性的**原始现象**，因而丝毫不依赖于理解这些实事的主体。应当坚决拒绝价值的所有**主观性**的观念，以及使这些价值隶属于人类生理学或心理学本性的价值**相对主义**。②相反，舍勒认为，**形式**的关系和属性存在于已经被布伦塔诺和胡塞尔提到的各种价值之中（比如："一种肯定价值的存在自身就是一种肯定价值"），尤其存在于某些"**高等级的**"关系之中——根据这种关系，某种价值就比某种其他低级价值更"高级"——因为这些价值被如下事实所刻画：它们在一种等级序列（Rangordnung）中各居其位。如同胡塞尔一样，对舍勒而言，正是在价值认知（Werterkenntnis）的行为中，人们把"偏好"称为我们对价值的高级或低级序列的把握。然而，只要一种价值的高级—存在在偏好行为中自身**给予**，那么它便源于价值**关系**的本质本身。但是价值等级绝不能"被演绎"，而只能在偏好的直观明见性中"揭示自身"。③

首先，舍勒把价值划分为两大范畴：直接关涉人格及其行为的人格价值（Personwerte）以及与价值客体、质料的善相关的实事价值

---

① Ibid., pp. 43-45.
② Ibid., pp. 258, 270.
③ Ibid., pp. 104-105.

（Sachenwerte）；进而在与这些价值在其中被理解的**感发意向性**相一致的四种**形态**中，他提出了对价值相当精妙而复杂的**划分**。从最高等级的价值到最低等级，舍勒给出如下划分：

1）例如"神圣"和"神明"的**宗教**价值；

2）例如"真"、"正当"或者"美"的"**精神**"（geistige）或文化价值；科学和艺术；

3）与生活以及有助于维持生存的善有关的"**生命**"价值；

4）"**感觉**"价值："快乐"或者"舒适"、"疼痛"等等。

尽管具有特殊性，但这些包含"质料"价值在内的所有价值都隶属于人格价值，舍勒向我们保证，在他提出的价值等级中没有任何任意的和主观的东西，这仅仅与一种给予我们的审视的现象学**事实**有关，而这种事实则奠基于在相对的延续以及或大或小满足中同样存在的明见性标准之中。① 另外，与布伦塔诺和胡塞尔一样，他认为这种划分以如下方式体现了一种赞赏高级价值等级的先天的"**偏好的逻辑**"：在价值等级上被规定为属于同一层次的"肯定的"价值比"否定的"价值更被偏好。②

然而，伦理价值绝不会作为意愿行为的内容或客体而**直接**被给予，它仅仅被置于每次都实现它的人格行为的"背后"，以致人们会寻求一种"载体"或肯定地非—道德价值的存在而不考虑某人实际上是否有能力去实现被指向的非—道德价值。在此意义上，舍勒的伦理学不是一种成效伦理学（Erfolgsethik）——在没有回到康德所推崇的**志向伦理学**"*Gesinnungsethik*"的情况下，他不断地对这种伦

---

① 价值等级被建立在价值的本质本身之中，但是，有两个等级需要考虑：一个是与作为本质"支撑物"的价值的高级功能相关的"形式"，而另一个则是纯粹的"质料"。舍勒对价值的精细划分以及人格价值相对于所有种类的事物价值的"优先性"，参见 op. cit., pp. 117 sq.。他援引的"价值模式"，参见 ibid., pp. 122 sq.。

② Ibid., pp. 105 sq.

理学进行批判。①

与康德的律令伦理学截然相反，舍勒更提倡一种**判断力**（discernement）的伦理学，他首先指责康德对价值现象之原初性的"**失明**"，以及对道德命令和道德判断已经预设了价值领会这一问题的失察。另外，既然这种义务伦理学在主体中预设了一种逃避律令的自然倾向，并就此削弱了真正的道德判断力，那么它在本质上便具有了否定和限制的倾向。它的根本错误在于，把意志行为或行动的伦理价值仅仅还原为它与义务规定或禁止之物的**一致性**。舍勒认为，正是在这点上，义务伦理学没有认识到真正的**人格**价值，而仅仅在人格中觉察到了普遍的应该—做（devoir-faire）的主体 X。②

即便舍勒在他的价值理论中，通过要求意向感受具有一种先天的客观有效性——我们根据这种客观有效性理解各种价值——给出了人们据之判断问题的**客观主义**和**绝对主义**，然而他并不否认，根据时代的不同，个人和社会的道德判断和价值感知中存在着某种等级的**相对性**。没有什么东西禁止人们去认识一个给定的社会中的伦理、特殊伦理背景以及人们判断某些行为的特殊方式的历史的和文化的相对性，或者认识它的文化层次和伦理要求甚至习俗的差异③；相反，就舍勒在它们身上所看到的在丝毫没有被价值客观性所感发的情况下有助于推动道德进化和社会伦理的卓越构形而言，对伦理的历史性意识有助于我们更好地理解舍勒关于**德性**和"**例证性行为**"理论，或者关于"人

---

① 关于"志向伦理学"（éthique de l'intention）和"成效伦理学"（éthique de la conséquence）的区分，人们可以参照著作的第一部分，题为"Materiale Ethik und Erfolgsethik"一章。（op. cit., pp. 127-137）

② 在舍勒看来，"应然伦理学"（Sollensethik）及其否定和限定性特征构成了康德的根本错误，因为这种伦理学没有认识到人格的价值和尊严。（op. cit., pp. 193-194, 198, 219 以及 pp. 234-235）

③ 关于伦理学的历史"相对性"，参见 ibid., pp. 303-309。（原文将"coutume"［习俗］误写为"countume"。——译注）

格—榜样"（圣人、天才和英雄）的类型理论。①

最后在总结时，只需回想起以下一点便足够了：我们把我们对现象学伦理学的研究限定在了胡塞尔在《观念》时期制作伦理学的第一阶段上，而在同一时期，舍勒正努力实施着对哲学伦理学的再奠基。至于胡塞尔，为了与舍勒相似地聚焦于对一种以人格为轴心的伦理生活的描述进行反思——这种人格拥有一种对自身及其生活进行理性决断的律令义务（devoir impératif）——他以后逐步放弃了他过于狭窄的价值学视角。然而，尽管与他在哥廷根时期更为形式的理论学和价值实践学具有特殊的相似性，但如果胡塞尔为他的伦理学所确定的新方向得以保留，那么伦理价值便不再作为能够重建形式和质料价值学的纯粹客观的价值。至此以后，人类个体把对其无限绝对的人格价值的实现视为伦理的使命：首先是每个人都可以从自身的最深处汲取到的爱的价值。但是，在爱的普遍**共同体**之上被构造的伦理**共同体**中的"共同—生活"之外，这种人格伦理学是不可想象的。②

（译者：马迎辉／南京大学哲学系）

---

① 关于"人格—模式"，参见 ibid., pp. 496 sq. et 570 sq.。
② 关于后期胡塞尔的"人格主义"和"爱的共同体"的观念，人们可以参照由奈农与塞普编辑的 *Husserliana*, tome XXXVIII, *Aufsätze und Vorträge* (1922-1937) 中收录的一些会议报告和论文（Dordrecht: Kluwer Academic Publishers, 1989），以及 U. Melle 的文章 "The Development of Husserl's Ethics", in *Etudes Phénoménologiques*, nos. 13-14 (Bruxelles: Ed. Ousia, 1991), pp. 115-135。

舍勒和胡塞尔思想中的历史哲学维度 *

L. 兰德格雷贝

就迄今的一般文献而言,对于马克斯·舍勒与胡塞尔的思想所尝试过的比较,多半为少数几个论断所引导,它们绝不可能理解二者——二者都将"现象学的"标题用于其研究——的共识和分歧。舍勒全集的进一步出版和业已出版至 15 卷的胡塞尔遗著已经造成了一种新境况。它使我们认识到,那些迄今试图藉以确定界线的标准是不充分的。舍勒本人对现象学所作的批判性评论在诸多方面对于这种新境况是决定性的,通过对其批判性评论的接受形成了一种共识。然而对此应注意的是,舍勒的批判仅仅涉及只能是他所熟悉的胡塞尔的现象学,而这是指《逻辑研究》和 1913 年的《纯粹现象学的观念》第 1 卷。当《纯粹现象学的观念》第 1 卷出版时,舍勒与胡塞尔之间曾具有的那种私人联系业已中断了。像"哥廷根学派"一样,舍勒不赞同胡塞尔的现象学在《观念 I 》中的先验哲学的转向。它被普遍看作是向新康德主义的靠拢——事实上,胡塞尔的有些表述助长了这种解释。因此,人们很容易在这种意义上理解舍勒与胡塞尔的关系,即他

---

* 本文译自:Ludwig Landgrebe, "Geschichtsphilosophische Perspektiven bei Scheler und Husserl", in: P. Good (Hg.), *Max Scheler im Gegenwartsgeschehen der Philosophie*, Bern & München 1975, S. 79-90。——译者

接受胡塞尔的"本质直观"(在胡塞尔的术语中即"本质还原")的方案,而拒绝先验还原。施皮格伯格(H. Spiegelberg)在其著作《现象学运动》[1]中业已指出,这种简单化是不允许的。只有当不是把舍勒的哲学与《观念 I》所体现的胡塞尔的现象学阶段相比较,而是当这种比较是从其现象学进一步发展直至后期著作《欧洲科学的危机和先验现象学》以及与此相关的出自 1930 年至 1936 年时期的各种反思的视角出发进行时,这种简单化才能被消除。有鉴于此,舍勒的出版者弗林斯(M. S. Frings)才能在其关于舍勒与胡塞尔现象学的关系的简短概括中指明舍勒与胡塞尔之间表现出来的一致性。此外,他有理由强调,"胡塞尔与舍勒现象学之间实事上的对照和凸现必定会使人清楚,如何理解这两位思想家"[2]。当然,下面简略的评论不可能要求以所需要的全面方式进行这种比较。不应通过这些评论要求作系统的展示,而只应指明一个问题维度,通过这种探讨,尽管存在出发点和探讨方式上的一切差异,但却显示出舍勒与胡塞尔的思想之间显著的一致性,因此不应把他们的相互关系看作一种对立关系,而更应看作这样一种互补的关系。这是历史和人在历史中的地位的问题维度。

不仅对胡塞尔而且对舍勒来说也一样,关于历史的哲学解释并不像对新康德主义的西南学派那样局限于对历史的科学性的认识理论上。毋宁说,对历史的思义在二者那里是由对其当下的历史性处境的经验所推动,而其当下,尤其从第一次世界大战起的历史性处境被理解为一种根本的历史性危机的时代。因此,他们的历史思义不是由对作为流传下来的过去的历史的回顾所引导,而是有望为关于克服危机之路的问题所引导,亦即为关于通向未来的正确道路的问题所引导。对于二者来说,这个问题以不同的维度显现出来,而这不同的维度在一个

---

[1] Bd. I (Phänomenologica), Den Haag 1960, 245ff.
[2] M. S. Frings, "Max Scheler. Drang und Geist", *Grundprobleme der großen Philosophen. Philosophie der Gegenwart II*, hrsg. v. J. Speck, UTB 183, Göttingen 1973, 13.

中心点上相合，亦即在对人的人格个体性对于历史的意义的明察上相合。藉此明察，他们二人与现今通行的对个体性的理解——将个体性理解为"社会"及其历史的某种产物——处于绝对的对立之中。当舍勒把人格看成自身价值（Selbstwert）而不同于一切相对"价值"，尤其是历史性的相对"价值"时，那么他对此所看到的事态与胡塞尔用"单子"标识"先验自我"时所看到的事态相同。必须简略指出的是，与对舍勒来说一样，这个对许多现象学家来说是有失体统的标题只有在胡塞尔反思历史的语境中才获得其合法性的根据。① 在海德格尔的《存在与时间》中，相应的标题是"自身"（Selbst）。但下面我们必须撇开这种参照（Bezugnahme）。② 在极其不同的标题下能隐藏相同的东西，这不仅在胡塞尔与舍勒的不同的出发点上而且在他们被导入问题的路径差异上都具有其根据。

　　历史的真实情况是，舍勒远早于胡塞尔之前就已思考现代世界的危机问题。③ 早于许多同时代人，舍勒已郑重地将尼采关于欧洲虚无主义的预言视为"对最高价值的注销（Entwertung）"，将其看作下一个世纪的问题。他把"什么能对抗这种注销"的问题看作一个伦理学的问题，亦即看作这样一个问题：鉴于这种注销，如何能够重建最高的规范化价值。这个问题将其引向对人性的分析，这种分析不仅采纳生物学、生态学和社会科学等一切经验科学的认识，而且鉴于这些维度，它也允许把人性的"诸区域"建立为一种先天价值的等级。由此出发可以理解，这些研究已呈现价值论的形态。诸价值的这种先天被觉察到、"被感受到"，这是想说，它们先于一切概念性表达被意识到。因

---

① 对此参见拙文 "Meditation über Husserls Wort 'Die Geschichte ist das große Faktum des absoluten Seins'", *Tijdschrift voor Filosofie* XXXVI, 1, Leuven 1974。

② 对此参见 M. S. Frings, *Person und Dasein: Zur Frage der Ontologie des Wertseins* (Phaenomenologica 32), Den Haag 1969。

③ 参见 Spiegelberg, a.a.O. 251。

此，我们必须把舍勒谈的"本质直观"理解为直观，或者从直观与概念的传统对立出发在价值方面将其理解为"感受"（Fühlen）：先于一切概念性认识"被给予"的东西，是通过直观被给予的。因此，本质直观在舍勒的意义上不是神秘的、只可能被赋予少数人的能力，而是标识着这种方式，即人在一切认识之前总已在情绪上和实践上先天地熟悉其周围世界——在最下面是以本欲的方式，然后是以认知性的方式展示这个世界的可能性的方面——的结构的方式。因此，价值的等级在舍勒那里决不是被看作自在地存在着的"有效性"领域，而总是与人格性（Persönlichkeit）及其意识的结构的诸区域处于相关性之中。这样看来，我们也可以在胡塞尔意义上谈论一种"普遍的相关性先天"。这是胡塞尔在其后期著作中已概略描述的那种"生活世界"的先天。因此，他也会承认哲学人类学有助于对这种先天的分析。甚至海德格尔的此在分析（Daseinsanalyse）也为他在这个意义上所理解，这在某种程度上是正确的，但同时却是一种误解，因为在他那里没有考虑到海德格尔的分析所处的语境。

  舍勒完全意识到这个问题，它存在于价值的先天这一前导之中而先于一切概念性认识及其语言上的表达。因此，他在《人与历史》中说："我们处于大约一万年历史内的最初时代，在这个时代，人自身已变得完完全全'成问题的'，他不再知道他是什么，但同时也**知道**他不知道他是什么**这一点**。而只有当我们有朝一日打算彻底清理关于这个问题的一切传统时……才能重新获得可靠的明察。但我们知道，这样的清理有多难。因为传统的范畴没有任何一个地方比在这个问题上都更加不自觉地，因此更强烈地控制着我们。为了慢慢摆脱它们，我们唯一能做的就是学会确切地认识这些范畴在思想史中的起源，并且通过这种意识到（Bewußtmachung）克服它们。"[①] 由此产生了"人关于其

[①] Max Scheler, "Mensch und Geschichte", *Späte Schriften*, GW 9, 120.

自身的自身意识的历史"的任务（GW 9, 120）。这种历史的可能性也是德国观念论的基本课题。舍勒特别提到黑格尔。但在舍勒那里它并不为论证一种思辨的体系。毋宁说，这种历史的可能性对他而言具有双重含义。

1. 它具有一种动摇传统范畴——人通过它们在其历史中理解自身——的批判功能。在这方面，它可以与海德格尔的解构方案相比。从胡塞尔方面看，这个方案又被视为现象学"悬搁"的必要步骤，亦即被视为对所有范畴的历史性视域"加括号"，以便藉此意识到"积淀"于其中的历史。因此，尽管舍勒极力拒绝胡塞尔的现象学还原方案，却仍在方法上采取一种类似的措施，这种措施的必然性仅仅源于成问题的"实事本身"。胡塞尔本人从未满意过其在《观念Ⅰ》中引入"还原"的方式。直到其后期著作他都未搁下进入现象学的道路问题。这个问题在那儿获得了一种胜过一切先行的尝试、尽管仍未完成的解决方案，这种解决方案使胡塞尔愈益接近舍勒和海德格尔的思想。

这要求在理解舍勒所使用的术语时要特别谨慎，而且这也同样适用于胡塞尔。两位思想家以某种漫不经心的方式使用了熟悉的传统术语，而在此情况下它们或多或少以未注意到的方式被赋予了某种偏离传统的意义。因此，我们从一开始就不应在传统的意义上解释这些术语，而必须把它们仅仅视为临时的指明，它们的充分含义只有在其总体观念的语境中才得以显示。

2. 另一方面，在舍勒那里自身意识的历史不仅应通过洞察我们本己的、欧洲的—西方的历史而且应通过洞察其他伟大的世界文化的历史使关于人的问题摆脱唯欧洲视角的狭隘性。但舍勒的意图不是特勒尔奇（Troeltsch）意义上的一种"文化综合"，毋宁说，这种广泛的基础应首先能够建立一种关于人的"本质"的学说。

无须再次强调的是，人的这种"本质"，即先天——只有在它的基础上才可能对其在各个不同文化和历史中不同的现实化进行比较以及对人和动物进行比较——虽然是所有共同性的整体，但这个整体决不可能通过一个最终有效的、可彻底地定义的本质概念被把握，因为"人是一种存在物，它的存在种类（Seinsart）本身对它想**是**什么和想**成为**什么仍悬而未决"①。正是这个意义上，舍勒论及其巨大的可塑性（Plastizität），这种巨大的可塑性允许"不固着于某个'范本'，不固着于某种无论是自然史的还是世界史的形态"。对此，舍勒援引兰克的话说："人性具有一种无限的发展空间——比人们想象的更神秘、更巨大。"因此，在某种意义上狄尔泰的原则也适用于舍勒："人不是通过自身沉思而是只有通过历史才经验到他是什么。"但对舍勒来说，回顾历史的这种经验并没有单纯后转的意思。历史的这种经验绝不会完结，以致能从历史性的比较中获得普遍的概念。虽然人只有从其历史中了解其可能性，这些可能性可以越来越新的方式被把握，但这些可能性被把握的方式，何者保持优先地位，何者被疏忽，则取决于"这种对他想**是**什么和想**成为**什么的仍悬而未决状态"。但也许这种对历史的回顾恰恰表明，在其中发生一种进化，即人的自身意识的增长，它以跳跃的方式进行，而且这是"哲学人类学的最基本的问题之一，即人的自身意识的这种跳跃式增长实际上意味着什么"（GW 9, 122）。它不能径直被理解为"进步"，因为它是进步还是可能是"病情恶化的征兆"恰恰取决于人。

舍勒在基本点上将人的意识的这种历史拟定为"理想型（idealtypischen）的基本种类（Grundarten）——通过它们，他思考、观视和感受自身，并且以被置入存在的秩序中的方式打量自身——"的历史（GW 9, 120）。在舍勒看来，对于比较欧洲文化与非欧洲文化具有决定性的，首先是宰制知识（Herrschaftswissen）或成效知识（Leistungswissen），教化知识（Bildungswissen），拯救知识（Heilswissen）

---

① Max Scheler, "Der Mensch im Weltalter des Ausgleichs", *Späte Schriften*, GW 9, 150.

或救赎知识（Erlösungswissen）等知识形式在理想型上的区别。"知识"这个词必须在舍勒所使用的广度内理解。① 他不仅把自觉地产生于认识的知识而且首先把一种先于一切对某物的**自觉**拥有的**存在关系**（Seinsverhältnis）称之为一种对实在性的拥有，称之为"对世界阻力的遭受"，即"欲望"碰到的阻力。舍勒正是在这种意义上论及"出神的"知识。与此相对，那种对世界的自觉拥有只是一种生成的结果。意识不是最后的事实，它总是意识**生成**（Bewußt-*werden*），欲望与阻力的关系先于它。在这个词的字面意义上，它是一种出神的关系，亦即出离自身进达实在性，就此而言是一种完全原初的"知识"，这还绝不是一种"理论性的"知识，而是对我们面临愈益冲挤的"阻力"所能做的事情的一种先行的自身理解（Sichverstehen），因此是一种关于某种能力（Können）的前反思的"知识"。对此后面再谈。"［我们知道］，如果存在者中没有一种**源于自身和出离自身**去分**有**另一个存在者的趋向，那么根本不可能有'知识'。除了'爱'、献身，我看不出还有另外的名称适合这种趋向，似乎这种本己的存在和如在（Soseins）的界限是被爱冲破的。"②

这三种知识形式的区别必须就这个基础来理解，而且从它出发可以确定这些知识形式的等级秩序。根据在此等级秩序中居支配地位的种类，欧洲文化与亚洲文化区别开来："因为知识是一种存在关系，所以其客观的目标也可能……本身不再是一种知识，而必然……是一种**生成，一种变样**（Anderswerden）。"必然有"一种最终的**本体意义**应归于"它（GW 9, 113）。对于教化知识来说，这种本体意义是人格的生成和充分发展，这［我们知道］；其次，拯救知识涉及世界的生成及其最高的此在**根据本身**的无时间的（zeitfreie）生成；第三，宰

---

① 参见 M. S. Frings, "Max Scheler. Drang und Geist", a.a.O. 34ff.。
② Max Scheler, "Die Formen des Wissens und die Bildung", *Späte Schriften*, GW 9, 113.

制知识或成效知识对准那种"为了我们人的目标或目的而对世界进行实践的统治和改造的发展目标（Werdensziel）"（GW 9, 114）。"教化知识和救赎知识在西方历史晚期愈益退到次要地位"有利于劳动知识（Arbeitswissens）和统治知识的发展，但这也造成片面地聚焦于统治自然的方向，而忽视了"**内在的**生活技能和心灵技能"。而正是它们与教育知识和救赎知识一起为亚洲文化所发展而具有对欧洲的巨大优势。既然现在这三种知识形式与人性的各个区域相关，因此必须使它们处于一种彼此谐调的状态（GW 9, 115）。但对于舍勒来说，这并不是一个理想的哲学要求，毋宁说，这种谐调在当下的世界境遇中已成为一种"无法摆脱的**命运**"（GW 9, 152）；因为随着第一次世界大战，世界已开始成为现实的统一体，这场世界大战是对人类的"第一次现实的集体体验"——"只有从这儿才开始了这一所谓人类共同的历史"（GW 9, 152）。这种谐调已开始作为人性对宰制知识和成效知识片面发展的一种反叛，而且这是人的教育问题，是那种经受住即将来临的新时代挑战的人的类型问题。对此考虑的不应是那种在更好地适应技术世界意义上的对人的生物学改造（GW 9, 148），而是变革其与那种由统治知识的发展所归于它并已展示在全世界的技术中的力量的关系之任务。至于这成功与否，则将取决于这种向新时代的危机性转变是否会证明人及其一切才能是一种失败的试验；用康德的话会说，人类的历史是否会遭受一种违反常情的结局，因为他没有正确地使用其权能；因为"一切历史的灵魂"都不是"现实的事件，而是典范（Ideale）的历史……**榜样**（*Vorbilder*）**的历史**"[①]，因为人决定了：它想**是**什么和想**成为**什么。因此，舍勒把这种世界境遇看作是对人的自由的最大挑战。

对于人想是什么的问题的选择或筹划取决于他自己，只要他

---

① Max Scheler, "Vorbilder und Führer", *Schriften aus dem Nachlaß I*, GW 10, 268.

是**人格**。人格概念必须在舍勒所赋予它的准确的意义上来理解。人格"不是实体性的物",而是"一种按君主制编排的精神行为的组构(Gefüge)"①,它能统一所有行为。人格概念通过其与精神概念的关联得以澄清。"精神是行为的本质、亦即意向性和意义充实性(Sinnerfülltheit)所具有的一切东西。"因此,人格是"精神之本质必然的和唯一的实存形式(Existenzform),只要这涉及到具体的精神"②。这种具体的精神是"同一个无限的**精神**在个体上的自身集聚(Selbstkonzentration)"(GW 9, 83)。

在此不可能探讨舍勒对人格的这种规定的形而上学语境。除此而外,人格可以被看作一切行为在个体上的统一性根据,亦即"先验主体",这种"先验主体"当然不像康德那里一样被规定为"我思",而是被规定为实行一切认知行为、意愿行为的和情感行为的主体。这时,"行为的存在的本质"在于:自身只有在实行中才能被体验到,只有在反思中才能被给予"(GW 2, 374)。也就是说,因为人格是对于他想是什么和想成为什么的决定,只有在实行中而不是在一种对象化的考察中决定他**是**什么,而且决定他是否处于被型塑成这样一种类型的人的道路上,这种类型的人能胜任正在临近的新时代和成长为世界的"同构成分"(Mitbildner)的使命,他的成长不是由一个现存永恒的观念世界或"天命"(Vorsehung)预先规定。

所有这些思想都与胡塞尔对危机的解释和对人与历史关系的解释相类似。这必须在最重要的问题上被点明。

胡塞尔的研究肇始于对形式逻辑和数学之哲学根据的探讨。因此与舍勒不同,在他那里开始还绝不会有历史的问题。但是,《逻辑研究》业已把他引向经验——它先于一切形式的操作——的问题,把

---

① Max Scheler, "Philosophische Weltanschauung", *Späte Schriften*, GW 9, 83.
② Max Scheler, *Der Formalismus in der Ethik und die material Wertethik*, GW 2, 389.

他引向主体性的各种构造成就，通过它们经验世界被给予它。由此产生了其作为普遍的哲学科学的现象学的观念。它的任务是指明意识的构造功能，通过它们经验世界在其按不同的存在区域的编排中显示出来，这些存在区域于是成为各个科学团体的课题，关于物质自然和生命（belebten）自然的课题，关于人的心灵和精神—人格的世界的课题。现象学还原的方法——既作为本质还原又作为先验还原——开始可能被看作改进传统的认识论和科学论的方案。第一次世界大战的经历首先使胡塞尔感到对哲学任务的这种解释是不充分的。古老的—欧洲的文化世界和科学世界——它一直存在于对科学活动及其改造世界的作用之确信的进步的意识中——崩溃了。面对这种崩溃，哲学承担了一项特殊的任务。因为所有的科学都历史地源于哲学，在发生这种崩溃后，哲学不可能再局限于承担那种通过澄清科学的哲学基础而充分论证科学行动的责任。毋宁说，在发生这种崩溃后，它将对走上生活改造之路负责。

胡塞尔在20年代初就已阐发了这种改造方案和一种哲学的，亦即基于哲学的文化的观念。在这个意义上，现象学还原不可能再单纯被视为论证科学知识的一条方法途径，毋宁说，如果它终究仍应具有一个意义的话，那么它必须以此方式被继续发展，即它可以被当作改造的道路，亦即处于其与世界的关系中的"人的人格转变"之路。但是，为了实现这个方案，现象学本身必须超出它在《观念Ⅰ》中所获得的形态而被继续发展。这种继续发展可以提纲挈领地被标识为从对意识——在其与不同的客体的关系中的意识——的静态分析进达发生现象学的步骤。在胡塞尔那里，这个步骤绝不是由"改造"的方案所动机引发，而是意向性问题展开的结果。意向与充实的关系——它在《逻辑研究》中是一个总课题（Generalthema）——就已是一个发生性的问题，它表明了意识的一种目的论结构，因而表明了一种生成。"主体存在是目的论的存在"，意向性于是也被胡塞尔称为"单子中的原追求（Urstreben）"。意识本身不是静态的关系，而是一种指向目的的发生（Genese）。所有其在反思中可通达的要素、所有行为实行（行为意向性）都不仅具有其时间性的视域，而且具有其被动的基础，"这个基础也称为自然"，它在最底层包含有时间意识的功能。因此，"意识流"不是印象（Eindrücken）和行为的一种简单接续，毋宁说，这种相继本身是被动的、亦即没有"自我"的协助而发生的综合的结果，只有通过这些综合，"流"本身才能形成。这些综合首先是匿名的成就，这些成就只有通过还原才能被揭示。

因此，所有我们作为意识所体验到的东西都具有其历史，而且只能从这种历史出发去理解。这种历史总是各个个体的主体的历史。因此，每一个自我主体的"内在的历史性"都是对此的先天前提，即对我们来说一般总存在某种像历史的东西。这可以如下方式得到简略的阐明。每一个自我主体都直接通过身体的感觉（Empfindens）功能和感觉到的自身运动（动感）的功能被发现，在其独一无二的、不可替换的此时此地中通过作为"所有定向（Orientierung）的零点"的身体被确定在世界中。在一个明确的自我意识的所有发展之前，在实行有意识地指向目的的行为之前，它被发现在其权能中自身运动。这种"我能"发生在"我在"之前。在这种实行中，它以一种不可为反思所追获的直接方式知道自己是其能力的中心。在此情况下，它在其权能中经验自身。它总是通过其个体性的经验——他人的经验总已通过学习和模仿进入其中——的历史而是其所是。但是，历史最初总是其本己的个体性生命的历史。每一个他人——从他人那里，它接受经验、习惯和传统——都由于其本己的此时此地而必然与它相区别。存在着世代（Generationen）间的区别，通过这些世代，为所有人共有的东西总是从不同的维度显现出来。以此方式形成了一个群体的共同历史、一个民族的共同历史、一个文化的共同历史和一个时代的共同历史。每一个世代都通过进入它的成员的出生和成长而具有其时间，而这作为"其生命的时间"被派给它。因此"历史从一开始就是原初的意义形成（Sinnbildung）和意义积淀（Sinnsedimentierung）之并存和交织的鲜活运动"①。它在共同的行动中作为能力的活动而产生，能力在此情况下遭遇其界限，而且作为共同的行动依赖于其道路和目标——亦即对历史的前瞻——的创立。主体必须对作为其能力的活动的行动负责。

因此，现象学的先验反思的意义可以如下方式被标识。任何反思按其意义都是一种对能力的批判，而最后和最高的阶段是现象学的反思。其对世界的"加括号"（还原）不仅是改进认识论的一种方法步骤，而且是通达"人之彻底的人格转变"的道路。它使人知道其自身是那种不可替代的个体性主体，即所有其实行和这些实行之绝对的——亦即对它来说不可推卸的——责任的主体。它促使我们注意到，人具有摆脱一切兴趣的权能，其在世界中的生活就为这些兴趣所引导，他可能被要求反抗这些兴趣，摆脱它们的要求，摆脱一切在其世界中有效的东西。历史中的新东西和延续者只能产生于这种自由。只有通过这种自由才能产生一种世界历史；因为我们称之为世界的东西恰恰是人类经验的历史，亦即所有那些"舌侪的"交往藉其而得以可能的东西的总体的历史。

这听起来与舍勒那里的情况完全相似："哲学首先着手进行有意识地**排除一切**可能存在的、**欲望的**和**实践的思想态度**"，它可能"也被称为获得某种知识的尝试，这种知识的对象**不再是与生活相关的此在，而且无关乎其可能的价值**"（GW 9, 117）。

因此，胡塞尔关于"先验本我（Ego）"作为"单子"的说法具有这样一种意义：用这个标题，绝对性被称为各个个体的不可替代的唯

---

① Edmund Husserl, *Die Krisis der europäischen Wissenschaften und die transzendentale Phänomenologie*, hrsg. v. W. Biemel (Husserliana VI), Den Haag ²1962, 382.

一性,在其中,人在漫长的发现其自身的历史的道路上发现自身,即发现自身是其所有实行的责任中心——正是舍勒称为处于其绝对的价值中的"人格"的东西。之所以是绝对的,是因为它在其自身中具有其统一性的根据和生成为作为这种个体性的这种统一性的根据。这种统一性不可能从身体性(Leiblichkeit)的事实中被推出。因为从现象学上看,身体不是一种还有意识附于其上的自然物。毋宁说,每一个身体总是**我的**身体或一个他人的身体。这个"我的"先于自我而存在。

我们在舍勒那里读到完全相似的东西:"按其个体性的本质,人格是个体化的,不是通过身体及其遗传本质,也不是通过那种它由心理的生命功能所产生的经验,而是**通过其自身并在其自身中**被个体化的。"(GW 9, 105)

发生现象学——它的几个最重要的基本思想在此被指明——现在是基础,由此基础出发,胡塞尔重新着手其改造的方案,并且能在《危机》著作中对当下的历史性危机表态。鉴于当时已笼罩欧洲的希特勒的恐怖阴影,这一表态得到了特别的强调。《危机》写于 1935/1936 年。

这种危机只能就其起源来理解。它被描述为"客观主义"的危机,而这是指这样一种信仰——这个被精确科学解释并且按此解释而在技术上被改造的世界是真实的世界——的危机。这种信仰基于一种"自身遗忘"。自身遗忘意味着对这样一种事实的遗忘,即这些科学和由其产生的世界本身的技术化是人之主体性的历史性产物。它们在前科学的交往(Umgang)和生活世界的实践中有其起源,而且总是无可保留地回涉先于一切科学的"生活世界"。这种遗忘已导致科学和技术化的"意义清空"(Sinnentleerung)。但它在现代哲学本身的发展中有其起源。自笛卡尔以来科学坚定了其信念:这个可精确规定和技术化的世界是真实的世界。哲学因此已"越过了"生活世界。由于现在技术化已延及整个世界,而且由于技术化及其危机在欧洲思想中有其起源,因此,欧洲哲学所面临的世界责任在于:通过对被遗忘的本己起源的回忆指引走出技术化的道路，指明人的转变——如果他们应克服这种危机的话——在其中必然发生的方向。

胡塞尔在此关联域中问，"欧洲"仅只是诸多文化之一，还是在历史——从它之中产生其特殊的使命——中具有一种突出的地位。这当然表现出某种"欧洲中心主义"，使人想起黑格尔关于其他文化是"停滞的民族"的说法。这是可以理解的，因为胡塞尔在撰写其最后的著作时为对欧洲未来的担忧所引导。但他对此没有考虑到舍勒的"谐调"问题，以至于其他文化在必须克服危机的情况下只能作为接受者出现，而且没有考虑，它们能否不从其本己的传统出发而以完全不同的方式有助于危机的克服；而这是舍勒的思想。

因此，只有当胡塞尔的现象学与舍勒的现象学的比较不仅涉及使二者区别开来的东西，而且更涉及它们在其中相互补充的东西时，这种比较才会是富有成效的。这可能通过这种粗略的速描变得更清楚些。

（译者：李云飞 / 广东外语外贸大学马克思主义学院）

1927年马克斯·舍勒阅读《存在与时间》的背景

——通过伦理学对一个批判进行批判*

M. S. 弗林斯

过去十多年间关于在海德格尔《存在与时间》（1927）中建构伦理学的可能性有许多讨论。在这些讨论中，对于那些对这些问题来说可能产生重要（虽然是无意）的贡献的实事——它先于这些正在进行的讨论——并没有给予足够的重视。①

我所指的是，在年轻的海德格尔亲自把《存在与时间》的第一稿送给在科隆的舍勒让他阅读之后，舍勒对该书的阅读。虽然我已经对这件事提供了各种分析，但我希望借此机会补充一些迄今未被人知的资料。②

---

* 本文译自：Manfred S. Frings, "The Background of Max Scheler's 1927 Reading of Being and Time: A Critique of a Critique through Ethics", *Philosophy Today*, 36, No. 2, 1992, pp. 99-114。——译者

① 在我提交了一篇关于胡塞尔的及马克斯·舍勒的通信——关于最近出版的胡塞尔关于伦理学的演讲以及舍勒的 *Formalism in Ethics*——的文章之后，威廉姆·理查德森（William Richardson）告诉我，我得出的关于舍勒伦理学的观点非常值得进一步探究。因此，我希望把这篇论文献给他，作为他七十岁生日迟到的礼物，并且我从他1963年关于海德格尔的巨著（指《海德格尔：从现象学到思》，"现象学丛书" [*Phaenomenologica*] 第13册，海牙，1963年。——译者）中学到很多，为此尤其要感谢他。

② 在我对这个问题所作的研究中，我想提到我的著作：*Person und Dasein: Zur Frage der Ontologie des Wertseins*, *Phaenomenologica*, vol. 32 (The Hague: Martinus Nijhoff, 1969).

就在舍勒 1928 年突然去世之前不久,他读了海德格尔的《存在与时间》,正如他早先——确切地说是在 1913 年——已经阅读了埃德蒙德·胡塞尔的《观念Ⅰ》一样。《观念Ⅰ》和舍勒自己的巨著《伦理学中的形式主义与质料的价值伦理学:关于伦理人格主义基础的一种新尝试》的第一部分同时发表在著名的 1913 年《年鉴》[①]上。(舍勒的《伦理学中的形式主义》的第二部分也于 1913 年完成,但由于诸多原因三年后才发表在《年鉴》上。)舍勒在他那本 1913 年《年鉴》的页边评论表明,他多数时候对胡塞尔的《观念Ⅰ》都持批判态度,有时这种批判甚至很强烈[②];然而在他那本《存在与时间》中,约 200 处的旁注却没有显示出对海德格尔的这种普遍深入的批判[③]。舍勒甚至提到了他自己的远早于 1927 年就已经得出的一些发现,这些发现通常地却是错误地被认为是海德格尔的初创,如"上手性"(die Zuhandenheit)、"存在关系"(das Seinsverhältnis)以及"世界敞开"(weltoffen)概念——当它用于人类时。

让我也用这个机会来指出,有许多其他重要的舍勒的概念后来成为 20 世纪哲学的中心,而且它们很容易就可以回溯到他的《伦理学中的形式主义》。例如,"客观的"人的躯体和"活生生的身体"二者之间的区别。恰恰是海德格尔本人,在 1928 年 5 月 19 日听到舍勒突然去世的消息时声称,(当时)所有真正的哲学家在"本质上"都受惠于舍勒的无可替代的思想。

既然海德格尔当时崇敬舍勒,那可能会让我们感到奇怪的是,《存

---

① 指胡塞尔主编,舍勒等参编的《哲学与现象学研究年鉴》(*Jahrbuch für Philosophie und phänomenologische Forschung*)1913 年第 1 卷。——译者

② 舍勒读胡塞尔《观念Ⅰ》所作的页边评论现经整理编辑收入《舍勒全集》第 14 卷,第 423—432 页。——译者

③ 舍勒在他那本 *Being and Time* 上所作的边注可以在马克斯·舍勒的 *Späte Schriften*, in the *Gesammelte Werke*, vol. 9, ed. Manfred S. Frings (Berne: Franke Verlag, 1976) 中找到。自 1985 年以来,*Gesammelte Werke* (GW) 由波恩的伯费尔出版社出版。其他各种有关舍勒对 BT 的阅读的材料可以在第 9 卷中找到。

在与时间》仍然包含着对舍勒在 1913 年的《伦理学中的形式主义》中的许多明察以及舍勒继这部著作之后提出的许多概念的严厉批判。①

根据这一批判，我希望把注意力集中于两个概念，舍勒整个《伦理学中的形式主义》都基于它们："价值"和"人格"概念。我将分三步进行。首先，我将简要地回顾在《存在与时间》中海德格尔自己对价值和人格的理解。然后，我将看一看马克斯·舍勒自己是如何理解价值和人格的。最后，我将简短地考虑在舍勒的《伦理学中的形式主义》这个背景下，《存在与时间》中所呈现的此在的本质。我这么做是为了让人们至少考虑去看看基于此在的存在论（ontology）的一种伦理学的可能基础，如果有人想在《存在与时间》中寻找这种基础的话。

一

在《存在与时间》中，海德格尔大体上对价值概念和人格概念有一个简单的理解。关于价值，他问了这个问题，"价值在存在论上意味着什么？"② 他对这个问题的回答是一个断言：

> 价值是"现成在手"（vorhandene）之物的规定性（determinations）。价值最终只在作为它们基础层的物的实在性开端的最初迹象中拥有它们的存在论起源。③

---

① 我在这里指的是现象学上的和形而上学的"抗阻"概念，它对舍勒的思想来说相当重要，而海德格尔对此与舍勒意见相左，参见 Gesamtausgabe 中 BT § 43 的 b 部分（pp. 277ff.）。我们在这儿不纠缠于海德格尔对作为实在的抗阻的批判，因为这需要一个独立而长期的研究，这要结合马克斯·舍勒后来的 Metaphysics 和 Philosophical Anthropology（GW 11, GW 12, ed. M. S. Frings, 1979 and 1987 respectively）。

② Sein und Zeit (GA 2), § 15, p. 91.

③ Ibid., § 21, p. 133（我的翻译）.

由此，海德格尔断言，整个价值领域是一个依附于作为实体的事物的客观现存的属性（property）。然而，这并不能使我们更近一步了解在海德格尔称为上手（zuhanden）样式的东西——即以其被使用的样式被给予我们的事物和实体——中被给予人的实体样式。海德格尔在作为触目的"客体"的事物（**现成在手的事物 vorhandene Dinge**）——其中它们完全对我们唯命是从地被给予——和以更原初的被操持和被使用样式而被给予的事物之间画出了分界线，这条分界线与他对整个价值领域的理解有重大关系。

这样一个奇怪的断言忘记了上帝中的神圣价值或诸如阿西西的圣方济各（St. Francis Assisi）那样的圣人的自身价值（更不要说一个普通的、人类个体的价值了）。除此以外，这个观点还忽略了这样一个事实：包括善与恶的价值在内的这些价值不能在存在论上依附于作为它们必要基础的现成在手之物。[①] 而且，海德格尔的论断否定了在众多价值类型中的任何的等级顺序，它只是把这些价值类型全部合为一个且唯一的一个类别：事物的价值。

然而，舍勒已经表明，价值并不只有同一个类别。有许多种不同的价值。例如，海德格尔没有考虑到关于事物的价值（values of

---

① 关于神圣，见 *Vorbilder und Führer* 第三部分，其标题是 "Der Heilige"，载于马克斯·舍勒的 *Schriften aus dem Nachlass* (Band 1, GW 10, ed. Maria Scheler, pp. 274-288)。英文翻译可见 *Max Scheler: Person and Self Value* (ed. M. S. Frings, Dordrecht, Boston, Lancaster: Martinus Nijhoff, 1987, pp. 125-198)。其中包括了至今为止舍勒著作英文译本的目录。

关于神圣的论文值得与鲁道夫·奥托（Rudolf Otto）对这个主题的论述（舍勒对此很熟悉）相比较。关于圣·方济各，参见马克斯·舍勒在他的 *Wesen und Formen der Sympathie* (GW 7, ed. M. S. Frings, pp. 87-105) 中对圣人的独一无二的阐述。英文翻译可见彼得·赫斯（Peter Heath）的 *The Nature of Sympathy* (London, Routledge & Keegan Paul, Ltd., 1954. pp. 77-96)。

马克斯·舍勒在他著作的第一阶段——这大约一直延续到 1921/1922 年——中对天主教的倾向，主要是由基督教的"方济各精神"（Franciscan Spirit）和基督教的爱的撒马利亚人（Samaritan）特征——它无条件地援助一个又一个体人格——所决定的。舍勒没有放弃基督教的爱的这个独特方面，而且很有可能如今他将看到特丽萨修女（Mother Theresa）示范的这种爱。在他关于怨恨的研究中（GW 3），舍勒把基督教的爱区分于现代的"人道主义的爱"——它有时在博爱中被伪装，而且它根深蒂固的怨恨遮蔽了现代来自个体并朝向个体的无条件之爱的无能（impotency）。

things）和事物—价值（thing-values）二者之间的差异，这是在《伦理学中的形式主义》第一部分中确立的。海德格尔的这些在价值理解上的缺陷，以及我们在下文中将更详细看到的，海德格尔对人格的理解的缺陷是伦理学在重重难题中最终没能在《存在与时间》中为此在找到合适位置的原因。① 一个这般的缺陷存在于这一事实，例如当相关于人格时，海德格尔没有把整个"自身价值"类别看作区别于关于事物的价值和其他价值。

需要补充的是，海德格尔对价值本质的讨论在《存在与时间》中只有一页，正如他对人格本质的讨论也只占了一页一样。② 但是，他对人格的囊括更为如实地反映出舍勒在《伦理学中的形式主义》中所确立的内容，即"人格"既不是一个事物也不是一个客体。"人格"只存在于其行为——这些行为既非事物也非客体——的施行之中，海德格尔对此没有反对意见。

但是他随后就问及这种施行的存在论意义。对这个问题他没有给出答案。毋宁说他只是宣称他所关心的问题是"人的整体"和"人的存在"，是要去除古代的和基督教的人类学概念的不充分定向的问题。③ 因此，对海德格尔来说，在此在问题中"人格"没有实存的（existentiale）维度。

就历史而言，提及这些可能很重要，被舍勒认为是"实行其实存"的一个存在的人格之实存预示了海德格尔作为去—存在（existing）的此在概念以及萨特后来的实存主义中人类的自身实现（self-execution）的概念。

然而，在我们对舍勒哲学中价值和人格的本质的各个方面进行叙

---

① 关于这一主题进一步的详细论述，参见我的论文："Is There Room for Evil in Heidegger's Thought or Not", *Philosophy Today* 32 (1988): 79-92。

② *Sein und Zeit* (GA 2), § 10. pp. 63f.

③ Ibid, pp. 64f.

述之前，一个技术性的评论似乎是有必要的。在马克斯·舍勒 1928 年去世以后，一些研究者在海德格尔的带领下给予舍勒遗孀玛利亚·舍勒（Maria Scheler）数年的帮助，在出版舍勒留下的凌乱的手稿方面为她提供建议，并且也对 1933 年第一卷——这一卷包括了一些以前出版过的作品和一些遗著手稿——的出版给予建议。海德格尔自己甚至曾告诉我说，他一直都对舍勒没有完成的《哲学人类学》（Philosophische Anthropologie）和《形而上学》（Metaphysics）很感兴趣。这两卷手稿最终都出版了，但因为其他卷次在编辑上的优先性，这对德义全集中这两卷（第 11 和 12 卷）的重构是必要的，所以这两卷只是分别在 1987 年和 1979 年才出版。① 但是，在海德格尔的后期著作中，他从未提及他曾读过舍勒关于人格本质的遗稿，而且似乎他在帮助舍勒的遗孀时也很遗憾地没有（也不能）这样做。

由于这个原因，我发现有必要采取这样一种对人格本质的叙述：它超出海德格尔从《伦理学中的形式主义》1913/1916 版中汲取的内容，这一叙述主要是从前面提到的《舍勒全集》的第 11 和 12 卷——它们在海德格尔 1976 年去世后才出版——中获得的。在这方面，我并不想对海德格尔做事后的批判。毋宁说，我想利用这个机会就在《存在与时间》中所看到的价值和人格的本质作一个如实记载。

然而由于舍勒的《伦理学中的形式主义》对价值和人格概念的分析差不多用了 580 页，本文的框架迫使我只能把自己限制在那些可能看上去只是表面解释的内容上。深入研究所有的细节很显然会超出我们当前的目的，而且很有可能需要一本书的篇幅的研究。

---

① 马克斯·舍勒的 Erkenntnislehre und Metaphysik 可参见 GW 11；以及他的 Philosophische Anthropologie 可参见 GW 12。

二

现在让我们来深入地看一看价值的本质。舍勒的价值理论很显然起源于他1897年的博士论文中的一段陈述，该博士论文总的主题是要探究逻辑原则和道德原则之间所具有的关系。其中，下面这段陈述对他后来关于价值思想的所有发展来说仍然是极其重要的：

> 至于"价值是什么"的问题，只要"是"意指着某种实存的表达（而非作为单纯的系词），我们便回答：价值根本不"是"。价值的不可定义性正如存在概念的不可定义性一样。[①]

价值既不单独地是一个实际存在的事物，它也不单独地实际存在于柏拉图的领域中。[②] 价值并不单独地实际存在。那么价值是什么呢？

在回答这个问题时，舍勒通过简要地提及价值和颜色间的一个类比而为我们提供帮助。[③] 我们将比马克斯·舍勒更加详细地阐述这个类比，它将帮助我们解释价值的实存。

众所周知的事实是：当没有表面时，光和颜色不存在。在真空中传播的光线不能照亮真空。这和价值在没有基质时的非实存是类似的。它们就是不在那儿。

因此，价值像颜色一样，为了实际存在需要某种基质。光只需要延展的物质表面，而价值的基质可以在许多表面上实际存在。

[①] GW 1, p. 98.

[②] Max Scheler, *Der Formalismus in der Ethik und die Materiale Wertethik*（《伦理学中的形式主义与质料的价值伦理学》），GW 2, pp. 19-21; *Formalism in Ethics and the Non-Formal Ethics of Value*, trans. M. S. Frings and R. Funk (Evanston: Northwestern University Press, 1973), pp. xxviii-xxx（下简作《形式主义》，并分别标出德文本和英文本的页码，以"／"隔开。——译者）.

[③] 《形式主义》，第35页／第12页。

例如，这些基质可以是有生命的和无生命的事物，它们可以是人的事态，它们可以是有机的和历史的，它们可以是人格的——比如在道德的和宗教的经验中，这里提到的还只是少数的可能性。不过，无论基质是什么，它们都独立于价值，就好像表面独立于它们恰好所具有的颜色一样。例如，蓝色这种特别的颜色自身就独立于蓝色可能出现于其上的天空中的空气、水或一面旗帜，就好像比如"适意"这种特别的价值可以有许多基质，如一把椅子、一种气候或一个聚会上的氛围。所有这些基质的例子都可以是"适意的"，但适意价值的"现象"无论它涉及什么基质仍然是一样的。

价值与基质间（反之亦然）具有的独立性遍及所有价值等级——舍勒确立了五个价值等级，每个等级也都包括其否定的对立面。自下而上，每个等级都包含有价值的无限的细微差别，这些差别是在构成或定义一个给予的等级的两个极端之间被设定的。价值等级的范围从（1）适意—不适意，到（2）有用—无用，到（3）高贵—卑贱，最后到（4）关于正当、美和真理知识的精神价值的严格的人格价值等级，以及（5）最高的神圣价值。我们现在不去处理在实践中这些价值具有的许多复杂情况。不过，看看每个等级，价值对它们的基质具有的独立性原则仍然有效。甚至最高的神圣价值也可能适用于上帝、诸神或一个偶像。

看看海德格尔对价值的论述，在他断言价值依赖于事物而存在时，有两点他没有提到。第一是价值偏好现象，第二是上文提到的价值等级顺序。既然价值首先是在"感受"它们时被给予我们的（正如颜色在"看到"时被给予我们，而声音只在"听到"它们时被给予我们一样），那么促使人相信在价值感受中有先天的剩余要素或情感先天的实存（舍勒坚持认为它确在那儿）就总是有困难的。在解释这种情感先天时所涉及之困难的原因在于这个事实：我们的思想置身于一种理性的态度（就像现在），在这种态度中情感先天（它实际上发生在感受而不是理性中）处于仔细审查之下。反思的理性行为遮蔽了情感先天，正如强烈的感受，更不要说激情掩盖了理性行为一样。尽管如此，情感先天可以在各个不同方面展显出来。

让我们考虑一下身体的适意—不适意这个最低的价值等级。例如，正是"在"感受不适意"中"适意价值被经验为比不适意更受偏好。然而，我们往往把这些价值归于事物，比如，我们常常说一把特定的椅子是"适意的"。世界上任何地方都不存在独立于我们对它的被感受到的经验的、适意的或不适意的椅子。毋宁说，是我们"活生生的身体"使椅子"适意"或"不适意"。没有朝向"适意"的这个偏好方向——它最初是身体感受固有的，我们就永远不可能经验任何所谓的适意的或不适意的事物。舍勒说，所有生命都被有机的价值偏好——它们残留在活生生的身体的最低价值等级的感受中——的这种特殊的方向所"注定"。我们和所有动物共享这一等级。

以类似的方式，情感先天在"人格"感受中被揭示出来。比如，每当一个人受到不公正待遇时，关于人格伤害的感受就被先天地指向作为被偏好价值的公正。也就是说，恰恰是在不公正感受——它要与身体感受明显区别开——的开端中，公正在关于人格伤害的那个感受中被感受为一种更高的价值。因此，舍勒说，所有理性的、合法的和政治上的对公正而非不公正的偏好都已经穿过了对人格感受中起初的公正这种肯定价值的前—判断、前—反思的情感偏好（不是"选择"）之"窗"。也许，由于一个共同体中普遍的偏见结构而遭受最严重的不公正的人可能最有资格证明这种对人格伤害的感受以及其朝向在这种人格伤害中所感受到的公正价值的内在先天方向。

在论及海德格尔没有说明的价值的情感经验时，必须记住第二点。上文所罗列的先天偏好适用于在一个特定等级内偏好一个肯定价值（如，适意或公正）胜过对一个否定价值（如，不适意或不公正）的感受。我将把五个特定价值等级中某一等级上的这种对一个肯定价值的情感偏好称为"横向的"价值偏好。

然而，另外还有一个"纵向的"价值偏好。五个价值等级的各种感受先天的彼此分离，但是以它们自下而上的顺序而更"可偏好"。所有与身体和生命相关的感受一般都要与人格感受及它们的等级彻底区别开；而且我们可以进一步增加其他人格感受，比如罪恶的感受、良知的责备，或者神圣的感受，它们也是先天"更高的"并且不同于身体感受的价值等级。无论我们有时会经验到多少生命价值，如，健康的价值，在遭受重大疾病的感受中这种价值会更接近我们。事实上，在决定价值等级高度的标准中，有一个标准告诉我们：价值等级越低，则其价值就越可量化，并且越容易管理和控制。由于这个原因，与人格价值相比，它们很容易就似乎是对我们更为重要并且与我们更为接近。舍勒认为，可量化价值对任何社会都是典型的。器官的疼痛可以量化，而且在医学上可以得到一定程度的管理或控制，而人格的良知的痛楚根本不是这么容易治疗或控制的。至多，良知的痛楚可以在少见的、真正的懊悔行为中被消除，但不是通过像使用镇静剂和毒品这样的任何人为手段。舍勒在他自己的那本《存在与时间》上的旁注中多次重复提到懊悔和他的那篇论文《懊悔与重生》 这篇文章毫无疑问是对情感先天和宗教经验的主题最有价值的贡献之一。[①]

以上我们对懊悔的简要评述表明，感受价值及其等级（包括关于价值偏好的情感先天）的结构在每个等级（即横向的）和自下而上的价值等级顺序（即纵向的）中都是有效的。因此，价值偏好中的情感先天要与坚定的理性的先天明确地区别开。相比之下，情感先天是一种横贯的先天。

很明显，马克斯·舍勒价值伦理学（Wertethik）的意图和结论

[①] Max Scheler, *Vom Ewigen im Menschen*, GW 5. 英译可参见 *Person and Self-Value*, pp. 87-124 以及 *On the Eternal in Man*, trans. Bernard Noble (London: Student Christian Movement Press, 1960)。

区别于其他伦理学体系——如亚里士多德、斯宾诺莎、康德、边沁（Bentham）、密尔（Mill）的伦理学体系——因为他的价值伦理学：

　　a）没有确立任何律令；

　　b）确立了被感受到的价值的情感内容的一个先天秩序；

　　c）确立了所有善业和生命价值应该在世俗中所有人之中被平等地分配（"世俗中的民主"），即使个体的人格自身价值由于其自主性、不可替代性以及它是"所有价值的价值"（"天堂中的贵族制"）而不能与其他人格的自身价值相等；

　　d）在所有人类行为（包括意志和理性的行为）秩序（但不是时序先后次序）中确立了爱的先天（偏好）。

　　因此，关于"爱"——对此海德格尔在《存在与时间》中论述价值和人格时也没有说明——我必须补充一点看法。前面提到的在价值和颜色与光之间所作的类比可能最能够帮助我们看到爱的本质。[①] 正如人的视觉不注意地且自发地被点亮的东西而不是黑暗所吸引，感受（在现象学上说，在其中价值作为意向关联物或意向相关项而被给予）也是如此，它自发地被更高的价值而不是已被给予的价值所吸引。其对立面，即感受被更低价值而不是更高价值所吸引是不可能的，即便是价值欺罔和病态的情况。例如，适意的感受不允许偏好不适意。进一步说，所有的人格感受都趋向于更高的价值，并最终朝向绝对（Absolute）或神圣价值，即便诸如在"怨恨"中的价值欺罔。这种前反思的、自发的朝向更高价值的趋向是情感先天所固有的。

　　正是所有感受越过已被给予的价值而朝向更高价值的这种上升趋

　　[①]　关于马克斯·舍勒的爱的概念，特别参见他的论文 "Ordo Amoris"（爱的秩序）(GW 10, pp. 345-376)。英译参见 *Selected Philosophical Essays*, trans. David Lachterman(Evanston: Northwestern University Press, 1973)。（下引该文分别标出德文本和英文本的页码，以"／"隔开。——译者）这本书中的论文对理解舍勒的整个思想是不可缺少的。关于马克斯·舍勒的爱的本质和形式的进一步详细阐述，参见 *The Nature of Sympathy*。

向指向各种人类之爱（如，对人、对小孩、对国家、对家庭、对上帝、对正义、对知识等等的爱）的本质。但是，这种趋向在每一个个体中都是不同的。这是因为，每一个个体具有他自己独特的施行其所有行为的"质性方向"（qualitative Richtung）。① 也就是说，每一人格拥有他自己的"志向"（Gesinnung）或"道德趋向"。例如，一个人可能具有一个爱的、嫉妒的、仁慈的或无私的道德趋向。在每个情况下，行为的质性方向都受到个体道德趋向的轻微影响（tinged）。即使当两个人面对完全相同的道德情境时，这种个体差异也持续存在。舍勒令人信服地表明了，个体的道德趋向贯穿这种相同情境而持续存在。

尽管如此，在所有不同的个体道德趋向甚至良知中，仍然有一个清晰的"爱的秩序"——也就是，被舍勒称为人的爱的秩序（ordo amoris）的、贯穿价值及其等级的、隐藏着的、普遍的人类之爱的方向性。这种秩序横跨包括神在内的所有生命。由于这个原因，舍勒总是坚持认为，人类在根本上不是一种理性的动物，也不是一种使用工具的动物（homo faber），人类也不是进化的产物，而是一种爱的存在（ens amans），一种有爱的能力的存在。朝向更高价值的爱的方向，不是在时序先后次序而是在秩序上，先于对世界理性的和意志的经验。因为，正是隐藏在人心中的这种价值的萌芽感受第一次向我们揭示了一个世界："有点自身呼告地（as with a flourish of a trumpet），这里某些东西很重要。"在一个婴儿"知道"或"想要"糖之前，这个婴儿首先感受到其适意的和令人愉快的价值。

我们可能会问，海德格尔对人的 Da 的深刻分析不带有任何这样的自身呼告，这可能吗？此在的"被抛"（thrownness）、支撑世界在场的不可动摇性（inexorability），是没有任何初始价值的吗？很有可能是这样：Da 不仅是一个纯粹的存在论的、明显的实是性，而且在其

---

① 《形式主义》，第 385 页 / 第 385 页。

"向死的存在"中它也充满了在**那儿**（being-*there*）的价值。因此，舍勒这么说可能有一点道理：

> 人就好像被包在了一个壳（*Gehäuse*）之中，被包在了最简单价值和价值质性（它们展现了人的爱的秩序的客观方面）的特定等级之中，……无论走到哪儿他都带着这个壳，无论他跑得多快，即使他自己越来越远地到一空间中，他都无法逃脱这个壳。①

让我们来总结一下关于价值我们已经得出的观点。

首先，并不是只有一类价值；有许多价值。第二，价值的基质不是只有一类；也有很多基质。像海德格尔那样把所有价值都归于一种基质（客观事物）的做法错误地取消了作为所有价值（尤其是善与恶这种价值以及第四个价值等级精神价值和第五个价值等级神圣价值）载体的人格，而且也没有认识到事物基质对价值的独立性，反之亦然。

现在让我们来看一看人格的本质。认为价值以已被描述的那种方式独立于基质这种论点看起来使舍勒的价值——作为在与这种基质的一种功能关系之中存在——的实存概念似乎更加合理。但明确地说，被称作"人格"——公正、美、真理知识、神圣以及善与恶这些价值（并不一定需要事物作为它们基质的价值）因为它而发生——的基质是什么呢？

在《存在与时间》中我们看到，海德格尔正确地解释了舍勒的立场："一个人格只存在于其行为的施行中。"然而，他没有涉及这个立场最明显的含意。尽管舍勒只在他的第二个时期强调了这个含义，但不管怎么说，海德格尔没有注意到这一点是非常遗憾的。这个含义如下：

任何的行为"施行"——在我们这里，是指人格实存的自身施

---

① 《爱的秩序》，第 348 页 / 第 100 页。

行——都是一种时间化行为。尽管海德格尔明显同意舍勒，认为人格（像此在一样）是"非事物"，但他没有由此得出结论：人格中事物性的这种缺乏必须伴有时间性的实存。情况的确如此，"此在的存在"（海德格尔的表述）并不像海德格尔在《存在与时间》中所暗示的那样与"人格存在"（舍勒的表述）相互排斥。但是，更确切地说舍勒用"人格"意味着什么呢？在我们的上下文中，有两点将足以回答这个问题。

第一，在舍勒的现象学中，"人格"不能作为一个第二性的现象从意识或从自我（比如在胡塞尔那里）或从纯粹意志中演绎出来；"人格"也不能从精神（mind）或理性中演绎出来；"人格"也不等同于意识、自我、精神或理性。这是因为，事实上，我们没有关于纯粹或绝对意识（胡塞尔）、精神（黑格尔）、自我（费希特）或理性（康德）的要求（claim）的经验。无论这些语词意味着什么，都是在实践中仅仅并且始终以"人格"形式被给予及被经验。甚至上帝也不例外。舍勒说，上帝不是"纯粹精神"，而只是以位格（Person）的形式可让我们接近。根据这一原则，舍勒说所有我们的精神、理性、意识、意志等的经验都不能没有它们的人格形式。因此，舍勒不仅使自己与惯常的、古希腊的（非人格的）那些"精神"概念（例如，阿那克萨哥拉和亚里士多德的**奴斯**）区分开，而且也与费希特、谢林和黑格尔的德国观念主义区分开，更不容置疑的是，像海德格尔一样，与胡塞尔在其《观念Ⅰ》中所表述的"关于……的意识"的第一性区分开。就像在海德格尔那里意识和自我可以从此在中推导出来一样，在舍勒那里它们也可以从人格的存在中推导出来。①

---

① 我也希望强调这一点，因为**胡塞尔主义者**（Husserlians）过去和现在通常都错误地认为马克斯·舍勒的作品大部分都是在胡塞尔的影响下完成的。甚至弗莱堡胡塞尔档案室室主管维纳·马科斯（Werner Marx）在他的 *Ethos und Lebenswelt* (1986) 一书第6页也不负责地断言舍勒的 *Formalism in Ethics* 一书是"当然地基于胡塞尔的明察"（"*allerdings aufgrund von Husserls Einsichten*"）而写成的。首先，就 *Ideas I* 来说，从时间顺序上说这是不可能的，而且舍勒也不可能考虑到胡塞尔最近出版的关于伦理学的讲座。毋宁说，主要是胡塞尔的"第六逻辑研究"对舍勒和海德格尔来说比较重要。

第二，对舍勒来说，所有意识、精神、理性和灵魂（spirit）只有一个存在论状态："生成"而不是存在。在他 1926 年为《哲学人类学》（*Philosophische Anthropologie*）所写的一份手稿中[①]，他通过他所谓的**精神的同构类比**（*Die isomorphe Analogie des Geistes*）展现了这一存在论状态。他认为，只要其思想观念和概念不借助于实在和事态（"借助"这些它们至少可以部分地实现自己）参与一个功能，具有这些观念和概念的思想将仍然是完全无力的且在历史上无效的。例如，一个作曲家思想中关于一首交响乐的想法始终是无力且无效的，除非它"借助"一个交响乐团及其指挥被实现。这种类比适用于人类在任何时刻会有的所有想法、观念或计划。除非它们至少发现实在中使它们参与实在化功能的部分要素，否则它们就会像思想本身一样始终是无力的。这也包括上帝，他需要连续创造（*creatio continua*）（圣·奥古斯丁）来完成他的历史的实现。一个"纯粹的"神的思想至多是隐蔽的神（*Deus absconditus*）。

因此，在实际的实在中思想的观念的功能化始终是一个"生成"，而且它是"人格的"。人格在观念的相互渗透并伴随着这个功能化中发生的实在之过程中揭示了其自身—生成的时间性。

在这种自身生成的时间性（这也发生在所有非人类自然中）的各个方面之中，有一个对我们来说似乎是唯一的时间特性——这是后期的舍勒所阐述的。这个方面就是"转变"（transition）的时间性，就好像发生在一个人格道德上的尚未存在（not-yet-being）和他将会成为或可能是什么样这二者"之间"。舍勒常常在"绝对时间"的讨论中提到这个以及转变的实践性的其他方面这将需要一些解释，但这会使我们更完全地看到人格本质，超过我们目前为止可能拥有的观点。

转变的绝对时间在从词语 A 到词语 B 的所有过程"之内"流逝。

[①] 特别参见 GW 12 (pp. 148ff.).

例如，自亚里士多德以来就知道，在所有过程中，这种转变是从潜能到现实或从不存在到存在的，反之亦然。转变的时间也在这样的日常过程内发生，比如在睡与醒之间（反之亦然），甚至在对一个对象的思考被对另一个对象的思考所替代之间的特有的过渡。对舍勒来说，所有生命及其生物的进程都充满了这种绝对时间的转变性。这与被舍勒称为"空洞"时间的可测量的时钟时间相反。这是因为，我们能够把任何一个被置于空洞时间结构中的内容更换到另一个结构中（就像日历上的空格子一样），而绝对时间是"充满的"时间，充满了内容。[①]而且，这些内容和绝对时间阶段完全协同，也就是说，内容和阶段是"联合的"。

尽管舍勒没有清楚地说明这一点，但转变中绝对时间的过渡极大地影响了他的意识观念。首先，他更喜欢用德语词 *Bewusstwerdung*（意识生成）代替 *Bewusstsein*（意识），即，不停的"意识生成"而不是单纯的意识。如果散布在他身后出版的遗稿中的他对绝对时间的许多评价是正确的话，那么似乎胡塞尔的"时间—意识"就不仅仅具有"关于……的意识"的短暂意向相关项之内容的意向活动的"滞留"和"前摄"特征，而且是像舍勒独立于胡塞尔所描述的那样的一种事态。[②]另外，在这种意向相关项之内容之间必定存在一个绝对时间的过渡。这一时间必须处在与关于……的意识的内时间、前摄—滞留时间相当不同的层次上。对舍勒来说，转变的时间不是"关于"某物的，

[①] 关于"空洞的"（empty）和"充满的"（filled）时间之间的差异，可参见舍勒 1927 年的论文"Die Stellung des Menschen im Kosmos"（GW 9, pp. 9-71）的第 37、38 页。该文英译参见 *Man's Place in Nature* (trans. H. Meyerhoff, Boston: Beacon Press, 1961)。在舍勒的论文"Idealismus-Realismus"（GW 9, pp. 216-236）中也有关于这个差异的详细看法，特别是第 234、235 页。另一说明可参见 H. G. 伽达默尔 1969 年的论文"Concerning Empty and Fulfilled Time"（*Southern Journal of Philosophy*, Winter, 1970），它的德文版收录在 *Die Frage Martin Heideggers* (Heidelberg: Universitatsverlag, 1969)。这篇论文显示出与马克斯·舍勒 1927 年的立场不可思议的相似。

[②] 《形式主义》，第 427 页注释 1，第 437 页注释 1/ 第 431 页注释 68，第 441 页注释 80。

尽管其特殊阶段与某内容联合在一起。毋宁说，这个内容似乎是转变的一个中性内容。例如，很可能一个昏迷的人的意识的"缺乏"，或者一个无梦睡眠中的人的意识的"缺乏"像一个完全中性的（极其荒谬的是）"转变中不变的内容"——它缺乏任何的意向相关项 A 或 B——一样漂移。

必须记住的是，我们刚刚讨论的绝对时间的一个特定模式，也就是在 A 和 B 以及与它们的阶段"粘合"在一起的任何内容之间的转变中的时间过渡，不仅一般地关于所有活动，而且尤其关于所有被给予人格的道德实存的因素。这一点更加适用于我们迄今为止只是顺便提及的那些价值；也就是说，善与恶的价值以及它们在人格良知中的位置。

因此在我们能够继续着眼于《存在与时间》之前，我们必须简要地考虑一下善与恶的价值的本质以及舍勒那里的良知——它们都在《存在与时间》中在此在的背景下被提出。在舍勒区别出来的为康德《实践理性批判》奠基的八个预设中，有两个对于理解任何伦理学中的中心概念之一——"应当"——极为重要：

1）任何人类"应当"或"不应当"做的事都在关于什么应当做或不应当做的价值中拥有其基础。因此，若不详细审查就接受康德的实践理性的义务命令——它说我们应当或不应当做什么的唯一基础在于理性的绝对命令——将会是一个错误。

2）道德实在被建基在至少两个因素之间的"抗阻"中：a）一般在肯定和否定价值之间，以及 b）尤其是在善与恶的道德价值之间。

让我们首先阐释后一点。一般而言，抗阻意味着一个实体 X 拥有抗阻任何这个实体不是为了它而成为实在的东西的能力。舍勒把"丰足之地"（The Land of Plenty）故事中的乌托邦世界称为他所得出观点的一个合适的例子。[①] 在"丰足之地"中，所有欲望、希望、梦想和渴望都自动被实现。在这样一个世界中，没有什么可以作为实在的而"被给予"，因为没有任何与这些实现相对立的分歧因素。因此，在这些项之间没有抗阻。例如，如果饥饿总是立即得到满足的话，那么它就绝不能作为实在的"被给予"。在这片想象之地上，一切都完全是同时"在那里"的，但是不能作为"实在的"被给予。这就是为什么某物被给予的实在性来源于它抗阻不一致的、分歧的对立面——它们是无序的——的能力。换句话说，实在性"就是"抗阻——这一思想的痕迹可以在不同的思想家那里发现，如邓·司各脱（Duns Scotus）、曼德比朗（Maine de Biran）[②]、狄尔泰（W. Dilthey）、雅各比（F. H. Jacobi）、J. G. 费希特、F. W. 谢林以及苏格兰哲学家托马斯·里德（Thomas Reid）。

抗阻这个因素可能是生物的（细胞）、精神的、物理的（原子）、社会的（群体）、道德的或心理的（概念），不胜枚举。因此，正是通过抗阻世界中的不一致，世界的实在性才能够完全"被给予"。这一点也包括了存在与实体、上帝与人之间的不一致性以及舍勒也说到的"世界—抗阻"这个概念。

关于第一点，我们所关心的道德实在的例子可以在只发生在人格之中的"良知责备"的现象中看到。在这种良知责备中，我们是什么样或者已经做了什么抗阻我们觉得我们应当已经是什么样或者应当已经做了什么。在良知的经验中，例如在发生了这种良知责备的懊悔中，正是在一方面我们应当已经是什么样和另一方面我们事实上已经像什么样——或者在一方面我们本应当做什么和另一方面我们却没有做到——之间被经验到的抗阻的差异使内在道德经验对我们成为实在

[①] 参见 GW IX, pp. 278-279，以及 GW VII, p. 90。——译者

[②] 曼德比朗（Maine de Biran, 1766—1824），法国政治家、经验主义哲学家和多产作家，主要代表作有《心理学基础论》（1812）等。——译者

的。道德实在性存在于在应当和不应当——这与相对于任何恶的等级的任何可能的善的等级相关,反之亦然——之间的这种"良知责备"的抗阻中。在懊悔中,过去已经做了什么与我们本应做什么但没有做到之间是不一致的,同样地,我们在道德上应当已经是什么样抵抗着我们是什么样。因此,懊悔具有双重性,在我们懊悔自己的存在方面和我们所做的某些行为方面。换句话说,就我们已经是什么样(存在懊悔,*Seinsreur*)与我们已经做的(行为懊悔,*Tatreue*)相对而言,懊悔具有双重性。懊悔这两个方面中的每一个都是在我们之中产生自一个领域的,"从这个领域中"我们对过去的否定价值懊悔,它揭示了将来的肯定价值。懊悔是良知的这种双重结构的最突出的例子。我们的英语表达"良知责备"恰当地对等于德语词 *Gewissensbisse* 或"良知刺痛"——它同样很好地描述了道德经验中的两个抗阻的项:一个是产生刺痛的东西,另一个是抗阻的能力,这对舍勒来说总是意味着"遭受"刺痛的人。

准确地说,像懊悔这样的良知经验展示出人们可以于其上经验自身的各种道德水平。正是在对一个过去恶的自发的懊悔行为中,有两种经验水平在意识中。它们是:1)"它"由其而去刺痛,2)恶的位置和它被刺痛到的程度。这种良知责备及其价值位置独自地到来,而且先于以某人自己的自我进行的任何反思和考虑。

这种相同的经验对善与恶的价值来说也是有效的。我们说人格的"爱"和"偏好"是这样:一个较高价值在一开始就被偏好胜过一个较低的价值,即先于意愿和选择。每当一个人在心里"准备好"接受一个更高价值时,善都在实现这个更高价值时"骑在这个行为的背上"①。相反地,当一个较低价值被偏好胜过一个较高价值时,恶的价值也会同样如此。因此,**善与恶是在实现一个较高(较低)价值的背**

---

① 《形式主义》,第 48 页 / 第 27 页。

上独自到来的。善与恶是"回音",不是这些价值实现的目的。这表明,善与恶这些价值独自地具有在人格中的转变的时间性,即它们具有绝对时间。

让我们给出一些例证来为着眼于《存在与时间》提供进一步的基础。一个在后院里玩玩具的孩子可以没有任何预先计划地、自发地摘一朵雏菊并送给他的妈妈说:"妈妈,我摘了一朵花给你。"被实现的善在偏好妈妈的价值胜过玩玩具的价值的转变时间性中把自身时间化了。被实现的这个孩子的善绝不是依照于或预料到任何去摘花给妈妈的律令。

另一个价值的转变时间性的例子可以发生在一个人自发地感觉到卑微并深深地感激这个世界的不可抗拒的在场和他自己的实存时——**这被包含在他短暂的一生之中,与生命的常规和平淡的日常生活相对**。在这种时刻,人经验到了这个世界的在场以及他自己的实存两方面的不可替代的礼物的价值。从对日常生活的态度到对一个人人格存在的强烈经验的这种转换经验是任何一个认识那些晚期病人的人所熟悉的。在他们的被预先感受到的死亡前数天,他们会突然停下来看一看任何其他微小的事物,如一片草地,并经验它对他们而言仍然完全在那里的存在的价值。这种经验很少发生在日常生活的常规中。感激和谦卑[①]的这些特殊的实存时刻把人从日常生活中提升到了他或她内心深处的存在——一种可以被比作(用海德格尔的术语来说)从非本真的到本真的存在的转变的转变。这种时刻被许多著名人物完美地描述过,而他们并没有必然地考虑到以上提到的转变的时间性。例如,看着"头顶的星空和心中的道德律"(康德),或聆听着"小路旁那最后

[①] 关于感激和谦卑,参见我的短文 "Humility and Existence" (*Delta Epsilon Sigma Bulletin* 19:4, 1974: 126-30)。这篇文章的德文版 "Demut und Existenz" 在 *Die Wertkrise des Menschen: Philosophische Ethik.Festschrift für Hans Reiner* (Meisenheim 1979, pp. 3-7) 中再版。

的钟声"（海德格尔），或听着"山顶的寂静"（歌德），或处在《太阳颂》(*Canticle of the Sun*)中所描述的与上帝同一的宇宙感受的状态中（圣·方济各）的这些时刻。当然，这种关于我们良知中可能的人格实存水平以及关于善与恶的价值的经验是关于自身价值的经验，它独有地在人格中发生而不在事物上发生。

在1927年阅读《存在与时间》之前，马克斯·舍勒已经提出，绝对时间不仅内在于人的实存和不同个体的各个方面，而且内在于所有历史、生命成长，内在于原子世界和交互主体性的时间之中。他进一步提出这样一个问题：所有不同类型的绝对时间是否都必须最终还原为一个绝对时间——在其中过去、现在和将来都不再与任何特定的活的存在相关。他打算参考《存在与时间》来解决这个问题。但是他在完成这个计划之前就去世了，而且我们没有找到任何留下的手稿。[1] 然而，我们关于此可以说很多。绝对时间将必须同时跨越世界、上帝和人。这个论点在他的《形而上学》(*Metaphysics*)——其中人类已经被认为是在动物性和上帝之间、在善与恶之间的"转变"本身的位置，即人在自然之中的转变地位——一书中得到了支持。

三

虽然海德格尔的确从他"现成在手之物"的存在论(*der Ontologie des Vorhandenen*)[2]的角度审视了善与恶的价值，**但是根据已在整个哲学史中被承认的善与恶问题的复杂性，他对善与恶价值的分析显示了他令人遗憾的疏忽。**尽管海德格尔在《存在与时间》中提到了恶的缺乏（privation）理论——这只是为了一举抛弃它，主要原因是它没有

---

[1] GW 9, p. 235.
[2] *Sein und Zeit* (GA 2), § 58, pp. 379-380.

说明现成在手之物，但他甚至没有提到波墨（Böehme）、莱布尼茨、谢林甚至尼采关于恶的问题及其复杂性所说过的内容。只是到后来（1936）他才对谢林对恶的解释产生了兴趣。不管怎么说，在我们所知的所有关于善与恶的理论中，没有一个哪怕是极少地支持海德格尔的预设——如果这不是偏见的话——道德的善与恶与其他所有价值一起依赖于现成在手之物。《存在与时间》中主张，善与恶不以事物性作为它们的基础。只有人格是，或者能够是善或恶的。而人格（如海德格尔所坚信的）并不是事物。

从同一个预设可以得出，还有另一个不可接受的含义遍及《存在与时间》。善与恶与所有其他价值一样被认为是依事物的现成在手状态（*Vorhandenheit*）而定，就此而言，必定会得出此在本身既不可能是善的也不可能是恶的，恰恰因为它不是一个现成在手之物。因此，此在必定既缺乏自身价值，又缺乏良知。海德格尔自己甚至在《存在与时间》的第54—60节在他对良知和罪欠的分析中认可了这一具有争议的含义。

此在的"良知"并不是一个道德良知。它是一个"实存主义的—存在论的"由此在——它被召唤（*aufgerufen*）至其最内在的自己——所构成的良知。被"常人"——通常"命令"（dictating）"一个人"做或不做什么——"拉平"（levelled）的非本真的（*uneigentliches*）此在"听不到"（*überhört*）这个召唤。（顺便说一句，一个在极大程度上存在于这种非本真的"常人"样式——它命令此在"一个人"做或不做什么——中的此在必定也缺乏善与恶，因为此在同样盲从和顺从于"陷入""他们"所做的事情而不管他们可能具有的任何道德影响。）

然而，对海德格尔来说，存在论良知的呼声（*der Ruf*）会落到此在上并将此在召唤到它本真的能在（*eigentliches Seinkönnen*）上，把它从"常人"中攫升出来。[1] 这与舍勒的道德良知相对立。舍勒的道德良知总是告诉我们一些关于我们自身的东西,而海德格尔的"召唤"并没有说出任何东西,因为它来自于此在自己"无家可归的被抛性"(uncanny thrownness)根据;由此,此在必须处于它自己的根据之中,而绝不可能成为这一根据的控制者。因此,此在的根据是构成它的"一个不之状态"(eine Nichtigkeit)。

反过来,这解释了海德格尔对另外那个伦理学术语"罪欠"(Schuld)的使用。正是在被抛的不之状态中任何道德上的或法律上的罪欠——海德格尔所谓的"流俗的罪欠的现象"(vulgäre Schuldphänomene)——才具有其基础。在《存在与时间》第58节中,存在论的罪欠既不属于道德应当的"非本真的良知",也不属于与法律有关的对与错的良知。而且,我们被告知,任何对一个道德应当(einer sittlichen Forderung)的违背都"属于"此在的存在论状态。[2] 然而,这与下面这种说法并不一致,即所谓的非本真的罪欠的现象(它包括了道德应当)只在存在论的罪欠中具有其基础。

最后,我希望提出一个更重要的例子来反驳海德格尔的论点:所有价值都预设了现成在手之物为其基础。尽管我已经在别的地方提出过这个例子[3],但我希望在它与我们这里的目的相关的范围内提出其概要。

如果一个人要选择《存在与时间》作为伦理学的存在论奠基的合

---

[1] 传统翻译把德文单词 *eigentlich*(本真的)和 *uneigentlich*(非本真的)翻译为 "authentic"(真实的、可信的)和 "inauthentic"(不真实的、不可信的),我避免使用这种译法,因为它们使其德语意思变得模糊。"proper"(适当的、固有的)这个词被放在一个名词或一个动名词之后时,几乎等同于德语中 *eigentlich* 的用法。因此,"适当的实存(existence proper)"这个词和 *eigentliche Existenz* 是一致的。然而,海德格尔的术语 *uneigentlich* 在德语里根本不被使用,是海德格尔生造的。这个词的含义和英文单词 "commonplace(**普通**)"最为接近,如果你愿意的话也可以说成 "commonplace existence(普通的实存)"。(本文将 "commonplace" 统一译为 "非本真的"。——译者)

[2] *Sein und Zeit* (GA 2), pp. 375ff.

[3] 在我的研究 *Person und Dasein: Zur Frage der Ontologie des Wertseins* 中。

法基础，那么人类实存的道德样式和人类人格的自身价值都可以在存在论上只在"与他人共在"（Being-with-others）中被揭示。以《存在与时间》的语言，这意味着此在的"烦"（*die Sorge*）依赖于此在的"共在"（*Mitsein*）。海德格尔把这称作为"烦神"（*die Fürsorge*）或者"为他人烦"（care-for-others）或者"烦他人"（care-of –others）。海德格尔的对事物上手状态（通过它"在世的存在"被揭示）的大篇幅叙述对立于他对此在的"共在"（它也揭示了此在的"在世的存在"）相对小篇幅的叙述。因此，上手状态和与他人共在都为此在揭示了"世界"。① 海德格尔给出了一个关于一艘靠岸停泊的小船的例子，这个例子把他人揭示为"共同此在"（*Mitdasein*）——这艘小船既可能属于他，也可能属于任何可能使船停泊在那儿的人。海德格尔说，所有共同此在都与物相照面并且排他地与它们"成为一体"（*in eins*）。②

虽然他强调了共同此在的在先被给予性（pre-givenness）——它已经被舍勒在《伦理学中的形式主义》和《同情的本质与形式》中解释为他者比自我更具原初性，但事物和他人的同一（oneness）——世界通过它被揭示——只为在关于此在的"共在"的存在论中的伦理学建基留下很小的可能性。实际上，这种可能性将在唯一特殊的情况下，即当事物对一个善或一个恶的发生是必要的时，容许善或恶。例如，一个小偷或偷东西，但这些几乎不能穷尽善与恶本身的本质。如果某人偷了《存在与时间》中海德格尔的小船，那么很显然这将不会涉及到恶，因为小偷和主人都只是成为一体地与小船—物照面，他们任意的照面不被规限为任何道德错误。

此外，现成在手之物和他人的同一也绝不会使像谋杀这样的恶成为必须。谋杀了另一个人的人决意要杀这个人，而不是故意地用一个

---

① *Sein und Zeit* (GA, 2), p. 165
② 参见 *Sein und Zeit*, § 26. ——译者

锤子或其他东西来杀人。毋宁说，谋杀的恶发生在纯粹的、交互—此在的关系之中。海德格尔把这个关系称为共同此在间的"距离性"（Abständigkeit）。正是在共同此在间的这种距离性之中一个人能够（或者也许是必须）找到善与恶的存在论基础。这可能更加重要，因为根据《存在与时间》的第 26 节，这种距离性——此在的"为他人烦"在其中起作用——具有五种不同的样式。它们是：

1）此在的"为"某人而"存在"（being-for）的样式；
2）此在的"反对"某人而"存在"（being-against）的样式；
3）此在的"缺失"他人而"存在"（being-without）的样式；
4）此在的与他人"陌如路人"（passing-by）的样式；
5）此在的对他人"毫不关心"（not-mattering）的样式。

海德格尔在《存在与时间》第 37 节中说，"为他人烦"的第二种样式"互相反对"（das Gegeneinander）渗透在距离性的所有其他样式之中。然而，在这一点上海德格尔没有作详细描述，但更重要的是距离性的前三个样式可以毫无疑问是伦理学的范畴。

第一种样式："为"某人而"存在"将在存在论上使所有形式的同情、尊重、尊敬也许还有爱成为可能。

第二种样式："反对"某人而"存在"反过来将在存在论上使所有形式的恨，从而像海德格尔会说的那样（但根据我们的观点，既不应该也不能说）使所有像人格伤害这样的不道德行为的"非本真"形式成为可能。这一样式也使海德格尔所谓的共同此在的"赶上"（catching-up-with）、"压制"（holding-down）或"拉平"（levelling）——我已经在其他地方表明，这可以为一种关于"怨恨"的存在论提供一个有趣的起点——成为可能。

最后，距离性的第三种样式："缺失"他人而"存在"是一个最卓越的伦理学范畴，这不仅仅是因为它能够为被海德格尔不恰当地称为良知"非本真现象"的东西奠基，而且因为"缺失"他人而"存在"——与被说明的懊悔现象一样——是一种道德的（甚至是宗教的）良知本身。道德良知恰恰就是"缺失"我自己本应当是但却不是的人格之"存在"。为我们所不知的是，所有的相互共在在它对这种距离性的烦中是"焦虑的"（uneasy）。①

我必须承认，我们在这里为伦理学在此在的存在论中的可能基础所提供的一些建议没有特别地涉及任何马克斯·舍勒在他那本《存在与时间》中所作的详细边注。实际上，我从一开始就完全决定不这么做。毋宁说，我宁可仔细阅读《存在与时间》中几乎找不到任何边注的许多页。在这些地方特别缺乏舍勒所作的边注的一个可能的原因显示：恰恰因为他的《伦理学中的形式主义》，他不需要在这里作任何注释。这主要是由于海德格尔对价值和人格的批判——我希望自己已经表明了——不适用于舍勒，这已经屡屡被暗示。因此，在我看来，海德格尔在《存在与时间》中对价值和人格的批判似乎不得要领。正如马克斯·舍勒自己曾在读了《存在与时间》中海德格尔对抗阻概念的取消之后所说的那样，"这个批判可能有其自己的观点，但它并不适用于我。"②

（译者：张任之／中山大学哲学系）

① Ibid, p. 168.
② 衷心感谢菲利普·克罗瑟（Philip Cronce）先生录入这篇论文。

舍勒对海德格尔基础存在论的批判[*]

丹尼尔·O. 达尔斯特伦

> "大公主义,而非新教主义,
> 必须被彻底思考。"①

舍勒和海德格尔都以盛赞之词形容彼此的著作;据此判断,他们似乎已经在某种程度上产生了相互钦佩的交谊。在对海德格尔《存在与时间》的评注的结尾,舍勒把这本著作形容为"在当代德国哲学中我们所拥有的最具原创性的著作,它最大限度地摆脱并独立于哲学传统;是对哲学的最高问题所作的激进但却严密的学术性抨击"②。就海德格尔而言,1928 年春天,在听到舍勒突然去世的消息时,他也情不自禁地称赞舍勒"是德国,不,是整个欧洲——甚至是所有当代哲学中——最超强的哲学之力"③。接着,海德格尔又点名道姓地称赞舍勒

---

* 本文译自:Daniel O. Dahlstrom, "Scheler's Critique of Heidegger's Fundamental Ontology ", in Stephen Schneck (ed.), *Max Scheler's Acting Persons: New Perspectives*, Amsterdam: Rodopi, 2002, pp. 67-92。——译者

① Max Scheler, *Gesammelte Werke*, vol. 9, *Späte Schriften*, ed. Manfred S. Frings (Bern: Francke, 1976) (hereafter: GW), p. 296.

② Ibid., p. 304.

③ Martin Heidegger, *Gesamtausgabe*, vol. 26, *Metaphysische Anfangs-gründe der Logik*, ed. Klaus Held, 2nd, reviewed ed. (Frankfurt am Main: Klostermann, 1990) (hereafter: GA), p. 62.

早期对现象学的崭新潜力的领会和挖掘（在《伦理学中的形式主义与质料的价值伦理学》中表现得最明显），称赞"他的所有质疑"以及他对经常出现在视域中的新颖的可能性的"异乎寻常的辨识力"。在注意到舍勒思想多年来所遭受的充满痛苦和绝望的巨大变化之后，海德格尔很显然是带着钦佩的口气把舍勒的这种躁动不安归因于这一事实，即，舍勒"着魔"了，让舍勒着魔的就是哲学。① 在1929年的圣灵降临节，海德格尔通过谨以此书"纪念马克斯·舍勒"的方式写下了《康德与形而上学疑难》前言的最后几行字。②

比这两位思想家相互称赞以示诚挚敬意远为重要的是，他们为了理解对方的著作而花费时间对对方著作所进行的研究性批判。这一点也证明，舍勒和海德格尔彼此都对对方充满深深的敬意；尽管两人对彼此的敬意并没有像被引述的赞誉之词所暗示的那样是对等的。这是因为，虽然海德格尔对舍勒思想或赞同或反对的絮语散见于他20年代的讲座和著述中，但是，他似乎并没有留下任何对《形式主义概念》或《同情的本质》进行持续的、批判性考察的记录。另一方面，在舍勒的遗稿中却包含着对《存在与时间》的这一考察：它是在舍勒去世前八个月写下的，而且至少是在海德格尔于1927年12月在舍勒的科隆家中停留三天时的一个月前写下的③。

舍勒和海德格尔彼此对对方著作的关注程度不同，其原因是多方面的。20世纪20年代之前，舍勒的主要著作并没有直接地或至少明

---

① Ibid. pp. 62-64.

② Martin Heidegger, *Kant und das Problem der Metaphysik*, 4th, expanded ed. (Frankfurt am Main: Klostermann, 1973), p. xvi.

③ 参见 Heidegger, GA 26, pp. 63f.。参见 Manfred S. Frings, *Max Scheler*, 2nd ed. (Milwaukee: Marquette University Press, 1996), pp. 3f.。以及 Thomas Sheehan's 对于他对舍勒一些关于 *Being und Time* 批评性注释的翻译的导论，该译文题为 "Reality and Resistance: On Being and Time, Section 43" (in *Heidegger: The Man and the Thinker*, ed. Thomas Sheehan [Chicago: Precedent, 1981], pp. 145-158)。也可参见 Patrick Gorevan, "Heidegger and Scheler—A Dialogue", *Journal of the British Society for Phenomenology* 24: 3 (October 1993), pp. 276-282。

显地关注存在论和认识论问题，这些问题被亚里士多德和胡塞尔当成范例谈论，并且构成了孕育海德格尔哲学革命的土壤的重要部分。[①] 很显然，舍勒的洞察深远地影响了海德格尔对宗教现象学的兴趣。宗教是海德格尔在20世纪20年代试图重新思考存在问题的又一个关键性资源。[②] 不过，在宗教问题上，海德格尔也主要诉诸研究宗教体验的古典资源，即，保罗、奥古斯丁、路德、施莱尔马赫以及克尔凯郭尔等人的著作。海德格尔在这方面对舍勒的关注极少——至少是公开的关注极少——这或许可以归因于海德格尔的思想在战后所发生的新教转向；由于这种转向，海德格尔惮于表露自己和"（舍勒）这位天主教现象学家"的密切关系。在某些方面，正如舍勒自己注意到的，海德格尔的著述和狄尔泰作品共有若干基本课题；但是，与狄尔泰的生命哲学在舍勒对生命现象的研究中所要求和体现出来的那种性质相比，海德格尔更关心的是它的解释学和历史维度。

然而，正是海德格尔在兴趣和影响方面（与舍勒存在）的这些差别，使他对舍勒作为哲学家的高度赞扬越发令人困惑不解。虽然这些差异或许可以解释他对舍勒主要作品没有进行广泛深入研究的原因——至少在1927年《存在与时间》出版之前，他没有在研讨班、出版物或评注之中对舍勒的主要作品进行研究。我们是否应该从这些被回顾的事实得出结论说，海德格尔对舍勒的称赞并不是由衷的，或者，至少不是基于理性而是出于感情？至少有两条理由使我们觉得，得出这种结论是草率的。首先，海德格尔在《存在与时间》以及后来著作中对若干课题的论述都与舍勒非常相似，尽管二者属于不同脉系（这确实也为海德格尔在某些场合下所承认）。其次，我们此前对海德

---

① 参见 Frings, *Max Scheler*, pp. 6, 22, 131。

② 见海德格尔 1920—1921 年宗教现象学讲座课，出版为 GA 60, *Phänomenologie des religiösen Lebens*, ed. Matthias Jung, Thomas Regehly, and Claudius Strube (Frankfurt am Main: Klostermann, 1995)。

格尔所关心的问题和他所专注的著作的回顾主要着眼于在他写作《存在与时间》期间的看法。但是，海德格尔对舍勒那令人印象深刻的高度赞扬却是在《存在与时间》出版一年多后以及在他和舍勒那次讨论内容广泛的私人会面不到半年后说出的——有证据表明，这次会面也是两人的最后一次会面。最后这次会面，正如海德格尔自己所说的那样，两个人"详细讨论了《存在与时间》对问题的阐述与形而上学和他（舍勒）的现象学构想有着怎样的关系"[1]。在这次会面中，舍勒根本不可能没有对海德格尔所熟知的基础存在论作出广泛批评。于是，哲学上的问题就在于：舍勒的批评很尖锐吗？而相关的历史问题则是：这些批评奏效了吗？换句话说，为了确定海德格尔在舍勒去世后赞扬舍勒的意义，我们仍需要弄明白，海德格尔是否曾认真对待舍勒对《存在与时间》的批评，正如他对他的学生所说的话或许会暗示的那样？如果是的话，那么是在何种意义上认真对待了舍勒的批评？吊诡的是，这些批评是在海德格尔去世的那一年才首次发表的，并且，在此之前海德格尔或许也不大可能计划过要刊布对这些批评的详细回应。而且，就目前所知，海德格尔的遗稿中没有手稿对此作出机敏回应。但是，缺乏这样的手稿，甚至缺乏对此作出回应的计划，都不能说明，海德格尔没有受到舍勒批评的影响，或者说，并不能说明，海德格尔在《存在与时间》之后所采取的思想路线——最明显的就是，他的第一次所谓的"系统的"或"形而上学的"转向——没有显露出受到这些批评的影响。[2] 相反，他 1928 年春对舍勒的悼词使我们有充分理由认为，舍勒的批评曾使他受益匪浅。

不过，本文的首要任务和主要目的是要详细阐述和审视舍勒对海德格尔基础存在论的批评。不应该把这种审视和对这些批评的有效性

---

[1] 参见 Sheelhan (Ed.), *Heidegger: The Man and the Thinker*, p. 61。

[2] Heidegger, GA 26, p. 201.

的充分评价混为一谈，因为评价乃是必须付出很多努力才能完成的一项工作，它要求发展出一种能将每位哲学家的洞察和不同视角包容在内的哲学立场。这项评价工作无论如何都需要比现在更为广阔的视域。因此，虽然本文的主要部分会不时论及对舍勒的批评的（有可能是从海德格尔的立场出发作出的）可能反驳，并且在结尾处表明两位思想家的主要分歧，但本文主要致力于发现舍勒的批判及其可能的优点。如上所述，我们对这项计划作出限定是基于这样的充分理由：这项计划构成了回答"舍勒批评的尖锐性"这一哲学问题和"舍勒对海德格尔的影响"这一历史问题必须采取的首要步骤。

一、舍勒的辩驳及其对基础存在论的批评

舍勒连篇累牍地对《存在与时间》作出批评性回应，不只是受到其所提出的一般性哲学挑战的激发。很显然，海德格尔对舍勒著作作出的各种评论——大多数是批评性的——不但伤害了后者的自尊而且也激怒了他。尤其使舍勒恼怒的似乎是海德格尔的这种反驳理由，即，舍勒遗忘了人的存在问题，而是"在持续的被造物的现成在手状态的意义上把人的存在当成'自明的'"[1]。舍勒可能把这个反对理由当成海德格尔对他作出的最重要的批评。海德格尔指责说，传统存在论在"此在"问题上的取向存在着不足，这逐渐隳坏了舍勒把认识解释为一种"存在关联"的尝试，否则舍勒的尝试就会是有益的。[2] 就舍勒而言，他则指责海德格尔除了其他他面外还武断地把所有存在样式相对化，并由此对人的存在作出唯我论的、狭隘得让人怀疑的、论证不充分的解释。[3]

---

[1] Heidegger, *Sein und Zeit* (Tübinggen: Niemeyer, 1972) (hereafter: SZ), p. 49; 参见 Scheler, GW 9, p. 263。

[2] Heidegger, SZ, p. 208, n.1; 参见 Scheler, *Die Formen des Wissens und die Bildung*, p. 30。参见 Scheler on Hartmann in ibid., p. 47, n. 24。

[3] Scheler, GW 9, pp. 265, 283, 290.

舍勒对海德格尔基础存在论的批判

下面这一节将着重阐明两位思想家发生争论的主要根源，它是建立在舍勒对海德格尔的批评所作的辩驳（"这是处于守势的舍勒"）以及他对《存在与时间》中的生存分析所提出的批驳理由（"这是处于攻势的舍勒"）的基础上的。不过，这些分歧不应该掩盖他们（大约在1927年）在很多问题上的一致性。作为本节主要任务的前奏，列出他们的几点共识是有所裨益的。

两者皆赞同（并且自知如此）：人通达实在的首要途径无关乎感觉、直觉、知觉、思维、推理、知识或意识；"是实在的"（being-real）也不能建立在"是个对象"（being-an-object）的基础上或被解释为某种实在之物的结果。[1] 他们也都一致同意，实在并不局限于外部世界，认知（knowing）并非通达实在的"基本方式"[2]。舍勒不但赞赏海德格尔与把物理学范畴转用于研究生活、自我等现象的传统做法相决裂的努力，而且激赏他对"上手状态"相对于"现成在手状态"享有优先性的解释。但是，由于海德格尔其间在很大程度上重复着舍勒式的课题，舍勒的这种赞赏也就不足为奇了。[3] 两位思想家都拒斥笛卡尔式的主体性概念；他们认为，意识和认知只是派生现象。[4] 海德格尔宣称，此在的本质恰恰在于它的生存（existence）。他的这种观点以及他在此在与上手状态和对象化的现成在手状态之间所作的明确区分，都回响着舍勒的主张，即，"位格存在从来都不是对象"以及"位格的本质恰恰在于它仅仅存在并生活于意向行为的施行当中"[5]。而舍勒对位格与世界之间的终极且本质的一致性的强调，也与海德格尔对人类生存的基

---

[1] Ibid., p. 267.
[2] Heidegger, SZ, p. 202; Scheler, GW 9, p. 215.
[3] Scheler, GW 9, pp. 260, 266.
[4] Ibid., pp. 261f.
[5] Heidegger, SZ, pp. 12, 42, 88; Scheler, *Der Formalismus in der Ethik und die material Wertethik* (Bern: Francke, 1954), p. 397.

本世界性即其"在世存在"的解释产生共鸣。① 舍勒对认识的先决条件即行为的出神方式（the ecstatic way of behaving）的解释毫无疑问被海德格尔挪用在《存在与时间》的生存分析上（作为对人的生存具有奠基意义的时间化的特征）——这似乎并不是偶然的。②

这两位思想家在对时间（temporality）问题的思考上也存在着明显的相似性。例如，两人都拒绝康德有关时间（time）（或空间）是一种直观形式的学说。此外，在把现象时间（phenomenal time）和物理—数学的时间（time）定义以及其他诸如此类的时间（time）的客观化当成某种更为根本的时间性（temporality）的派生物上，海德格尔也遵循着舍勒的观点。他们都一致强调把未来性和凯若斯式特征（futural and kairological character）当成"本源时间性（temporality）"的首要特征。③

由于不完全相同但却非常相似的原因，虽然他们都从狄尔泰和胡塞尔那里受益匪浅，但却都使自己的哲学事业与和他们同时代的这两位思想家的哲学事业保持着一定的距离。因此，舍勒赞同海德格尔的观点，即，狄尔泰并没有成功地规定生命的存在方式，因为，就像柏格森一样，狄尔泰也直接把这个问题和"精神"问题结合在一起（并因此混淆了两者）。④ 他们也都拒斥他们所认为的胡塞尔的"片面的观念论方向，即，把所有存在都建立在'绝对意识'的基础上"⑤。就

---

① Scheler, *Formalismus in der Ethik*, pp. 386, 408, 411; Heidegger, SZ, p. 64. 也可参见 Frings, *Max Scheler*, p. 153。

② Scheler, *Formen des Wissens*, p. 47, n. 24.

③ Scheler, GW 9, pp. 218, 226-232, 298, 302f.; Scheler, *Formalismus in der Ethik*, p. 400. （"kairological [凯若斯式的] 导源于 kairos [凯若斯, 古希腊文为 Καιρός], 意指: 不容错失的、适于作出决断的神圣时机。"——译注）

④ Scheler, GW 9, p. 280.

⑤ Ibid., p. 282; Martin Heidegger, *Gesamtausgabe*, vol. 20, *Prolegomena zur Geschichte des Zeitbegriffs*, second, reviewed edition (Frankfurt am Main: Klostermann, 1988), p. 147. 参见 Stephen Schneck, *Person and Polis: Max Scheler's Personalism as Political Theory* (Albany, NY: State University of New York Press, 1987), pp. 31-37, 41-43。

像舍勒在《形式主义》中所做的,海德格尔同样拒绝接受"观念的存在"构成一个独立王国的观点,并且舍勒也注意到,他"多年来"一直传授的那样一种学说在海德格尔的这一主张中体现出来,即存在的真理——存在物的存在从"不在场"(absence)中显现——构成二价(bivalent)断言的真理的前提条件。[①] 最后,舍勒承认,海德格尔的基本观察是正确的,即,对为理解人的存在而使用的各种概念的有效性从存在论上进行判定是有必要的。但至今仍不得不作出这种判定;由于这种判定的缺乏,古希腊的存在论(本体论)一直支配着西方哲学传统。[②] 在拒斥有关人的概念的传统探究中,他们也达成一致意见。很显然,舍勒愿意承认海德格尔对他的批评,即,他仍是以划分理性与生命为前提进行研究的,他"完全倾向于古代的和基督教的人类学";不过,1927 年,舍勒为自己辩解说,如果熟悉他当时的研究立场,海德格尔就会明白,这些批评是无效的。[③]

二、舍勒的辩护

上节的最后几段所提到的几点共同之处是值得考虑的,但它们还不足以从根本上阻止两位思想家相互对对方思想的基本前提的合法性提出挑战,正如我们在前面所注意到的。根据阻抗现象,狄尔泰曾对实在之物的实在性进行了现象学描述。在注意到狄尔泰的这个成果后,在他讨论"作为存在论问题的实在性"时,海德格尔指责说,这种分析是有问题的,因为狄尔泰是从认识论上解释实在性问题的。虽然,海德格尔强调说,从认识论上驳斥狄尔泰的分析不应妨碍我们获得其中的"积极因素",但是,他仍批评说,作为这些分析之基础的那些概

[①] Scheler, GW 9, pp. 286-288; *Der Formalismus in der Ethik*, pp. 182f.

[②] Scheler, GW 9, p. 281.

[③] Heidegger, SZ, p. 47; Scheler, GW 9, pp. 280f.

念（特别是"生命"概念）没有在存在论上得到规定。由于充分意识到舍勒要求对认识进行非循环的、本体论的定义并因此把认知（认识的一种）解释成一种"存在关系"（Seinsverhältnis），海德格尔明白，不能指责——至少不能简单地指责——舍勒和遵循其观点的哈特曼把认识论解释为可对"实在性问题"进行最终裁决的"法庭"。① 可是，海德格尔坚持认为，这两位思想家都沿袭了传统存在论（本体论）的基本方向，而没有意识到，传统存在论在此在和实在问题上的根本缺陷。因此，海德格尔批评说，舍勒对实在的解释"从根本上"也受到同样的"存在论上的不确定性"的困扰。这种存在论上的不确定性削弱了狄尔泰对实在的解释所包含的那些积极方面。②

正如此前所注意到的，舍勒尤其对最后这种批评感到恼火。倒不是说，他不愿意承认他和狄尔泰之间有相当一致的领域。当狄尔泰（在他备受讨论的论文《为解答关于我们对外部世界的实在性的信仰及其正当性之问题的献文》中）质疑传统谜题——"如何证明外部世界的实在性？"（康德称其为"丑闻"）——的预设时，他是通过诉诸"冲动和阻抗"这个基本的先天图式对之提出质疑的。海德格尔正确地注意到，舍勒也沿袭了这个图式。用狄尔泰自己的话说就是，"我经验的图式就在于：对随意的、有意的运动的意识和对这种运动所受到的阻抗的意识之间的关系；用这种图式，我把自我和对象本身区别了开来"③。值得注意的是，狄尔泰把对外部世界实在性的直接被给予性的假定当成"心理学的虚构"。正因如此，在某种程度上，舍勒与狄尔泰

---

① Heidegger, SZ, p. 208, n.1；参见 Scheler, *Die Formen des Wissens*, p. 30。

② Heidegger, SZ, p. 210.

③ Wilhelm Dilthey, *Gesammelte Schriften*, vol. 5, *Die geistige Welt: Einleitung in die Philosophie des Lebens*, fourth edition (Stuttgart: Teubner, 1964) (hereafter: GS), pp.98. Cf. ibid. pp. 94, 95, 101. 还可参见 John Locke, *An Essay Concerning Human Understanding*, ed. Peter H. Nidditch (Oxford: Clarendon, 1975), Bk.4, ch. 11: "Of our Knowledge of the Existence of other Things", pp. 630-639) 以及狄尔泰在 GS 5 (p. 96) 中的相反论点。

产生了分歧。① 但是，正如舍勒后来所作的那样，狄尔泰仍认为，外部世界的实在性不是某种为意识素材所揭示或仅仅源自思维过程的东西。两位思想家都一致赞同：对外部世界的实在性的信念的关键在于"具有冲动性的意志行为"（舍勒）或者"对意欲的体验"（狄尔泰）。② 因此，毫不奇怪，舍勒会用（学说的）单数形式提及"狄尔泰的和我们的学说"，并说，海德格尔"在反驳"那种学说时所作的解释并不十分准确。③

可是，对于海德格尔对自己的指责和他没有把狄尔泰和自己的观点区别开来，舍勒有理由感到气恼。舍勒说，他的讲座课多年来致力于探讨生命的存在方式问题。④ 而且，在"观念论—实在论"的讲座课中，舍勒曾就狄尔泰对实在性的解释提出过四条主要批评。的确，当海德格尔写下他的指责时，他是否读过舍勒的这些批评是很令人怀疑的⑤；而舍勒可能，甚至很有可能至少在作出其中一条批评时就已经对海德格尔的评论了然于心了。舍勒批评狄尔泰没有意识到：（1）阻抗体验的集中性和直接性（舍勒认为，狄尔泰接受了赫尔姆霍茨借助"思维过程"的干预所得出的研究结论，而这一结论后来被证实是不可信的）；（2）"通过出神被体验到的阻抗"相对于意识的内在内容的在先性（狄尔泰谈到的则是一种根本性的"对阻抗的意识"）；（3）有冲动的生命受到阻抗时所具有的自发的、不自觉的特征（狄尔泰则继承了叔本华的思想遗产，将主动意欲当成生命本欲的特征）；以及（4）这一事实：对阻抗的体验绝不局限于所谓的外部世界（狄尔泰却忽视了纯粹心理学意义上被体验到的阻抗，例如，对篡改记忆的阻抗，对

---

① Dilthey, GS 5, p. 103.
② Scheler, GW 9, p. 209; Dilthey, GS 5, p. 104.
③ Ibid., p. 263.
④ Ibid., p. 263; 参见脚注 11。
⑤ Dietmar Köhler 的反驳，参见 *Die Schematisierung des Seinssinnes als Thematik des dritten Abschnittes von 'Sein und Zeit'* (Bonn: Bouvier, 1993), pp. 7f.。

意志薄弱的阻抗)。①

鉴于本章的目的,不宜在此对这些批评进行详细的评价。但这些批评仍值得一提,因为它们可以说明,舍勒为什么会对草率地把他的解释和狄尔泰的解释联系在一起并加以驳斥而感到如此反感。的确,舍勒的挫败感无疑也因这一事实而加深:舍勒在很多相关方面都把海德格尔的立场——尤其是对狄尔泰的批评——理解为他自己立场的一个副本。在《知识的诸形式》——海德格尔事实上曾阅读并引用过这本著作——中,舍勒就已经明确断言,他七年来一直坚持认为,"意识"是从某种"前意识的"(="前反思的")、"出神的"认知派生出来的,或者更确切地说,是从不依赖于"智性"功能的"具有"某物派生出来的。②更加切中海德格尔基本批评之要害的是:"出神"并非某种"现成在手"状态,而是一个过程。③舍勒对海德格尔的批评所作出的辩驳的可取之处必须得到评价,但这种评价必须在这一语境下施行,那就是,舍勒自己对海德格尔的批判。

三、舍勒的抨击

海德格尔在批评了狄尔泰的"实在性"概念之后又紧接着对舍勒的学说提出异议。在舍勒看来,这些异议"太不完善"以至于没必要作进一步的研究分析。然而,海德格尔为支持他的批判而提出的一般性的、相互关联的两个论点却是舍勒"不得不驳斥的"(如他所言),那就是:世界的去蔽状态(disclosedness)在存在论上要优先于通过阻抗对实在性的构造;"畏"(anxiety, Angst)和"烦"(care, Sorge)在

---

① Scheler, GW 9, pp. 210-215.
② Max Scheler, *Die Formen des Wissens und die Bildung* (Bonn: Cohen, 1925), p. 31, 参见 ibid., p. 47, n. 224;被海德格尔在 SZ (p. 210) 中引用。
③ Scheler, GW 9, p. 227;参见 ibid., p. 303.

生存论上要优先于爱欲（eros）。① 舍勒常常是一提到海德格尔的这两个基本论点，就要对之提出批判；此外，他对海德格尔的生存论分析也提出过其他几点实质性的批评，那就是：其出发点具有唯我论色彩并由此导致对"世界"概念的削弱；其研究带有经验论性质和武断性；其关于"时间性"的结论以及——尤其是——这一结论底下的世界观基础具有自相矛盾的特点。在接下来介绍舍勒两条基本异议的两小节中，这些附加批评中的前两点将被详细阐述。不过，最后两点批评则要单独用一节加以讨论，因为它们既是针对海德格尔分析的缺点的批评，也是对这种分析的解释。②

A. 世界性、实在性和阻抗：海德格尔的唯我论和"被彻底丧失的世界"

海德格尔认为，从存在论上讲，对阻抗的体验只有在"对世界的揭蔽性"的基础上才有可能。③ 舍勒则认为："对冲动和生命的唯一中心的阻抗产生出实在领域的统一——先于所有个体的实在性。"④ 在此，预先被给予的不是世界而是某种主观的空间性和时间性。⑤ 而且，它们既和变化（alteration）的可能性一起被给予，又和后者相关联。这种变化的可能性不仅是人的生存特征，而且也是一般意义上的生命存在物的特征。舍勒完全同意海德格尔的观点："世界—存在"（world-being）和"一个—自身—存在"（being-a-self）是在某种程度上同等原真的（equiprimordial），但是，舍勒在另一种意义上又对同等原真性作了进一步解释，即，"作为存在的不同方式，两者都根源于阻抗，都是对阻抗的克服，随后才是对由此而存在的东西的省察"⑥。按照舍勒的解

---

① Ibid., p. 263.
② Scheler, GW 9, pp. 299f.
③ Heidegger, SZ, p. 210; 这段话舍勒曾引用过两次，参见 GW 9, pp. 215, 263。
④ Scheler, GW 9, p. 263.
⑤ Ibid. 对于空间性和时间性，参见 ibid, pp. 216-236。
⑥ Ibid., p. 264.

释，就实在性为阻抗所界定而言，世界乃是某种实在的和派生的东西。而且，只有在与"上帝"的关系中，世界才会首次获得比"首先被给予的无"更多的确定意义。①

舍勒和海德格尔各自对"世界"的理解并不一样，这种差别使得对他们的观点进行对比的努力变得相当困难。尤其是因为，他们对"世界"一词的不同使用并不像他们对"此在"一词的不同使用那样差别很大。虽然，毫无疑问的是，"此在"（Dasein）和"实在性"（reality）对舍勒而言是同义的而对海德格尔来说却完全不同，但是，很显然，在某种意义上，海德格尔会赞同舍勒对世界的实在论描述，即，世界乃是"一种独立于活着的主体性和一切为主体性所体验之物的存在"②。

但是，有必要对海德格尔的这种实在论认同作出与他所坚持的三点区分相一致的三条限定。第一条限定是海德格尔对"世界"的几种含义所作的区分：（1）作为世界内现成在手的存在物所构成的整体，（2）如此这般的存在物的存在方式（或者说是它们的特定境域），（3）人的生存世界，（4）被人的生存世界所预设的世界性（worldliness），并因此是"此在的存在方式而绝非世界内现成在手的存在物的那种存在方式"③。只有就世界的第一、二种含义而言，海德格尔才会赞成舍勒的说法，即，世界独立于活着的主体性（为了便于论证，我们假定：这种主体性与"在世存在"即使不互相等同，至少也非常类似）。第二条限定是海德格尔对实在之物与实在性的区分。由于对实在论作了一点同意的让步——不管有多么勉强，所以海德格尔主张，世上的存在物分别"已经"与此在（作为在世存在的此在）一道得到揭示。④但是，

---

① Ibid., p. 260.
② Ibid., p. 263.
③ Heidegger, SZ, p. 65.
④ Ibid., p. 207.

与此同时，根据海德格尔，观念论在辩论中却占了上风，因为它坚持这一洞见：没有存在物能够解释"去存在"（to be）的意义。因此，海德格尔坚持认为，虽然外部世界是"实在地"现成在手的，但"实在性却以存在论的方式建基于此在存在之上"[1]。海德格尔的这一举措显然使人联想到：康德的保护了常识实在论的先验观念论。[2]正是由于实在是一个存在论范畴，它必然建立在此在的基础（基础存在论）上，因此，还必须规定第三种方式——通过这种方式，海德格尔认可（实在论者）有关"实在性具有独立性"的说法才会被限定。

第三条限定使我们回到舍勒所谓的"奠基问题"（Fundierungsfrage）上，也回到两位思想家争论的焦点上。[3]对海德格尔而言，世界性是实在性的条件；实在之物"本质上只有作为世界之中的存在物才能被通达"[4]。只有在先行被揭蔽的基础上，实在性才会显现——否则，就仍是被遮蔽的。但是，海德格尔坚持认为，实在性既不需要被证明，也无法被证明。外部世界的实在性问题的关键在于它是自相矛盾的，因为这个问题立刻会假定某个"孤立的"或"无世界的主体"的存在，而这个主体却在思考、在确定、在相信等等——而这些行为又都是建立在"在世存在"（being-in-the-world）的基础上的。海德格尔认为，这个先决条件同样也困扰着狄尔泰的"收敛性尝试"：确立对外部世界的实在性的信念而不是为其提供证明。只要还没获得"现象学地确定了的问题域"的基础，认识论的僵局就无法解除。在毫无疑问是针

---

[1] Ibid., pp. 211f.
[2] 作者的意思是说，就像康德不否认自在之物的实在性一样，海德格尔也承认外部世界是存在的，但是，在康德那里，我们所认识的"自在之物"或者说所发现的它的"实在性"已经沾染了感官的烙印，就此而言，这种被我们所认识的"实在性"是依赖于我们的感官的；在作者看来，对海德格尔而言，也同样如此，即我们所揭示的"实在性"是依赖于我们的或者此在的。——译者
[3] Scheler, GW 9, p. 271.
[4] Heidegger, SZ, p. 202.

对胡塞尔和舍勒的批评中,海德格尔补充说,随后从现象学上对主体和意识概念进行完善并没有使这个基础变得牢靠。[1] 坚持主体和客体具有必然的相互关联性(interrelatedness),这也于事无补。这种换汤不换药的做法在存在论上仍是含混的和幼稚的。需要解释的是:为什么这个问题会被提出,而解释就在于:人的生存的沉沦性用现成在手状态取代了对存在的原初理解。[2]

相比之下,正如我们已经注意到的,舍勒则要展示与某个主体——或者,更准确地说,主体性的某个特定层次(即一个—自身—存在)("being-a-self")——"同延"(coextensive)的世界的意义;但是,他认为,这个世界只是对阻抗进行体验的结果,而不是它的先决条件。[3] 而且,舍勒坚持认为,只有这样,"世界"概念才会有意义。这样一来,海德格尔对舍勒的批评,即,舍勒对实在性的解释"在存在论上是不明确的"就变成了对海德格尔自己的批评。舍勒不仅指责海德格尔的世界的生存性概念从根本上说是不清楚的,而且指责这一概念所能表达的任何含义都预设了海德格尔所拒绝的东西,亦即,实在性的先行独立性。[4] 针对海德格尔自己所谓"世界性"是第一性的断言,舍勒进一步评论道:(1)"不幸的是",海德格尔完全不了解作为现象(而不是仅作为观念)的世界性;(2)虽然海德格尔试图用他所谓的"意义的指引性总体"来解释世界性,但他很难再发现一个比"意义的指引性总体"更不明确的概念了;(3)海德格尔所提供的并不是单一的证明,即,本能冲动是他所谓的"烦"的一种变相,或者,阻抗是以"作为忧烦之物的存在"(das Sein als Besorgtes)为先

---

[1] Ibid., p. 207.

[2] 参见 Parvis Emad, "Heidegger on Transcendence and Intentionality: His Critique of Scheler", in *Heidegger: The Man and the Thinker*, ed. Thomas Sheehan (Chicago: Precedent, 1981), pp. 145-158。

[3] 参见 "world-openness and worldliness", in Frings, *Max Scheler*, passim。

[4] Scheler, GW 9, p. 260.

决条件的；并且（4）如果"自在"（in itself）问题得到恰当分析（以便区分实在存在 [real-being] 和实在之物）的话，海德格尔的观点——阻抗只是实在的一个特征——就是站不住脚的①。舍勒针对最后这一点补充说，海德格尔作以下断言显然是前后矛盾的：一方面，"如果此在不存在（exist），那么……'自在'（in itself/an sich）也不'存在'（'is'）"；另一方面，如果并且只要此在存在，从存在论上把实在性奠基于此在之中就不会意味着，实在之物只能是自在之物（an ihm selbst）。②

海德格尔一再把世界性解释为生存方式，也就是说，解释为此在存在的方式；经过这样的解释，世界性就成了"在世存在"（即此在）之结构的本质部分。在舍勒看来，海德格尔给个别的"在世存在"的个体性冠以"属我性"（mineness）（Jemeinigkeit）之名蕴含着唯我论。通过对这种唯我论进行质疑，舍勒继续对海德格尔的世界性概念及他所断言的世界性在存在论上的优先性进行抨击。尽管充分意识到海德格尔的规定，即，与他人同在乃是"在世存在"的构成部分，但是，舍勒仍对这种规定的引入持怀疑态度，因为，就像世界之内的存在物的实在性一样，与他人同在也继续被解释成相对于"此在的唯我"（the solus ipse of Dasein）③。笛卡尔的"基本错误"不是被避免了，而只是被颠转了。④ 由于海德格尔谈到对"cogito ergo sum"（我思故我在）进行颠转的必要性——由此，"首先断定的就是'sum'（我在），并且，确实是在'我在世界中'的意义上讲的"⑤，所以，他就无法使自己免遭这种批评。基于诸如此类的段落，舍勒发现，海德格尔对"'唯

---

① Ibid., p. 263.
② Scheler, GW 9, p. 265; Heidegger, SZ, pp. 211f.
③ Scheler, GW 9, p. 296；参见 ibid. p. 261；参见 Heidegger, SZ, p. 116, n.1。参见 Edmund Husserl, *Cartesianische Meditationen*, ed. Stenphen Strasser (Hague: Nijhoff, 1950), pp. 123f.。
④ Scheler, GW 9, pp. 260f.
⑤ Heidegger, SZ, p. 211.

我'（solus ipse）之范例"的分析无法避免"绝对的复多性"，或者换句话说，他就没有理由假定，唯我的个体们本身分享着同一个本真的世界。① 的确，舍勒坚持认为，海德格尔对为何不能把此在等同于海德格尔本人并没有给出充分的理由。②

舍勒推断说，"在世存在"所固有的唯我论以及与此相应的观点——即，世界的揭蔽乃是实在性经验的前提条件——的最终后果就是世界概念的含糊不清和空洞。背谬的是，正是通过把世界性解释为按照海德格尔的说法比实在性更根本的生存性（某个个别的、唯一的"在世存在"的基本特征），海德格尔牺牲了世界的统一性并由此牺牲了世界的可理解性。除了使自己无法确定是否只有一个世界，海德格尔还使世界性概念依附于分别是"我的"或"你的""在世存在"，以至于剥夺了世界本身所固有的任何意义。因此，舍勒认为，"根据这种哲学，世界本身没有任何意义和价值，没有任何独立于人的实在性"③。在考虑到在海德格尔之前或许只有费希特如此贬低世界（包括自然和历史）的价值之后，舍勒发现，世界在海德格尔那里甚至比在费希特那里还缺少价值，因为，对海德格尔而言，世界只不过是个虚幻的避难所——人由此避难所回返到他自身、回返到他的焦虑和死亡。舍勒认为，按照海德格尔的说法，就像为加尔文教徒设立的预备学校一样，世界存在的理由仅仅在于（通过受苦和失败）教导此在，他并不拥有本质相关物，世界实际上只是"虚无"。④ 最后这句话涉及到舍勒第六条、也是最根本的反驳理由。下面我们就将对这条反驳理由单独进行讨论。

---

① Scheler, GW 9, p. 26；参见 ibid., p. 280。
② Scheler, GW 9, pp. 264, 288.
③ Ibid., p. 295.
④ Ibid., p. 295.

B. 烦、畏以及爱：海德格尔的经验主义和他在存在论上的武断性

对于舍勒所谓的"奠基问题"（"对实在性的经验"为"世界的揭蔽性"奠基，抑或相反？），海德格尔当然对他自己的回答作了更多的解释。实在性是在"烦"（海德格尔描述此在存在的一个术语）中被揭示的；舍勒立即指出，根据海德格尔，此在存在的结构在其完整性中是为"畏"现象所规定的。① 与对某个特定的存在物的惧怕（fear）不同，"畏"现象并不是一种日常经验；它毋宁是一种生存之"畏"，它剥夺了个体"此在"按照"世界"或公共意见——简而言之，按照任何不是它自己全然个体（唯我）的、本真的"在世界中存在的潜能"——来理解自身的可能性。② 至少就舍勒的目的而言，更重要的是海德格尔在这种语境中的断言，即，"畏……把世界揭示为世界"③。

对于海德格尔的见解，即"烦"和"畏"为揭示世界并从而为发现实在之物提供了基础，舍勒提出了几点异议。对这些异议作一番探讨会很有启发性，因为每一异议都具体说明了舍勒对海德格尔在《存在与时间》中的研究方式的更为一般性的不满。第一个异议，舍勒是以质问的方式表达出来的。他质问说，就海德格尔而言，在对"畏"的解释中，人应该如何把本质的和存在论上的东西与纯粹文化的和历史的东西区分开来呢？④ 这种质问反映了舍勒对海德格尔给自己的分析贴上"科学的"和"现象学的"标签持保留态度。虽然现象学是以对本质的追求为特征的——如果再也没有其他特征的话，但是，舍勒指责说，海德格尔却无法在本质之物和非本质之物之间作出区分。⑤ 由于海德格尔的研究方式一贯强调本质和存在的异类合并（conflation），所

---

① Heidegger, SZ, pp. 211f., 191f.; Scheler, GW 9, p. 268.
② Heidegger, SZ, pp. 186-189.
③ Ibid., p. 187.
④ Scheler, GW 9, p. 268.
⑤ Ibid., pp. 283, 285f., 296.

以，这种研究方式带有原本会被海德格尔嘲笑的哲学传统——亦即，经验论和生命哲学——的基本特征。① 舍勒承认，虽然海德格尔也认可先天领域的存在，但海德格尔把它局限在被给予性的次序上，并因而是相对于此在的机体组织的。② 虽然海德格尔与胡塞尔的观念性学说的决裂在舍勒眼里是值得赞许的，但是，海德格尔未能区分本质的和偶然的存在物却导致"永恒真理和数学原理"的难以理解。③

舍勒对于海德格尔对"烦"的基本地位的主张所提出的第二个异议针对的是海德格尔用严格的存在论术语（"先行的—已经寓于的—在世之在"）对"烦"的规定。烦的特征被如此地形式化以至于它只不过是把希望和爱的期待状态表达为"烦"及其基本的"畏"的情绪而已。④ 这个异议集中体现了舍勒对这样一种努力的广泛疑虑——在对各种核心概念及其有效性作出本体定义之前，就预先提出了一门存在论。正如此前所注意到的，舍勒完全同意海德格尔的观点，即，人的生存的存在论结构仍有待于充分阐述，因为传统的哲学探究过于轻率地借用了其他学科领域所使用的范畴。舍勒指出，但是解决办法并不是在缺乏各种概念作为先决条件的情况下就自诩对人的生存作出了存在论解释。值得注意的是，藉着这样的批评，舍勒又试图对海德格尔的批判——即，舍勒用存在论上不确定的概念解释实在性——展开反击。舍勒仍坚持认为，海德格尔的分析从存在论上讲是武断的，因为他的分析使用（预设）了某些据说是派生的本体概念，而他既没有

---

① Ibid., pp. 280, 282, 286, 270, 296. 参见 Max Scheler, "Versuche einer Philosophie des Lebens", in *Vom Umsturz der Werte*, vol. 2 (Leipzig: der neue Geist, 1919), pp. 141-190（海德格尔的引用在"164f-f"）; 参见 Heinrich Rickert, *Die Philosophie des Lebens: Darstellung und Kritik der philosophischen Modeströmungen unserer Zeit*, second, unaltered edition (Tübingen: Mohr, 1922), pp. 29f, 100-102; Martin Heidegger, *Gesamtausgabe*, vol. 61: Phänomenologische Interpretationen zu Aristoteles. Einführung in die phänomenologische Forschung (Frankfurt am Main: Klostermann, 1985), p. 80。

② Scheler, GW 9, p. 286.

③ Ibid., pp. 288f., 301.

④ Ibid., pp. 268f.

解释使用这些概念（而不使用其他概念）的标准，也没有解释它们的派生性。舍勒提出，或许，与这种未得到澄清但显然是预设的此在和人的关系相比，再也找不到比这种混淆更好的例子了："该书（《存在与时间》）的每位读者都不会理解经常在书中出现的'此在'所具有的实际意义，因为它的意义缺乏明晰性。与非人相比，此在无论如何都应该是'人'——或者是某种应该在'人'身上发现或与'人'有关的存在结构。"①

舍勒再次强调他的看法，即，只要注意到《存在与时间》中的生存分析的更深层的前提，就会发现，海德格尔的出发点恰恰是不可能的。首先，海德格尔直截就设定了与其他存在物相对的某种本质（不是人的本质，就是此在的本质）。再者，海德格尔不仅预先假定这种本质是随人作为个体被给予他自身的方式而一道被给予的，而且，他还设定，这种本质可以区分于个体的本质之物和经验之物。② 然而，正如我们已经注意到的，每一关于本质特征的预设都是在没有提供辨认出这种本质的方法的情况下被假定的。③

总之，舍勒对海德格尔生存论分析的批判不仅是因为它的经验论，也就是说，它对本质/存在区分的异类合并，而且也因为它在存在论上的武断性，也就是说，它没有预先设定这样的选择性本体概念（或承认对这些概念的准确预设），诸如，自然、身体、生命、精神、事物等等，就自诩已经为人的生存提供了本体论解释。不过，这些批判虽然很有分量，但在很大程度上只是方法论上的。舍勒对"烦"和"畏"被赋予的基本地位的主要异议——尤其是关系到对实在性的经验——针对的是"畏"本身的现象内容。（在舍勒看来，）"畏"非但不是最根本的，相对于被满足和可被满足的冲动，它本身反而根源于未被满足

---

① Ibid., p. 275.
② Ibid., pp. 274-276, 281f.
③ Ibid., pp. 285f.

的冲动的泛滥,换言之,根源于世界对极具生命活力的奋争的阻抗。

在注意到他们在"奠基性问题"的设想上存在很大分歧之后,舍勒试图从三个问题出发进一步阐述他对人类本性的构想和海德格尔的生存分析之间的差别:是什么把此在引向对象的?是什么引导此在去认识并在认识上取得进步的?有没有东西能让此在从构成其本质规定性的"畏"中摆脱出来?舍勒认为,海德格尔对前两个问题的回答是,"此在忧心忡忡地不敢直面自己",这迫使此在让自己迷失在应手的(ready-to-hand)和现成在手的(present-at-hand)事物之中,并成为匿名社会中的匿名分子。[①] 遗憾的是,舍勒的这个断言虽然并非毫无根据,但却完全忽视了这一事实,那就是,这种推演仅仅代表了海德格尔生存分析的一部分,即,他对非本真的生存(inauthentic existence)的分析而已(这一点也同样适用于反驳这种批判,即,如上所述,海德格尔的基础存在论实际上是在贬低世界的价值)。而且,当舍勒坚持认为,这种推演代表的完全是真理的对立面时,他显然是言过其实了。可是,当舍勒发现"与盲目地沉溺于外部事物和社会中相比,躲进自己的内心、把自己和外部世界隔离起来,逃入梦、幻想以及自我麻醉中,也同样是一种很显著的现象"时,他提出了一个重要的问题。当然,从为海德格尔辩护的立场出发,人们可以再次合理地回应说,海德格尔的沉沦态概念绝不排除这样一些弊病,或者,等值地说,本真存在既不逃向外部世界也同样不逃向内心世界。但是,对这些可能情况的欠考虑至少让人对海德格尔这部分解释的充分性产生质疑。换句话说,海德格尔对非本真的生存的解释是不充分的,因为它没有考虑到舍勒所概括的这种可能情况在形式上的可能性。此外,由于"畏"与死亡相关而本真的生存又恰恰根据此在对其死亡的预期而被规定,所以,也同样有理由质疑,海德格尔对非本真的生存的解释的不充分

[①] Ibid., p. 271.

是否也体现在他对本真的生存的解释中。

对最后这点的详细阐述把我们引向上面提到的第三个问题以及舍勒针对《存在与时间》中的分析所提出的第二条主要反驳理由的核心（提醒一下，这个反驳理由针对的是海德格尔的这种观点，即，世界首先是在"烦"和"畏"中得到揭示的，实在也首先是在其中被发现的）。舍勒认为，与海德格尔存在论分析所作的断言相反，"烦"和"畏"是派生的而非根本的现象。没有解释或者至少指明奠基性现象，这样的论证当然是不完备的。因此，舍勒指出，"烦"和"畏"是以它们在"爱欲"中的对应物为前提的，并且它们所意味的要比后者更多。[1]

舍勒可能会同意海德格尔把"畏"解释成一种基本现身情态（Grundbefindlichkeit），只要这个观点是把"畏"当成人相比于动物的基本（不具有历史偶然性）现身情态（disposition）之一。但是，它也是一种"活力感受，或者，更确切地说，一种极其彻底的'境遇性'（circumstantiality），这种境遇性在生理和心理上以一种同等原真的（primordial）方式表达自身"[2]。在舍勒看来，海德格尔强调"畏"对人的生存来说是根本性的，这忽视了这一事实，即，人不仅仅是活着的存在物，而且也是精神的存在物。[3] 有关舍勒的精神性概念，我们需要多说几句（见下文）。但是，除了提出这样的见解以外，舍勒还再次表达这样的疑虑：在对人的生存的解释中，被海德格尔视为具有存在论意义而特别挑选出来的现象是不充分的，甚至是任意武断的。重申一遍，舍勒不是在否认："畏"乃是人"最核心的生命感受"。他也不是在否认：人拥有一种显著的、确实构成其本质规定性的"畏"的形式。[4] 相反，他是在坚持认为，这样的"畏"之所以构成人的本质规定

---

[1] Ibid., pp. 271-274.

[2] Ibid., p. 270.

[3] Ibid., p. 270.

[4] Scheler, GW 9, p. 270; 参见 Max Scheler, *Die Stellung des Menschen im Kosmos* (Bern: Francke, 1966), p. 55 (Scheler, GW 9, p. 44).

性，恰恰是因为，人是活着的。通过把"畏"当成解释人的生存的出发点，海德格尔实际上是在重复生命哲学的做法。

我们可以合理地反驳说，这样一些批判是无的放矢的，因为它们假定了活着的存在物和精神性的存在物之间的差别，而这种差别并没有得到基础存在论研究的支持，或者，更确切地说，被后者悬置了起来。正如我们此前注意到的，存在论研究是要揭示构成人之生存的、前存在论的"存在理解"（Seinsverständnis），并以此作为任何存在论的基础。[1]但是，舍勒心中还有另一个拒斥海德格尔赋予"烦"和"畏"以基础地位的理由，并且，这个理由并不假定活着的和精神性的存在物之间的差别。这个理由就在于如下这个简单事实，即，"烦"和"畏"，正如通常所理解的那样，显然是派生的。[2]"畏"根本就不寻找或发现实在性，而是预设实在性，它产生自世界的阻抗。"畏"并不指向未知物本身，而是指向未知物可能给我们造成的阻抗。总之，"畏"并不是（存在论）分析必须藉以明确自身方向的"最终素材"："在'畏'背后，存在着未被满足的自发冲动——相对于已被满足和可被满足的冲动——的泛滥。"[3]

诸如"畏"和"烦"这类现象所预设的基础就在于这些冲动的驱动力。正是爱欲（eros）从根本上激发并形成人向事物和他人的转向，无论这种"激发"和"形成"是本真的还是非本真的。再者，当"畏"侵犯到人们的自身观念——亦即：他们与事物产生关联以及与他人同在的诸种方式——时，"爱欲"具备驱逐"畏"的潜能。[4]在明确提及柏拉图时，舍勒不仅把"爱欲"描述成"畏"和以"畏"为基础的对权力和优越性的渴求的对立面，而且把它描述成人们参与世界的

---

[1] Heidegger, SZ, pp. 13f.
[2] Scheler, GW 9, pp. 270f, 273f, 276f. 详见 ibid., p. 274。
[3] Ibid., p. 270.
[4] Ibid., Scheler, GW 9, p. 271；参见 ibid., p. 294。

动力。① 舍勒甚至把世界秩序构想为"爱的秩序",把人间之爱构想为"活跃在万物之中并对万物起作用的普遍力量"的一个特殊种类。② 根据"爱的秩序"这一构想,舍勒描述了爱的三种形式,与他对一切行为及其发出者的基本划分(身体的生机行为、本我的心理行为和位格的精神行为)相对应。③

这些观点很显然是建立在一个宽泛的、类比的爱的概念的基础上的。正如舍勒所说的,"在这个词最形式化的意义上讲","爱"是试图将每个事物引导到为这个事物所独有的"价值圆成"的方向上的倾向或(视情况而定)行为。④ 通过这种行为,一个存在物无须停止作为在种属上有限的、是其所是的自身就可以"离开自身",并参与到另一个作为"意向的存在"(ens intentionale)的存在物当中;由此,双方也无须变成对方的"实在部分"。⑤ 价值乃是这类指向对象的行为的"意向相关项",但这种评论对舍勒来说不仅仅意味着这一事实,即,这些行为指向价值对象或者根据"被爱者"的价值进行指向。相反,爱的行为乃是朝向"被爱者"价值上升的运动,不过,这里所说的更高价值既不会由此先于爱简单地现成在手,也不会简单地为爱者所创造。⑥ 当舍勒认为,第一次向世界的转向关乎的不是"畏"而是"爱欲"(eros)时;当他坚持说,不是"畏"而是"爱欲"首先为我们敞开了世界时;当他争辩说,"畏"和"烦"乃是反应性的、它们既以自爱为前提又以已经被揭示的世界领域为前提时,他是在诉诸形式意义上的

---

① Ibid., p. 272.
② Ibid., pp. 355f.
③ Scheler, *Wesen und Formen der Sympathie*, 5th ed. (Frankfurt am Main: Schulte-Bulmke, 1948) (hereafter: WFS), pp. 182-184.
④ Scheler, GW 10, p. 355.
⑤ Ibid., p. 356.
⑥ Scheler, WFS, pp. 169ff.;参见 Frings, *Max Scheler*, p. 42。

以及与此同时宽泛类比意义上的爱。①

但是,舍勒针对《存在与时间》中的生存分析所提出的第二条主要的反驳理由,即,他针对海德格尔借助"畏"和"烦"来解释世界被揭示的方式所提出的批评,并不有赖于一种有关爱的秩序的、特殊的宇宙论学说。如果说这条反驳理由是鞭辟入里的,那么,这是因为,"畏"和"烦"乃是反应性的现象,这些现象清楚地表明,它们各自乃是以类似于冲动(urge)的东西、冲动在过去所遭遇的挫折(它受到的阻抗)以及冲动在未来的实现对现在而言的不确定性为前提的。

C. 时间、永生以及海德格尔的"加尔文教预备学校"

为了解释海德格尔背离胡塞尔现象学之彻底性,舍勒评论道,这种背离就在于"生命哲学和哲学上的历史主义之间的一种极其深远的、事实上的接近"②。我们已经注意到这种接近的一个迹象:对舍勒来说,海德格尔赋予"畏"的作用(因为"畏"在某种程度上是一切有生命的存在物所共有的而不仅仅是人所特有的现象)意味着,海德格尔"正日益滑向一种生命哲学"③。舍勒在海德格尔的哲学——尽管后者对此抗辩——中所发现的另外一个生命哲学的典型特征就在于:它清楚地表达了某种确定的生命观或世界观(Lebens- or Weltanschauung)。舍勒是在指责说:尽管对世界观的构建没有被(海德格尔)规定为基础存在论的目标,但它是基础存在论的运作前提,并且在某种程度上构成基础存在论目的的一个为整体所必需而又近乎不隐秘的部分。

与他有关哲学与科学之关系的想法非常相似的是,海德格尔有关哲学和世界观之关系的观点在 20 世纪 20 年代末也在快速转变着。然而,甚至在《存在与时间》中,海德格尔也承认——的确,为了保持思想的连贯性,他必须承认——"这种存在论解释是以一种确定的、

---

① Scheler, GW 9, pp. 294, 297.

② Ibid., p. 280.

③ Ibid., p. 270.

对本真存在的本体理解——即，此在的实际理想——为基础的"①。不过，海德格尔在那本著作中对那个实际理想的准确内涵避而不谈，这很是令人气恼。(或许不是巧合，对于基础存在论所预先设定的形而上学的本质，他也是这样保持缄默。)

然而，对舍勒来说，海德格尔的生存论分析所传达出的世界观一点都不神秘。这个世界观就是神学的、尤其是新教的世界观。更为明确地说，就是"巴特—戈加腾神学（the Barth-Gogartenian theology），即，一种新加尔文主义"的世界观。② 舍勒在这种世界观中所理解到的是："上帝的绝对的、象征性的超越"以及人在这个世界中完全的"被抛置状态"③。在舍勒看来，这样一种神学观念依附于——他在海德格尔对世界的非实在性以及此在的在世沉沦的解释中所发现的——那种对世界的贬低。假如世界确实具有这种存在特征，那么，实际上，此在本身就被贬值了。正如舍勒所描述的，海德格尔把"畏"当成（此在的）"基本现身情态"——这种考虑具有致命的片面性，以及他赋予以自我为中心的"烦"以高于爱的优越地位，此二者也都根源于这种"无节制的、歇斯底里地过分的学说"④。

此前，我们已经提到过，舍勒和海德格尔在时间性论题上曾达成几点一致。然而，在对时间的存在论地位，或者，更确切地说，对时间性涵盖范围的理解上，他们的观点仍存在明显的差别。与加尔文主义的"被抛置状态"概念，即人的存在是完全被抛到这个世界中的，以及与此相应的神性概念，即神性绝对超越于人的生存的世界性相一致，海德格尔在任何意义上都不待见这一观点，即人的存在会超越构成它的时间性。他认为，有限的时间性乃是人存在的最终境域，这种

---

① Heidegger, SZ, p. 310.
② Scheler, GW 9, pp. 295, 260.
③ Ibid., p. 296.
④ Ibid., pp. 297, 268.

境域可被理解为"被抛的筹划"或"在世存在的超越";据此,他从形式上排除了超越时间性的可能。[1] 换句话说,在海德格尔看来,正是时间构成了人之存在的意义。然而,站在舍勒的立场看,海德格尔这种对人的存在的解释又一次忽视了人作为生命存在与作为位格存在或精神存在之间的差别。

根据舍勒的观点,人的存在就是"位格"或"精神",因为他或她拥有某种自我反思的积极能力,例如,推断、回忆、改善、增强、忠诚、追求、隐瞒自己、有自己或没有自己;并且,在每种情形下,人的确都能"超越时间"[2]。这种自我反思,只有当时间之流在某种意义上如果不是被中断或延缓,那么至少也是被取代时,才有可能。整个位格在它所实行的行为中并通过它所实行的行为呈现多样化,并在某种程度上发生改变,但是,舍勒认为,在这种变化中,你找不到某类需仰赖于时间才得以可能的变更或相继。正如舍勒在这一关联中所要努力表明的那样,位格既没有生活在 —— 在内在地被感知到的心理过程之流中被直接给予的 —— 现象时间"之内"(within),甚至也没有生活在客观的物理时间"当中"(in),而是生活"进"(into)时间当中。[3]

幸亏有这种自我反思的能力,在本质和存在之间作出区分才得以可能。随这种区分能力而来的,还有一种能力,那就是,辨别数学原理、永恒真理,当然还有真理观念本身的能力。在注意到后面所说的这些在某种意义上都是超历史的之后,舍勒评论道:海德格尔必定拒绝任何这样的"超时间性"并因此拒绝在本质与存在或者说先天与后

---

[1] 参见 Emad, "Heidegger on Transcendence and Intentionality: His Critique of Scheler", passim.

[2] Scheler, GW 9, pp. 296-299, 301-303; *Formalismus in der Ethik*, pp. 92, 396f; *Stellung*, p. 38. 也参见 Scheler, *Stellung*, pp. 41, 48f.。

[3] Scheler, *Formalismus in der Ethik*, pp. 392, 395;参见 ibid., p. 396。

天之间作出区分，而这极大地损害了其存在论分析的可信性。[1]

正如此前所注意到的，海德格尔把时间性的原初含义解释为人的存在的最终境域和意义。以同样的方式，舍勒也在时间的原初含义和派生含义之间作了区分，并认识到，正是这种原初含义构成了此在的生存论结构之构造基础。但是，舍勒并不赞成海德格尔的"此在的意义在于时间性"这样一个笼统的观点。[2] 鉴于"此在"的本性，时间性不可能囿于自我自身（the self）。舍勒曾引用了一段话。在这段话中，海德格尔说："只有此在存在，牛顿定律、矛盾律以及任何真理才会是真的。"[3] 舍勒想以此清楚地表明，海德格尔对此在的解释内含激进的相对主义。

我们并不能立马看出，在舍勒心中，这种时间观和他所说的激发它的那种世界观之间有着怎样的联系。为了发现这种联系，并由此倒过来发现舍勒有关位格和真理在某种意义上取代时间的观点和世界观之间的联系，有必要就舍勒的"观念论"（一个在某种意义上会激怒舍勒的标签）和神学再多说两句。[4] 像海德格尔而不像哈特曼，舍勒也坚持这个现象学前提，那就是，没有揭示"为真"（being-true）的存在，就不会有"为真"（being-true）。然而，和海德格尔不同的是，由此前提出发，舍勒推断出与个别此在一道"共同—设定""一个超—单数的此在"的必然性；当我们这样做时，我们就与"超单数的此在"对真理的揭示一道"共—揭示"了"为真"（being true）。[5]（另一种唯一可供选择的办法——哈特曼的"批判的实在论"的选择，即，设定存在独立于任何意向性——是令人困惑的和无法接受的。）[6]

---

[1] Scheler, Stellung, pp. 50-53; Scheler, GW 9, pp. 301f., 288.
[2] Heidegger, SZ, p. 331.
[3] Heidegger, SZ, p. 226; Scheler, GW 9, p. 288.
[4] 参见 Scheler, GW 9, pp. 185f.。
[5] Ibid., p. 288.
[6] Ibid., pp. 290-293.

虽然舍勒由此接受了一种常见的做法，即，从宗教和形而上学的角度探求事物的绝对基础，但是，要知道，他拒绝传统的有神论而赞同经过修正的"斯宾诺莎—黑格尔式"的观点，即，"绝对"用同样的行为在人类身上逐渐意识到自身，人类正是通过这种行为发现他们自己奠基在"绝对"的基础上。由于对传统观念的唯智主义范式的不满，舍勒强调，这种"自我奠基的认知"乃是在我们存在的核心之处积极主动地委身于增进神性的理想之后果。人的自我实现是上帝生成的唯一场所，我们可以抵达这个场所，但是，舍勒认为，它是"构成这个超越过程本身的真正部分"[1]。因此，他假定，存在一个自因的实体，在冲动和精神（与此前提到的"爱的秩序"相应）的相互作用中，在连续创造的意义上，万物都由之而出；但是，"绝对"的这些属性首先是在人类中充满生机地相互关联着的。[2] 舍勒把这种人的精神参与其中的连续创造（creatio continua）描述成永恒和绝对的时间——它在生成着，但其本身却不屈从时间性实存。[3]

在舍勒心中，他所说的海德格尔的加尔文主义世界观与其对时间的解释——即，时间乃是人的存在的最终境域（horizon）和意义——之间到底有什么关系？现在，我们就可以对此作出回答。在舍勒看来，正是通过把时间性，准确地说，把有限的时间性解释为人之存在的奠基性意义——它无法通达或者参与到永恒之中，海德格尔才描绘了一幅充满信仰的、有关——相信上帝的完全超越的——新教徒之品性的图景。有关这个镜像的细节，舍勒只给我们提供了些许线索。但在舍勒心中很可能考虑到下述情形：《存在与时间》的生存分析以之为起始方向的"在世存在"的方式是工作（work），而不是游戏（play）；海德格尔生存分析的出发点是沉闷乏味的日常生存，这种日

---

[1] Scheler, *Stellung*, p. 92.
[2] Ibid., p. 49.
[3] Scheler, GW 9, pp. 299, 301; *Stellung*, p. 49.

常生存的直接场所似乎是无可救赎的（沉沦的）、匿名的和单向度的公众世界。面对这个世界，唯一的依靠就是这背谬的本真性，即，个体的这种决断性一方面接受为他所全然否弃了的世界，另一方面又依托于厌烦世界的"畏"和即将降临的死亡那自然的无可逃避性。①在《存在与时间》如此被解释的生存分析中，舍勒发现，加尔文主义对信仰的首要性（sola fide）的强调——在其中，信仰被解释成是个体与他或她那独一无二的创造者（sola gratia）之间无中介的事情——不只是一种微弱的回音；他也发现了加尔文主义以牺牲共同体的历史传统（经典解释和圣典的公共庆祝仪式）为代价，对言词（sola scriptura）及其对个体的内在启示的强调；他也发现了加尔文主义对任何神性的内在性（immanence）或人性对时间秩序（以及人的罪孽）的超越（transcendence）的理论性解释的批判；最后，他也发现了加尔文主义通过最终的被抛状态以及神的预定（providentia dei, prae-destinatio）给人类筹划所设定的界限。对舍勒这位离经叛道的天主教徒而言，海德格尔对"工作世界"、城邦、确实也包括以人的本真存在为背景的伦理学的解释是不充分的，这种不充分性反映出，新教主义对以下观点的强调面临着无从解决的背谬：对信仰是内在的、私人性事务的强调，和对可以在工作和工作世界中（因而，这也是工作伦理）找到其明见性的拯救的强调。②

在试图把握这种批判的实质的过程中，的确，也在解释海德格尔生存论分析的过程中，舍勒坚持认为，"大公主义，而非新教主义，必须被彻底思考"。当舍勒发现有必要用礼拜哲学反对日常哲学时，他表

---

① Karl Barth, "Der Christ in der Gesellschaft" (1920), in *Das Wort Gottes und die Theologie, Gesammelte Vorträge* (München: Kaiser, 1925), pp. 37, 45. 参见 Friedrich Gogarten, *Die religiöse Entscheidung* (Jena: Diederichs, 1924), p. 48。

② 参见 Friedrich Gogarten, *Illusionen* (Jena: Diederichs, 1926), p. 139. 亦参见 Max Weber, "Die protestantische Ethik und der Geist des Kapitalismus" (1904-1905), in *Gesammelte Aufsätze zur Religionssoziologie*, vol. 1, 5th ed. (Tübingen: Mohr, 1963), pp. 108f.。

达了类似的思想。两种发现都意味着，存在一种不同于海德格尔基础存在论的选择，该选择的出发点基于这种观念，即，对人来说，最要紧的不是他或她的生存，而是与事物和他人的休戚相关以及它们的共同根基。人的存在结构仍然可以以"烦"——的确，就是对世界的"烦忧"（care）——为其特征，但却是由于上帝的缘故，并且是为了这位独立自足的存在的。

四、结 论

正如本章的主要部分所评论的那样，舍勒有关《存在与时间》的评注包括了他对海德格尔著作中的生存分析所作的六条主要批判。首先，与海德格尔在其著作中所明确坚持的观点相反，"一个世界存在"（being-a-world）是以实在性为前提的（实在性是在阻抗体验中得到确证的）而不是相反。其次，（由爱激发的）阻抗体验乃是"烦"和"畏"的前提而不是相反。第三，人的存在的个体性充其量只是一种结果，而不像海德格尔所声称的那样，对人的生存分析来说，可以被合法地解释成既定的并且就那种意义而言的出发点或前提；因此，他的作为"唯我"的"人的生存"的概念，等同于一种没有根据的唯我论。第四，本质和存在（实在性）是有区别的；但海德格尔甚至在分析人的生存时也没有坚持并注意到这种区别，如《存在与时间》就是这样——这种做法等同于经验主义，并在实际上导致了这项事业的武断性。第五，尽管海德格尔对时间的所谓解释并没有考虑到不朽，但是，没有不朽，时间就是难以设想的。第六，海德格尔的生存分析非但没有悬置任何世界观和宗教性的人的存在概念，而且，这种分析还渗透着加尔文主义有关人的存在的世界观，即，无论从理论上还是其他什么方面讲，人根本不可能独自超越其有限的存在。

最后一点解释同时也是一种批判。年轻的海德格尔认为，从根本上讲，从古希腊思想经由伟大的中世纪形而上学的综合而流传下来的传统的存在论范畴是不充分的，并且认为，它们确实无法与有关生活、尤其是有关宗教生活的现象学相容。这种洞见及其明显的路德教色彩，乃是海德格尔最初计划重新解释亚里士多德思想的部分动机。这项计划最终是在对人的生存进行分析（《存在与时间》）中实施的，海德格尔想以之作为基础存在论，即，作为任何后来的存在论之基础。但是，这项现象学计划，正如海德格尔所设想的，需要对传统形而上学有关"人的存在"的概念——最明显的就是依据自然神学对人的存在所作的"本体—神学的"（ontotheological）解释，或者，简而言之，就是把人当成被奠基、被创造的存在物进行解释——进行悬置，并最终完全拆解。[①] 舍勒所要质疑的正是这种就人的存在本身或者只从人的存在本身出发——也就是说，否认任何对人的有限的、构成其规定性的时间性进行超越的意义（并由此否认这个起效用的假设，即，人的存在所具有的存在意义由此就可以作为整体被辨识）——对人的存在进行解释的合法性。

但是，舍勒的质疑并非是要完全独断地重新肯定这一主张：（本体的，或更确切地说，本体—神学的）因果性高于（基础—存在论的）解释。相反，他的质疑是要揭露并怀疑海德格尔在《存在与时间》中的做法，即，为了存在论解释的目的而赋予对某些现象的解释以所谓的优先性。正是通过对（海德格尔的）各种解释（诸如他对沉沦状态、主体间性、时间性等的解释）的不完备性或派生性提出论证，舍勒才对这些解释提出了质疑。在《存在与时间》中，海德格尔声言，对完备性和基础性（奠基）的考量是要为《存在与时间》的展开次第奠定

[①] 参见 Frank Schalow, "A Pre-Theological Phenomenology: Heidegger and Scheler", *International Philosophical Quarterly* 28 (1988), pp. 393-401. 以及他的著作 *The Renewal of the Heidegger-Kant Dialogue: Action, Thought and Responsibility* (Albany, New York: State University of New York Press, 1992), pp. 107-115。

基础。因此，在此意义上，舍勒的批判是内在的。从海德格尔著作的主题及转向看，尤其是从《存在与时间》的出版所带来的直接反响看，他似乎已勉强承认，舍勒的异议是有些道理的，尽管他仍拒绝认同舍勒的哲学人类学。

正如在我们的研究一开始就注意到的那样，出于显而易见的理由，我们不可能在这篇论文的篇幅内冒险对舍勒的批判的有效性作出充分评价。这样的评价将会需要阐述一种立场，它既不得益于舍勒的哲学人类学又不得益于海德格尔的基础存在论，但却能同时从这两者出发对舍勒批判的力度进行考量。不过，为此目的，尝试概括这两位思想家之间的本质区别不但可能而且或许有所助益。他们本来在一个问题上的立场就非常相似，这个问题很可能是两人最后一次会面时讨论的主题。用海德格尔的话讲，它就是："《存在与时间》中对问题的表述是如何与形而上学以及他的（舍勒的）现象学构想相关的。"

在最后一节"地位"（Die Stellung）中，舍勒详细叙述了人对"绝对虚无"的可能性的发现如何使人提出这样的问题，即，世界到底为什么存在。[①] 通过利用海德格尔后来使用的术语——"对逻各斯的形而上学解释"，或者依现代说法，"充足理由律（根据律）"，舍勒坚持认为，"一般绝对存在的领域，无论是否存在或者是否为经验或认识所通达，它对于人之本质的构成性毫不亚于人的自身意识和世界意识"[②]。这个（绝对存在）领域即"宗教"和"形而上学"领域的起源，与人的存在本身的生成是完全叠合的。在指责阿奎那和笛卡尔自诩推论出上帝存在的同时，舍勒坚持认为，从人类自己成为自然的主人那一刻开始，他们就必然以某种方式使他们的中心停泊在世界之外或超越于世界。由此就可以解释，一个人为何再也无法将他或她自己单单设想

---

① Scheler, *Stellung*, p. 88.
② Ibid., p. 88; 参见 ibid., pp. 87, 91。

为世界的一"部分"或"成员"。① 对舍勒来说，由此，形而上学问题，或者更确切地说，寻求"本体—神学的"解答的形而上学问题，就从哲学人类学当中浮现了出来。

在舍勒去世后 25 年或更多的年月里，海德格尔一再回到这种舍勒式的、对形而上学起源所做的人类学解释上。用海德格尔自己的话讲，这个问题，即，"为什么是有物存在而不是无物存在？"乃是首要的形而上学问题。② 但是，与舍勒不同，他最终是把存在（Sein）而不是把任何存在物〔"最具存在性者"（das Seiendste）〕等同于生存（existence）的"根据"。与此同时，他把这种情况中的"根据"重新设想为占用一切存在物——包括人和神——的事件。从传统形而上学的观点来看，也就是从本体论神学的观点来看，这种完全历史性的占有就其本身而言却是没有根据的，或者说，却是个深渊（Abgrund）。换句话说，海德格尔坚持认为，这个所谓的形而上学的主导问题（Leitfrage）并不是基础问题（Grundfrage）。基础问题在于：什么是存在？而在海德格尔眼里，舍勒就像他之前和之后的很多思想家那样，并没有非常诚恳地提出这个值得诚恳提出的问题。因此，虽然海德格尔接受了舍勒对形而上学起源所作的人类学解释，但他却拒绝接受蕴含在这种解释中的、必定会被他看成基本的虚无主义的观点。通过把特殊的存在物（人）作为支点，哲学人类学与本体论神学联合起来，哲学人类学甚至通过遗忘（只要把它置于次要地位或抛弃它）这个问题——即，就"至高无上的实体"这一概念而言，"去存在"（to be）意味着什么——的显著的首要性而造就了本体论神学。③ 根据这种基本批判，舍勒的下述评论显然颇有讽刺意味——它出现在舍勒

---

① Ibid., p. 89. N. b. usage of Bergung, ibid., p. 90.
② 例如，参见 Heidegger, "Was ist Metaphsik?" in Wegmarken (Frankfurt am Main: Klostermann, 1967), pp. 1-19, 以及 Einführung In die Metaphysik (Tübingen. Niemeyer, 1953)。
③ 参见 Heidegger, Beiträge, p. 406。

对《存在与时间》的批判性评注的最后几页里:"如果人只关心他自己和世界——而不同时关心其根据,人将意味着什么呢?他将成为存在的脚注。"[1]确实如此。

(译者:张志平/上海师范大学哲学系)

---

[1] Scheler, GW 9, p. 294. 也参见舍勒在 Sein und Zeit 的复印本上作的旁注——这些旁注由玛利亚·舍勒和弗林斯编辑在 GW 9 (pp. 305-340) 中。也参见 Scheler, "Zusätze aus den nachgelaßen Manuskripten", in GW 9, pp. 243-304。

阻力与操心

——舍勒对海德格尔的回应以及一种新此在现象学的可能性 *

汉斯·莱纳·塞普

众所周知，舍勒是海德格尔《存在与时间》的最初读者之一。海德格尔本人把舍勒视为理解了其思想之新开端的少数人中的一员。① 1976 年，在《舍勒全集》第九卷中，编者弗林斯（M. S. Frings）公布了三个直到那时还未发表过的文本，它们记录了舍勒与海德格尔首部代表作的争辩。第一个是名为"情绪的实在性问题"的文本残篇（GW 9, 254-293），然后是被冠名为"来自讨论《存在与时间》的小型手稿"的附注（ebd. 294-304），这些附注是编者从舍勒的笔记簿中汇聚起来的；第三个文本取自舍勒在《存在与时间》自用书上写下的边注（ebd. 305-340）。

---

* 本文译自：Hans Rainer Sepp, "Widerstand und Sorgen: Schelers Antwort auf Heidergger und die Möglichkeit einer neuen Phänomenologie des Daseins", in G. Gusinato (ed.), *Max Scheler. Esistenza della persona e radicalizzazione della fenomenologia*, Milano: Franco Angeli, 2007, pp. 313-328。——译者

① 参见 M. S. Frings, "Nachwort des Herausgebers", in M. Scheler, *Späte Schriften* (*Gesammelte Werke*, Bd. 9), Bern/München 1976, S. 362.——这一卷在下文中引用时将以缩写符号 GW 以及随后的卷数和页码来表示。来自海德格尔 *Sein und Zeit* (*Gesamtausgabe*, Bd. 2, hg. v. F.-W. v. Herrmann, Frankfurt/M. 1977) 的引文将用缩写符号 SZ 来注明。

前两个文献围绕的中心点是海德格尔对此在、对操心特征之规定所作的分析论。它们同样涉及到了舍勒本己哲思活动的核心部分；并非偶然地，舍勒曾想把它们附加到他的那个始终作为残篇而存在的研究即"观念论—实在论"上去。[①] 舍勒感到自己受到了海德格尔在《存在与时间》中所提出的批评的挑战，并且撰写了这两个文本作为对海德格尔之批评的回应。对于传统的那种关于观念论和实在论的辩论，舍勒和海德格尔一样都采取了否定立场[②]，并且都以同一种策略——在更具奠基性的结构中指出该辩论的那种未被关注的奠基——来试图证明这种辩论的徒劳性：海德格尔凭借的是他对此在之操心特征的筹划，舍勒凭借的是一种指示，对阻力性之体验中的实在性之被给予存在的指示（mit dem Hinweis auf das Gegebensein von Realität im Erleben von Widerständigkeit）。二人虽然在对"实在论与观念论非此即彼之选择"的拒斥立场上是一致的，但他们在方式上即在他们如何论证这种拒斥的问题上并不一致。然而，舍勒的这些文本的目标并不仅仅在于对海德格尔的阐述展开批判。虽然它们有残篇之特征，但它们还是可以被这样解读的，即，伴随着这些文本，对人之生存的另一种"基础存在论"——不同于海德格尔所拟定的基础存在论——的构思以轮廓性的方式呈现出来了。

---

① 这一研究的残篇同样在 GW 9 中得到了重建（第 183—241 页）。

② 1930 年前后，在现象学语境中发生了一场关于观念论和实在论之关系的辩论，除舍勒和海德格尔之外，胡塞尔本人（Husserl, *Cartesianischen Meditationen* [1931], Den Haag 1950, § 41）、提奥多·赛姆斯（Theodor Celms, „Der phänomenologische Idealismus Husserls" [1928], in *Der phänomenologische Idealismus Husserls und andere Schriften 1928-1943*, hg. v. J. Rozenvalds, Frankfurt/M. et al. 1993, S. 31-199）、罗曼·英迦登（Roman Ingarden, „Bemerkungen zum Problem ‚Idealismus-Realismus' ", in: *Fest- schrift. Edmund Husserl zum 70. Geburtstag gewidmet*, Halle a. d. Saale 1929, 159-190）以及埃迪特·斯泰因（Edith Stein, „Ex- kurs über den transzendentalen Idealismus", in *Potenz und Akt* [1931] [*Edith Stein Gesamtausgabe*, Bd. 10], hg. v. H. R. Sepp, Freiburg/Basel/Wien 2005）也都参与了这场辩论。也可参见拙文：„Edith Steins Position in der Idealis- mus-Realismus-Debatte" (in B. Beckmann u. H. -B. Gerl-Falkovitz [Hg.], *Edith Stein. Themen – Bezüge – Do- kumente* [*Orbis Phaenomenologicus Perspektiven NF*, Bd. 1], Würzburg 2003, S. 13-23)。

接下来首先应被回忆起来的是《存在与时间》第 43 节的诸主题，舍勒主要关涉的就是这些主题（I.）。紧接着，舍勒对海德格尔之回应的那种系统性的语境关联，应该以舍勒的批判点为导线而得到重建（II.）。这一举措也让那些包含在舍勒之开端中的可能性变得清晰起来了，正是它们使得对一种此在分析论的构思有了选择之可能，而这种构思必须在一些分散的研究中得到实质性的发展。

一、海德格尔：此在、世界性、实在性

在《存在与时间》第 41 节中，海德格尔用"操心"（Sorge）这存在论—生存论的概念规定了"此在的存在论结构整体的形式上之生存论的整体性"（formal existenziale Ganzheit des ontologischen Strukturganzen des Daseins）（SZ 256）。第 42 节分得的任务是，借助于"对此在的前存在论的自身阐释"来证明那种把此在释为操心的解释。众所周知，为了这个目的，海德格尔援引了海基努斯的操心女神寓言。就连第 43 节也追踪着一种保证之功用：在该节中事关宏旨的应是"着眼于追问存在之意义的主导问题以及对此问题的加工呈现"来确保迄今为止的成果（SZ 265）。此节的标题被命名为"此在、世界性和实在性"，海德格尔在这一节中以下述断定为出发点，即，"对存在之意义的追问"是以对存在的领会为前提的（SZ 266；参见 §5）。指示人们去关注传统存在论的存在领会的这一指示乃是这样一个位置，实在性的疑难机制正是在这个位置中运作起来的：那一传统，在具有奠基性作用的实体性之规定中去把握存在的那一传统，意味着："存在获得了实在性的意义。"（ebd.）

下述证据应被提出来：把存在规定为一种实在的东西并且将这种实在的东西规定为一种实体性的东西，这种规定不是什么源始的规定，而是一种有根据的规定。在这一意图的开端处，海德格尔援引了先前

遇见过的那一论断，即，领会着存在的此在作为"首先和通常为其世界而昏沉惚恍"（zunächst und zumeist von seiner Welt benommen）的此在（SZ 152）是在沉沦的存在方式中生存的。沉沦有两层意思：其一，此在在存在者层次上定向于世内之物；其二，此在在存在论意义上越过了首先上手之物的存在并把这种存在者把握为"现成在手的物之关联"（res［物］）（ebd.）。在海德格尔看来，这种把存在规定为实在性的存在论规定，就其自身而言乃是奠基于两个并未得到进一步探问的前提中：首先是这一前提，即，那种与实在者之指明相应的理解方式在"直观着的认知活动"中被发现了，其次（因而不可避免地）是这一前提，即，在认知者和应被认知者之间的那种关系得到了彰显：对实在性的指明因而被置为"外在世界"之既有存在的问题，亦即被置为这一问题——外在世界在何种程度上"自在地""独立于认知着的意识"。海德格尔因而指出，与之相应地，在对实在性的传统的、存在论的分析中，始终存在着一种二重性的不清晰之物——其一是认知者的存在方式，其二是，对认知活动的援引是否在根本上适宜于实现所提出的任务（参见 SZ 268）。

只要实在性问题被回引到追问认知者之存在方式和认知活动本身之存在方式的这个双重问题中去了，海德格尔就能够联系《存在与时间》前面的分析（参见 SZ 79-80）作出这样的断定：认知活动是"一种有根据的通达实在者的方式"，这一方式把问题回置给了"此在的基本机制，在世界中存在"（SZ 268）。因此实在的东西在存在者层次上是作为世内存在者而可通达的，这种通达本身在存在论意义上则奠基于"在世界中存在"，后者具有"更为源始的操心的存在机制"。倘若"在世界中存在"的存在论结构构成了下述事情的前提，即实在者能够根本地与此在照面，则实在者——正如海德格尔所推断的那样——"只有依据于一个早已开放的世界"才是可发现的（SZ 269）。**开放状态**（Erschlossenheit）作为世界的开放状态因而变成了下述这种可能性的条件，即在存在者层次上去发现实在者本身并且以之为基础在存在论上去构造实在性的存在意义。

在这个主题性的基础上，海德格尔就狄尔泰和舍勒[①]所持之观点，即认为实在性是通过对阻力的经验而被给予的，表明了立场。海德格尔在第279页第一段中所给出的那些阐述，是这一问题语境中有深远意义的东西。

首先应予关注的是那种特定的方式，即海德格尔是如何理解阻力的。"阻力是在一种行不通（Nicht-durch-kommen）中、作为对意求行得通（Durchkommenwollen）的阻碍而照面的。"在这里，对阻力的经验不仅完全是在经验者这方面得到阐释的，而且此外也被阐释为对一种意志活动的阻碍。进一步地，海德格尔以下述方式把意志活动锚定（verankert）在其解释学的开端中了，即指出，每一种意志活动都同样地植根于开放之在的一种语境中：伴随着这种意志活动"已经有某种东西开放了，欲求和意志所**一味追求**的正是这种东西"。对于这一点，海德格尔在下述推论中进行了阐述：这种"一味追求于……"（Aussein auf ...）——它碰到了阻力，并且能够独一无二地碰到阻力——本身已经**寓于**一种关系情形整体中（bei einer Bewandtnisganzheit）"。这说的是：阻力经验这一重要现象，对于海德格尔而言，乃是对"一味追求"的存在论的断定，而这种"一味追求"本身只有在一种关系情形整体中才能出现，这种关系情形整体因而也一并开放了。那种方式，"一味追求"是如何指引我们去关注它的关系情形整体的那种方式，乃是"存在—寓于"（Sein-bei），也就是那种

[①] 海德格尔援引了舍勒在其论文 „Erkenntnis und Arbeit" (in *Die Wissensformen und die Gesellschaft* [1926] [*Gesammelte Werke*, Bd. 8], 3. Aufl. Bern/München 1980, S. 191-378) 中的阐述。关于舍勒与狄尔泰的那种批判性的联系，参见拙文 „Widerstandserlebnis. Schelers Anknüpfung an Dilthey", in A. Neschke-Hentschke u. H. R. Sepp (Hg.), *Philosophische Anthropologie und die Lebensphilosophie Diltheys. Anknüpfungen bei Scheler, Plessner und Gehlen und die Perspektiven einer philosophischen Anthropologie heute*, Nordhausen 2007。

沉沦的方式，即此在"首先和通常"如何发现存在者并在其中理解存在者之存在和他的本己存在的方式。

伴随着这一断定——正是"存在之寓于"的存在方式才发现了这样的实在者并且被提升为基于阻力经验的那种实在性的存在论之基础——海德格尔已经间接地指出，在他看来，就连那种方式，那种对实在性和对实在性的通达作出阐释的方式，也是被那一裁决所决定的，此裁决即，"此在之基本机制"中的那种未被认出的奠基乃是"在世界中存在"。因为，如同海德格尔进一步指出的那样，在"一味追求"中得以开放的关系情形整体的那种被发现状态，乃是奠基于"意谓性的指引参照活动整体的那种开放状态中"（in der Erschlossenheit des Verweisungsganzen der Bedeutsamkeit）。因为对于海德格尔而言，阻力之经验指示了"存在之寓于"的存在结构，这种经验仅仅能够让世内存在者来照面：阻力性因而刻画出了"世内存在者的存在"。这同时意味着，就连这样一种经验的累积也绝不能取得世界之开放："并非它的积累才引入了世界之开放，而是它以世界之开放为前提。"倘若**阻力**经验的这一"反抗"（"Wider" der *Wider*standserfahrung）在其"存在论可能性中是被开放的'在世界中存在'所承受的"，则"欲求和意志"也就是"操心之变式"了，并且其中"必然已经预设了开放的世界"。于是下述结论听上去就是合乎逻辑的："阻力经验——这意味着对阻抗性东西的谋求性的发现——只有依据于世界之开放才在存在论上是可能的。"

海德格尔对狄尔泰和舍勒的回应必然显示出这样一种目标，即，就连以阻力经验为基础的实在者之规定也还遗留在传统存在论的存在阐释中并且不能突破这种阐释。海德格尔的论证和他的分析进程在自身中是有说服力的。然而引人注目的是，他的论证和分析进程——就像《存在与时间》的整个构思一样——是来自于两个彼此联系的基本假设，这些假设就其自身而言并没有得到证明并且隐匿在"领会着存在的此在"这一标题中。这些基本假设是：

1. 这一分析的开端点和出发点被定位在**领会**之中：阻力性以显而易见的方式着眼于其"意谓性"（Bedeutsamkeit）[①]而得到了解释。这一点应合了《存在与时间》的那一基本构思："[……] 唯当此在存在着——这意味着存在之领会的那种存在者层次上的可能性——才'赋有'存在（'gibt es' Sein）。"若没有此在，则对此在之独立性或自在的谈论就"既不是可领会的也不是不可领会的"（SZ 281）。

2. **"实在性"**陷入了**对操心的依赖中**——并且就连这一点也合乎那种基本裁决[②]，因此存在自身处于对存在之领会的依赖中并由此处于对一种此在的存在论的依赖中（参见 SZ 281）。众所周知的是，海德格尔本人曾试图以"转向"（Kehre）来逾越此在之存在论的那一起点。在他看来，这一转向"并不意味着《存在与时间》之立场的改变"，毋宁说，伴随着这一转向，思想"才抵达了那一维度的整体位置中"（erst in die Ortschaft der Dimension），"正是由此而来，《存在与时间》才得到了经验"[③]——但这一事态却指引我们去注意到，第一种假设，"在领会中的定位"，首先并没有得到探问而且此后也始终没有得到探问。

二、舍勒：阻力、实在、世界

在那些已经于 GW 9 中面世的文本中，舍勒明确地对上述第二种基本假设表明了立场，而且也间接地对第一种基本假设进行了表态。这后一点所要说的是，他虽然没有明确地探问海德格尔的那种把开端

[①] 此词既可译为"意义"又可译为"意谓性"，后一译名突显了德文原词内在地具有的"关联活动"之寓意，更为契合海德格尔的语境。——译者

[②] 指前文中的那句话："此在之基本机制"中的那种未被认出的奠基乃是"在世界中存在"。——译者

[③] M. Heidegger, „Brief über den ‚Humanismus' ", in ders. *Wegmarken* (*Gesamtausgabe*, Bd. 9), hg. v. F.-W. v. Herrmann, Frankfurt/M. 1976, S. 328.

锚定在领会中的做法,但却为此命名了一种事态,这种事态趋向了这一终点,即将这一开端作为疑难问题予以提出。然而,在接下来的进程中,阻力经验的整体结构应着眼于它的那些对于实在而言有重大意义的部分要素而首先得到阐述(1),其次才是把那种批评——他对海德格尔的以领会为原则的第一种假设的含蓄批评——的相应的问题语境给重建起来(2),然后阐明舍勒对第二种假设"实在性奠基于操心中"的回应(3)。与之相连的一步应是,指明舍勒是如何在对实在性与操心的奠基关系的反转之框架中阐述他的那种批评的,即对存在问题依赖于此在之存在领会的这种依赖性的批评(4)。最后一步才是展现舍勒针对海德格尔的此在之"沉沦性"和"本真性"而给出的其他选择(5)。

1. 对阻力和其所予者的经验

关于"real"[实在的/真实的]的谈论,在舍勒思想中可以找到多种多样的区分。他首先使**实在**(*Realsein*)与它的实际照面活动的媒介物构成鲜明对比。实在与实在者之照面的这种关系在形式上相应于海德格尔的那种区分——在对实在性的存在论的领会和对实在性的存在者层次上的领会之间的区分。对于舍勒而言,"实在"作为哲学概念也指引着人们去关注"能够对立的存在"(gegenstandsfähiges Sein)(GW 9, 260),也就是说,他命名了一种在"现成状态"(Vorhandenheit)(海德格尔)的意义上可以抽身而去的事情(abkömmliche Sache)。相反,行为生命(Aktleben)本身是不能对立的,这种行为生命对于舍勒而言,正如他先前就已强调过的那样[1],始终只是在实行之中(GW 9, 260)。具有决定性意义的是,舍勒把他

---

[1] *Der Formalismus in der Ethik und die materiale Wertethik* (*Gesammelte Werke*, Bd. 2), hg. v. Maria Scheler, 5. Aufl. Bern/München 1966, S. 386-392.

的阻力经验之分析——他视之为实在性之被给予性的源泉（als Quelle von Realitätsgegebenheit）——锚定在某种行为生命的实行中，而不是锚定在某种在存在论意义上被预先烙印了的实在性概念中。

这种在现象学意义上的援引（Rekurs）——对那些相宜于现象的通达方式的援引——在形式上又应合了海德格尔的做法，因为这种现成存在（Vorhandensein）是可以在上手存在（Zuhandensein）中获得奠基的。然而，当海德格尔在《存在与时间》中论辩反对舍勒的阻力经验之理解时，他所凭借的恰恰不是存在者层次上的对实在的理解，而是传统的—存在论意义上的对实在的理解。但舍勒对实在性的看法却又有别于后一种理解，因为，如同此前已说过的那样，舍勒和海德格尔一样都与那种传统的对外在世界之实在性的讨论保持着距离，并且是在"实在性之被给予性"——用海德格尔的话来讲即"与实在者的照面"——中取得其出发点的。对于海德格尔而言，在存在者层次上的对实在性的经验并没有提供什么可用的存在论的基础，因为在他看来，这种经验仅仅给出了个别的实在者也就是说世内的存在者。然而这后一种看法却是一种没有得到进一步证明的看法。与之相对，舍勒却持这样一种看法，即，阻力经验使之照面的并不是个别的存在者，而是一种在自身中聚集起来的东西，一种"阻力中心"（GW 9, 266），由于存在着一种统一的**世界**的**实在**（als es das *Realsein* einer einheitlichen *Welt* gibt），故这种"阻力中心"必须要让自己被证明为阻力经验的相关物（参见 GW 9, 263）。

舍勒在阻力经验语境中对实在者的三重划分的前两种结构要素因而得到了如下展现：1. 一种不能对立的行为实行之存在（1a）在得到经验的阻力（1b）中遇见了一种现象结构（2a），这种现象结构并不仅仅是所照面之实在者的个别现象，而且也作为阻力中心而给出了世界之实在。这种中心的现象性东西的被给予存在（das Gegebensein des Phänomenhaften dieses Zentrums）乃是这样一种方式，即，藉此可以弄清，"实在"如何在存在者层次上是可通达的（"实在性之被给予性"）以及（2b）作为"能够对立的"实在（"真实—存在的存在本身"[Sein des Real-seins selbst]）在存在论上是如何变得可阐明的（参见 GW 9, 264）。对于我们的目的而言，对第一部分和第二部分的划分就已足够了。那种与此相关联的区分——由于完整性的缘故，它在这里仅仅被提及了——指示出了形而上学的领域。从得到经验的阻力中心的那种现象—图景中舍勒区分出了（3）这种中心本身的运作：这种形而上学的欲求原则（Drang-Prinzip）的运作，在其"生成存在"（Werdesein）中赋予了一种真实生成（Realwerden），但它本身并不是真实的（nicht real ist），既不是在存在者层次上可经验的，也不在纯粹的存在论意义上是可阐明的，而是在形而上学上被设定的。①

2. 基本假设：领会

为了使海德格尔对领会的援引这一做法的界限变得清晰可见，我们应采取这样一种尝试，即至少在开端处阐明阻力经验的行为实行之存在（Aktvollzugssein）。② 在这个问题上面，事关宏旨的首先是对 1a 与 1b（2a）的关系作出更确切的规定。那得到经验的阻力性的主题（1b）内含在舍勒对阻力经验的整体刻画中，但并没有得到明确的分析。

海德格尔在他的实在性分析中不仅预设了这一前提，即照面活动是连同其存在者而一起给出的，而且具有典型特征的是，他仅仅关注了实在经验之发生的一个方面，也就是说仅仅关注了那个方面——正是这个方面上，此在在其"一味追求"中为阻力性所关涉。在这个问

---

① "倘若我在真实存在论的意义上（im realontologischen Sinne）把实在规定为被欲求所设定的幻像存在（Bildsein），我这样做并不是想，又把实在（realitas）给附加到欲求的生成存在中去。"（GW 9, 260）——关于对舍勒后期的形而上学理解的方法上的构想，参见其 „Philosophische Weltanschauung" 一文（GW 9, 75-84）。

② 这同时应是下述工作的最初一步，即加工塑形出海德格尔在舍勒那里所通告的"实行"（vollziehen）的存在论规定（参见 SZ 64）。

题上，始终没有得到考虑的是：在"一味追求"的那种中断中，在对"对一种意求行得通的阻碍"①（SZ 279）的单纯确定之外，是否还有别的某种东西显示出来。海德格尔只是按照"内在"和着眼于受阻碍的意志活动的解释学处境来思考这种中断，而没有着眼于那种东西 —— 这种东西在此中断中或许表明了，它乃是超越了这种处境的东西 —— 来思考这种中断。在这种阻碍中不仅展示了"一味追求"的关系情形整体，而且从中还可看出一种三重性的东西：**首先**是对"能够一味追求"之界限（由 1b 造成）的一种每每都不明确的领会，**其次**是那种东西 —— 这种东西牵引着这种界限并在我的"意求行得通"之活动中阻碍着我 —— 的存在方式（这一点将要求在 1b 的基础上对 2a 作出更进一步的解释）。

第三是展示了一种特殊的、特有的领会，这种领会是特有的，因为它在领会中同时扬弃了自身（这一点关乎 1a）。它是这样一种领会，这种领会关乎领会本身并且是被那种**压力**所促成的，这种压力在对阻力的经验活动中反对着我的"一味追求"。我初步地经验到了这种压力，但这种压力本身对我而言是没有意义的。这并不是说，它有一种其他的、对我而言尚还隐蔽的意义：作为单纯的压力，它从其自身而来是完全没有意义的，并且只能在事后才给配备上意义。倘若对这样一种无意义之压力的经验归属于每一种对阻力性的体验，则对领会的援引 —— 况且为此援引的还是这样一种领会，这种领会仅仅是按照此在的自身领会而得到衡量的 —— 就**不**足以去适宜地把握一种像实在（Realsein）这样的现象。毋宁说，对领会的分析必须行至此在之自身领会的界限处，并且还得尝试着从中洞见到，领会活动本身绝对地超越了什么（was Verstehen selbst absolut übersteigt）。领会活动迫切中了

---

① 作者在引用这句原文时写作 "Behinderung eines Nicht-Durchkommen-wollens"，与海德格尔原文不合，疑为作者笔误，译文据《存在与时间》相应原文译出。——译者

一种外在，这种外在呈现的是一种对于其自身而言的外在。这种"外在"，作为对身体体验活动的断定，具有与传统存在论的"外在世界"完全不同的本性，后者始终已经运作在一种意义框架中了。①

对于舍勒而言，阻力经验并不是在一种已然开放的世界中与个别存在者的照面；毋宁说，作为"对于实在而言唯一有建构性作用的东西"（GW 9, 263），阻力经验乃是与这样一种东西的联系，这种东西既让一种"阻力中心"作为世界之实在而得到发现，又同时使得世界本身才得以开放。世界开放（Welterschließung）在这里乃是对实在者之纠缠性的回应：唯被体验了的阻力经验才使得下述事情得以可能，即，为了体验活动之进程而把作为对其②阻碍——这种阻碍是通过对动力中心的那些给予着实在的动力脉冲所作的外力设定而形成的——之回应的、被体验了的"阻力存在"（"阻力中心"）而给排除掉③（参见 GW 9, 264）。在这里，体验活动作为实在者的一种分裂而逃避到了"可能性之**划破** [Möglichkeits*ritzen*]"中（GW 9, 264），可能性本身如此才得以释放；这所要说的是，体验活动逃避到了一种意义维度的布置中（in die Ausgestaltung einer sinnhaften Dimension），逃避到了世界中——逃避到了"一种'世界空间'的开启"中（GW 9, 278）。这一维度应合了此在的空间性，正如海德格尔所认为的那样，它是在世界之世界性中开放的，并且恰恰是这一点才标识出了效力于领会的那一位置。④然而舍勒另外又指出，有意义地开放的世界，就它那方面而言，

---

① 为此可参见拙文 „Innen – Außen. Ein leibphänomenologisches Basiskapitel für eine Interkulturelle Philosophie", in H. R. Yousefi (Hg.), *Festschrift für Ram A. Mall*, Nordhausen 2007。

② 这个"其"指的是"阻力经验"，即"对阻力的经验"。——译者

③ 这句话的原文是："Erst die erlebte Widerstandserfahrung ermöglicht es, als Antwort auf ihre Hemmung 'durch Außerkraftsetzung der Realsein gebenden Triebimpulse des Triebzentrums' erlebtes 'Widerstandssein' (das 'Widerstandszentrum') für den Erlebensfortgang auszuschalten"。——译者

④ 对于舍勒而言，"现成 [在手] 者"（Vorhandenen）的被奠基性意味着，"存在的现成 [在手] 存在"作为"'对象性地'形成的实在"乃是奠基于那通过阻力经验而发生的阻碍中（参见 GW 9, 278, 262）。现成 [在手] 状态因而并非仅仅奠基于上手状态中，毋宁说，二者都奠基于对世界之"实在"的事先的体验活动中。

是作为实在的世界而"运作"的（als reale "wirkt"），也就是说，在阻力性中激发起了阻力体验，因为它也只有作为有意义的世界才是存在着的，而这乃是因为，它是实在的。由于世界之开放对于舍勒而言显示出了一种回转着的、源初—反身性的特征（rückwendenden, proto-reflexiven Charakter），故世界开放并不意味着，体验活动此前是无世界的。在舍勒看来，体验活动始终已经是在一个世界中了，但他所接受的是世界之居有的诸阶段（Stufen der Welthabe），在这个问题上，他特别把一种绽出性世界关联的预备阶段（"周遭世界空间"；ebd.）与世界开放活动的源初反身性的诸形式给区分开来。[1] 顺便要指出的是，体验活动躲入了富有意义的世界创建活动的中介物中，在这一事态中或许存在着这样一个原因，它可以解释，这种行动的那个本源——那个处于与实在的前意义的交道中的本源——为何被遗忘了（dass der im vorsinnhaften Umgang mit Realsein liegende Ursprung dieser Aktion vergessen wird）。

3. 基本假设：实在性面前的操心

在舍勒看来，畏也构成了实在性体验（Realitätserlebnis）的前提：畏首先是从世界的阻力性中形成的（GW 9, 270）。舍勒把畏规定为一种身体感觉状态（Befindlichkeit），它不仅关系于存在者，而且也是对可能之阻力的畏（参见 GW 9, 271）。[2] 倘若人们想要把舍勒对畏的特性刻画和海德格尔的畏之分析联系起来思考，则就会得出下述结构：畏是那种特有的定调存在（Gestimmtsein），在这种定调存在中，此

---

[1] 凭借着对世界之居有的质所作的区分，舍勒端呈出了一种工具，这种工具不仅使我们可以把世界特征与那种"动物与人之比较"（Heidegger, *Die Grundbegriffe der Metaphysik. Welt – Endlichkeit – Einsamkeit* [Gesamtausgabe, Bd. 29/30], hg. v. F.-W. v. Herrmann, Frankfurt/M. 1983, Zweiter Teil) 关联起来，而且使我们可以将世界特征与文化历史的和跨文化的差异关联起来。

[2] 畏并不具有什么客体，"因为在阻力中存在的只是阻力，没有什么对象、**也没有什么本质存在被给予了**（noch kein Gegenstand und *kein* Sosein gegeben）"（GW 9, 272）。

在在对一切有内容之意义的抽离中被持入了对作为阻力之来源的"世界之世界性"的经验中（in dem Dasein im Abgezogensein von allem inhaltlichen Sinn in die Erfahrung der widerstandsabkünftigen "Weltlichkeit der Welt" gehalten ist），也就是说，体验了阻力性——但却是以一种特殊的方式，也就是说，作为创建着世界的东西而体验了阻力性，但同时又是这样发生的，即，世界现在在没有内容上的意义构造活动的情形下就来照面了（dass Welt jetzt ohne inhaltliche Sinnstrukturierung begegnet）。伴随着世界之世界性的"锁闭着的空间"（Hohlraum），此在也体验到了阻力存在本身，也就是说，不是遭受了一种直接切中体验活动的阻力，而是仿佛在距离中经验了阻力：将其经验为一种持续地即将来临的东西。然而，与阻力性现象相比，这种相对被敞开了的存在（dieses relative Geöffnetsein），对于那感到畏的人而言，并没有什么用处，因为他的畏"迷住了"他（GW 9, 272）并且无论如何都指引着他去关注世界之世界性的那个"在何面前"（Wovor）。

　　对于舍勒而言，和畏一样，操心也不是源始的，而是奠基在对阻力的经验中——表面性地看来这处于一种对海德格尔看法的颠倒中。只是在"对实在者之实在的发现之后——在对世界之阻力'的'居有之后"才出现了操心（GW 9, 278）。倘若对于海德格尔而言操心乃是理解着存在的此在的基本特征，并且倘若对于舍勒而言一切领会都关系于对无意义的阻力性的事先经验，则由此就可推论出，此在的操心结构奠基于对实在者之阻力的体验活动中。那么也就值得一提的是，舍勒并非仅仅实行了对海德格尔之看法的一种倒转，而且也呈现了一种模式，海德格尔的诸多阐释顶多是在某种程度上嵌入并适宜于这一模式，就此显示出，这些阐释只是对于对整体之阐明而言是不充分的。

　　在舍勒那里，"操心"这一名称指引着人们去关注"日常人（Alltagsmenschen）的**中间状态**"（GW 9, 276），这种状态，就它那方面来看，仍然被嵌入到"一种非实在性的［……］本质领域之向度"

和欲求原则之向度（GW 9, 276-277）的中间去了。① 凭借着这种中间存在（Mitte-Sein），舍勒对中间的世界存在（在世界中存在）进行了特性刻画，这种中间的世界存在是被一种意义性所烙印的，而这种意义性则是在与实在者之阻力性的直接联系中拥有其来源的。这里值得注意的是，以这样一种方式，不仅海德格尔的"常人"（Man），而且那通过操心而得到特性刻画的整个的"在世界中存在"——只要这种存在并没有遭受到那种差异，即它与超越着它的那种东西的差异——都遗留在一种褫夺性的状态中了。因此，把在世界中存在的此在之基本特征鉴定为操心的做法，就等同于把一种褫夺动词实体化为一种存在论的基本范畴（Hypostasierung eines Privativen zu einer ontologischen Grundkategorie）。

4. 方法论上的此在分析

舍勒指责海德格尔是一种"此在的唯我论"（GW 9, 260）。这指的是海德格尔的这一前提，即，在存在之意义问题上，让存在依赖于此在的存在领会。舍勒在其中仅仅看到了——依照海德格尔自己的措辞——一种"从笛卡尔的'我思故我在'到一种'我在**故我思**'的纯粹的**倒转**"②，在这个问题上，"笛卡尔的那一基本错误"——即在"存

---

① 因此，对于舍勒而言，操心绝不会发现实在者之实在 [das Realsein des Realen]，而是始终只发现了实在物的存在 [das Sein des realen Dinges]（作为实在与"偶然的本质存在"[zufälligem Sosein]的复合）（参见 GW 9, 278）。——这将意味着，即使海德格尔的基础存在论本身也还是在根本上具有一种被遮蔽了的、通向这种存在论之基础的事物存在论（Dingontologie）。——这个关于"中间状态"的论题令人想起了奥斯卡·贝克尔（Oskar Becker）的模式，他认为海德格尔的历史性世界被绷紧置入了"超历史性的"先天和"历史性之下的"自然的那种外在于历史性的东西中了。（参见 Becker, „Para-Existenz. Menschliches Dasein und Dawesen", in *Dasein und Dawesen. Gesammelte philosophische Aufsätze*, Pfullingen 1963, S. 67-102）

② 在海德格尔那里这叫作：："倘若'我思我在'充当了此在之生存分析论的起点，则就不仅仅需要这种倒转，而且也需要一种在存在论—现象学意义上对'我思我在'之内涵的证明。第一句断言遂是：'我在'，更确切地说，是在这种意义——'我在一个世界中存在'——上的'我在'。"（SZ 279-280）

在者之存在的秩序中坚持那最先被给予的、事实上却**最遥远的东西**",亦即坚持"本己的自我"——即使在海德格尔那里也始终持存着。[1]虽然就连海德格尔自己也是从此在的一种世界迷失（Weltverlorenheit）出发的（ebd.），但他这样做仅仅是为了，由此而来返归于单独自身的存在并在那里与"存在论的出发点"联系起来（GW 9, 261）。

舍勒因而所批评的，乃是那个方法论上的开端，即如此这般地——认为此在本身充当了一种存在论的基础——把对存在的追问锚定在此在中了。此在因而始终还是显示出了那种实体性特征（substanzhaften Charakters）——这种实体性特征和近代哲学一起被扬弃到主体中去了——的一种残余。舍勒对海德格尔基础存在论之开端的这种批评在某些情形下看上去是矛盾的，因为舍勒在别的地方也强调说："一切人之外的存在对于人（作为微观宇宙）的那种依赖性，对我而言所意味的东西，和它对海德格尔而言所意味的东西，或许是同样的。"（GW 9, 295）[2]但是它也为下述事态给出了一种推定证据：舍勒对这种依赖关系的规定是有别于海德格尔的。舍勒继续写道：每一种依赖性都"不是哲学的出发点，而是它的结果"（ebd.）。这所要说的是，这种依赖性恰恰不可以是一种方法论上的基本预设，毋宁说，它本身必须是一种哲学审查的结果，因而必须让自身得到证明。这种存在论的询问因而必须在方法论上如此这般地布置自身，即，它**面对着它自己的锚定**（gegenüber ihrer eigenen Verankerung）还保持着开放。因为人，如同舍勒所指出的那样，乃是"一种完全'开放的'体系"（GW 9, 276）。

这里所指的这种开放性，不是此在之自在和自为的一种规定，而是这样一种规定，即此在自身依然被持入其中去的那种规定（in die

---

[1] 参见 Heidegger,„Dasein ist ihm selbst ontisch ‚am nächsten', ontologisch am fernsten, aber vorontologisch doch nicht fremd" (SZ 22)。

[2] 然而这句话却不可以被理解为：舍勒的现象学构思应被归类为一种"实在论的"现象学。

Dasein selbst noch gehalten ist）。此在因而不仅仅是在"在世界中存在"的"内—在"（In-sein）之基础上、在与它的世界迷失的那种差异中经验到了它的特有东西，而且始终被更为彻底地暴露给了那种差异，即与它的"在世界中存在"本身的差异（或许可以说：处于与"存在论差异"的差异中）；亦即，被暴露给了舍勒所理解的那种差异，那种与无意义之实在者的差异，就像与先天者的差异一样。此在因而并不是存在论的那种承受着其开端的根据 [der tragende Grund der Ontologie an ihrem Anfang]（即海德格尔所谓的"开放的"体系 [ebd.]）[①]，毋宁说，此在在存在论的意义上表明自身乃是一个交点，诸多存在领域正是在这个交点相交的，但这些领域却始终遗留在一种与它们之交点的差异中。舍勒在他的人的"微观宇宙"之观念中作出了这一断定（参见 GW 9. 83, 90）。

5. 此在分析和"超—在"

就连舍勒的人 [格] 概念（Personbegriff）[②] 也处在与这种得到彻底理解的差异的关联中，并且必须由此而来得到把握。在舍勒看来，由于人格存在（Personsein）超越了操心结构的时间性，所以人格存在乃是作为人格的这样一种人（der Mensch als Person），这种人突破了世界的"内—在"并且被持入了那种与世界的"内—在"之诸边缘的

[①] 恰恰是这种疑难性引领着海德格尔放弃了他的那一计划，即从此在的基础存在论而来开抛出存在问题。但始终可疑的是，转向之后的海德格尔后期思想在何种程度上兑现了舍勒之要求所计划要做的那种东西。在后期海德格尔那里，解释学循环这一形象仅仅是从此在之结构而来移置到关乎存在之开抛和抛置的那种"时间—游戏—空间"的结构中去了（in die Struktur des Zeitspielraums von Entwurf und Zuwurf des Seins）；在这个问题上，即便强调了，存在"需用"人（例如 „Zur Seinsfrage", in Wegmarken, a.a.O., S. 407; 411），并且人也的确抓这样一个位置——一切人之外的存在都依赖于人——给完全放弃了，但却没有同时把差异之力（Differenzkraft）予以提升；在后期海德格尔那里，也仅仅是在事关上述结构体系本身的时候才有了差异，这种体系本身尚还没有被置入到一种差异中去。

[②] 舍勒文本中的"Person"一词通常被汉语学界译为"人格"，但考虑到该词原意和汉语"人"字的复杂意蕴，此词也完全可以考虑译为"人"。下文中仍统一译为"人格"。——译者

差异中。[1] 人格因而通过一种"超—在"(Über-sein)而得到了特性刻画(GW 9, 294, 298),并且是"超时间性的"(überzeitlich)[2](GW 9, 295),然而它又为此注定要与时间性相对待:"人格不是去时间性地**存在**或者说也没有要去履行时间性,但人格还是被归派到生命和生命的时间性上去了。"(GW 9, 296)这种"归派"意指,它[3]急需时间,为的是实现自身。舍勒把这种自身实现的进程理解为一种生成,这种生成在遮掩("散射")和揭露("聚集")之间交替着(GW 9, 297)。相应于那种彻底的差异——在舍勒看来,人之存在作为人格存在正是处于这种差异中[4]——这种遮掩和揭露要比海德格尔基础存在论之构思中的情形要抓得"更深"和探得"更高"。那种联系,与实在者之阻力性的联系,归属于自身实现,但却位于其"最底层"。只要实在奠基了此在的操心结构,人格存在就在对操心之中间世界(Mitte-Welt)的造就中和对这种中间世界之造就的依赖中自行遮掩起来。于是,操心——处在与世界的那种真实联系中的操心——的本源,以及人格存在本身——处在人格中心的那种超时间性的"有效存在"(aktualen Sein)中的人格存在本身——的本源,就都被遮掩了。舍勒同时强调道,对于揭露(Enthüllung)而言,即,对于那种向自身的聚集[5]而言,遮掩(Verhüllung)乃是一种必要的前提条件(ebd.)。在这种向自身的聚集中,人格使自身从它的散射中脱离出来进入了操心之中,也就是说,它的有效存在被那种趋向其自身的、实现着的生命欲求给从生效举措中解释出来了(ihr aktuales Sein wird von der Indienstnahme durch

---

[1] 人格并"不是'在'世界中;作为每一个生成着的世界的生成着的东西,人格乃是行为中心的关联者;[但]人格也不是世界的部分"(GW 9, 266)。

[2] 这个德文词的语用意是:"对于一切时间都有效的,不受时间束缚的。"——译者

[3] 指"人格"。——译者

[4] 这句话的原文为"in denen Menschsein als Personsein für Scheler steht",疑有笔误或印刷错误,即表复数的"denen"或应改为表单数的"der"。译文按合理意译出。——译者

[5] 舍勒语境中的这种"聚集"亦可考虑译为"聚精会神"。下同。——译者

den realisierenden Lebensdrang zu sich selbst hin befreit）①。因此，作为一种意义发生的客体化活动——这种客体化活动遮盖和歪曲了那种有效的实行——并非是源始的，毋宁说，参与到一种面对着阻力的体验领域中去，才是源始的。"使自身向自身聚集"，于是就意味着，"不再随波逐流"，不允许实在性联系，"通过忍耐来扬弃痛苦"（GW 9, 300），正如它在方法层面上力求达到舍勒意义上的那种现象学还原②。舍勒强调指出，聚集并非一种最终目标，而是作为"趋于全心全意的聚集"而是"'通向'新聚集的食粮"（GW 9, 297）。唯有这一点才论证了生命的那种交替着的变易特征（Werde-Charakter），因为："生命意味着：从其存在的独立性而来的那种持续的被运动、被动用和被吸引。"（ebd.）③

引人注目的是，舍勒是从人格存在的那种超时间性的定位出发的，然后又把这一定位在其实现进程中的那种纠缠收入了眼帘。但即便"揭露"是以"遮掩"为前提，人格存在的那种应在现象学意义上得到理解的结构事实上也还是在其沉沦形态中来照面了。因此必须发展出一种现象学的做法，这种做法可以使人格存在的那种整合之力在生命通常进行之处——以沉沦之处境为起点——就已得到证实。这样一种位置，对于那有待着手的分析而言，可能是在其现象学还原的极端形态中的那种聚集，因为这种现象学还原甚至以直接方式"回应"了这种沉沦形态。一种现象学因而有必要恰恰属于这样一种还原，这种

---

① 也正因为脱离了具体的生效举措，这种"有效存在"才是超时间性的。——译者

② 参见本人关于舍勒的现象学还原的文章（„Max Scheler", in R. Kühn u. M. Staudigl [Hg.], *Epoché und Reduktion* [*Orbis Phaenomenologicus Perspektiven NF*, Bd. 3], Würzburg 2003, S. 243-248）。

③ Jan Patocka 在他的生存现象学中早已发现了那种重要意义，即一种交替着的生命方式对于以尽可能大之强度去"拥有"生存空间的那一做法的重要意义；参见 Patocka, „Leben im Gleich- gewicht, Leben in der Amplitude", in *Jan Patocka. Texte – Dokumente – Bibliographie* (*Orbis Phaenomenolo- gicus Quellen*, Bd. 2), hg. v. L. Hagedorn u. H. R. Sepp, Freiburg/München/Prag 1999, 91-102；同时参见 L. Hagedorn, „Von einer ‚Philosophie der Amplitude' zur ‚Solidarität der Erschütterten'", in ebd., S. 124-133。

还原，如同舍勒对胡塞尔所提出的异议那样（参见 GW 9, 206-207），不应被理解为一种理论性的还原，而应被理解为一种生存性的还原。在那种生存性的、造就了还原的变化能力中，那种盈余就必然呈现出来了，正是这种盈余将在这一处境中使得人格存在的"超—在"在现象上变得清晰可见。由此，效力于另一种此在分析的那一根据才被设置下了，这种此在分析超越了对海德格尔之方案的狭隘运用并且一并采纳了舍勒的收获。现在是时候去重新筹划生存的存在论了。

（译者：张柯/贵州大学哲学系）

世界观、形而上学与现象学

舍勒对胡塞尔自然立场的世界理论的批判[*]

昆汀·史密斯

引 言

舍勒对胡塞尔自然立场的世界理论之批判可以被理解为现象学哲学从胡塞尔的"理性主义"转向海德格尔"存在主义"的一个关键要素。我们将表明，胡塞尔的这一理论——世界的价值特性奠基于自然特性之上——意味着世界的个体对象是"逻辑的个体"。通过批判这一观点并且说明真正为自然特性奠基的是价值特性，舍勒证明了：世界的个体对象是那些先于世界可能具有的任何一种逻辑结构的"价值论的个体"。这种看法预先为海德格尔的构想铺平了道路，这一构想将世界当作不同实践存在者之间的一种指示性关联的系统，海德格尔认为这个世界甚至先于舍勒的"价值论的个体"世界。[①]

---

[*] 本文译自：Quentin Smith, "Scheler's Critique of Husserl's Theory of the World of the Natur-al Standpoint", *Modern Schoolman*, 55, No. 4, 1978, pp. 387-396。——译者

[①] 参见 Martin Heidegger, *Being and Time*, trans. Macquarrie and Robinson (New York: Harper and Row, 1962), Chapters III and V。海德格尔的批判隐见于第三和第五章。海德格尔暗示了这一批判之实质，他写道，舍勒关于感受和表象行为的概念的"存在—本体论基础"是"模糊的"（p. 178），这一方面意味着感受行为为展示此世界的生存形式奠基，反过来另一方面也意味着这些行为的"价值对象"奠基于这个生存形式所展示的世界之上。

在这篇论文中，我们主要关注舍勒对胡塞尔世界概念的批判，而让读者去推断舍勒的世界和《存在与时间》的世界之确切联系。我们讨论的"对胡塞尔的世界概念的批判"必须理解为舍勒理论中所隐含的一种批判。舍勒本身并没有将他的理论作为对胡塞尔理论的一种批判而提出——他在讨论世界的过程中甚至没有一处提到过胡塞尔，但他的理论可以理解为并且构成了这种批判。① 接下来我们将通过这种方式论述舍勒的理论。

舍勒的理论可视为对胡塞尔世界理论中的两条不同原则的批判。这两条原则对应于胡塞尔和舍勒理论中都起作用的两种"奠基"意义。在第一种"奠基"意义上，特性（characteristic）是对象之个体"何物性"（whatness）的基础。在这一意义上，奠基特性就是一种规定个体对象之自然统一的特性。② 对于第二种奠基意义，胡塞尔和舍勒都规定为是对特性之存在和被给予的依赖性或者不依赖性的关联。胡塞尔这样定义：如果"A 除非在一种与 M 相联系的、更加综合的统一体中，否则本身不能存在，那我们就认为 A 本身就需要通过 M 来奠基"③。舍勒则通过特性的被给予来定义这种奠基意义："我坚持认为如果某个价值 A 只能在某价值 B 被给予的条件下才给予我们，那么价值 B 就是对价值 A 的'奠基'。"④ 因此，在第二种奠基意义上，如果一种特性的存在和显现（被给予性）对另一种特性之存在和显现是必然的话，那么

---

① 实际上舍勒的这一理论首次发表于 1913 年，见 *Formalism in Ethics and Non-Formal Ethics of Values* (trans. Frings and Funk, Evanston: Northwestern University Press, 1973) 的第一部分，这一年也恰好是胡塞尔整套理论首次提出的那一年（参考胡塞尔的 *Ideas*［亦即《观念 I 》——译注］, trans. Boyce Gibson [London: Collier Books, 1962]）。但是胡塞尔这理论在他早期（1900—1901）的 *Logical Investigations* (trans. Findlay, London: Routledge and Kegan Paul, 1970) 中却几乎没有暗示，就像我在我的论文 "On Husserl's Theory of Consciousness in the Fifth Logical Investigation" (*Philosophy and Phenomenological Research*, June, 1977) 中所指出的。

② 这种奠基意义虽然隐含于胡塞尔和舍勒的对象理论中，但却从未被他们明确地阐述或定义过。

③ Husserl, *Logical Investigations*, p. 463.

④ Scheler, *Formalism in Ethics and Non-Formal Ethics of Values*, p. 94.

这种特性就是一种奠基特性。我们首先在第一种奠基意义上通过考察胡塞尔和舍勒有关世界奠基结构的理论来开始对他们的分析，然后我们在第二种奠基意义上考察他们的理论。

一、第一种奠基意义：对象的本性统一

对胡塞尔来说，自然立场的世界首先是由自然的物质事物构成：

> 我们对生活的角度一开始就是自然人的角度，以"自然的立场"去想象、判断、感受和意愿……我意识到一个世界，这个世界在空间中无限地延伸，在时间中生成并且无穷地生成。我意识到它，这首先意味着我当下地从直觉上发现它，我经验它。通过我的看、摸、听等等，而且以不同的感官知觉方式，具有某一空间分布范围的物质事物就直接对我存在着。①

这些事物并不是"纯粹的自然物"，而是具有某种价值的特性："我发现，在我面前这些物不仅具有适合其实际本性的性质而且具有价值特性。"② 这些价值特性奠基于实际的物质性质之上，后者本身形成了世界的独立对象的基底。在《经验与判断》中胡塞尔非常简洁地表达了这一点："在经验的世界中，自然是最低层次的，它为所有其他层次奠基。在它朴素可经验的性质中作为自然的存在物是那种存在于所有其他经验样式、所有评价和行为之根据中的基底。"③

与感官知觉的行为相关联的物质自然可以为世界的所有其他特

---

① Husserl, *Ideas*, sec. 27, p. 91.
② Ibid., p. 93.
③ Edmund Husserl, *Experience and Judgment*, trans. Churchill and Ameriks (Evanston: Northwestern University Press, 1973), sec. 12, p. 54. 也可参见 *Ideas*, sec. 39, pp. 114-115, 以及 sec. 152, p. 389。

性奠基，因为它于此世界的个体对象来说是构成性的。对胡塞尔来说这意味着世界的各种对象在纯粹逻辑的意义上和在以下这一意义上是"个体"的：

> 感官知觉……在各种经验行为中扮演着一种原初经验的作用，由此所有其他的经验行为取得了它们用来充当基础的主要能力。任何一种知觉意识都有这样的特异性，这种特异性是对个体对象具体的自身显现的意识。这种个体对象或者是这个名称的纯粹逻辑意义上的一种个体，或者是这样一种个体的逻辑范畴的变项。①

对这些"逻辑个体"、这些自然事物的知觉，并非在自然立场上孤立发生的事件，而是这个不断地用来领会世界的方式："我们之自我本然觉醒的生命是一种或现实或潜在地持续的知觉。世界或事物以及我们置身其中的身体不断地向我们的知觉显现。"②

因此，在1935年的演讲"哲学与欧洲人的危机"中胡塞尔将我们的周围世界刻画为一种由自然个体物所组成的世界："周围世界表明自然是一个同质的整体，一个自在的世界，也就是说它由同质的时空所围绕并且分化成各种独立事物，所有独立物在物质实体上都相似而且每一个都在因果性上规定另一个。"③

价值通过一种与自然的独立物偶然的述谓关联而奠基于这些自然独立物之上。价值是这些事物的"核心""特性"，该特性"或明或暗地包含着"成为它们"谓项"的逻辑形式。④ 这些"价值谓项"⑤ 对事

---

① Husserl, *Ideas*, sec. 39, p. 114.
② Ibid., p. 115.
③ Edmund Husserl, "Philosophy and the Crisis of European Man", in *Phenomenology and the Crisis of Philosophy*, trans. Lauer (New York: Harper and Row, 1965), p. 182.
④ Husserl, *Ideas*, sec. 116 and 117.
⑤ Ibid., sec. 130, p. 336.

物的统一来说并不是必然的,因为这些谓项可能就"缺失了",当这个"具有价值"的事物仍是一个具体独立的个体之时。①

这门关于世界之个体对象的奠基结构理论尖锐地与我们能够在舍勒的不同著述中发现的理论相对立。在《形式主义》(1912/1916)中②,舍勒将自然立场的世界认定为环境(milieu):"'自然世界观'的物、事件等等的完整内涵就是'环境'。"③

舍勒后来在《论人的永恒》(1921)中表明,"在各个方向上,在时空之中,在内部,在外部,在观念对象方面以及在神方面"④都可发现这种环境的内涵。相对于胡塞尔的基本命题,舍勒坚持认为坏境的个体对象是"价值物或者诸善(以及事态)而根本不是表象物"⑤。这些价值—对象或"价值论的个体"⑥有以下三种:1)事态,2)事态的价值状态,以及3)诸善。⑦这三种价值—对象的共同之处在于它们的各种对象—统一之基础在于它们的价值—结构,而不在于它们自然的事物—结构。这意味着,与胡塞尔理论相反的是,价值不是自然事物的偶然谓项,而本身就是对属于不同世界对象的自然特性的奠基。说明这一点可以通过分析事态、事态的价值状态以及诸善的构造来实现,后者是构成世界的三种对象。

舍勒标识为事态的那些价值—对象,只要它们是有价值的(本质上有用的)就是"物"(things)的。⑧一事态是一物,它可能是具有某

---

① Ibid., sec. 95.
② 此处作者将《形式主义》标注为 1912 年,但根据舍勒在《形式主义》前言中所写,本书发表时间是 1913 年和 1916 年。——编者
③ Scheler, *Formalism in Ethics and Non-Formal Ethics of Values*, p. 148, n. 37.
④ Scheler, *On the Eternal in Man*, trans. Noble (London: SCM Press Ltd., 1960), p. 93.
⑤ Scheler, *Formalism in Ethics and Non-Formal Ethics of Values*, p. 148, n. 37.
⑥ 这是我们所用的术语,而不是舍勒的术语。
⑦ "事态"(Affair)是弗林斯和方克对 Sach 所作的许多译名中的一个。"thing","something"和"complex"也被用来翻译 Sach。"事态的价值状态"(Wertverhalte)经常被称为事态状态的价值—复合。这个术语"事态状态"见 p. 310。
⑧ Scheler, *Formalism in Ethics and Non-Formal Ethics of Values*, p. 22.

种价值的"表象自然物"①,但这并不意味着价值奠基于一种其自然"物性"构成事态之统一与"何物性"的事物之上。毋宁说正是此物之价值才规定此事态之统一与"何物性"。舍勒提到一种作为例证或事态的性质。如果对性质之结构进行例示,我们就会看到舍勒的理论是合理的。我拥有的这亩地是由草地、土壤、石块,更一般地说由广延、形状和颜色所组成。但这些自然实在并不是将这亩地的"何物性"规定为"我的性质"的东西。毋宁说,作为"我的性质"来构成它们的同一与"何物性"的是这个价值,即对这些自然实在合法地随时支配和使用的价值。正是此事态之价值—基底,而不是自然的基底才规定了此事态成为其之所是。

舍勒的事态价值状态(value-state-of-affair)概念区别于其事态概念,就在此概念更加复杂。事态价值状态是一种为事态状态奠基的价值—复合(value-complex)。事态是一个活动(比如体操练习),一个事件(比如邻居的农场烧毁了),或者某种物体的排列(比如桌子上的一盏灯)。② 价值—复合是将这些事态状态统一成不同"对象",也就是不同事态价值状态的价值质性结构。舍勒对不同类型的事态价值状态所作的最详细的描述就是对谋杀行为的描述。谋杀行为的事态状态是结束某人生命的活动。比如,它可能由拿起枪,瞄准一个人的胸并扣动扳机的物理活动组成。但是这种事态状态并不形成谋杀的个体"何物性"。形成谋杀本身的是在此行为中所显现的价值—复合。这种价值—复合就在于"消灭这个人及其价值"的决断意向。③ 以下事实表明了这一点:如果在这种决断意向中有一个不同的价值—复合,那么这个完全相同的事态状态会形成完全不同的"个体何物性"。比如,

---

① Ibid., p. 20.
② 舍勒给出的这些例子见 *Formalism in Ethics and Non-Formal Ethics of Values* (pp. 126-127)。是我们将它们转化成"活动"、"事件"和"物体的排列"的形式。
③ Ibid., p. 316, n. 100.

"出于法律要求的死刑所呼喊"的价值—复合就使这同一个射杀此人的物理行为成为一种"执行死刑"而不是"谋杀"。

善与事态和事态价值状态相区分的地方就在于,它"展示了奠基于具体的基本价值之中的各种价值质性和价值复合的'事物性统一'"①。"善与价值质性的关系就像事物与充实它的'性质'的那些质性的关系一样。"②基本价值不仅统一这种善的价值质性而且还统一着属于这种善的其他质性,就如"物质善的情况下的颜色和形式"③。善的基本价值并不是像事态那样"偶然地"④奠基于物之上,比如,在事态那里,"合法地处置和使用"这一价值就偶然地奠基于土地的特定部分上。毋宁说,善的基本价值是从一开始就规定在该善之中价值属性和物质属性的综合。比如,在一幅油画中,美的基本价值规定了各种各样的审美价值之综合,比如古典美之综合——外形和形式的对称和比例,主题的鲜明,所表达的主体的观念等等;美的基本价值也规定了各种各样的物质性质的综合,比如,不同的绘画颜料,蛋清画和石灰固定剂以及一定外形和尺寸的画布。关于诸善的其他实例是教会、国家和生活社区、科学机构、一本书以及一块布(比如嘴布和一套衣服)的福利(well-being)。⑤

因此,在所有构成自然立场之世界的三种对象类型——事态、事态价值状态以及诸善——中,价值并不奠基于自然实在,而本身就为自然实在奠基。

---

① Ibid., p. 20.
② Ibid.
③ Ibid., p. 22.
④ Ibid., p. 20.
⑤ 这些例子分别在 *Formalism in Ethics and Non-Formal Ethics of Values* 的第 9、93 和 108 页被提到过。

二、第二种奠基意义：对象特性的存在与显现

价值对自然实在的这种在奠基上的优先性也同样适用于第二种奠基意义。在此意义上，价值成为自然实在的奠基就在于，它成了自然实在存在与显现的条件。在我们阐发舍勒关于第二类的价值奠基优先性理论之前，让我们先考察胡塞尔的相反观点，这种观点认为知觉的自然对象，其他的类型或者表象对象（比如说，想象和死刑的对象）才是价值的奠基。

胡塞尔在《观念》中主张，一个价值的显现以此为条件，即它在一个被表象对象的基础之上显现："评价行为包含一种（对被表象对象的）意识来充当支撑基础。"[1] 更彻底地说，"知觉行为，表象行为，判断行为（是）评价活动的基础"[2]。对象的价值层是从属性层次；它只是在奠基于表象层的时候才出现。另一方面表象层独立于价值层；一旦价值层缺失它也仍会出现：

> 一般来说，层次化作用是如此有规律以至于整个现象的最上层可能缺失，但却不影响其他剩余是一种具体完全的意向体验……比如，"评价活动"（是）一个从属性阶段，它将自身层化于一个具体表象之上或者反过来再次缺失。[3]

表象层的奠基优先性就是指，这些表象层始终是向我显现的那些对象的主要特征，即便这些对象具有价值—谓项的时候也这样。因此，当自然的表象事物带着某种价值显现于我时，我就"领会了"此

---

[1] Husserl, *Ideas*, sec. 95, p. 256.
[2] Ibid., p. 255.
[3] Ibid.

事物，但我没有"领会"此物之价值（"领会"对胡塞尔来说意味着一种集中的意识方式——对对象的"留心"和"注意"，无论是"专心的"还是"草率的"[①]）："诚然，对一事物的朝向，若非以领会的方式则不会发生……而评价行为却让我们朝向价值……而不领会（这些价值）。"因此，当"我们在一种鉴赏活动中被指向某种（表象对象）时，这里的对表象对象的指向就是一种对这一对象的注意行为和领会行为；但我们就被'指向'了价值，只是不以领会的方式"[②]。

舍勒在他的许多著述中都论证说，这两种关于对象表象之特性的优先性论点都是不正确的。首先，他声称价值先于承载其对象的表象特性而被给予。在《同情的本质》中，舍勒认为这与他发现的一条法则相关，这条法则"在任何表象行为涉及到的地方（记忆、知觉、期望、想象和意义领会中）都起基础作用；也即是说，对象的价值质性在它们被想象[③]的范围内已经预先被给予而概念化特征却仍未给予我们，因此对价值的领会是我们对对象随后领会的基础"[④]。在《伦理学中的形式主义与质料的价值伦理学》中，舍勒对此法则作出了更加明确的现象学规定：

> 在把握价值过程中，我们了解到这样一种情况，在这里一个对象的价值已经非常清楚和明见地给予我们，价值载体却没有给予我们。因此，比如一个人对我们来说可以是令人悲痛，使人讨厌，讨人喜欢和有同情心的，而我们却不能够领会到这是如何产生的。而且一处风景或屋子里的一个房间会显得"友好"或"令

[①] Ibid., sec. 37, p. 110.
[②] Ibid.
[③] 但是，对此有一个例外就在于，对象的想象特征除了是它的被表象特征外还是它的被感受特征（这对舍勒来说包括它的价值质性）。我们在我们的论文"Sartre and the Matter of Mental Images"(*Journal of the British Society for Phenomenology*, Vol, 8, No. 2, 1977) 的第四节论证了这个问题。
[④] Max Scheler, *The Nature of Sympathy*, trans. Heath (Hamden: Archon Books, 1970), pp. 57-58.

人忧伤",对于一个房间之内的逗留来说也同样如此,而我们却一点不知道这样的价值载体。这对物理实在和心理实在同样适用。[1]

通过价值对价值载体的不依赖性,舍勒并不是要说明价值可以不依赖于拥有此价值的对象而给予我们,而是要说明,价值可以不依赖于承载此价值的对象之具体特性而给予我们。当对象一开始拥有某种价值而向我们显现时,承载价值的对象特性并不是在该对象中作为价值载体明晰有别地凸现出来,而是融入对象的模糊整体性之中。承载价值对象的具体特性并不是在这些特性价值被认识到的时候才自身被认识到。当我们回忆自己对某人所具有的"本能的喜欢"或"本能的不喜欢"体验,但却无法真正说明是这个人的什么东西使我们喜欢或不喜欢他的时候,我们就很容易理解这一点。舍勒所指的正是这种体验,当他认为"一个人可能……对我们富有同情心,而我们却不能领会这(同情)是如何产生的"时候。这里,具有"同情"价值的那个人与他的"同情"价值一起被给予我们,但是此人承载此价值的具体特征和特性本身并没有给予我们。我们不知道此人如何或者为什么会对我们"富有同情心"——我们也不能够向另一个人说明为何我们发现他是"富有同情心的"。只有通过随后对这个人的了解和熟悉(或者通过对他的"心理观察")我们才将会认识到他对我们来说显得"富有同情心"是因为他具有与我们本身相类似的人格特征,比如,他不偏不倚、富有思想、沉默寡言、超凡脱俗、内向等等。但我们首次遇见他时,正是这些不偏不倚、富有思想等等特性才是"同情"价值的载体,尽管此时它们是融合在此人整个外表之中的模糊特性,而且还没有作为此人的具体特性凸现出来——这些具体特性是他的"同情"价值的载体。

---

[1] Scheler, *Formalism in Ethics and Non-Formal Ethics of Values*, p. 17. 可能在舍勒的影响下胡塞尔后来部分承认了这一点。参见 *Experience and Judgement* (sec. 20)。

此外，舍勒在他的这个陈述——"一处风景……显得'令人愉快'或'令人忧伤'而我们却不了解这些价值载体"——中所表明的是，正是对象的被给予性而不是对象特性的被给予性，才承载着价值。舍勒认为，"这处风景"可能会显得"令人愉快"或者"令人忧伤"，而且在我们没有认识到"令人愉快"或者"令人忧伤"的价值载体的情况下，它就可能自身显现，这清楚地说明了这处风景不是价值的未知载体。因为，如果这处风景显得"令人忧伤"，那么这处风景如此就被认为是"令人忧伤的"对象，而不可能是"令人忧伤的"价值的未知载体。毋宁说，"令人忧伤"之价值的未知载体是这处风景的具体特性，这些特性说明了这处风景显得"令人忧伤"的原因。这些特性可能是极为细微的，就如"标示地平线的那些参差不齐的暗色礁石"，就如"点缀在画面周围被折断的木料"，就如"被风吹打的青草"和那"萧萧的风声"。但是当我一下子瞥见这处风景并且得到它"令人忧伤"的整体印象时，我们并没有将这些具体特性领会为"令人忧伤"之价值载体的特征，正是在我随后"看到"这处风景时这些特性才逐渐显露并且作为使这处风景"令人忧伤"的特性凸现出来。

因此，舍勒的论点——价值能够不依赖于价值载体而被给予我们——并不是这样一种（荒谬）主张，即一对象之价值可以在撇开对象本身之被给予性的情况下给予我们。毋宁说，它是这样一种主张，即承载着对象价值的、具体被表象的对象特性并不是如价值本身一样同样直接地给予我们。价值层对对象的奠基优先性不是对对象本身的优先性，而是对对象的表象特性的优先性，而这些特性是价值层的载体。

对象价值层的这种奠基优先性不仅使得价值成为对象本性的第一"信使"。[1]而且对象价值层也是对对象的随后意识的重要规定性要素。[2]

---

[1] Scheler, *Formalism in Ethics and Non-Formal Ethics of Values*, p. 18.
[2] 这对所有四种价值层次（感性价值、生命价值、精神价值和宗教价值）都适用。我们已经在我们的论文 "An Analysis of Scheler's Stratification of Emotional Life and Strawson's Person" (*Philosophical Studies*, Vol. 25, 1977) 中考察了这些层次的情感联结。

它引导我们意识到关于对象的表象特性和自然特性。"似乎整体价值（这种表象对象在其中是成分或部分）就构成了一个'媒介'：可以说在这个媒介中价值才展开其内涵或（概念）含义。"① 如果我们注意到许多证实舍勒理论的实例，那么这种理论就是明证的。就举一个例子来说，当我们走进一栋破旧的房子我们一下子领会到的是"荒凉的"价值。当我们走过不同的房间时，正是通过这种价值的"媒介"所有的物质特性才引起我们的注意：褪色斑驳的墙纸，空旷楼层内昏暗无光的房间，灰暗不清的窗户无法透过它看到外面，而破旧生锈的水龙头看起来好像好几年没人用过。当初我所贯注的就是这种"荒凉的"价值，它联系并统一着所有这些不同的物质特性，并将这些特性综合成这栋房子给我的整体印象，即一个"荒凉的地方"。

最后，我们可以说，舍勒对自然立场的世界构成所取得的重要洞察在于这样一种看法：世界的价值层比它的表象层次和自然层次更为基础。② 价值既为世界的个体对象也为世界不同方面的存在与显现奠基。就像舍勒在《爱的秩序》（1914—1916）中认为的，非但周围世界根本上不是根据自然性质和法则来组织的，反而"任何人周围（环境）的结构性整体内涵……最终依照它的价值结构来组织"③。

---

① Scheler, *Formalism in Ethics and Non-Formal Ethics of Values*, p. 18.

② 这也流露出对胡塞尔以下命题的怀疑：知觉的"原素感觉"（hyletic sensation）构成对世界的意向构造之基础。但要是真的提出原素（hyle）的问题那么这个命题也是值得怀疑的；我们已经在其他地方论证过，原素材料（hyletic data）不能给予一种现象学的直观，因此对这种材料之存在本身的思考是一个无意义的思辨问题。参见 "A Phenomenological Examination of Husserl's Theory of Hyletic Data" (*Philosophy Today*, Winter 1977)。

③ Scheler, "Ordo Amoris", in *Selected Philosophical Essays*, trans. Lachterman (Evanston: Northwestern University Prss, 1973), p.100. 舍勒对胡塞尔关于环境对象的奠基顺序理论的"反转"也涉及环境的社会单元（social unit）和心理实在。对胡塞尔来说，社会单元和心理实在奠基于物质本性之中（*Ideas*, sec. 152, 以及 *Experience and Judgement*, sec. 12）。但是对舍勒来说社会单元本身是它们的物质组成的基础（*Formalism in Ethics and Non Formal Ethics of Values*, p. 557），同时心理实在（自我和人格）既奠基于价值之上也奠基于某些社会单元对价值的分有之上。（参考 ibid., Chapter 6B, esp. pp. 578, 585, et al.）

胡塞尔相信自然是价值的根源，其动机是复杂的。其中一个动机很可能就是舍勒在《论人的永恒》里面所提到的动机。这与从对象而来的价值抽象活动相关，这种抽象活动包含在哲学上对世界的主题化过程中。

在学者中这种抽象活动能够变得如此习以为常，到了他的"第二本性"的程度，以至于他实际上倾向于将有关精神现象和自然现象的、价值无涉的实体，不仅视为在存在上（in esse）比这些现象的价值质性更根本，而且甚至视为在知觉秩序中先于这些现象。①

但也许一个更加根本的动机就是舍勒在《关于三种事实的学说》（1911—1912）中所讨论的动机。舍勒注意到，英国经验论者对感觉本源的信任作为现代思想的基本假定之一已经在许多方面生了根。在胡塞尔那里，舍勒认为这种信任采取了以下的预设形式，即"感官内容充当所有其他直观内涵的基础"②。就是在这个预设的基础上，胡塞尔将他的世界理论确立为自然的立场。一旦这种预设被认为只是一个预设，一种无事实根据的预设，那么我们就能够明白，从自然的立场出发，价值就是"所有可能事实领域中最为基础性的"③。

（译者：钟汉川 / 南开大学哲学院）

---

① Scheler, *On the Eternal in Man*, p. 86.
② Scheler, "The Theory of the Three Facts", in *Selected Philosophical Essays*, p. 221.
③ Scheler, "Ordo Amoris", p. 118.

自我与世界

——舍勒对自然世界观臆想特性的确定*

汉斯·莱纳·塞普

舍勒通过指出自然世界观的臆想特性（Illusionscharakter）——它本来就有可能引起"欺罔"（Täuschungen）——确定了自然世界观的结构。不过，"欺罔"并不因此就得贬低——就是说——被描画成无非是一种本原行为的私人样式。对于舍勒来说，一定意义上的自然世界观的臆想特性是免不了的，而且这种必然性不仅是一个"最先并尤其是"形成的必要阶段，而且是要克服的阶段。如此一来，这样一种贬低便得以防止。

下面我试图去解释和讨论，舍勒从其思想的中期阶段开始直到晚期的著作，如何描述自然世界观的臆想特性的各种表现；由此指出，舍勒对这种特性的规定，如何也打开一个进入他的**世界**概念（*Welt*begriffe）的入口。

首先，我们回顾一下舍勒所谈论的这个自然世界的基本结构，由此指出，这个基本结构如何通过自然世界观的欺罔形式，具体地表现

---

* 本文译自：Hans Rainer Sepp, "Ego und Welt: Schelers Bestimmung des Illusionscharakters natürlicher Weltanschauung", in Chr. Bermes, W. Henckmann & H. Leonardy (hrsg.), *Vernunft und Gefühl. Schelers Phänomenologie des emotionalen Lebens*, Würzburg: Königshausen & Neumann, 2003, pp. 81-91. ——译者

出来。

一、自然世界观的基本结构

舍勒在使用"世界观"这个词的时候,联系到的是威廉·冯·洪堡特(Wilhelm von Humboldt)。[1]"世界观"意味着——对舍勒也如此——"'直观世界'当其时的诸事实形式",意味着从直观和价值感受中得到的被给予性而且"就社会整体性来说"的诸划分形式(民族、国家,文化圈 [Völker, Nationen, Kulturkreise])(GW V, 76)。[2] 由此将看出,舍勒是在多种意义上使用"世界观"的。与此相应,他虽然也区分"绝对的自然世界观"和"相对的自然世界观"[3],但是这种区分显然只是为了这种目的,即由此说明现实中并没有一个"绝对恒常的自然世界观"(GW VIII, 61);但确实有另一个准则,以便对实际上的世界观的结构形成进行分析。由此说来,"绝对的自然世界观"只是一个加了引号的"常量"(比较 GW VI, 15),就是说,是理论抽象的产物,试图揭示自然世界观的共同特征。在这个意义上,舍勒的看法也说明,"绝对**一个**的"自然世界观只是一个"极限概念"(GW VIII, 61),并非强调一个理想的边界,而是突出哲学的知识社会学的任务,即突出一种与多样自然世界观相关却又是不变的意义持存(Sinnbestand)。这种(通过抽象而获得的)意义持存,也许因此可以叫作"绝对的"。好比说,他通过比较每一个具体的自然世界观,从而指出这种东西,即自然世界观在单个情况下事实上并没有这样给出,

---

[1] 参见 GW V, 76;也参见 GW III, 126, Anm. 1。

[2] 1909 年在讲座手稿 "Grundlagen der Geschichtswissenschaft" 中已经这样说:"按我的理解,属于'世界观'的有……某种没有表达出来的思维、感受、意愿,更确切地说,那种描述把握所有事物的一系列确定的方向和结构的东西,而不是被确定的直观的或被思维的内容,因为这些内容在某种世界观之内还能够继续改变。"(GW XIII, 237)

[3] 相对的自然世界观是一种"绝对自然世界观加上活生生真正传统的复合物"(GW VI, 15)。

然而作为这样一种自然世界观确实造成这种东西。当舍勒在单个情况下谈论"自然世界观"时，他通常突出的就是这种自然世界观的不变东西。①

二、自然世界观的臆想特性

通过对这种不变东西的分析，自然世界观的臆想特性便在我们眼前显露出来。舍勒总是对这种不变东西有新的说法，从诸多方面把握它，也许并没有系统地解释过它。但是，通过看似散乱的论述，我们还是能够勾勒出成体系的思想，它在这里应该预先一步步地加以探明。

作为随后观察的主线，应该说，自然世界观的臆想特性耐人寻味地涉及自我与世界的关系。顺理成章地，舍勒改用"自我中心论"（Egozentrismus）和"人类中心论"（Anthropozentrismus）这样的概念来表达。《同情的本质和形式》（*Wesen und Formen der Symphathie*）这样说："根据自我中心论我这样来理解臆想，它把本己'周遭世界'作为'世界'本身来把握，即作为'世界'的本己周遭世界的臆想被给予性。"（GW VII, 69；也参见 GW V, 87）这指的并不是本己世界观把握意义（Sinngehalten）的唯一长处，而是指那种体验的优先地位，内容对此才总会是有效的：这样一种经验世界的生活，是从这种体验开始，又往回走向它本身。因此，关于自然世界观的自我中心论的说法，终归是这样的事实：自然世界观的自我本身与世界有关联；同时还说明，**与世界本身**的关系，在结构上一定是不同于它通过自然世界观而一般有可能与自我中心主义的周遭世界所发生的关系。

舍勒明白，这种自我中心的基本结构会转变为唯我论，因为它用

---

① 根据舍勒，作为这样的自然世界观还包括，它一向在每个自己的具体表现中给出"绝对的认识"（GW XI, 47; *Metaphysik*）。此外，舍勒确定自然世界观对象那些相对的存在阶段（GW XI, 48）。

不同于自我本身的方式来把握实在：对于舍勒来说，由于虽然把其他人宣布为此在，却是一个"被遮蔽者"，一个被置于本己自我上的自我，自然世界观的自我是相对的唯我论者（GW VII, 69）。① 正如舍勒自己清楚地解释的那样，这并不表明是主观—唯心论的（他人由此只是表象），而是说，他人的真实存在与作为绝对者的本己的真实存在相关，与后者不可以相提并论（参见 GW VII, 69f.）。

自然世界观表现为一种**人类中心论的**世界观，指明自己"此在相对性"（Daseinsrelativitaet）的不同阶段，就是说，指明自己承担者的真实所在。

舍勒通过"此在相对"指出这样的事实关系（Sachverhalt），即某个参与另一个存在者的此在的存在者是相对的（参见 GW IX, 196）。对于舍勒来说，自然世界观的人类中心论由此得以奠基，即周遭世界存在相对依赖"人的**生物学上的特殊器官**"（GW V, 88），就是说，依赖作为"生命机体"、作为一个心理物理的存在者（GW XI, 48）。因此，这种相对存在本身告诉我们，这些自然世界观的主体只是在一个确定方向上，接受世界的应然存在的内容（Soseinsgehalt）；就是说，此时这个内容适合它的特别器官，对于最迫切的生命需要来说是具有意义的，正如舍勒已经在自己 1908/1909 年的生物学讲座所描述的那样（参见 GW XIV, 293f.）。② 应然存在以此种方式并不作为这样的东西被接受，即并不在其直观的内容中被接受，就此而言，它仅仅表现为人总是对其产生兴趣的那些事物的符号（参见 GW XIV, 293）。这里，符号指的只是事实和代理作用的方式，使自然世界观中的应然存在实

---

① 舍勒也在这种关联中谈论"自我论"（Egoismus）（GW VII, 69; GW II, 250; GW III, 263）和自主性爱论（Autoerotismus）（GW VII, 69）。

② 对于舍勒来说，自然世界观的这种"方向定则"（Richtungsgesetz）使得用机械观点看世界变得理想化和绝对化（GW XIV, 294, 299；关于自然世界观的"隐力学"[Kryptomechanik] GW III, 272；也见 GWVII, 133; GW VIII, 258）。

现囿于兴趣而与事物发生的关系。① 舍勒已经在这个早期的讲座中预先提供材料，由此那种在自然的世界把握中存在着的为了某事而做某事（Um-zu）的指引关系（Verweisungszusammenhang）得以把握：世界内容的重要性根据其合乎目的性而调整；兴趣针对的并非合乎目的性本身，而只是有意图地针对它，**为了**使它起作用；而且，通过这种为了某事而做某事，相关主体的展开结构表明它的组织形式。所以，为了某事而做某事的指引（Um-zu-Verweisung），最终往回涉及自然世界观的主体存在，正如反过来在其指引结构（Verweisungsstruktur）方式中所表明那样。②

舍勒清楚看到，对于自然世界观确定的相对存在阶段来说，不仅与每一单个被给予性的关系都是一个标示（Index），而且那张关系网本身也是一个标示。同样，在 1908/1909 年的讲座中，他已经指出，在自然世界观中占主导的倾向是偏爱认识诸事实状态（Tatbestände），只要它们是关于"同一性和相似性关系"的"承担者或根基"（GW XIV, 295）；之后的不到二十年，他在关于自己的形而上学设计中注意到，对于自然世界观来说，诸对象实际上只是"在自己的关系规定性中，作为对我们出于本能而渴求的抵抗"，同样，在其作为人的特殊组织的相互适应而起作用的关系规定性中也如此（参见 GW XI, 96）。

然而，自然世界观的这个存在阶段恰好由此才成为人类中心论的，即它被绝对化，由此自我中心论的基本态度才成为这个阶段的事实。因为如果这在于事实上自然世界观把自己的周遭世界存在与世界

---

① 根据 "Lehre von den drei Tatsachen"，舍勒解释说，自然世界观的事实分有科学事实的特征，只有通过 "象征" 间接地被给予（GW X, 457）。

② 因此，它是一个当其时的在先决定（Vorentscheidung），不管直观和直观相关物的可能性是否一种纯粹合乎目的性的派生物（正如在海德格尔那里一样），或者是否不依赖于合乎目的性（就如舍勒那样）。总而言之，应然存在和它在舍勒意义上的相即把握，并非与作为私人东西的方便上手（Vorhandenheit）的结构一样有重要意义，因为后者的指明已经在（本身不会再次被显示出来的）解释学观察方式的前提下被处理。

本身合而为一，如果这种周遭世界存在相应于人类的特殊组织，那么，世界根本上（Welt-überhaupt）就保持人化世界的意义。这个只是相对把握世界的绝对化，把如此把握的世界定点，安放在一个"根据此在相对性的阶段等列的错误位置上"（GW XI, 110）。舍勒把这种此在相对性的置立，说成是"欺罔"，而且是"形而上学的欺罔"；又把其对象相关，说成是"形而上学的幻象"（metaphysisches Phantom）（ebd.; GW IX, 199; GW X, 409）。这种欺罔是**形而上学的**，因为形而上学与绝对化相关联；而且是一种欺罔，因为自然世界观在一种此在相对性中，发现自己的绝对东西。在舍勒看来，"形而上学的欺罔"因而一般地表明，那些涉及特定世界地点的主体，首先就造成某个对象域的绝对化，而这个对象域并非属于这种绝对性。在这点上，形而上学的东西关涉的只是诸如此类的绝对化（参见 GW X, 217, Anm.），而且，欺罔涉及这样一个事实：相对的东西对于正在把握的行为来说，表现为某种绝对的东西。①

在1911年《自身认识之偶像》一文中，舍勒把"欺罔"规定为某种正在呈现的事态，不自觉地② 迁移到"某个存在层面，迁移到它并不属于的那个层面"（GW III, 224）。与此相对，错误涉及判断所指的事态与它在直观中形成的关系；与错误相反，欺罔是前逻辑的，完全处于直观范围中（GW III, 225）。

自然世界观的形而上学的基本欺罔，与欺罔的形式规定相匹配：这确实就是某种正在呈现的东西，移置到一个异于它的存在层面——虽然是一个仅仅是相对的层面：那个只是为人类特殊组织所被给予的层面，处于一个绝对的位置上：那一个世界应然存在充实

---

① 在舍勒看来，与此相对，那种"认识论的欺罔"关系到臆测行为（Vermeinen），它也许自身被给予某种只能非相即地被给予的东西；而且，那种"日常的"欺罔关系到某种被给予的对象的充实（Fuelle）（GW X, 409）。

② "'造出对于某种东西来说的呈现'，而呈现出的不是这种东西。"（GW III, 226）

(Soseinsfuelle)的绝对位置。这种自然世界观的形而上学的基本欺罔,与它的自我中心论的臆想特性并非同一回事。相反,后者因而是一种在先的条件,即相对的世界位置的被给予,呈现为某种绝对的东西:因为,没有自我的自然中心位置——那个世界与自我周遭世界的认同,正如所指出的那样,就不会有一种把握世界的人类学化;而且,如果在作为生命体的人类特殊组织中的人—世界的绝对化是形而上学的欺罔,那么,没有自我中心论的臆想,也许就不会有对恰好这种欺罔而言的"经验基础";没有对回观周遭世界性的界限本身进行统觉,就不会有正在与周遭世界相遇的存在者。

所以,对于舍勒来说,一种形而上学的欺罔不仅是在人类中心论规定中锁定的绝对化,而且涉及自然世界观的全部形而上学内涵——它们尽管是"最终的本质"(GW X, 218),却被规定为绝对真实存在的东西。它们是作为对实在有效的、然而却是不被看透的迷惑的"幻象";它们是"偶像"(GW X, 228),或者如舍勒一次阅读易卜生(Ibsen)后所说的那样,是"时代的幽灵"(GW X, 229, Anm.)。在舍勒看来,已经提及的唯我论态度的臆想,相应地也意味着形而上学的欺罔,它恰好与这种臆想仍然要区分开来。如果说,臆想在于把他者扯上本己存在以及兴趣范围的话,那么,欺罔则是在这种扯上的关系中,看到他者的绝对实在性(GW VII, 70)。正是在这里,欺罔也因此而产生,就是说,他者被移到某个存在层面上,"移到它不属于的那个层面上":这种欺罔与我相关,而且是形而上学的,因为自然的态度把这种转移看成是理所当然的"他者的最后的和绝对的实在性"(ebd.)。

在《自身认识之偶像》一文中,舍勒要指出内知觉(innere Wahrnehmung)和自身知觉(Selbstwahrnehmung)的欺罔倾向。在此,他在爱好中发现的主要的欺罔方向,把源于外在世界的东西转到灵魂世界中(GW III, 257ff.):这种具有自然倾向的态度,基本上是把他者理解为像它自己那样的东西。因此,在自然态度中具有这样的倾向，把时间空间形式以及因果结构，转换为灵魂的多样性（GW III, 267ff.）；同样，那种"语言传统的力量"在本己的心理中，首先并不是让人看到"体验现象本身"，而是相反，让人看到"这种通过共同体语言传统的诸解释"（GW III, 283f.）。① 这里，舍勒把其说成是欺罔出现的那种形式条件也实现了：某种呈现着的事态向一种存在层面的转移，转移到它并不属于——也就是说它原本不是从那里出来——的层面。

这样一来，外在范围的结构和与料转移到内在范围的这种倾向不是与这样的断定——自然世界观通过自我中心论的基本特征得以刻画——发生矛盾吗？某种自我中心论态度的提出，也许需要假定说，自我的合法性更是与其世界一起被解释的，而不是相反。②

两种说法很可能是相辅相成的，没错，它们甚至就处在相互依赖的关系中。自然世界观的自我中心，在这里也表明是可能性的一个条件，由此作为这样的条件，自然的世俗生活本身首先并不是从自身、不是在与自身的关系中得以理解。③ 因为，唯有某种自我中心论的基本倾向的存在能够解释清楚，世俗生活如何由此根本上使外部与料与自己整合一起。首先，一定预先存在一种关系范围，它给出有所关联的方向；其次，这个范围一定拥有一种正在同一化的力量，把异己者不仅拉向自己，而且转换成本己者，的确本己者由此才全然保留各种内涵。自然的态度的自我中心，也许作为根本的结构而归入这个特别的范围，这个范围由于一种陌生的与料而只能朝收编的（内收的和同化的）方向运动。

于是，自我中心的基本特征才由此清楚说明，转换为何恰好不是

---

① 语言"处在外部世界语言的首要位置上"（GW III, 257, 269）。
② 这种倾向在舍勒那里的持守更少得多，并且不符合基本的爱好（GW III, 257）。
③ 自我中心论的态度也与像自己本身那样的别人有关，正如舍勒向自我论者挑明的那样：这个人的确将目光投向别人那里，他只是不回观自己（GW III, 263, Anm.）。

被接受为那种自在地是自身的东西,而且不是在它之内被把握,在那里它占有自己本来的位置;对异己与料(Fremddaten)的接受和收编重新加强自我中心的倾向:那种通过它自身得以可能的接受和收编的结果,加强了它们的臆想,使当其时对于整体的本己周边得以把握,就是说,使他者事实上为自己而自身确定的实在性得以把握。如果是这样的话,舍勒也可以在这种倾向中发现,自然的基础同样支持对于他来说是不恰当地强调内知觉明证性的哲学观点(GW III, 215)。这种明证性优势不仅与这样的事实相矛盾——自然的世俗生活本身首先从外部开始得以理解,而且它让自己从这种欺罔开始得以理解自身:只是由此,从异己与料转换到本己东西不会违背自我中心论的基本特征,相反以它为前提,而且只是由此,根据这种自我中心通过转换,他者恰好不会作为这样的他者被假定,对通过这种转换被给予的有效性以及它的被给予方式的有效性的怀疑才根本上能够形成。然后,本己的所谓明证性长处,只不过是对刚好相对于自己的原本世界统觉(Weltapperzeption)的非本己性(Uneigentlichkeit)的反应而已。①

舍勒认为——正如他观察到那样——空间时间形式是自然的世界把握从物理世界得到的基本与料。② 在他的形而上学研究手记中,舍勒把"关于作为独立可变体的绝对空间时间的空洞形式",叫作"幻象"(GW XI, 48)。然而,空间时间并不因为它们的形式结构被移置到心灵方面来而成为幻象。它们自身是幻象,在舍勒看来,它们是本己的确定以及特殊欺罔的相关东西。首先,那个因此被带出的任务也

---

① 这只涉及内知觉的明证性长处,如果它与某个存在论题(观念论—实在论问题)相联的话。舍勒观察到欺罔往相反方向形成的情况,就是说,内知觉的事实被转移到物理的自然对象,作为"病理学的呈现"(GW III, 257),即这样一种损伤性的体验——正常的欺罔倾向成了问题而促成那种反应。

② 值得强调的是,这里涉及的是作为人类体验相关的时间,不是"绝对的时间",因为,舍勒把"绝对的时间"作为"世界有机体的生命时间和生命延续"加以论题化,即在自己形而上学框架内处理"上帝肉身化的生成形式"(GW XI, 145)。

就要表明这种区别：一方面是至此所谈论的这样的欺罔，另一方面是空间时间也应该算入的幻象特征；其次要弄清楚这种情况：作为空间时间的幻象就自己而言成为一种欺罔的基础，由此空间时间的形式被转移到一个它们并不相符的领域——那个心灵的领域。对这个问题的回答，可以从舍勒援引的概念中看出端倪：空间时间在"艺术虚构（kuenstlichen Fikta）的意义上是幻象"（ebd.）。但是，如果它们是虚构的话，那么它们的处所点就是主体性。这与如此说法发生矛盾，主体首先从物理的自然中得出空间时间的形式。这个矛盾如何解决？

舍勒晚年作品第三部分"观念论—实在论"的第一章"与空间时间关系中的实在性"，包含与此适应的材料，有助于解决上面提到的两重性问题。在1928年的文章《哲学的世界观》中，舍勒看出与康德一致的地方，对空间时间的直观并非来自感觉内容（Empfindungsinhalten），而是早前发生的作为"预先构思和图式"的整个感官方面的可经验行为（GW IX, 77f.）；然而，舍勒与康德不同的地方在于，"作为空间时间事实上属于的所有运动变化可能性的整体"，服从"只是我们支配实在东西的意志"（GW IX, 78）。[1] 刚刚所说的"观念论—实在论"的那一章就是探究这种运动变化可能性的根源。

在这一章里，舍勒试图指出对于空间时间来说的一种"部分**同一**的原体验（Urerlebnis）"，由此空间时间应该从更替、运动和变化中被推导出来（GW IX, 231）。这种原体验或"核心体验"（Kernerlebnis）——正如舍勒也称呼它的那样——是一种特别方式的本能追求（GW IX, 227），一种特殊**能力**的体验——因着空间性，体

---

[1] 对空间时间的本源造出，即"空间性"和"时间性"（空间性是"那种使每个以某种方式形成的空间成为一个**空间**的东西"[GW IX, 216]）由此表明，对于舍勒来说，空间性与时间性一样是**活动形式**（Taetigkeitsformen），只要它们成为直观形式（GW IX, 228）。因此，那种在"被活生生体验到的对设想的安排"（ebd.）中开启的东西，就是被叫作"后来的……，将来"的东西（GW IX, 228）。

验便产生诸运动（引起自身运动的能力）（GW IX, 218）；因着时间性，就有可能具有自身变化（GW IX, 227）。

这种由本能所确定的渴望运动变化的能力——舍勒也如此——带来"少见的奇迹，自然世界观的罕见的虚构"：就是说，"一种确定的非存在"看来预先就是"完全实证的存在确定（Seinsbestimmt）"，正如一种**起奠基作用的存在**那样（GW IX, 220）：关于空间时间的**空洞形式**。与此相关，舍勒从两个方面阐明空间性的这种虚构特征：一方面，通过在"出窍的"（ekstatisch）（不与我相关的）期待中对运动现象的把握，某个范围被预先勾画并由此被绝对化，就是说，它已经包含运动可能的未来地点；另一方面，在运动过程中物形和背景的关系如此地绝对化，仿佛存在某种**"独一无二的正停顿下来的背景"**（同上）。舍勒把那种出窍地预先勾画好的东西和在背景上被固定的东西，叫作"被过度注意的东西"（Uebermerkte），而且，这种东西也许是"空洞"的现象。它也许是虚构，因为它如此地把那事实上一直不过是相对的空洞（作为对某物的空洞）绝对化，即它使诸事物以及它们的延展得以被预先给予（GW IX, 223）。那种作为对现实运动，即自身变化的过度看重（Uebergewichtigkeit）的被过度注意的东西——正如舍勒自己的论点所说那样——起因于这样的情况：那种造成运动和自身变化的核心体验，本身就是一种不满足的体验（GW IX, 219）；它因此只存在于这样的情况——那种得不到满足的要求压倒已经得到满足的要求（GW IX, 224）。[1]

迄今为止，空间时间的空洞形式只是作为个人体验所产生图式的"周遭世界性"（Umweltlichkeit）——舍勒说的是"'反复体验'的图式"（GW IX, 226）——得以考量。舍勒由此指出要走的第二步，正

---

[1] "**根据**自发运动，**一种本能渴望的不满足和未充实的体验**"（GW IX, 219）；"根据自身变化，人类永远无法实现的本能渴望的过度看重"（GW IX, 230）。这种过度看重的程度——正如舍勒所断定的那样——在文化上是可变的（参见 GW IX, 223）。

如这种周遭世界体验的诸图式经验某种客观化一样。这种客观化的建立在于，本能的举动遭遇抵抗；那些抵抗着的实体通过自己的关系得以经验，因此勾画出某种客观的游戏空间（Spielraum），使得在其中确立相互作用的效果可能性和运动可能性的位置。又由此在这个过程中，由于这样的转让，空间图式不再依赖个别人，形成空间性的原体验的对象化："那个相对地依赖有机器官的'周遭世界'空间，现在成了'世界'空间……"（GW IX, 226）。类似地，那种针对追求自身变化的抵抗体验，导向那种时间性的客观化，由此说明"事物变化的可能存在"（GW IX, 232；参见233）。

这种两步走，从核心体验——由此在作为活动形式的空间性和时间性中，空间时间的空洞形式得以形成——到空间时间的客观化，描述出属于主体的转让过程。[1] 不同于胡塞尔，舍勒通过在这里所提及的文本中的客观空间的建立，考虑的不是如何表达出（expressis verbis）他人的在场。相反，在场仍然"插入在内部"；因为，某个本源体验所经验的抵抗，能够而且必须也被看成是这样一些从我的体验产生他人的抵抗。此外，根据舍勒的看法，抵抗即克制已经激发出一种反应方面的简单方式。然而，某种最初的反应并非在空间时间的客观化中——就是说，那种我在自己的运动变化本身中**曾一度**"出窍的""我的"原体验，现在对于我而言变得可见了，而且遭遇在外部的我——那个通过这种客观化本身才被造出的外部，而且那个作为共同参与的激发者的他人就在外部那里。不是这样吗？还有，我自身不是被安置在这个外部中，并由此才得知对于自己来说具有意义的东西吗？舍勒对此的回答是显而易见的，因为他把空间时间的客观化

---

[1] 这里显然与米歇尔·亨利（Michel Henry）的著作类似，因为它谈论的恰好是，本源的自身情感性（Selbstaffektivitaet）才预先勾画出自己的时间界域和世界界域（参见例如 M. Henry, *"Ich bin die Wahrheit." Für eine Philosophie des Christentums* [Phänomenologie. Texte, Bd. 2] 的第一章。由库恩 [R. Kuehn] 从法文翻译 [Freiburg/München 1997]）。

过程，说成是通过世界空间而与机体器官发生联系的周遭世界空间的交替。但是，这其实只是某种替换（Abloesung）吗？或者相反不也是一种掩盖（Ueberdeckung）吗？某种替换就它作为那种实践—活动的体验来说，现在与那个客观的世界联系起来了；不过，体验本身并非在世界中消解：按照舍勒的看法，如果客观的空间和时间是已**被对象化的**虚构，那么，体验仍然作为——如果也是被掩盖的话——那种自在地是纯粹的能力。客观化过程也比只是空间时间形式的移出（Hinausverlagerung）更广；它自己反过来造成某个本身正在体验的主体性的虚假张力关系，因为这个主体性自己已经"同时"转让了，而且本来就是通过外部世界开始理解的。

因此，空间时间虚构的对象化开出这样一个过程，通过它自己一个更进一步的欺罔要素便构造出来，而这个要素已经在自我中心论的语境中见出。如果自我中心论自身在由于自己才被打开的范围内是一种运动形式，那么，这个范围就自己而言也以某种开放的存在为前提。而且，这种开放存在的基础显然在空间时间的对象化中。因为，这种对象化使某种非相关的东西（Nicht-Zusammengehoeriges）匹配起来：那种本己—体验行为（das Eigen-Erleben）和那种从它开始勾画出来的客观性的虚构（那一个在被对象化的虚构的意义上所是的欺罔—世界）。现在，最先制造欺罔的行为（Täuschungsakt）具有这种匹配的作用，而且根据这个匹配，自然世界观把那个只是本己的周遭世界存在与世界同一起来，成为自我中心论的。因而，自我中心是这样一种运动，它在随后制造欺罔的行为中，把勾画出来的世界与世界自身合而为一，并且往回与自己关联起来。这也就是说，如果自然世界观本身本来就是从外部世界开始理解，那么，它自己就从这种作为世界自身的被对象化世界的混合中得以理解，而这种世界自身作为混合物，同时在自然态度的主体性中具有自己的根源。

因此，我们置身于这样的境地，以回答上面提出来的两个问题：

空间时间的幻象如何与舍勒提出来的另一个欺罔相联？此外，如何得以理解，自然的世界把握也从空间时间的形式——其空洞形式自身应该是主体的根源——推知外部世界？让我们首先尝试给出对第二个问题的回答。那种由关涉到外部世界的空间时间形式的自然世界观所推知的东西，恰好**并非**全等同于人为的虚构，即主体来源的空间时间的空洞形式。自然的世界把握推知已经被外在化的——就是说——被客观化的空间时间形式。它由此也推知那种东西，本身虽然是本源核心体验形式对象化的产物，却不与这个体验相匹配；但很可能通过自然的世界把握本身，它的自我中心论的基本特征才得以被认同。如果空间性和时间性的核心体验的对象化，通过在空间时间客观形式创立中的外部世界的建立，意味着一种最先的转让，那么，这种转让产物的获取，以及它的转让到心灵、同时它的客观化并因此描述了第二个转让。

但是，由此也表明，而且这点回答第一个问题，即空间时间空洞形式的幻象是如原幻象（Ur-Phantom）那样的某种东西；从谱系学角度说，所有其他欺罔方式都从它生出，即是说，这种本源形式的客观化以及从自我中心出发对世界的把握，还有在这种对象化和自我中心基础上的倾向——自身本来就从外部世界开始加以理解，而且把自己的形式结构转移到心灵方面来。

通过返回到这种谱系学，乍一看仿佛出现棘手困难或者说不可能对有关的欺罔在事实上加以解决。就谱系学上最近的，即"最年轻的"阶段而言，那种在一定意义上（对于舍勒来说在理论的框架内，根据一种作为体验的现象学心理学的现象学，或者事实上通过应用心理学）可充实地呈现出心灵—主体的正在客观化的空间化和时间化的东西，本身对于这里指出的谱系学的第一阶段——关于空间时间的艺术虚构——来说，似乎是不可能的。然而，恰好由此使舍勒确信，这些虚构将能够解决。依他看来，这种东西仿佛是名副其实的同感

（Mitfuehlen），能够消解自我中心论的基本特征；而就空间时间来说，它在舍勒的意义上是现象学还原，事实上取消真实东西的抵抗，由此作为空间时间客观化的条件。但是，在核心体验情况下如何仍然预先存在客观化？那种原主体性的空洞的空间和时间，似乎也由于舍勒的还原，不再可能被涉及，而只是就此而言去"达到"，即它作为客观化的前提而被**注意**。这后一种只是更多注意所获得的东西——这种最先的欺罔——在所说的情景中，如此而成为一个囚笼，其栅条虽为人所发觉，从中却没有逃逸的可能。这看来**并不**是这么一个地方，在那里——根据舍勒的看法——有限的东西在其有限性中需要追问。

（译者：张宪／中山大学哲学系）

马克斯·舍勒和恩斯特·卡西尔
——作为文化现象学观点的知识形式和符号形式 *

恩斯特·沃尔夫冈·奥特

【摘要】作为同世代的人马克斯·舍勒和恩斯特·卡西尔似乎未曾有过任何私人的接触。然而,两人文章中多处的相互援引,正显示出两人提问在主题上与方法论上进行比较的可能性。因此,这里建议以一种结构性的、哲学性的比较学,取代研究两人私下的交互影响。舍勒和卡西尔皆认同表达现象作为现实性的范式的论点,由此,两人分别发展出一套关于文化和人类学(作为知识形式的典范)的理论架构,其中,危机诊断扮演了一个关键性的角色。在形而上学的课题上,两位作者似乎分道扬镳。然而,即使是在对舍勒形而上学持高度批评态度的卡西尔的身上,我们仍然可以看到——正是在他文化人类学的基本立场上——一种形而上学和宗教立场的开展。

乍看之下,舍勒和卡西尔哲学的共同之处寥寥可数。两人不仅师出别门,首要关注的哲学课题也各自有异。此外,两人截然不同的行

---

* 本文译自:Ernst Wolfgang Orth, "Max Scheler und Ernst Casirer. Wisensformen und symbolische Formen als kulturphänomenologische Perspektiven", *Phänomenologische Forschungen*, 2012, Hamburg: Meiner, S. 213-231。——译者

文风格似乎也对此提供了最有力的论据：舍勒呈现给我们的是一种言简意赅、有时却过于精简晦涩的文字；卡西尔优雅顺畅的语言几乎是不落痕迹地将我们带过问题。然而，不论是舍勒的诉诸暗示或是卡西尔文字的圆润生动，两人的状况——各自以不同的方式——都值得我们再一次地追问，即：有关两人哲学术语的回溯与确认。

可确定的则是，舍勒和卡西尔为同世代的人。两人皆生于 1874 年，皆具犹太血统。1895 年两人同在慕尼黑就学，然而，两人显然并未因此机缘而结识。[1] 早在 1906 年卡西尔便首次引述舍勒。尽管不乏仰慕之情，卡西尔却视舍勒于 1900 年出版的大学授课资格论文《先验的和心理学的方法》(*Die transzendentale und die psychologische Methode*) 为错误解读康德学说的典型方式。[2] 就笔者研究所及，舍勒要一直到 1922 年才首次提到卡西尔——同样心怀敬意——却将其视为当时著名哲学学派，即新康德主义马堡学派局限性的代表。[3] 批评新康德主义马堡学派形式主义的那些论点：马堡学派仅片面强调自然科

---

[1] 1894 年秋天舍勒（1874 年 8 月 22 日出生于慕尼黑）在慕尼黑开始了心理学和哲学的学习；1895 年的夏季学期转学医学。然而，不久之后舍勒就前往耶拿（Jena）在鲁道夫·奥伊肯（Rudolf Eucken）的门下继续学习哲学。直到 1906 年舍勒才因大学授课资格的论文争议之故重返慕尼黑，并于 1910 年获得哲学授课资格。1892 年卡西尔（1847 年 7 月 28 日出生于弗罗茨瓦夫）在柏林开始了法律、日耳曼语言文学和哲学的学习，1893 年部分时间在莱比锡（Leipzig）和海德堡（Heidelberg）学习，1894 年返回柏林，主要聆听齐美尔（Simmel）和鲍尔森（Paulsen）的课。1895 年夏季学期到 1896 年的夏季学期卡西尔转往聆听特尔德·里普斯（Theodor Lipps）的课，1896 年他来到了马堡（Marburg）跟随柯恩和那托普学习，并于 1899 年取得博士学位。从 19 世纪 90 年代开始到世纪之交期间，卡西尔居住于慕尼黑。1902 年秋天到 1919 年卡西尔与他夫人共居柏林，在此，他于 1916 年取得大学授课资格。虽然在舍勒 1928 年卸下科隆大学的教职转往法兰克福大学任教，和他同年辞世之时，卡西尔皆为被看好的接班人选，卡西尔却拒绝了这个教职。由此似乎可论断舍勒和卡西尔两人之间可能有过私人的接触，但对此至今没有任何可知的相关记载，从书信中也无法看出两人接触的任何记录。

[2] Ernst Cassirer, *Das Erkenntnisproblem in der Philosophie und Wissenschaft der neueren Zeit*（《近代哲学和科学中的认识问题》）, Bd. 1 (^{1}1906,^{2}1911,^{3}1922), Darmstadt 1974, 15.

[3] 参见 Max Scheler, *Die deutsche Philosophie der Gegenwart*（《德国当代哲学》）·(1922), in Ders.: GW 7, 265, 284ff. u. 328. 以下舍勒文献的引用以 1997 年后曼弗雷德·弗林斯接手完成、由科隆布维尔出版社出版的十五册 *Gesammelten Werke* 版本为主。引用时缩写为 GW 并加注卷数和页码。

学的方法，其所发展出来的批判主义有割裂康德感性和知性之嫌，所有这些指责也同样指向了卡西尔。然而，即使舍勒认为卡西尔的历史概念仍深受黑格尔观点的影响，舍勒似乎十分钦佩卡西尔对哲学史的熟稔与见解，并认同卡西尔对狄尔泰的评价。(《全集》卷十五，页42以下)[1] 值得注意的却是，这反倒证实了有关割裂形式和质料的指责要点并不适用于卡西尔。

如果要追问这两位哲学家有什么可能的共同之处，我们可试图指出一个现代课题——即便这两位作者并不熟悉这个现代课题的重要术语形式。这个现代课题也就是媒体议题（Medienthema），即作为现今文化特色和宿命的媒介式的信息事件发生（das mediale Informat-ionsgeschehen）。在卡西尔那里，此一课题可与其符号形式（symbolische Formen）和符号形构（symbolische Formung）相联结；在舍勒这里，这个课题则表现为其知识形式（Wissensformen）的构想和在此脉络中人格性（Personalität）不同的展现方式。符号形式和知识形式皆为文化的特定面相或文化面相化的过程。这个意义上的文化始终是媒介式的，是名副其实的媒体事件：意义（无论其展现方式有多么的不同）在文化中首次透过具体的表达性（Ausdrücklichkeit）、可见性（Sichtbarkeit）和化身体现（Verkörperung）而展现出来。除此之外，人格的现实性也随着意义的开展而得以呈现。当然，这里的人格

---

[1] 不论就历史的内容或是历史的观察而言，"历史"必然带有个人的色彩，在这一点上，舍勒和卡西尔同样推崇弗里德里希·冈道尔夫（Friedrich Gundolf）。参见舍勒1926年的文章"Mensch und Geschichte"(《人与历史》)(GW 9,144)。在1940年左右的遗稿中卡西尔论及"冈道尔夫对历史的分析"，并认为"这是在当代文学领域中，实践狄尔泰哲学企图最纯粹和完美的方式"，此处卡西尔也提到了舍勒的"Philosophische Weltanschauung"。参见 Ernst Cassirer, *Nachgelassene Manuskripte und Texte*, Bd. 1 (*Zur Metaphysik der symbolischen Formen*), hrsg. von John Michael Krois und Oswald Schwemmer, Hamburg 1995, 161。以下 *Nachgelassene Manuskripte und Texte* 的引用将缩写为 NMT 并加注卷数和页码。也可参见1916年到1931年卡西尔和冈道尔夫之间发人深省的书信往来。收录于 Ernst Cassirer, *Ausgewahlter Briefwechsel*, hrsg. v. John Michael Krois, NMT 18, Hamburg 2009。

的现实性是独一无二的，无任何客观可与之对比。如果说将媒体议题运用于卡西尔或舍勒的论述模式过于牵强，那么文化课题则切中两人的思想核心。舍勒和卡西尔20世纪20年代的作品（《知识形式和社会》和《符号形式哲学》）的共同特点在于，它们皆展现为一种对文化理解奠基工作的崭新尝试，并由此开启对现实性整体更合理的解释。换言之，早在"哲学人类学"这个议题明显成形之前，卡西尔和舍勒的学说实则早已相互关联。

正因如此，在1925年《知识形式和社会》(*Die Wissensformen und die Gesellschaft*) 一书的序言中，我们便读到舍勒首次对卡西尔更为深入且正面的评价。舍勒在书中探讨人类"各类的知识文化"时提及："民族和时代的各类认识文化与认知形式"虽然为我们这个时代提供了前所未有的"比较可能性"（这里我们不禁想到施本格勒 [Spengler] 不久前才提出的文化全景概念）。然而，风俗民情和世界观点的丰富性也导致了"几乎所有现代世界图像基础彻底崩解"的后果，另一方面，这样的后果却也促使我们"敢于对人类知识发展法则和形式再度追问"（《全集》卷八，页10）[①]。在此必须强调两点：首先，此处所谓的知识和认知（Wissen und Erkennen）不再只是知识论的特殊课题，而是关涉了人类对世界的一般理解——即人在世界中的地位。其次，人的世界定位——涵盖了所有对其的可能理解——在我们这个时代潜藏危机而变得困难重重。[②] 面对这样的处境，舍勒遍寻不到任何能够超越"实证思想范围"的哲学建树，然而，只有卡西尔对舍勒而言为一例外："最近只有卡西尔（1921）（！）在他的重要的《符号形式哲学》

---

① 此处危机同时成为科学和哲学研究的契机。普列斯纳（Plessner）在类似的脉络中提出解除安全设施（Entsicherung）的看法。这个概念不仅是涉及人类所处的状况，同时涉及哲学研究课题本身。

② 在人类学中，我们将再次遭遇这个危机发现，有关危机概念的概要可参见 E. W. Orth, "Krise", in Christian Bermes, Ulrich Dierse (Hg.), *Schlüsselbegriffe der Philosophie des 20 Jahrhunderts*, Hamburg 2010, 149-172。

（到此为止有关语言和神话）中尝试相同的事。可惜我太晚才得知他著作中与此问题相关的第二部分，因此无法在此提出论断，然而熟悉这个课题的人马上会察觉，卡西尔的结论在许多重要的观点上与我的见解是相同的。"（《全集》卷八，页10，注释1）[1]

我们确实可从其他援引卡西尔之处看出，在舍勒思想中逐渐获得重视的，正是卡西尔联结人类所有认知方式和世界定位的文化概念。舍勒从神话中发展出来的知识的统一性（《全集》卷八，页201，亦可见《全集》卷八，页121）和"人以神造己，非以人造神"（《全集》卷十二，页247）的特殊论点，皆属于此。换言之，在舍勒思想中留下回响并产生后续定位性的影响的，并不是施本格勒暗示性的戏剧化的文化谈话，而是卡西尔在符号宇宙的意义上所描述和建构的"文化作为人的世界"的想法。

这里同时也揭露了舍勒以"知识社会学"命名其书的用意。毫无疑问，我们可以将舍勒的知识形式理解为特定行动者在社会中所展现的相关的定向和行为方式。但如果我们仅以此论断，那么，我们对知识形式的理解只是片面而不足的。知识形式实则为不断分化和区别的一般人格性理想典型的定向模式（去除实质上和结构上的不同，与卡西尔的符号形式十分相似）。也因此，虽然舍勒不时正面提及文化社会学和与文化社会学有关的事物，但是《知识形式和社会》这本书并不是严格学科意义上以文化为研究对象的社会学著作。与之相反，《知识形式和社会》处理人类互动模式和沟通目标的用意，在于将两者凸显为本原性的文化生成事件。如同卡西尔，对舍勒而言，文化的生成在

---

[1] 舍勒这里所指的是卡西尔分别于1923年、1925年和1929年所出版的三册 *Philosophie der symbolischen Formen*（有关符号形式哲学的构思可在卡西尔1920年的文章中读到）。参见 Ernst Cassirer, *Philosophie der symbolischen Formen*, Ester Teil, Die Sprache (1923), Darmstadt 1956; Zweiter Teil, Das mythische Denken (1925), Darmstadt 1958; Dritter Teil, Phänomenologie der Erkenntnis (1929), Darmstadt 1958。在以下的德文文本中 *Philosophie der symbolischen Formen* 缩写为 PhsF，并以加注卷数和页码的方式引用该作品。

本质上是人格定向的生成，也就是说，人格性无法避免地生成于一个世界化过程中，生成于世界程序之中。

在此，必须对于一个可能的误解提出警告。舍勒和卡西尔所主张的，并非"一如人物创造了历史，个体造就了社会"这样简单的命题。在卡西尔那里，人格的我是在文化"争斗"的过程中逐渐发展出来。透过逐渐形成或已经形成的客体精神形式（不同的文化向度），人格性随之形构出来。卡西尔在《符号形式哲学》第二卷第三章论及"发现与确认神话意识中主观现实性"时，对此有详细的论述。(《符号形式哲学》卷二，页 185—277）在最后的第四章"神话意识的辩证法"，卡西尔作出以下的结论，神话意识中主观现实性的"发现""不仅""别具创意"（schöpferisch），同时也是一种"虚构"（Erfindung）[①]。这令人不由自主地联想到舍勒晚期"生成中的上帝"（werdender Got）的观点。生成中的上帝的课题可被视为一种由文化发展而成的人格性的临界形态。舍勒在他有关"宗教哲学"（1918 年之后）的论述中，曾以"功能化"（Funktionalisierung）的观点阐述人格性的开展。（参见《全集》卷五，页 111、198 及以下）[②] 在功能化的想法中，有关宗教和形而上学的理解，舍勒和卡西尔看法一致，两人皆预设了一种可能的"精神成长"（Wachstums des Geistes）。精神成长**一方面**展现为无法单纯涵盖于"进步"名目下的文化性结构的扩张（尤其是定向结构 [Orientierungsstrukturen]）。定向结构为由具范式意义的

[①] 虽然主要从历史角度进行谈论，"人类的虚构"至今一直也是哲学所探讨的课题。参见 Karl A. E. Enenkel, *Die Erfindung des Menschen. Die Autobiographie des frühneuzeitlichen Humanismus von Petrarca bis Lipsius*（《人类的虚构：从彼得拉克到利普修斯的早期现代人文主义中的自传》），Berlin 2008。

[②] 有关舍勒可惜不甚清楚的功能化概念，可参见 E. W. Orth, "Schelers Konzeption der Wissensformen und ihre Bedeutung für das Selbstverständnis des Menschen"（《舍勒知识形式的构想和其对人类自我理解的意义》），in Guido Cusinato (Hg.), *Max Scheler. Esistenza della persona e radicalizzazione della fenomenologia*（《马克斯·舍勒：人的存在和现象学的激进化》），Milano 2007, 101-122。

行动者和"发言者"所建构而成的"知识形式"。这些知识形式同时展现为可能人格性的原初设计。[①] **另一方面**，这个"精神成长"不是一个自然历程（就作为自然科学研究的意义上而言），而是一个文化程序，在这个历程中，精神活动（作为意义的统整）始终与感性的、片断的和物质的时刻交错盘杂。

正是为了能够掌握此种文化实在性，卡西尔试图藉由符号形式（和符号形构）的哲学构思，寻找一个方法论上的新进路，并引用舍勒。对卡西尔而言，"舍勒的建树"就在于，"清楚看到了"导向合理掌握"表达世界"（Ausdruckswelt）之"道路"，并由此确立了所谓的"表达功能"（Ausdrucksfunktion）的意涵。（《符号形式哲学》卷三，页100，参见页53以下，页68以下）在这个意义上，在对自然科学和精神科学提出假设性的区分之前《符号形式哲学》便试图为精神科学进行奠基工作，对我们一般现实性的理解提出说明。[②] 卡西尔正面的强调，"舍勒《同情的本质和形式》[③]一书中'感知理论'所描述的'现实性'，不是由特定性质和不同性质的'感受'所组成，而是由不同的表达统一性和表达整体性所构成的现实性"。舍勒在这里"所掌握到的，是在对之后所作出的'身'、'心'区分仍然'保持中立'的统一的生活流。"（《符号形式哲学》卷三，页101）。如同舍勒，对卡西尔而言，所谓的"表达现象（Ausdrucksphänomen）必须视为感觉意识的基本要素"（《符号形式哲学》卷三，页68）。这完全符合他"符号蕴

---

① 三种最高的"知识形式"——"救赎知识"、"陶冶知识"和"成就知识"，三者相互蕴含、相互解释——分别对应于"圣人"、"天才"和"英雄"三种"模范"类型。这里所涉及的是二种语言类型，我们可以分别以"意义的片后"、对于自我和世界理解的"意义形构"和宣称存在中"意义的运用"加以说明。参见 Orth, "Schelers Konzeption der Wissensformen", 105ff., 115ff.

② 也正因此，晚期卡西尔处理所谓的基础现象（Basisphänomen）的问题（NMT 1, 113 passim）。参照1936/1937年的遗稿 Ziele und Wege der Wirklichkeitserkenntnis（《实在界知识之目标和方法》）, NMT 2 (1999)。

③ 卡西尔此处所引用的为1923年的版本。

含性"（symbolischen Prägnanz）的论点（《符号形式哲学》卷三，页 235 以下）。[1] 据此，"表达功能是真正的原初现象。在**理论**意识和**理论**现实性进行建构之时，表达功能都以其原初性和不可替换的独特性宣称自己。"（《符号形式哲学》，卷三，页 102）卡西尔认为，这个观点同样展现在舍勒对"你—经验"（Du-Erfahrung）的论述中和他看似矛盾的异己意识先于自我意识的主张中，后者为卡西尔关于神话世界的研究所证实（《符号形式哲学》卷三，页 104）。是的，一如卡西尔在《符号形式哲学》引用舍勒的段落所证实的，卡西尔认为他对神话经验的理解如实地呈现在舍勒的描述中（《符号形式哲学》卷三，页 105）。卡西尔认为，舍勒在方法论上决定性的贡献就在于，在掌握异己意识和精神生活的同时，他同时察觉并克服了感受理论和类比推论理论之不足（《符号形式哲学》卷三，页101）[2]。或许卡西尔过于粗糙地区分了"主观的"和"客观的"两种不同的分析进路。舍勒——"作为现象学者"（！）——选择了前者，着重"自我意识"和"异己意识"内容的解析和描述；而卡西尔以分析"客观精神"为研究起点，希冀藉此达至合乎其结构的意识层级"重构"之路。换言之，卡西尔所谓的"客观之路"，乃是藉由"对符号形式的观察"而完成（《符号形式哲学》卷三，页 104）。然而，我们在此必须考虑到，这两种方式相互索求，与其只将一方称为"现象学式的"，不如将两种联结方式皆视为"现象学式的"（参见《符号形式哲学》卷三，页 110）。[3] 卡西尔从对

---

[1]　舍勒无缘认识到卡西尔 PhsF III (1929) 中的相关理论。这个理论或许会推翻他早期对典型康德主义者所作的批判。

[2]　卡西尔正面地强调舍勒认为新康德主义所失去的东西。在卡西尔文本中的其他佐证：如 NMT 6, 398; NMT 3, 245f.。

[3]　卡西尔在此也考虑到了他自身**诠释学**意义上不同观察和研究的"方向"。如：NMT 1,165。参见 E. W. Orth, "Ernst Cassirer zwischen Kulturphilosophie und Kulturwissenschaften. Ein terminologische Problem?"（《文化哲学和文化科学之间的恩斯特·卡西尔：一个哲学术语的问题？》）in Reto Luzius Fetz, Sebastian Ullrich (Hg.), *Lebendige Form. Zur Metaphysik des Symbolischen in Ernst Cassiers Nachgelassenen Manuskripten und Texten*（《活生生的形式。论恩斯特·卡西尔遗留手稿和文稿中的符号形而上学》），Hamburg 2008, 137-160。

舍勒的观察作出以下结论:"我们可以看到,一种独特的存在和一种人性的独特的形式是如何地从生命的整体、从未加区分的整体性中慢慢地提升、超拔出来。而后,物种的现实性和个体的形式又如何在这个独特存在中开展出来。在这样的文化意识的形塑中、在可见法则的顺序中,我们首次学到了如何更加精确地去掌握和理解个体意识的基本样貌。这里再度显示了,很多事物,如同柏拉图所谓的大写字母,很难从对个别心灵的观察中得以清晰明确。只有在文化意识这般的伟大创造中,我们才能读到实际上的'我的生成'(das Werden zum Ich)。"(《符号形式哲学》卷三,页105及以下)[1] 这是否让我们联想到舍勒"生成中的上帝"的课题?

卡西尔的"**我的生成**"毕竟彰显于一个文化历程中。在这个文化历程中,人类的人格性由神性的人格性逐渐发展而成(参见《符号形式哲学》卷二)。这也是为什么,在卡西尔所理解的文化现实性中,一种与人的存在(Sein)和人的作为(Tun)息息相关的精神能量(geistige Energien)得以实现。只要这种精神能量一日不枯竭,文化就存在一天。[2] 然而,对于这个在每个人身上并在其文化(超越每个个体)中起作用的能量由何而来的问题,根据卡西尔的观点,是无法客观回答的问题。看来似乎是如此,现实性经由活生生的人"创造和发明"了一种存在本质,在这个存在本质中,精神虽然知晓自己而半透明化,但却无法对它自己和这个世界施力。(这难道不是反映了舍勒所

---

[1] 众所周知,在说明符号形式的特点时,卡西尔非常喜欢引用柏拉图的"存在的生成"(genesis eis ousian)。值得注意的是,这里的"我的生成"要求一个"阅读历程"。我是被读出来的。

[2] 精神能量同时是符号宇宙的最后根源,人类不仅建构了符号宇宙,人类同时得在其中建构自己。人类因此拥有神性般的意涵。这个部分卡西尔比较强调其伦理特性。卡西尔希冀这个精神能量能生生不息,永不枯竭。参见Cassirer, "Naturalistische und humanistische Begründung der Kulturphilosophie"(《自然主义的和人文主义的文化哲学立论》)(1939), in R. A. Bast (Hg.), *Ernst Cassirer. Erkenntnis, Begriff, Kultur*(《恩斯特·卡西尔。认识、概念、文化》), Hamburg 1993。关于上帝的见解,参见Cassirer, "Judaism and Modern Political Myths"(《犹太教和现代政治神话》), in *Contemporary Jewish Record*(《当代犹太记录》)7 (1994), 115-126。

说的那种在生命中起作用、但同时不具任何力量的精神的特殊地位？）在《符号形式哲学》中卡西尔并没有处理精神能量来自何处这类问题，而是更情愿从科学的可能性和适用性来为自己的观点辩护。首先是他有关人类遭遇现实性的基本观点，这一点与舍勒的看法相同。这个观点说明了，我们所遭遇到的第一个现实性和我们一般现实性概念所立基的第一个现实的形式，为表达现实性（Ausdruckswirklichkeit）。表达现实性是一种生生不息、始终充满意义的现实性。① 以这个现实性为起点出发，开启了两条不同的路径。其中一条导向精神科学的奠基工作，另一条通往哲学人类学。非常重要的是要知道，这两条发展路线在本质上是相互交织的。

按照这样的思路，精神科学不是单纯地与自然科学相对立——如同**一个**领域不同于**另一个**领域，或**一种**方法有别于**另一种**方法。对于适切掌握一般现实性的关系而言，各类的精神科学具有范式的意义，因为藉由各类精神科学，尤其是从精神科学的对象中，何谓现实性才逐渐清晰明朗起来，即：现实性是一种"意义的联结"（Sinn-Verknüpfungen）。意义的联结并不意谓从"事物的联结和因果的联结之中"建构出一个"特殊的类别"（《符号形式哲学》卷三，页117及以下）。"意义的联结"——我们的表达现实性——"实则""为必要条件的（conditio sine qua non）的结构性的先决条件。前者（也就是事物和因果的联结）也立基于其上。"（《符号形式哲学》卷三，页118）② 早在卡西尔之前，舍勒就曾经指出，可由生命中导出同样科学性的观察，

---

① 这里让我们感兴趣的是舍勒早期于1908—1909年在其生物学演讲课中所作的尝试（参见GW 14, 257-361）。卡西尔引用 Wesen und Formen der Sympathie 一书中舍勒"就你—我而言尚未区分的体验流"的观点（PhsF III, 105）。在 PhsF I 第48页，卡西尔已指出，"现代哲学""它所有问题的整体性应该集中于生命概念的统一性，而不该集中于存在概念的统一性"。

② 我们无须耽溺于最原始简单的表达。在卡西尔那里，表达就其不同的符号功能而有所区别（"表达"、"再现"、"纯粹意义"）；在舍勒那里，不同的功能化区分了不同的认识形式（"圣人"、"天才"、"英雄"）。

当然，舍勒当时尚未对生命进一步的界定，同时对生命与心灵—精神之间的关系也未提出令人满意的解释。① 对于卡西尔和舍勒而言，一般的、经过认证的"精神科学—自然科学"二元论无论如何是无法成立的。这个臆想的二元论所涉及的，实则是在"有意义的—生生不息的"（Bedeutsam-Lebendig）**之内**才能作的区分。精神科学的观点之所以具优先地位，正是因为在精神科学中我们才可以开始谈论区分的**意涵**。② 然而，舍勒和卡西尔并没有因此对自然科学抱持一种诘难的态度。舍勒对于自然科学的发展始终秉持正面的看法，卡西尔更是一位思想细腻的科学理论描述者和诠释者。也因此卡西尔能够在他的"批判思索的和批判奠基的自然哲学"研究课题上大显身手，这个研究课题主要的灵感得自舍勒的学生赫尔穆特·普莱斯纳 1928 年有关人类学的论述。③

在此，我们从"精神科学"的课题来到了"哲学人类学"的课题。哲学人类学的课题在我们前面处理卡西尔—舍勒"意义联结"（《符号形式哲学》卷三，页 117）时便已经出现。对卡西尔而言，"意义联结"最典型的例子便是所谓的身体—心灵的关系（Leib-Seele-Verhältnis），也就是，作为一个多重意义上有机体的人。舍勒和卡西尔皆从以下观点出发：人作为生物（如同一般生物）首先立足于生命之中，然而作为有机体，人类却能实践有意义的行为，创造意义图像，同时更进一步地对他所创造的意义成就和自身进行有意义的追问，并在**符号形式**（或**认知形式**）中开展出一个超越的自我和世界。出于上述原初现象性的理由，卡西尔不可能将"人"界定为事后用来联结平行并存的身体

---

① 参见生物学演讲和那里的形式概念。（GW 14, 259ff.）
② 有关于此，可参见卡西尔 NMT 1, 165。有关诠释学的草稿。此外，这里有必要区分复数型的特殊精神科学（研究特定精神现象的实证科学）和作为追问意义而出现的单数型的精神科学。当然，少了前者，后者无法实践，然而，无后者的观点，前者显得肤浅且词穷。
③ 参见 NMT 1, 60。

和心灵、躯体和精神的组合体。这个在传统中一直不断地被称为"身体—心灵"的关系,实际上被赋予了一个隐藏的形而上学意涵。与之相反,卡西尔将"身体—心灵"的关系,界定为"纯粹符号关系的最初的样本和标准范例"(《符号形式哲学》卷三,页117)。我们可称这种"身体—心灵的关系"为**人类学范式**。据此,人类是"作为意义的彰显和体现的"最本源的"化身"(参见《符号形式哲学》卷三,页109)。所有意义的赋予、意义的理解和所有方式的意义的理解(包含了消解意义的化约科学),都随着人而发生。在人的身上,"赋予意义"(Sinn setzen)也成为一个必须加以探讨的问题。人类作为——如卡西尔晚期所言——**符号动物**(animal symbolicum)[①],并不仅仅因为人可以有意义地使用符号或记号,而是人本身即体现为一种符号形式的现实性。1928年,当《符号形式哲学》第三卷(1929)付梓之际,卡西尔以《论符号形式的形而上学》[②]为名进行《符号形式哲学》第四卷的写作之时,哲学人类学的观察方式便已受到重视,这里舍勒再度——并且与普莱斯纳同时——扮演了最重要的权威的角色。

卡西尔与舍勒皆秉持"生动的表达现实性的原初现象性"的观点。这个观点**一方面**引导卡西尔重新思考并定位自然科学与精神科学(**两者**皆展现为符号形构)的关系;**另一方面**,它启发了卡西尔对人类特殊地位(作为符号形构**和**符号形式的范式)的提问。由此,卡西尔再度陷入舍勒的思想论域中。

1928年卡西尔《符号形式的形而上学》手稿首先着眼于解决"精神与生命"的关系问题。对卡西尔而言,这是一个具有迫切性的问

[①] Ernst Cassirer, *An Essay on Man. An Introduction to a Philosophy of Human Culture*(《人论:人类文化哲学导论》), New Haven 1944, ²1972, 26.

[②] 对于 *Zur Metaphysik der symbolischen Formen* 标题中的形而上学概念,我们究竟必须严肃看待,还是这只是卡西尔讽刺性的引用?各方看法或许不一。直到20世纪40年代末,卡西尔试图从基础现象的观点思索处理这个课题,这使得 NMT 1 成为耐人寻味的论文集。

题，因为，一方面——如前所见——他希望和舍勒一样，直接从生命中把握并解决现实性问题；另一方面，更是因为他那个时代的生命哲学主张往往服膺于非理性主义或成为一种形而上学的结构。精神无法满足生命的要求，是当时一种普遍的看法。极端的生命哲学的主张者甚至要求超克（Überwindung）精神，以回归"真正的"生命。正是在这点上卡西尔试图让人注意到生命哲学自我矛盾之处，进而指出"（精神）有意识地自我否定，终究还是（精神）自我宣称的一种行为"①。生命和精神必须——不经由任何迂回的形而上学结构——同时被看见。也因此卡西尔在《符号形式的形而上学》接下来的章节（第二章）中着手处理"作为形式之根本问题的符号问题"，并在第一段中提出"哲学人类学的问题"（这个哲学人类学的问题正是意谓了在原初意义上精神和生命的不可分）。② 在这里卡西尔看到"在舍勒最后的工作和与他思想相近的思想家（如，普莱斯纳！）"那里决定性的哲学人类学的"转向"。对卡西尔而言，这个哲学人类学的转向可以更适切地界定精神与生命的关系。③ 这里所涉及的即是人类的"特殊地位"（Sonderstellung）。人类的特殊地位不是意谓将（精神性的）人单纯地与自然或生活对立起来，而是在自然或生命中揭示出人类无可比拟的意义性。卡西尔在这个脉络中引用舍勒的"本质研究"并似乎假设，类似的观点也同样地在普莱斯纳的新书中以"意义哲学"（Sinnesphilosophie）的方式被表述出来。"在某种程度上，哲学人类学发展出了一个双重面相，它不只将人理解为自然中的主体——

---

① NMT 1, 32.
② NMT 1, 32ff.
③ 参见 NMT 1, 35. 卡西尔引用的是舍勒人类学最初的标题 *Die Sonderstellung des Menschen*, Darmstadt 1927 (NMT 1, 36)，而不是 *Die Stellung des Menschen im Kosmos*，并提及了普莱斯纳当时刚发行的人类学著作 *Die Stufen des Organischen und der Mensch. Einleitung in die philosophische Anthropologie*（《有机体的发展阶段和人类：哲学人类学导论》），Berlin 1928. 卡西尔应该在1928年春天便取得了普莱斯纳的新书，因为卡西尔在4月份便完成了文稿的写作。

客体，同时将人视为文化的主体—客体。"① 卡西尔引述普莱斯纳："在人类周而复始必须展现所有努力和牺牲的层面……，在这个精神性活动和创造性工作的层面，在人类的胜利和失败的层面，这个层面与人类身体性的存在层面相互交错。这个存在矛盾——没有它人无法成为人——对哲学的方法别具意义：它揭示出存在于人类身上的雅努斯性质（Janushaftigkeit）的一种必要的认知，对于人类存在的双重面相，不该是超越地或传达地加以掌握，而该理解为**一种**基本立场。"② 在这个观察方式中，卡西尔看到类似他的符号形构和符号形式的哲学构思，即：作为功能性的、明晰的结构分析，符号形式哲学所要处理的并不是单纯的生命或纯粹的精神，而是具有意义的生命整体，即对于生动意义丰富性的把握，这种想法与舍勒如出一辙。③ 对卡西尔而言，对此作更进一步的形而上学分析或阐述，似乎是不适当的。他认为："我们永远无法回到生命世界散发出第一道精神意识的光芒的那个起点，我们无法指出，何时是语言、神话、艺术或认识的'生成'时间。因为所有的这些，我们只能从其纯粹的**存在**（Sein），即作为自身封闭的形式，加以认知……。然而，即便是在再简单不过的形构之中，形构法则的整体无不已经临在（gegenwärtig）并发生作用。"④ 值得注意的是，在《符号形式的形而上学》的文稿中，卡西尔并没有对舍勒形而上学的偏离提出任何批评，反而认同舍勒（和普莱斯纳）之所见，认为应该避免生命概念的非理性地运用，才能积极地展现生命概念。当然，我们必须进一步追问，舍勒或普莱斯纳所呈现的对人性暗示性的论述，和卡西尔将人类尊为符号的动物，两者之间是否意寓了一个形而上学

---

① NMT 1, 35.

② NMT 1, 35f. 并参照普莱斯纳 *Die Stufen des Organischen und der Mensch* 书中相关段落（GS 4, 71）。此处卡西尔没有提到普莱斯纳的"离心定位"（exzentrische Positionalität）的概念。在卡西尔晚期的著作中，普莱斯纳不曾再出现。

③ 在此，卡西尔再度正面地引述舍勒，甚是舍勒对植物的形态学的使用。（参见 NMT 1, 37）

④ NMT 1, 36, 37.

立场最终的不同。

在上述卡西尔引用普莱斯纳的段落中，我们首先可看到，在对人类的提问上有两个不同的动机参与其中。不只舍勒的哲学人类学区分出这两个动机，这两个动机在卡西尔那里同样也扮演了重要的角色。两个动机，其一为追问研究人类现象的适当方法，其二是其单纯的主题化与危机的发现之间的关联。两个动机的结合或许又会引导至形而上学的层面上。就研究方法的第一个动机而言，舍勒所有关于"本质研究"和"意义哲学"的研究，与他在经由人格概念的构想而得到人类学中必须引入"具批评意识与奠基性的自然哲学"[①]的主张，都属于此。类似的研究方式，当卡西尔1928年在他的观察中全新引用雅各布·冯·于克斯屈尔（Jakob von Uexküll）的理论时，也开始变得明显。对普莱斯纳和他的人类学而言，于克斯屈尔是位常被引用的作家。自从卡西尔1928年开始接触普莱斯纳作品后，每当涉及有关生物学的问题时，卡西尔也开始引用这位他之前从未注意到，甚至有段时间同在汉堡共事的同事的学说。与此相反并值得注意的是，卡西尔在后期哲学中不曾再提及普莱斯纳。[②]顺便一提，1914年舍勒在名为《白皮书》（Weißen Blättern）的期刊中就曾经评论过于克斯屈尔的《建构生物世界观的基石》（Bausteine zu einer biologischen Weltanschauung）一书（1913）（参见《全集》卷十四，页394—396）。于克斯屈尔的观点，把生命有机体视为由所谓的"察觉的和作用的世界"组织而成并深植融入于特定"环境"（Umwelt）的结构，而且我们必须透过这些结构对有机体加以掌握，这些观点与卡西尔功能性的观察方式不谋而

---

① 参见 NMT 1, 60。或许舍勒更情愿用"现象学式的"来取代"具批评精神与奠基性的"用词。

② 例如参见 Cassirer, *An Essay on Man*, 23ff.。但以下的有关于克斯屈尔的论述中，卡西尔并没有提到普莱斯纳；其他如 Cassirer, *Das Erkenntnisproblem in der Philosophie und Wissenschaft der neueren Zeit*, Bd. 4, *Von Hegels Tod bis zur Gegenwart* (1957), Darmstadt 1973, 137, 206-211。论及于克斯屈尔时却没有提到普莱斯纳（此外，卡西尔也没有提到舍勒）。

合。① 卡西尔似乎有意将于克斯屈尔在有机体身上所观察到的察觉的世界和作用的世界所构成的"功能圈"（Funktionskreis）与他自己的人类世界（文化世界）的符号形式相类比。当然，卡西尔认为，"一旦我们进入人类特有的意识和人类特有的形构方式，在动物身上联结察觉之网和作用之网的紧密的环节……就被打破了"。"动物和环境"建立了一个共同的领域，人类开始"改建这个环境"，并在"自由"中，开展出所谓的"世界"② （舍勒意义上的"世界开放" [weltoffen]）。这两种形式之间（一方面为由察觉之网和作用之网所构成的功能圈，另一方面为各类的符号形式）是否存在着一个清楚明确的"连续性"（Kontinuität），关于这点卡西尔似乎有所迟疑，然而，他相信可以"发现"类似的东西。除此之外，卡西尔深信，这两种形式的"类比对照"——正是歌德意义上的"重复的反照"（wiederholte Spiegelungen）的互相辉映。只有透过"两个世界"（人类的和动物的，精神与生命）的相互对照，才能对其个别本身和两者的相互关联有所掌握。无论如何，卡西尔现在开始谈论单一符号形式所带来的"巨大的形变过程"，任何试图回到这个过程*之前*的"此在层次"（Schichte des Daseins）的尝试终究注定要失败。然而，在生命中所开展出来的生成问题，对卡西尔而言也无法避之不谈。③ 这将带领我们进入第二个动机，即所谓的危机动机。④

我们可以宣称，舍勒和卡西尔面临一个共同的问题，即他们一方面把人安置在动物性的生命中，另一方面他们又力求凸显人类不可比拟的特殊地位，进而强调人与自然和生命的差异。仅仅特殊地位就充

---

① 一如卡西尔喜好引用歌德，这里可引用歌德的一句话："功能就是被设想为活动中的此在"，参见 Goethe, *Gedenkausgabe der Werke, Briefe und Gespräche*（《著作、书信、对谈录》）(Artemis-Ausgabe), Bd. 17, *Naturwissenschaftliche Schriften*, 2. Tl. Zürich 1952, 420 u. 714。

② 参见 NMT 1, 43f.。

③ NMT 1, 45.

④ 或许同时进入了形而上学。

满了危机特色。① 此外，生命所展现的从环境式的动物性到世界式的人性的转变，这个转变本身也可视为危机的一种。卡西尔仍然自由随性地使用危机这个术语，有时他也称从"神话的图像世界"到"理论的知识"过渡历程为"危机"（参见《符号形式哲学》卷三，页 91）。在达沃斯有关人类学演讲中卡西尔指出，对人的提问演变成为具问题性的人类学课题，这与危机意识息息相关。卡西尔列举"形而上学"、"现象学"、"批判观念论"作为现代哲学中有关人类学提问的例证，并在"形而上学"后面的括号中加注**舍勒**的名字。卡西尔进一步解释道："然而，（'哲学人类学的问题'）绝不可被视为'现代'哲学特有的问题，这个问题并没有特定发生的时间，也不发生于特定的哲学思考**发展阶段**。当哲学反思臻至一定成熟、达到一定高度，当哲学面临最后抉择时，哲学人类学的问题就会被提出。分离和面临抉择的大时代，一如'危机'一词在根本字义上所揭示的，再次将我们导向哲学人类学的问题。哲学人类学的问题存在于哲学的本质之中。哲学不只是、也从未只是对世界或宇宙的思索，哲学在本质上是自身思义（Selbstbesinnung），而这种**自身**思义所发现的首要的、根本性的问题就是对人类本质的追问。"② 卡西尔晚期的著作，即写于 1944 年的哲学人类学著作（卡西尔有时称为人类学的哲学）《人论》一书，便充塞了这种人类特殊地位的危机特色。此书第一部分的第一章便以"人类自我认识的危机"为题。③ 舍勒再一次地成为卡西尔的保证人。书中引用

---

① 没人比普莱斯纳能以更明了的、优雅的方式说明危机问题。普莱斯纳从定位的角度来论述有机体，把人视为离心定位（动物性的类文化对比于人类的文化）。

② 参见卡西尔在耶鲁大学贝妮克珍藏图书的遗稿编号 49 号。有关卡西尔在达沃斯的演讲遗稿，汉堡团队仍在编纂中。卡西尔和海德格尔 1929 年 3 月和 4 月在达沃斯高等学校的对谈，不时成为哲学谈论的话题。（此一手稿现已编辑出版，参见 Cassirer, *Davoser Vorträge. Vorträge über Hermann Cohen, Ernst Cassirer Nachgelassene Manuskripte und Texte*, Bd. 17, hrsg. von J. Bohr und K. Chr. Köhnke, Hamburg: Felix Meiner, 2014。——编者）

③ Cassirer, *An Essay on Man*, 1.

了舍勒在《人在宇宙中的地位》开始时所区分的有关现代人类定义的三种"全然不一致的思想论域",卡西尔随意地将相关的文本翻译成英文。[1] 在舍勒的原典中原文如下:"因此,我们有了一个自然科学的、一个哲学的和一个神学的人类学,这三种人类学彼此毫无关涉。然而,我们却没有一个统一的关于人的观念。研究人的特殊科学与日俱增,本身虽然富有价值,然而,它们所遮蔽的人类的本质比它们揭示的更多。更有甚者,前面所言的三种关于人的观念传统如今皆已被推翻,尤其达尔文式的解答完全颠覆了人类起源的问题,我们可以说,历史上没有一个时代像现在一样,人的问题变得如此复杂难解。"(《全集》卷九,页 11)

卡西尔不仅印证了舍勒在有关人的规定的危机诊断,并在《人论》的第二章中提出其自认合理的解决方向,即:人类本性的提示为符号。卡西尔认为,类似的解决方案也可在舍勒那里看到。[2] 值得注意的是,早在卡西尔之前,舍勒在 1915 年《论人的理念》一文中,便试图透过语言踏上这条解决的道路。当舍勒以"所有哲学的核心问题都可追溯到一个问题,即人是什么?人在存在、世界和上帝的整体中占据何种形而上学的位置?"这一追问揭开《论人的理念》序幕时,危机问题便昭然若揭(《全集》卷三,页 173)。该文首次出版于以《论文与文章》为标题的论文集中,1919 年的第二版舍勒将之改名为《价值的颠覆》(*Vom Umsturz der Werte*)。[3] 舍勒认为,人类决定性的独特

---

[1] Ebd. 22. 卡西尔把最后的"我们可以说……"放在句首,并省略了三种思想论域和有关达尔文的部分。

[2] Cassirer, *An Essay on Man*, 23. 卡西尔 *An Essay on Man* 的第二章从阐述于克斯屈尔的学说开始。有关舍勒与符号形式的关系,可参见卡西尔的提示:NMT 1, 239; NMT 6, 397f.; NMt 3, 245f.。

[3] 卡西尔在晚期也曾使用过这个表达方式,却没有强调其与舍勒的关联。他在阐述希腊前苏格拉底哲学的发展脉络中论及"所有价值的颠覆"(Umsturz aller Werte)。参见 Cassirer, "Logos, Dike, Kosmos in der Entwicklung der griechischen Philosophie"(《希腊哲学发展中的逻各斯、正义和宇宙》), in *Göteborgs Högskolas Arsskrift*(《哥德堡大学年鉴》) 47 (1941), 1-13.12。

之处在于其特有的语言能力（Sprachmächtigkeit）。一如卡西尔日后所为，舍勒在此也特地引用威廉·冯·洪堡的观点，并将字词（Wort）视为"体验的**通道**"（Erlebnis*übergang*），一种可克服"康德'知性'和'感性'二元论"的原初的"意向性运动"（《全集》卷三，页180以下）。"字词为原现象（Urphänomen）"，是工具中的工具，是"通向文化的道路"（《全集》卷三，页183）。卡西尔则提出"意向性的原现象"的说法。[1] 然而，在评价洪堡意义上的语言发现时，舍勒并不否认语言同时具有的神性权威。正是因为透过"一个字词"——根据洪堡的观点！——整个语言和语言的整个关联便呈现于人类之中，在这个意义上，他可将语言视为"上帝之语"，而不是同样为洪堡所拒绝的"语言逐渐生成的贫乏学说"（《全集》卷三，页182）。[2] 卡西尔也没有轻忽这个触发符号形式奇迹般的宗教性含义，并在有关神话和宗教的研究中详加阐释。然而，当卡西尔严防从其中发展出一套肯定的形而上学之时，他却在舍勒的身上看到这样的意图。[3]

卡西尔认为舍勒在其"人类学"中可察觉的形而上学[4]，主要透过一种以实体形而上学为依归，并以思辨的方式运用因果范畴的阐释和概念形式表现出来。对卡西尔而言，这个"形而上学的世界""主要建构在实体和因果概念之上"；对此，卡西尔提出"回归表达的'原现

---

[1] NMT 3, 213.

[2] 由于对两位作者在形而上学、宗教和科学方面了解得不够透彻，有时在比较舍勒和卡西尔的语言理解时会产生误解。有关于此，参见扎赫利兹（Ralf Zschachlitz）的尝试："Die anthropologische Konzepte Ernst Cassirers und Max Schelers und ihr Verhältnis zur Sprachphilosophie"（《恩斯特·卡西尔和马克斯·舍勒人类学的构想与其语言哲学的关系》），in *The Germanic Review*（《日耳曼评论》）80 (2005), 307-319。

[3] 读者在这里可能会摆荡于评论文本和阐释宗教内容之间。后者可参见文中所引用的卡西尔1944年的"Judaism"一文。

[4] 我们这里不再深入讨论舍勒本人有关"归纳的"形而上学的构想。在舍勒那里，"冲动"（Drang）和"精神"（Geist）呈现为斯宾诺莎意义上的关于存在的两个属性。这里我们同样可以假设舍勒充分意识到了其中的语言问题。舍勒指出，语言所希冀表达的内容，同时要求并导向一个独特的看见（GW 10, 465）。

象'"作为其"解决之道"(《符号形式哲学》卷三,页 116)。卡西尔在 1930 年的《当代哲学中的"精神"与"生命"》一文中曾经解析过舍勒形而上学的论证路线。然而,卡西尔此篇文章首要的批判对象并不是舍勒,而是当时特定的生命哲学。这类生命哲学将精神和生命对立起来,致使他们无法察觉精神和生命的"原初"关联——尽管精神本身具独立性。在这个批判中,卡西尔同意舍勒的观点,正是舍勒在阐明表达现象的生动活泼的意义的时候,同时凸显了精神。尽管如此(或许正是因为如此)——就卡西尔的观点而言——舍勒始终无法真正解决精神与生命的二元论。舍勒虽然确切地掌握了表达现象,却又试图证明精神和生命之间存在着某种因果关系,进而将两者严格区分开来。舍勒混淆了"作用之力"(Energie des Wirkens)和"建构之力"(Energie des Bildens)。因此,舍勒——违背初衷地——将精神"对象化"。[1] 对此,卡西尔不得不对舍勒将生命视为具有作用能力的"冲动"(Drang)的看法(与之相对的是本身不具备任何力量的却具导向能力的精神)提出质疑。[2] 在 1936 年之后的遗稿中,卡西尔指出舍勒的学说根植于"叔本华式的意志形而上学"之中,并写道:"虽然晚期的舍勒已经舍弃了超验的观点,却仍保有二元论的看法。""这个'无力的'(machtlos)的精神概念如何能够'想象'自己能够生成、能够成为生命的动力,关于这一点始终无解。相关之处可参见我的舍勒文章。"[3] 这里我们无法确定,卡西尔在此是表述自己的意见还是阐释他人的见解。

---

[1] 参见 Cassirer, " 'Geist' und 'Leben' in der Philosophie der Gegenwart", in *Die neue Rundschau* (《评论新刊》) 41 (1930), 244-264。这里所引用的文本参见 Cassirer, *Geist und Leben. Schriften zu den Lebensordnungen von Natur und Kunst, Geschichte und Sprache* (《精神与生命:有关自然和艺术、历史和语言的生命秩序的文献》), E. W. Orth, Leipzig 1993, 32-60;此处参见 45 u. 52。

[2] Cassirer, " 'Geist' und 'Leben' ", 42f.

[3] NMT 3, 212 u. 216f. 卡西尔耳熟能详的作为所有符号形构基础的"精神能量"难道不也是叔本华主义的再度知性诠释?

一如舍勒，当卡西尔提出"表达的'原现象'"并将之与"形而上学的世界"对立起来，卡西尔就无法不面对形而上学的问题（参见《符号形式哲学》卷三，页116）。"表达"是否通往一个"超验的世界"？对此，卡西尔并没有提出最后的定论。然而表达的发现，即意义存在于定额的感性之中，本身就是一种形而上学的发现。一如舍勒有关功能化的思考，卡西尔的发现也令人无法不联想到一种结构上的（或先验的）生成过程。[①] 在他1930年关于舍勒的文章中，卡西尔影射了存在于存有和非有之间哲学史上的形而上学"危机"，并试图让读者了解，这个始于巴门尼德的危机持续影响舍勒。[②] 文中卡西尔避而不提的却是，在表达现象本身中危机同样具有感染力，亦即对有意义的意义性和绝对的无意义性的区分。是的，我们可以说，危机诊断正是由于表达现象因其不断损失的可能性，进而开展出来的意义的追寻。这种追寻完全是形而上学式的介入。在卡西尔关于舍勒的文章结尾处，卡西尔为看似对立的精神和生命找到一个发人深省的陈述方式："生命作为生命封闭于自身之中，在这个封闭性中生命不发一语。除了精神所借予的语言之外，生命并没有自己的语言。当生命被传证反对精神时，实际上，最后的侵略者和捍卫者、原告与法官同为一人。"[③] 然而，我们这里可以追问，谁是这里所提及的法官，他的权威性来自何处？当然不可能来自一些经过认证的社会经济学、神经生理学和基因学的研究成就。然而，尝试解答此问题也将卡西尔带往了语言的界限。卡西尔指出："我们可以将语言视为再清楚、再纯粹不过的媒介。然而，无法改变的却是，这个水晶般晶莹剔透的媒介却也是水晶

[①] 有关"先验的生成"和"存在的生成"，参见 E. W. Orth, *Von der Erkenntnistheorie zur Kulturphilosophie. Studie zu Ernst Cassirers Philosophie der symbolischen Formen*（《从知识论到文化哲学：恩斯特·卡西尔符号形式哲学研究》），Würzburg 1996, ²2004。

[②] 参见 Cassirer, " 'Geist' und 'Leben' ", 49f.。H. 科恩已经提过这种巴门尼德的危机。

[③] Cassirer, " 'Geist' und 'Leben' ", 54.

般的坚不可摧。对我们的思想而言,语言无论是如何的明晰透亮,我们的思想却永远无法穿透洞悉语言。语言的透明性无法消解语言的无法穿透性。"卡西尔在此心神领会地提到**隐喻**的使用(在上述的引文中卡西尔实际也使用了隐喻的手法)。① 这里显然涉及到一种意义的确认(Vergewisserung)——一种立基于原则性上的对意义的**相信**(这个尤其展现于作为表达**最终**典范的语言中)。我们可以把这个观点视为一种形而上学的立场。当然这个形而上学立场需要更进一步的诠释。

意义的追寻是舍勒和卡西尔两人的共同着力点,也因此,两人同时对人(作为意义的代理人)和文化(作为意义的面相)感兴趣。虽然,舍勒和卡西尔两人私下的相互交流是如此贫乏,但这两位作者如何察觉到对方,却值得我们关注。对两者进行比较,并不在于指出两人事实上的相互影响,而是为了凸显同世代的人所共同面对的相似的智识命运。这里所勾勒出来的是一种哲学比较学的研究计划,试图将论述结构的描绘与人物关联起来。在对舍勒和卡西尔的研究中,我们还必须对20世纪之前的历史有所回顾,尤其是19世纪诸如特伦德伦伯格(Trendelenburg)、洛采、威廉·冯·洪堡和狄尔泰等人的学说,或许也必须将叔本华含括其中。②

(译者:张存华/台湾辅仁大学哲学系)

---

① Ebd. 56.
② 顺便提一下,舍勒的老师鲁道夫·奥伊肯和卡西尔的老师赫尔曼·柯恩(Hermann Cohen)皆为特伦德伦伯格的学生。

作为"生命"和"生命力"的实在性：
马克斯·舍勒的观念论—实在论[*]

吉安弗兰科·波西奥

一

在舍勒的哲学思想中，1927年首次发表在《哲学指南》上的长篇论文《观念论—实在论》占有一个相当重要的位置，尽管这篇文章相对有些简短（50—60页）。舍勒曾打算重写并扩充这篇文章，尤其是在读了海德格尔的《存在与时间》之后，但他还没来得及这样做，就于1928年5月19日去世了。M. 弗林斯是舍勒未发表著作的卓越的监护人，在由他编辑的《舍勒全集》第九卷（*Späte Schriften*, Francke Vlg., 1976）中，这篇文章伴随一个附录再次出现，这个附录由两部分构成，这两部分在最初的草稿中都没被包括进去。第四部分标题为"本质及本质认识的学说。现象学还原及观念学说的结论"，尽管只有8页长，但组织得很好、很紧凑。稍长并组织得较差的部分是第五部分，它主要给我们提供了舍勒对海德格尔刚刚出版的书的评论，而

---

[*] 本文译自：Gianfranco Bosio, "Reality as 'Life' and 'Vitality': The Idealism-Realism of Max Scheler", in A.-T. Tymieniecka (ed.), *Analecta Husserliana LXXIX*, Netherlands: Kluwer Academic Publishers, 2004, pp. 147-166。——译者

他是最早读这本书的人之一。这一部分相当有趣,但本文之篇幅不容许对此进行研究,只是偶尔会以它作一些参考。我们已经在一篇长文《哲学人类学与人的形而上学》中,对舍勒对海德格尔哲学的评论作了较多的论述,它刚刚刊登于《哲学杂志》这本刊物上。

二

《观念论—实在论》这篇论文以意识问题为其出发点。我们的出发点是这样的经典问题——世界是独立于我们意识中所拥有的对它的表象而存在,还是相反,即在我们的意识能力之外没有任何一种实在性存在?就这样,这个问题以其最笼统的方式被提出来,因为在这两个可能的回应中有一些其差别不应被忽略的分支和诸多倾向(orientations)。第一个回应(世界和事物独立于我们及我们的意识活动而存在)是"实在论"的回应,第二个回应(没有独立于我们的意识能力之外的世界、身体,在我们的意识能力之外无物存在)是"观念论"的回应。历史地看,在近代,第一个著名的观念论的回应是G. 贝克莱主教在其著名命题"存在即是被感知"中的回应。不过,还有一种改进的"观念论",例如康德的"先验—形式"的观念论,按照这一看法,意识根本不为产生实在性负责,而只是把它安排进结构和框架之中,这些结构和框架对我或自我的认识功能而言是先天的。甚至叔本华的改进的观念论也是沿着康德开辟的道路走的。众所周知,康德在其《纯粹理性批判》中提出一种"观念论的驳斥",他断定,对超越于我们自己的能力和认识能力之外的外部世界的存在从未给出一个令人信服的说明,对哲学来说是一个真正的丑闻。[①]那么,按照康德的说法,外部世界的实在性,作为为了认识它由我来授予"形式"

---

① B 190, p. 25sgg(Kant, *Kritik der reinen Vernunft*, B XXXIX.——编者)。

的"质料",没有被这个"我"放入存在之中,而是必须在它之前就存在。叔本华在其一般的论题中紧紧跟随康德,但在阐明"实在性"概念时比康德更为成功。它不再是被授予认知"形式"的简单"质料"。"实在性"存在于与纯粹而素朴客体化表象不同的层次上。确切说来,这一层次是"努力"(effort)的层次,是起因果作用的"能量"的层次,这一"能量"层次在"被表象"之前,被"主体""激活",因此被认为在形式中把可认知的"现象"的秩序和结构赋予了它(The world as will and representation, Book II, spec. par. 19 et seq.)。实在性主要是抗阻(resistance)和努力。这也是舍勒所遵循的方式,他把自己直接与叔本华联系在一起,而且把 E. 冯·哈特曼(Philosophie des Unbewussten, 1869)加进来,并通过冯·哈特曼也与 1809 年及之后的谢林联系起来。舍勒是出版于 1809 年的《人类自由的本质研究》一书的细心读者。谢林以一种与叔本华相当不同的方式,但以在某些方面相近的结论,也把"实在性"描述为"努力"、"充满活力的力量"(energetic power)、期望和欲望。成为实在之物的"意志"之基础是解决什么是"要成为实在的"(to be real)这个问题的唯一的、特有的方法。

三

《观念论—实在论》首先以这一基本论题开始,这个基本论题对说明意识理论的主要问题来说是本质性的。在所有问题中,我们应区分两个不同层次并且必须始终清晰地确认它们的区别:每一实体的此在(Da-sein / the being-there)和如在(So-sein / the being-thus)。前者由当下(hic et munc)被给予的偶然的(contingent)材料这个层次构成,由这个单纯素朴的事实,即存在有某种独立于我们的意志的东西这一事实构成。另一方面,后者是由我们在这一事物中以无论它们可能是的何种形式或方式对这一事物的认识给予的。舍勒写道,在这一背景中,在本体论的实在论和良知(consciential)的观念论之间有一个共有的存在。"错误的推测存在于此,"舍勒写道,"在于对我们称之为任何对象(内部世界、外部世界、他人、活生生的存在物,僵死的东西,等等)的此在或实在性,以及对我们称之为其如在的承认……偶然的如在与其各自的'本质'是不可分的……那么,我的一个根本论点是:每一如在('偶然的')和'本质'可以为认知和意识所固有,并且要恰好以与它超越于意识相同的方式真正内在于它,并因此不能通过某个表现它的'图像'来显现它,既不能表现为一个感知和表象,也不能表现为任何有形象的思想……另一方面,它永远不会达到认知和意识……"[①]因此如在**在心灵中**,而此在是**在心灵之外**(*extra mentem*),并因此是**超理智的**(*transintelligible*)。[②] 无论观念论还是实在论,由于没有把正在探讨的进行区分的需要考虑进来,从这同一个错误中收获了截然相反的但同样不可接受的结果。"实在论"发现其自身不能回答这一问题,即"某种与我们无关的东西,与我们的自我和我们的认识能力完全独立和无关紧要的东西,可以进入(pass into)我们,并且成为意识的'内容',这是如何发生的?"正是在我们之中有一个与意识相分离的原初的实在论的"复本"和"图像"这一推测,迫使我们产生所有基于这一推测之上的荒谬理论。至于观念论,它不能回答这一合乎情理的并且显然的问题:"什么变成了我们当下并没有感知到的实在之物;当它被再次感知时,它继续存在或者获得再生吗?当我们不再感知它时,它会再次死去吗?"我们也不应忽略"观念论",考虑到其最极端的后果,是如何经常以庇护一种荒谬的并且无法代替的现象主义而告终。然而,如果它想要保证客观性和意

[①] "Idealismus-Realismus"(有时用 "IR"), p. 185.

[②] IR, p. 188.

识的统一性，当坚持按照实在性被一个"我"、被一个"精神"投入到存在中去的观点和原则时，它必须认为这个我作为短暂的、非本质的证明的单一的和复杂的意识，并因此作为一个我、一个精神和一个普遍的"纯粹活动"的"显现"。带着被宽泛概述的观念论和实在论问题，我们将继续概述舍勒解决已提出的意识理论问题的方法的进展和框架——当然，大致上说是非常多的。

四

那么确切说来，什么是意识呢？舍勒回答道："意识是根本性质的特殊关系并且是不能**从两个实体中的任何一个推导出来的**。我说，实际上，一个实体 A '知晓' 一个实体 B，并不伴有这种参与（participation）而由此导致 B 在本质上或在 B 的存在中发生任何变化。"① 意识的关系是非因果的和非质料的关系。它是一种"参与"——在舍勒的措辞中最重要的词是那些说这样的参与如何与两个关联的术语中的这一个或那一个的实在的变动毫无关系。"他说的参与绝不能还原为一个因果联系或还原为一个相似性与相似性的联系，或者一个符号和符号化的关系，因为它是诸存在（essents）的最终关系。"② 变动或变化是某种"实在的"东西，因为它们属于所有受因果关系的联结统治的领域。因此这一"B 的此在在实在性的变动的意义上绝不会参与到一个意识的关系中，而是在与实在主体的关系中，这一实在主体借助于因果关系构成了意识的支撑"③。然而，即使如此，我们还没有抓住问题的核心：甚至因果性联系，就其是两个或更多事件的功能性的依存关系而言，进入到表象世界以及通过意识的客体化功能被表

---

① Ibid.
② Ibid.
③ Ibid.

象出来的实在性之中。我们在哪里可以发现边界，在"因果性"的联系中的"实在"元素和"观念"元素之间区分的界限在哪里？观念论的反驳，即如果某物不是客观地可再现的，它可能没有实在性，这看来会让我们回过头认为它是不可克服的。然而，按照舍勒，这个地方存在并可以被确认。他后来所有的思想发展都瞄向了这一目标。首先我们必须排除一种认识，即"觉察到"（awareness）的领域比"意识"（consciousness）的领域要宽得多。他把觉察到（认知）界定为"入迷的"，因为它是一直没有客体化的意识：它是一个"可以相当清晰地从动物、从原始人、从小孩，并且也可以从某种病态的状态，尤其是在那些病态的和异常的人格（例如正在从昏迷状态中重新苏醒的人）中找到的"的意识。① 因此存在一个缺乏"与自身反思性联系的"意识。当"特殊的环境，像障碍、冲突和矛盾"产生时，当一个痛苦的张力产生时，正是这个意识被引发并被建立，它可能仅仅在人身上被发现，使得"反思地转向自身的紧急活动——这个在其中认识的方式的意识取代了对事物意识到的位置的反思性行为（actus reflexivus）"成为必然。② "意识"不能被把握为安静的和不被干扰的领地，并且其自身也不知道其源头和开端（ab origine and ab initio），它是痛苦的女儿，并且是在其中它遭受实际的和可能的痛苦的生命活动的女儿，这一事实毫无疑问是清晰的；它也是欢乐所在的地方——在生命的扩张中一直有潜在的痛苦，因为它在那里作为"张力"，一个对在时空中当下（hic et nunc）③ 之物即刻的显现的不断超出。

"实在性"因此不能被如此简单地（sic et simpliciter）等同于对象的"超越性"。"'实在性'的问题完全处于对象的超越性问题之外。"④

---

① IR, p. 189.
② Ibid.
③ 原文为误写为 hit et nunc。——译者
④ Ivi, p. 191.

"实在的"不仅仅是"外在于"我们的。在我们之中也有很多"实在性",尤其是在所有灵魂的激流中以及不能应对清醒的和警醒的意识的"被动性"中。"实在性"既不能仅仅被标志为"空间性",也不能被标志为像在"存在的判断"中表述的范畴的客体化。① 存在一种这个我的生命的最深层的时间之流的"实在性",当我们变得越来越老时,我们感觉到时间在加速,基于正在给当前施加压力的过去之物,使我们感觉对我们来说持有被用来实现某些计划、对个别意向施加影响等的可能性的时间已经过去了。② 然而这并不是一个特殊的"空间的""实在性"。每一实体的"实在性"的要素既不落入"内感知"的领域,也不落入"外感知"的领域。我们一定不要被不情愿地放弃的笛卡尔主观主义的残余偏见引入歧途。当某个人陷入痛苦,陷入恐怖症或神经质的冲动中时,带有体积、轮廓和形状的"外部的"空间世界可能通常比"内部"世界少一些"实在性"。由光和影的反射所造成的"海市蜃楼"是在空间中的,但并不是真正"实在的",只不过作为简单的形式和形象发挥因果的效能。

五

"实在性"不能被划界或被把握,无论是在世界的一个确定的领域还是在别的领域。"物理学"和自然科学的世界与以其多种多样方式存在的生命世界具有相同的"实在性"。凭什么"天文学的"太阳会比日常生活普通环境视野中见到的太阳更为"真实"? 这是两种相当不同的看待和遇到太阳的方式。③ 实际上,自然的和环境的日常的见解,是对天体物理学的太阳观点的建构和理想化(idealisation)的本体论的出

---

① Ivi, pp. 205-206.
② Ivi, p. 213.
③ Ivi, p. 199.

发点，这种关于太阳的观点正如科学上所认识的那样。在确定的谓语中得到表述的存在的判断，也不能构成确认世界事物的"实在性要素"的实在位置。"存在的判断""对客体来说没有增加新的特性，只不过是成为构成事物的所有特性的总和，这是此在的述谓所赋予的……存在的判断不能解释，除非人们已经知道在存在判断（existential judgment）中给予'此在'的谓语的内容的实在性的构成要素"。①

存在性述谓可以与运动相比，"就像，当原有的运动现象被给定时，一旦给定距离的变化，就可以计算物体的实际的运动那样，然而这一运动不是从他者中推导出来的，虽然显然可以推导出一定存在某种实在的东西或一定有某种确定的东西、有一个实在的数据——如果另一个实在实体被给定；但一个实在世界的存在、实在性要素的存在是绝对不能推导的"。②

六

"实在性的真正问题"是这本简短的小册子的第三部分的标题。舍勒断定，与实在性的第一个关系超出了认知的范围。它是**超理论的**（extratheoretic）。实在性的背景只在冲动和意志的领域中才被给予。③"空间"、"时间"和"因果性"是实在性的体验被建构起来的形式。所有如在遇到的意识是**图像**（Bilder），也即是形式，因此是如在（"本质"的偶然性）。但空间、时间和因果性是已知的、可知的并且是可表象的，仅仅因为第一个关系**激活**它们。如果我们一起参与到它们"**在心灵中**"存在，一种作为与"我"毫无关系的、根本不能被思考的（正如它可能会误导一样）"**超精神**"（extra-mentality）。这一

---

① Ivi.
② Ivi, p. 206.
③ Ivi, pp. 209 sgg.

"超理智的"(transintelligible)超精神是并仅应被看作为"生命"和"生命力"。伴随自身的变化,生命活动包含运动;它也意味着要处理的遇到障碍和抗阻的疑难情境。

那么在实体的存在中,在**实在性**的要素中,什么是自身向我们展示的东西?舍勒用他的这样一种观点进行回答——实在的东西是**抗阻、努力**,是我们能量的消耗。我的能量与世界的相遇碰撞,一种不能只是被还原为"范畴"的结构的关系,构成了"实在性"。这样,显然是唯有实在之物具有因果效能。在原因和对原因的体验中有着实在性与自我相关的更大力量。即使在没有生命、没有生命联系的地方,也存在"努力"和"能量利用"吗?不是的,那是不可能的。空间是运动的先天(即所有可能性的总和的范围)。空间相当于:我在其中运动并因其而可以运动,我可以运动着经过它,以及近处和远处的先天、可达到的和不可达到的先天。① 时间相当于我相对我自己而言的变化的实在性及可能性的基础,这一在我的自身变化中的先天,我必须要做和想做的事情的顺序和计划的连贯性;正是时间的单一的根基给我们这一参照,并由此根基生发出各种不同的时间支流,包括物理学的时间、历史和日历的时间、社会的"公共"时间等等。② 因果性首先可想象为能量的传送和交流,而不是作为以确定的客观化的方式获得的对一系列可感知的关系的确认。从一个物体对另一个物体的撞击中,我们凭借**本质**希望在它们的状态中有某种转化,因为我们意识到它根本不是一个单纯的一系列图像和形象的问题,而是某种更多的东西——一个在其中运动和产生效果的活动,我也用我的肉体器官,激发或服从于我自己。一堵倒了坍塌在地上的墙可以压碎我和压扁我。我并非借助于某种知性的确定的意识知道这一点,而首先因为我也是一个暴

---

① Ivi, spec. pp. 217-218 e 221.

② Ivi, spec. pp. 227 sgg.

露在毁灭和痛苦面前的活生生的物体。

七

　　这些简短的说明和这个纲要式的总结提供了在舍勒思想中"实在性"问题和"观念论—实在论"冲突的主要线索。作者从其中引出的结论就思辨的观点来看是伟大的：在这个世界上"生命"在本体论上先于无生命的东西，即使现象学地来看后者可能是首先形成的。但要说生命也就要谈"历史"。宇宙的生命自身就是"历史"，而且不仅仅是"生成着的"："那么当然对世界而言在其整体性、产生、老化和死亡中可能有历史……按照这一概念，不再有希腊人称作'宇宙'的东西。这个世界因此没'有'历史，而其自身就是历史。"① 实在论的本真问题不仅只是理论的，而是更为"情感性的"。每一个试图把世界的开端理解为在其总体性中存在的企图，就像参与所有事物之中一样，按照舍勒的说法是注定要失败的——如果不采取把上述问题建基于"生命的"和"情感的"之上的观点的话。甚至海德格尔在《存在与时间》中的尝试，对舍勒来说也不能算成功，因为它总是只借助于把它分解为理论的—先验的结构，使人和存在者去情感化（dis-emotionalise）。以一个所有人类**此在**的不可交流（incommunicability）的唯我论的视角，海德格尔能找到的唯一情感性的实在是"畏"（Angst）及"向死而在"的"虚无主义"这样的否定性的情感。②

　　"精神"和"本质"的世界也不得不遭遇"生命的"和情感的领域并与之相对比，因为，就其纯粹性和逻辑意向性活动（logiconeotic）的自足而言，"精神"是**无能为力的**。对于这个著名的"精神的无能为

---

① Ivi, pp. 235-236.
② Ivi, spec. p. 260.

力"的学说，在这篇文章中将不再进行分析。[①]这篇文章的第四部分中只提了一下应该由本质理论和意识本质的理论构成。舍勒说，如果没有激情和情感的"升华"，并因此没有取消"实在之物"的"抵抗"，意识的本质是不可达到的和不可获得的。对他来说，甚至胡塞尔的现象学"还原"的学说也不是充分的；仅仅悬搁对存在的判断是不充分的，除非它在克服"压力"和"阻力"的时候完成。

这是因为**埃多斯、本性**、"**本质**"绝不会**在事物之前**（ante res）把自身显现为不变的和永恒的范例，而是显现为**与事物一起**（cum rebus），也就是说，显现为观念的"实质"，按照生命的能动的和潜在之流的**理想化**的目标。

八

《观念论—实在论》这篇论文连同那些在作者去世后发表的部分，表达了这位哲学家在其思想的末期最后的并且最深刻的想法。这篇文章的第一部分以与"因果关系"、"空间"及"时间"相关的"实在性"理论结束。"因果关系"是现当代思想中有大量篇幅来论述的范畴。它在实在性的机械—形式的观点中是个主导性的范畴，这种机械—形式的观点在自然科学中占据绝对优势。然而这一"范畴"在与"生命"相关的"机制"（mechanism）那里，只能被最原始地和最深刻地来理解。"这一机械—形式结构不能用来单独理解世界存在物的特点，而不考虑其与有生命的事物的存在的关系……甚至更为明显的应是这

[①] 参见 *Die Stellung des Menschen im Kosmos* (*Ges. Werke*, Bd. IX) 和 *Probleme einer Soziologie des Wissens* (Bd. VIII)。对这一主题的批判性传记，我们尤其推荐以下著作：F. Bosio, *L'idea dell'uomo e la filosofia nel pensiero di Max Scheler*, ediz. ABETE, Roma 1976, 和最近的 *Invito al pensiero di Max Scheler*, Mursia ed., Milano 1995, 以及 G. Cusinato, *Katharsis. La morte dell'ego e il divino come apertura al mondo nella prospettiva di Max Scheler*, ESI, Napoli 1999。

一事实,即这种如此被描述的结构就人格的精神行为而言将没有合法性。其构造的结构来源于这一问题:如果没有也是作为运动的生命中心的主体,如果没有按照其自身的规律有能力决定自身的自由的精神人格,自然进程将如何显现?"[①] 有限的世界存在物的最高形式是"精神人格",它不是世界的一个实在的部分,就像其他实体一样被包含在世界之内。我们在此谈及的是他的"人格主义的"哲学。当然一个众所周知的事实是,舍勒的研究经历了一个比较青涩的阶段,他曾深受"人格主义"的"有神论的"形式的吸引,正如主要在《形式主义》一书(在胡塞尔1913年的《年鉴》中发表的《伦理学中的形式主义和质料价值的伦理学》第一版第一部分,在1916年发表的第二版第二部分)和《同情的本质和形式》(1913年第一版,1923年第二版)中看到的那样。从1924年起,随着《知识社会学问题》一书的出版,舍勒在总的形而上学方向上有一个明显的变化。此时他把"精神的无能为力"(Ohnmacht des Geistes)这一著名的学说引入到他的体系中来,最早的论述是在1927年的《人在宇宙中的地位》一书中(现在是 Ges. Werke IX)。按照这一吸引人的观点,我们感到已经被预示过的要比在E. 冯·哈特曼于1869年写的《无意识哲学》中的任何一位哲学家都要多,我们感到会被舍勒带到一个更为清晰的层次并得到更为有机而系统的论述。按照这种观点,精神不是实在性的原初的产生力和创造力,换句话说,它也没有任何因果效力。这种引起和产生这个世界的具体的时空生成的实在的生产性力量,并不属于存在的高级程度和高级形式,而只是属于低等的层次,那些被赋予最少内在性、意识和智力的层次。无生命的自然因此比植物生命具有更大的生产性力量,而动物生命的生产性力量比植物生命要少一些,在人类中更是较少发现

[①] Ivi, p. 241.

因果效力。一个层次的存在物越依赖于较低层次的存在物，它就越非强壮有力。在人的情形中，这一拥有"精神"品质的存在者，对较低层次的存在物依赖程度最高，因此仅仅通过其生命力来产生因果效力的能力是最弱的。千真万确的是：由于技术、经济、社会和文化，人类在其历史和进化的进程中已经遥遥领先，甚至超越了那些最强壮的以及他最怕的生命物种，那些始终使其作为种族生存感到步步惊心的东西。这多亏"实践智慧"的增加以及精神资源的调节，那些沉思和创造性的观念变得相当出色。人类已经征服并且极大影响自然的能力不是源于他的本性而是由于精神力量的调节。通过减少精神的沉思的和观念形成的范围，并且不时带有一些实践的、技术的和"操作着的"暴力，人有可能会屈从于舒适和生活消费品的增殖及健康和福利的组织和分配这一首要任务之下。然而，我们的时代的目的和目标已提醒我们，实际上要为此付出一个很高的代价。人的超越于自然之上的能力行将与他对立并要消灭他。正是一种力量，及其显著的人造根基表明这一点，即它绝不指向生命的保护和增强，毋宁说指向了相反的方向，即指向其瓦解和解构。在此可以引证的是，L. 克拉格斯及所有极端的非理性主义者的颓废主义的论调，他们会认为"精神"是一个"生命的痼疾"——这也接受了尼采和弗洛伊德的某些观点。在其思想的这一阶段，舍勒也清楚地从他以前的"有神论"中脱离出来。在《人在宇宙中的地位》一书中，他坚决否认上帝是一个"人格"（personality）。对舍勒来说，上帝成为一种不具人格的**神性存在**（deitas），这个神性存在仅仅在获得人的有限精神人格的特定的自我意识的基础上才成为人格。由此出发，接着我们时代对形而上学的要求，去经历"哲学人类学"（这位哲学家自己创造出来的一个措辞）——亦即揭示、再认和发现人的特殊性、奇异性和形而上学的异常本性的哲学。按照舍勒的说法，人有两个根本的和原始的属性，也即是"欲求"（Drang）和"精神"（Geist）。欲求是"生命"自身并且是对人的冲动性原始能量的表述。正是这个"属性"，它拥有强力和力量。强力和力量对理性、目的论和道德而言是陌生的，至多是一个无意识的生命"目的倾向"（teleocline）。由于这个原因，实在之物在强力和力量中的生成也给它带来了痛苦、罪恶和混乱，所有事物生成的本质性成分是神自己所遭受的。神性存在拥有渴望、欲望和激情，舍勒的这种讲法往往让人想起晚期谢林（*Investigations into the Essence of Human Freedom*, 1809）。然而，每一事物的生成并没有在这种属性中枯竭。另外一种属性是"精神"，作为"意识"、"人格"及"心智"和"观念"的能力的特性。这不能仅被理解为纯粹智性的，而且也应被理解为情感和爱的力量和能力，尤其应被理解为精神性的爱（"agape"）。"精神"因此是解放的环节，是在神性存在之中已经从"强力"和"力量"的环节产生出来的东西变得明晰而宁静的过程。人是中介，通过人这一路径可以找到返回重新征服其实在的存在并真正地成为神的神性存在的方式。在人身上，精神在他向存在物整体的无限敞开之中得到了确证。因此，它并不是因果性的生产力，而是通过知晓"形式"、"本质"和"实在性"，并通过对事物的"本质之爱"——这个词在1917年的《哲学的本质》的一个基本论题中运用过[①]——的生成的拯救环节。

精神因此是生命变得清晰和生命的升华及其巨大且无法控制的力量。这个"精神"因此不能创造活生生的形式和力量。然而，它可以指引生命及其力量在意识目标的方向上转向善的目的论，转向在生命的核心处产生的冲突的克服和解决。精神回到其自身并使情感和激情升华，作为生命的基本力量，与它们联结起来以为其提供新的客观性和新的目的。如果没有情感也没有激情，精神将保持停滞；在其自身

---

① *Vom Wesen der Philosophie und den moralischen Bedingungen des philosophischen Erkennens*, in *Vom Ewigen im Menschen*, Bd. V, Francke VI, Bern 1954, p. 180.

的孤独中它实际上是无生命的。① 对舍勒而言,生命和力量在实体的存在的中心,构成此在的环节,尽管"精神"作为指向形式和决断的冲动,作为界定"欲求"的不确定性的主要原则,是事物的"如在"的运动,它向我们敞开"本质"、"先天"。正是通过在实体的存在中的意识与如在之间的参与和内在一致性,意识得以发生——正如我们在《观念论—实在论》的开头段落中所看到的。② 当然,这是胡塞尔的"意向性"的舍勒式解释。除非对这一形而上学的背景了然于心,否则这部著作中的很多篇幅将是不可理解的。

九

在 1927 年没有发表的并且仍没有准备好发表的那部分作品里,反映了作者在生命最后的那些年里极度兴奋的思考。《遗著》第 11 卷和第 12 卷证明了这一点。正如我们已经看到的,"生命"作为神性的"属性"是冲动、爆发和欲望,可以使实在之物被看作是**连续的创造**(*creatio continua*)③,被看作是没有意识到的且不是清晰地"被意愿的",并始终缺少由一个人格化的上帝的意识理解所施行的"计划"。④《观念论—

---

① 舍勒在"精神"和"生命"之间的这种二元论的假定已被讨论得多了,许多批评家已在其中看到了一个无法成立的二分。关于一个一般性的描绘和不太相同的阐述,参见 G. Cusinato, *Katharsis. La morte dell'ego e il divino come apertura al mondo nella prospettiva di Max Scheler*, Napoli 2000; F. Bosio, *L'idea dell'uomo e la filosofia nel pensiero di Max Scheler*, ediz. ABETE, Roma 1976, 和 *Invito al pensiero di Max Scheler*, Milano 1995。

② 无论如何,做这样的区分是必要的:即区分偶然的如在——即,就对其所知而言诸存在的"形式"和"图像"——和本质、艾多斯(eidos、典型的和普遍的先天——这种先天显然不是非中介的意识的对象,而"直觉"的对象(用胡塞尔的术语,应该被称作"本质的"[eidetic])。参见 *Erkenntnis und Arbeit. Eine Studie ueber Wert und Grenzen des pragmatischen Motivs in der Erkenntnis der Welt*, in *Die Wissensormen und die Gesellaschaft*, Bd VIII, Bern 1960, 以及 *Erkenntnislehre und Metaphysik*, in *Schriften und dem Nachlass* II, Bd XI, a cura di M. Frings, Bern 1979, 和 *Philosophische Anthropologie, in Schriften und dem Nachlass* III, by M. Frings, Bouvier, Bonn 1987。

③ 原文误写为 *creatrio continua*。——译者

④ XI, pp. 183 et seq., p. 200 et seq.

实在论》的第四部分和第五部分被嫁接到这一基本观念之上。正如上面提到的，第四部分标题是"本质和本质认识的学说"。舍勒在此也与胡塞尔的"关于本质的意识"的学说联系起来，他在艾多斯和一种古代的柏拉图—基督教形而上学范型论（exemplarism）的"在事物之前的理念"（ideae ante res）之间作了一个严格的区分，因为前者应该最适合现象学地理解，而后者在今天看来已几乎不能成立。这个本质、理念、"形式"和"观念"根本不是像可疑的柏拉图化的（platonised）范型论所说的那样在事物之前（ante res），甚至确切说来也不是（用亚里士多德的观点看的）与事物一起（cum rebus），而就是与事物一起。① 也就是说，观念是世界生成的可能的目标，实质一半是由心灵、精神通过生成感知到的；另一方面，观念不是永恒的范例——即在其之下现实之物的将会在一个永恒的主动的努斯（nous poietikos）的预设下有效地生成，这个主动的努斯从一个无限的可能性的领域中选择最好的。② 按照舍勒的说法，"实现者（realizer）原则总是在观念的限制和两个观念的联结中进行操作，但抛弃了其不可实现的一部分元素"③。接着它们偶然的和实际的实在性永远不可能通过"本质"一致地被确定。④ 对舍勒来说，"本质"是按照此在的"非实在化"、按照"生命中心的禁止"可以获得的结果，它仅仅从在空间和时间中的实体的增加中产生出来，并且是由"强力"和"力量"的作用引起的。⑤ 由于这个根本的原因，本质的意识在本性上是与由经验抽象、归纳、观察和推论性思想开始运用的意识或认识根本不同的。后者在科学意识中根本没有失掉其价值，这种科学意识根本不在对"实在性原则"的超

---

① IX, p. 252.
② Ibid. 关于这个作为智力和灵魂之安全的需要的具体化的**主动的努斯**（nous poietikos），参见 G. Cusinato, *Katharsis*（G. 库斯纳托：《道德净化》）的精妙篇章, cit., spec. pp. 304-306.
③ Ibid.
④ Ibid.
⑤ Ivi, p. 247.

越中得到奠基；实际上，它明确地预设了它。"经验的抽象仅仅在没有还原并且坚持在时空的多样性的条件下才是可能的。"① 如果空间和时间以牛顿的方式被认定为实在之物的绝对形式，那么任何本质的直观都是不可能的。如果空间和时间被认为是——用康德的话说——直观的先天形式，情形是也相同的。② 然而，即使本质的意识和直观看来不是自然科学知识的直接奠基者，并且即使后者仅仅从经验抽象和归纳上看起来是完全合法的，我们也不能放弃本质的意识。值得注意的是，在此舍勒想把某种新的和实体性的东西引入胡塞尔的"本质直观"的现象学学说中来，尽管他的确接受了其一般的要点。在其中，他看到了一个保持生成及一个根本上非历史的观念的失败，这一方面被 B. 鲍尔查诺和 N. 哈特曼这样的作者以及莱纳赫这样的早期现象学家们推入到不可忍受和不可能成立的极端。③ 在舍勒看来，"本质"的非历史的本性，与观念论者的绝对主义和胡塞尔的"绝对意识"的纯粹抽象理论特征相一致，确实证明，正如上面已经看到的，与胡塞尔式的"还原"的不充分性相一致，即仅在于人为地不去注意存在判断："我无论如何也看不到'开花的苹果树'（胡塞尔的例子）通过悬搁对存在的判断发生了什么变化；我不能看到一个新的客观性世界怎样被揭示为并没有包含在世界的自然视野中。把存在设定放入括号中根本不能产生一个更为清晰的关于对象偶然的如在（*Zufälligen Soseins*）的不设定，这一对象一直保持其在时间和空间中的位置。"④ 按照舍勒的看法，存在的意识没有像其关联物那样的普遍客观性。它超越了普遍—个体的对峙。普遍之物总是一类（德语是 *Allgemein*，意思是"大家共同的"）。"本质"因此是不同于作为述谓的、对个体的多样性而言是必要和从属

---

① Ivi, p. 245.
② Ivi, pp. 245-246.
③ Ivi, pp. 285 sgg., pp. 301-303.
④ Ivi, p. 207.

之物的某种东西。因此它不是一"类"（class）。甚至数字 3 本身也不是一个"普遍的概念"。它之所以如此是就其被用作对一组与成为 3 的事实相同特征的事物的述谓而言的。① 因此，甚至"单一和不可重复的个体都拥有一个真正的本质"；这样的例子比如人，尽管他们有不变的个体性。他们越是独特，就越少表现出与许多个体共同的一般存在方式。一个榜样性的生命、一个圣人、一个天才或一个英雄，就他们是化成肉身的并且具体表现一个绝对价值的典范而言，也是一个真正的本质，而生命有机体"仅仅拥有一个专门的本质而不是个体的本质"②。一般和个别的单一性之间的对立在精神生命之中被超越了。

十

第五部分对海德格尔《存在与时间》——舍勒是最早细心读这本书的人之一——的批判性考察更为零散。它只是部分地加入到了《观念论—实在论》的结构中。然而这一部分的第一节篇幅相当长，标题是"情感的实在性问题"，与 1927 年发表的前三部分的 67 页相比，这一部分足有 40 页之多；第二节主要由作者对他那本《存在与时间》的页边注释构成。这两部分的重要性使其值得进行专门的思考，但这样一个研究已超出本文范围。我们还没有写论文专门处理该书的这些部分。它们引起的不是仅仅对实际上的历史的兴趣，而是一个真正的理论本性的兴趣。在此有可以进行比较：一位是最后的、当然也是最有原创性的、力图重写西方形而上学传统的思想家之一，一位是在 20 世纪打开了通向我们自己的第二个现代时期的所谓"后形而上学"思想，或者像人们经常喜欢称之为"后现代"时期的思想道路的伟大哲学家，

---

① Ivi, p. 251.
② Ibid.

在我们看来，这个思想还没有找到一条正确而关键的前行道路。①

舍勒遇到海德格尔并通过读这本 1927 年的著作而深受激发。对我们来说，撇开抽象的现象学理论主义（theoricism）暂且不谈（在我们看来，无论如何在胡塞尔的后继者那里可以发现的远比在胡塞尔本人那里找到的要更多），看来海德格尔获得了实在性的具体性，它可以提供一个与"主体"或"意识"相对的作为"人格"的人的"我"的更好的理解。然而，他抛弃了这个总立场。在《存在与时间》第 10 节，海德格尔批判了舍勒，因其所具有的"人格"概念的本体论根基不充分，并且也指责他仍然过于依赖基督教的形而上学的创世论。这种批评让舍勒相当苦恼，因为他已经明显改变了他"有神论"时期的立场，他更细致地读了海德格尔的书并作了强烈的回应。他首先主要回击了海德格尔的"畏"和"向死而在"的现象学人类学。我们已经看到舍勒赞扬了海德格尔的这部著作的许多方面。在他对这本著作的最终评价中，尽管有很多地方不同意，他说："无论如何我一直极其期望海德格尔工作的继续。他的《存在与时间》在哲学传统中是最原创、最独立的著作；它是在当代德国哲学中最自由的著作，是一项深入哲学面临的最大问题的彻底而严格的科学事业。"②

舍勒在一个非常重要的观点上同意海德格尔："整个人之外的存在对人的依赖……对我而言这是成立的，对海德格尔来说也是如此。但这不是哲学的出发点，毋宁说是其结果。"③ 在舍勒看来人就是"小宇宙"——就像西方主流传统早就告诉我们的那样，他的故事是"核

---

① 关于舍勒和海德格尔的关系，可参见以下著作：尤其是 M. Frings, *Person und Dasein: Zur Frage der Ontologie des Wertseins*, Den Haag 1969, A. Sander, *Mensch, Subjekt, Person. Die Dezentrierung des Subjekts in der Philosophie Max Schelers*, Bonn 1996。关于这一主题的具体检查，参见 *Idealismus-Realismu* (G. Cusinato, *Kathursis*, pp. 193-199)中的有关海德格尔的篇章，以及 V. Venier, *Il gesto della trascendenz*, Padova 2001, pp. 125-149。

② IX, p. 304.

③ Ivi, p. 295.

心"，我们称为"世界"的伟大故事的那个"中心"，这个世界不再是古代人有序的、永恒的"宇宙"。必须重申，这是一个征服的结果，而不是我们开始的前提。现在，按照舍勒的说法，要理解人的此在的原本的结构会是什么样的，而不预先假定像那些"精神"、"生命"、"活生生的身体"、"心灵"、"无生命的东西"等的概念，将是不可能的。①海德格尔抛弃与"简单在场"二元对立的"永恒"观念甚至有可能是对的，这个"永恒"观念在与历史和生成的关系中是纯粹概念的和理论的。他反对任何一种永恒崇拜的观念，这是对的，这种永恒崇拜支撑很弱并且是人类脆弱和不稳定性的替代品。然而他的错误在于，在其有限性和时间性的存在论中没有坚持在人的"本质"的"人的偶然存在"之间的必要区分。他的存在论因此变成实际存在的人的人类学。人类存在结构显得缺乏内容，这些结构没有描述一个真正的本质而是被定形为纯形式的和先验的。具体的缺乏人格的现实性的人类及他向所有存在物敞开自身的活生生的行为，在生命的运用推进的相互渗透（compenetration）及其生命激情的精神升华中，给他们带来精神的"激发"（vitalization），这些存在物"被禁锢在时间性的存在中"，并因此不能产生一个本真的在时间之上的超越性。②我们不再理解此在是否整个跌入到时间之中并且在此什么使得时间成其为时间。另一方面，对舍勒而言，"精神没有沉沦到时间之中，而是现实存在者沉沦于时间之中，好像从一个原始本真时间性沉沦下去一样"。因此必须要把生命与精神区分开来。③

舍勒欣然同意海德格尔这样的看法，即把观念实体置于一个绝对分离的领域是不可能的，这一领域独立于一个精神主体的活动；并且

---

① Ibid.
② Ibid.
③ Ivi, p. 303.

他也接受后者对在其自身之内并为其自身而存在的永恒真理的抛弃。甚至牛顿定律作为定律，也仅仅是因为它们引回到一个精神主体性的形成。[①]然而，取消了本质与事实性、精神与生命的必要的两极区分，海德格尔不能理解，本质性和观念是一个与"超个人精神"相关的"构成性的活动"。[②]

舍勒对《存在与时间》的其他根本而尖锐的批评观点，除此在的本质的空乏性之外，还包括："向死而在"的首要性、作为原始的要素和此在向其自身揭示之处所的"烦"和"畏"。一门关于这三种要素的真正的现象学绝对不能避免让人植根于"生命"，并通过"生命"植根于存在者的总体性中。[③]然而，海德格尔的"存在主义"的形式先验论看起来忽略了要被植根于生命、植根于身体的需要，而且最要紧的是，忽略了实在之物和存在之物的情感之维。[④]因为海德格尔的此在丢掉了人格作为本质的精神中心的意义，这个精神本身就是永恒的，海德格尔主义有限存在的哲学不能打破"畏"和"死"作为人的有限生命的最终现实这一壁垒。尽管海德格尔拒绝将仅仅适用于世间实体的范畴转换到人的存在上，这样做可能是对的，但舍勒说，这种批评无论如何都不能触动他自己的思想。[⑤]舍勒抛弃了海德格尔式的此在唯我论（Daseinsolipsismus），他从孤立和存在论的僵化中走开。这恰恰是"一个纯粹和简单的笛卡尔的我思故我在（cogito ergo sum）到我在故

[①] Ivi, p. 287. 参见 Heidegger, *I problemi fondamentali della fenomenologia*, trad. it. di A Fabris, Genova 1988, p. 211。

[②] IX, p. 289.

[③] 海德格尔的此在的生命和情感内容的异常贫乏也受到 H. 约纳斯（H. Jonas）的强调，尽管约纳斯在其 *Tecnica. Medicina ed etica. Prassi del principio responsabilità* (trad. it. di P. Becchi, Torino 1977) 中他没有提到舍勒。也可参见 H. Jonas, *Organismo e libertà. Verso una biologia filosofica*, trad. it. di P. Becchi, Torino 1999。

[④] IX, p. 296.

[⑤] Ivi, p 260.

我思（ sum ergo cogito ）的倒置"①。究竟谁是海德格尔的此在呢？它既不是男人，也不是女人、小孩、年轻人或老年人。它并不植根于一种实在性中，这种实在性不仅仅由事物的上手性（ Zuhandenheit ）、可用性和工具性给予的，而且甚至在此之前，它来自一种情感感受的源头，这种情感感受能够延伸到与我们实际或可能的行动力关系重大的事物的单纯而简单的有用性之外。但海德格尔的唯一情感感受的源泉是烦和畏。② 按照舍勒的说法，"畏"根本不是揭示人的此在的有限存在结构的联结和统一的最终素材。甚至畏是与一个总体以及一个情结或情绪和情感行为联系在一起的。畏在人身上的迸发完全是可以理解的，如果在生命和生命活动的展开中出现抗阻和障碍的话，正如我们平常在每日与事物和世界的关系中意识到障碍那样。海德格尔也没有充分意识到，"向死而在"和"畏"在爱洛斯（ Eros ）的力量中、在形式的艺术直觉的光辉能力中、在与永恒的宇宙生命之泉的狄奥尼索斯式的融合一体中得到医治和拯救。③ "在'畏'之外存在过多的未被满足的生命冲动，这些冲动面对的是那些被满足和有能力被满足的东西。畏产生于作为可能的抗阻的领域的世界的障碍和抗阻。"④ "爱洛斯"这个"畏"的最大对手，也是死亡的对手。因此交点是有限性，在最终的分析中，"畏"和死是这样的遮盖物，它们以"阻挡每一条通向人解放自己的自发能力的道路"的方式将海德格尔的著作包裹起来。⑤ 舍勒不厌其烦地提醒我们："*正是爱，而不是担忧，是不断参与存在和形成意识的过程的中介*"（斜体为原文所有）。⑥ 在海德格尔的基础存在论中，

---

① Ibid.
② Ivi, pp. 267 sgg.
③ Ivi, p. 284.
④ Ivi, pp. 270-271.
⑤ Ivi, p. 271.
⑥ Ivi, p. 272.

每一个从种种隐秘的在世沉沦中上升和超越的行为——沉沦将我们本真的自我或"我"向我们隐匿起来（沉沦于"我们"、沉沦于"闲谈"、沉沦于没有人格的"某个"，等等），都是通过一个"由畏和烦拼凑在一起的组合"，使这个世界变得"总比曾经所是的要好"。①海德格尔的现象学滑向*生命哲学*和*历史主义*（二者在原文中都是斜体）。②生命哲学和历史主义形成了在时间性和历史性的封闭境域之内的哲学之降临的前提。从海德格尔的角度来看，每个人的自我拯救的努力应使我们再次确信这个关于某种"总比曾经所是的要好"的想法。"可能在海德格尔哲学的这些结论背后有一种宗教信仰、一种新的晦涩的达尔文主义，这在今天已被像巴特、戈伽顿及其他神学家发展起来了。"③因此，诚如一位意大利的评论者所言："畏和烦并不是人的特点，而仅仅是工作日中的人，仅仅当把人看作是'地球上的一个简短的聚会'时，人的真正的本质才得以显露。"④舍勒用下面的格言开始他对海德格尔的两个评注的第二小节："日常生活的哲学必定与星期天哲学对立起来。假日在平日之上和平日之中投射阳光。人们从星期天开始生活并等待星期天。烦仅是在一个星期天和下一个星期天之间的一个断裂"。⑤

总之，对我们来说，舍勒以其近乎预言者的直觉，预示了像海德格尔这样的一系列思想的可能的"虚无主义"后果，它首先使存在的境域在此在的有限性中失效，然后在其"转机"之后——这是真的，又把那些已从其中被带走的东西还给"存在"——但让它变成了一种

---

① Ivi, p. 283.
② Ivi, p. 280.
③ Ivi, p. 283.
④ G. Cusinato, op. cit., p. 201.
⑤ IX, p. 294.

把人推入自我的遗忘和丢失境地的力量。然而，舍勒已经在其最后的思想中指出了抵制时间和历史性的境域之降临的道路。

(译者：段丽真 / 南京理工大学马克思主义学院；

校者：韦海波 / 上海社会科学院哲学研究所)

舍勒从宗教行为对上帝实存的论证[1]

约翰·R. 怀特

尽管有关舍勒宗教哲学的文献不断增多，其中最有趣的一个部分，即舍勒基于宗教行为对上帝实存的论证，引起的更多是争论而不是明晰。确实，综览最近有关舍勒的论证的文献，可以看出评论者们对这一论证不是什么远比它是什么要清楚得多。[2]

这一事态部分地是由这个论证本身与众不同的特性引起的。与其说这一论证以它对（无限或有限的）存在结构或对道德的要求为前提，不如说它基于一种特殊人格行为的特性。对上帝实存之论证的基础而言，一个行为的结构似乎是个靠不住的候选人，因为哲学的一个基本

---

[1] 本文译自：John R. White, "Scheler's Argument for God's Existence from Religious Acts", *Philosophy Today*, vol 45, No. 4, 2001, pp. 381-391。上海社会科学院哲学所韦海波博士曾就译文提出修改意见，特此致谢！——译者

[2] 在最近对舍勒宗教哲学最出色的论述中，请读者参见 Stephen Doty（斯蒂芬·多蒂），"Max Scheler and the Phenomenology of Religion", *Man and World* 10 (1982): 275-277；曼弗雷德·弗林斯关于舍勒的两本书。*Max Scheler. A Concise Introduction into the World of a Great Thinker* (Pittsburgh: Duquesne University Press, 1965)（中译本：《舍勒思想评述》，王芃译，华夏出版社 2004 年版——译者），*The Mind of Max Scheler. The First Comprehensive Guide based on the Complete Works* (Milwaukee: Marquette University Press, 1997), pp. 130-132（中译本：《舍勒的心灵》，张志平、张任之译，上海三联书店 2006 年版——译者）；以及 Eugene Kelly（欧根·凯利），*Structure and Diversity: Studies in the Phenomenological Philosophy of Max Scheler* (Bosten: Kluwer, 1997)。

原则是：人们不能从一个对象的相关行为的实存来证明这个对象的实存。这样，这个论证就给解释造成了极大的困难，因为它看上去完全超出了被认为是典型的对上帝实存的哲学论证，而且事实上从表面上看来它注定是循环论或是谬论。

尽管有这些困难，我相信人们可以理解舍勒的论证并给它以合理的解释。我从考察这一论证的人类学条件——即舍勒关于人格和行为的概念，以及他作为认识其他人格（无论是人还是神）基础的中心概念：启示——开始。其次，我将详细阐述这一论证并且根据舍勒来展示为什么它不是循环的。最后，我把舍勒的论证解释为一种超越论的（transcendental）论证，而且主张这一点极大地巩固了这个论证并支持了舍勒称这一论证不是循环的声明。

一、宗教行为

人格和启示。早期现象学特有的基本原则之一是：任何潜在的经验对象都必定有一个相称的行为，反之亦然。正如音乐只能被听到而不能被闻到，本质可以在智性上而不能在感性上被认识，所以一般而言：经验是行为和对象间意指（meaningful）关联的一种功能。这个基本原则被认为适合每一种其他知识，也一样适合关于上帝的知识。那么，对舍勒而言，算作宗教行为的是一种意识经验的独特样式，一种必须依照其内在本性和对象被给予的方式区别于其他的样式。

我把这种经验称作一种意识"样式"，以此来表达舍勒的假设：意识经验不都是一致的。当然，一般而言，意识经验往往以特别的形式实存，这些经验既可以根据它们的潜在对象来描绘，也可以根据其结构的原初性（originality）来描绘。那么，把宗教意识称为一种独特样式，这强调了宗教行为（activity）有它自身不可还原的结构。那么是什么决定了这个结构呢？

首先，严格说来像所有行为一样，宗教行为部分地取决于它们的对象。[1] 而且，最初看来似乎很明显，上帝作为宗教行为的对象是唯一真实的候选者。但这并不完全正确。例如，试图证明上帝实存的形而上学家并未因此实行一种舍勒意义上的宗教行为，尽管上帝显然是其行为的对象。倒不如说，宗教行为的对象正是**启示自身的上帝**。[2]

因此对舍勒来说启示是一个重要概念，而且不仅仅是在宗教哲学中，在关于人格的哲学中更为普遍。舍勒主张启示不仅关涉我们与上帝的关系，而且事实上它是我们通过它来认识其他诸如此类的人格（人类或神）的方式。其理由与他的人格概念密切相关。因为人格在其最基本方面（精神 [spirit]）不仅仅被认识为一种普遍特性的一个范例——比方说，我们认识蜘蛛的方法——而且被认识为一种独特的人格性（personality）。那么在其直接意义中的认识，即根据事物的种类对事物的认识，不足以认识人格，因为这种关于普遍本质的知识完全绝对会让关于独特人格性的知识被忽略。因此，关于一个被给予人格的独特人格性的知识除了客观的认识之外还要求某些其他东西：它要求某种方式——通过它我们可以掌握对人格性来说是原初的东西。舍勒把它称之为**启示**。[3]

启示会以若干种方式发生，和一个个体表现她自身的方式一样多。通常我们可以说，舍勒假定了关于人格的表现性概念的某些东西，并非完全不同于以赛亚·柏林（Isaiah Berlin）和查尔斯·泰勒（Charles

---

[1] 这篇文章中我分析的主要文本是 *Vom Ewigen im Menschen*, 4th edition (Berne: Francke, 1954, pp. 157-194, 240-265) 中的两段。我将只参考英译本：*On the Eternal in Man*, trans. Bernard Noble (New York: Harper & Brothers, 1960), pp. 161-198, 246-270。

[2] 因此，舍勒很可能不会接受通行的英语习惯：把上帝实存的论证作为"宗教哲学"的一部分。对舍勒来说，不涉及宗教意识就没有宗教。(ibid., pp. 128-160)

[3] Ibid., 163ff.，舍勒谈到神的启示。*The Nature of Sympathy*, trans. Peter Heath (New York: Archon Books, 1970), pp. 224-225, 257-264. 舍勒并不是一直使用"启示"一词来表示，也用其他类似的词，如"表明"（manifestation），意思是一样的。

Taylor）谈到德国浪漫主义中的表现主义时的那个意义。[1] 确实，舍勒认为最能体现被给予人格性特征的不仅是构成那个人格生命的相关价值，还有爱与恨的秩序。而且这些价值、爱和恨典型地不是仅仅在一个人格生命之中被拥有，而且它们在其中自始至终都表现自身。事实上，不仅个体人格，还有共同体都可以用类似的方法来理解：人格和共同体拥有他们的**爱的秩序**，这对他们生命的意义和解释是个关键。[2]

那么，一个个体人格性的启示并不完全依赖于一个愿意启示她自身的人格：毋宁说，她在她的所做、所行及所为中被启示。因此，在某种程度上启示是人格存在的特征并且是我们拥有的理解人格性的一个主要途径。就有限人格来看，我们可以以多种方式来理解他们，例如通过爱与恨的行为——即我们通过它们来理解另一人格的价值质性的行为，或同情（sympathy）行为——它们使得我们可以进入另一个人的世界并把握她的价值偏好。但普遍的问题是，在所有这些情况中，基于人格精神的表现性特征，并非必然在来自他人的直接传达中，而是通过一种间接的传达，他人的内在生命被表现和被启示。

神——也是一种人格精神——表现并启示自身，而且是以无数种方式表现并启示自身。例如，舍勒区分了实证（positive）启示和自然启示。实证启示，比如我们在基督和《圣经》中发现的，是通过语词以及通过神圣人格实在的神的宣告。这是启示的主要意义，但不

---

[1] 当然，人们将必须找出在更多细微差别中的类似。例如，"表现"（expression）这个词，舍勒在指与人的精神领域相对的心理时经常使用，虽然他也在涉及精神的时候使用它。而"启示"概念也许是与精神相关的一个更好的词，因为它不仅指某物被表现，而且这种表现是一个自由的揭示，是一个礼物。见 Max Scheler, *Formalism in Ethics and Non-Formal Ethics of Values*, trans. Manfred Frings and Roger Funk (Evanston: Northwestern University Press, 1973), pp. 370-424, 及我以下对精神和心理的区别的讨论。

[2] 这些是舍勒的核心思想，所以在他整个文本中都能找到。也许关于爱、恨和价值的最重要文本在 *The Nature of Sympathy* (part II) 中；*Formalism in Ethics* (chapter 5)，尤其是关于"伦理"（ethos）的讨论，以及 "Ordo Amoris", in Max Scheler, *Selected Philosophical Essays*, trans. David Lachterman (Evanston: Northwestern University Press, 1973) 中看到。

是唯一的一种意义。对舍勒而言，还有一种自然启示——它指的是这样一种方式，通过它整个世界在事物、事件以及一切自然实在的秩序——例如有限的精神和历史——中表明（manifest）创造者上帝。正如乔托（Giotto）的画表明了乔托独特的艺术人格性，世界也在它多种多样的存在中显示出创造了它的神的人格性。这一表明不仅是因果关系问题：乔托确实是画产生的原因，但这不是全部。他独特的艺术人格性也在他所画的画中被表现出来。类似地，世界不仅由上帝创造，而且表现为神的人格性的显现。[①] 在舍勒的宗教哲学中，舍勒正是把他的研究集中在这后一种启示上，这恰恰是因为他认为这一点把宗教哲学与神学区别开来。

这一点的一个重要方面在于它阐明了舍勒宗教哲学的一个基础原则：对上帝的宗教知识是来自上帝的知识。我们在神在自然启示或实证启示中表明自身的范围内认识神。但因为神在自然秩序中启示他自身，所以自然宗教和宗教哲学都成为可能。对舍勒来说，宇宙不仅仅是一个有存在者、对象、因果联系等等的世界：有一个"充满宇宙的逻各斯"[②]，"逻各斯"在古代哲学意义上是一种神的理性的表达，或者，用舍勒更可能说的，是一种神的人格性的表达。这样，一方面，对上帝的知识总是来自上帝的，也就是，由上帝传达的知识。同时，这种知识不是某种仅仅被局限在那些人那里的东西，这些人经验了通过圣经或神圣人格、"来自聆听"的关于上帝的知识而被给予的更深刻的实证启示。毋宁说，世界充满神的暗示。

因为舍勒的缘故，我们也许可以开始了解为什么形而上学家甚至在他们试图证明上帝实存时都不进行宗教活动。这不单是上帝是否是

---

① *On the Eternal in Man*, p. 166.
② 舍勒在其整个文本中的不同地方使用这个词，通常是指一种更高的精神知识，尤其是关于"超越论的"或概念的存在的知识。例如，见 *Formalism in Ethics*（p. 68）中关于超越论的知识的讨论。

行为对象的问题,而且是关于这种对象被意指的方式以及被给予的神圣性方面的问题。在形而上学家那里,这一寻求不是一种宗教的寻求,而且被寻求的不是活生生的上帝。那么,尽管形而上学家和宗教哲学家可能实质上正针对的是同一个对象,即上帝,但这个对象被意指的方式是迥然不同的。在形而上学的思考中上帝是**自在存在**(ens a se),而宗教哲学家的上帝是一个活生生的上帝。①

那么对舍勒而言,宗教意识除了其他的,还是把世界(包括实证启示)经验为人格神的传达的能力。确实,对舍勒来说,有限的存在既有一个基本的形而上学结构,也有一个象征的、直观的结构,后者是宗教意识遭遇传达自身的神圣性的基本方式。② 因此这个知识既不根源于一种推理运算,也不产生于自发的形而上学的思想:它是对在世界中表明的象征传达的秩序的认可。③

从舍勒的立场我们可以看到一种对古老的知识"光照论"的回应,尽管是以某种澄清了的形式。对"光照论"者的传统,一种可以被理解为至少要包括柏拉图、奥古斯丁、安瑟尔谟和波那文都的传统而言,最根本的自然智慧即哲学是在光亮的语言中被表达的。这四个作者带着哲学的明察,以各自不同的方式谈到了思想的光照。需要强调的是,光照,与普通的信仰相反,不能理解为是上帝的一个行为或是某种完全基于恩典或认知者的信仰的东西。毋宁说,当人们达到最高智慧的时候,有一个"自然的"光照,一种对神的光照的分享。并且部分地因为弥漫于宇宙的逻各斯,这种智慧可以在自然知识中被获得。④

就舍勒而论,他似乎接受了光照论的基本教义,但有以下限定:

---

① *On the Eternal in Man*, pp. 134, 142.
② Ibid., pp. 164-165.
③ Ibid., p. 164.
④ 见我的 "Does Duns Scotus Successfully Refute Illumination Theory?"(即将出版)中对"自然光照"概念的进一步阐发。

只有实现宗教意识的人格**在上帝的光照中**（*in lumine Dei*）看[1]；即使形而上学家作为形而上学家都不能以这种方式看世界。因此，这是宗教的意识形式，不是形而上学的意识，它与最高等的智慧相关。被光照的绝对人格的知识比抽象的绝对存在的知识更高。

人格，精神和行为。假定有宗教意识这个概念，那么什么特别体现出宗教行为的特征呢？对舍勒来说，不是每一种意识事件都算得上一个行为。行为是与他称为**精神**（Geist）的人格要素相联系的那些意识事件。我应该用"精神"（spirit）这个词来作为 Geist 的英文等义词，而不是跟着伯纳德·诺伯（Bernard Noble）在《人之中的永恒》中那样，把它译作"心智"（mind）。"心智"这个词特有地包括了意识生活的所有方面，而对舍勒来说，精神只是意识生活的一个层面——虽然也是最重要的。

考虑到意识生活和活动的范围，舍勒区分了三个不同的活动中心：人格、心灵（psyche）、身体。[2] 身体概念在早期现象学中得到了极大的发展，例如，在舍勒、胡塞尔和埃迪·施泰因那里，尽管更为著名和全面的论述是梅洛-庞蒂在他的《知觉现象学》中提出的。这个概念想要表达的是我们的身体不仅仅是物质的、活生生的，而且与人格意识相联系。我们的身体性不仅仅是一个事实，而且在一种基本的、海德格尔的意义上也是在世存在的一种方式，是与世界的意识关系的一种原初——确实，对梅洛-庞蒂来说是原初——的模式。尽管舍勒不会同意梅洛-庞蒂关于身体意识排他的优先性，他还是肯定了这种

---

[1] *On the Eternal in Man*, p. 164.

[2] *Formalism in Ethics*, esp. pp. 370-424. 又舍勒的 *Man's Place in Nature*, trans. Hans Meyerhoff (New York 1961), 各处可见, 对一种与 *Formalism in Ethics* 中说明的人格有某种不同，又根本上与之相关的人格的设想。值得一提的是，如果总是忘记由圣保罗开始的基督教传统，这个三重 (tripartite) 人类学与主流就会在某种程度上更多地一致。见 Henri de Lubac（亨利·德·卢巴克），"Tripartite Anthropology", in idem., *Theology in History* (San Francisco: St. Ignatius Press, 1994)。也见我即将出版的"Max Scheler's tripartite anthropology"。

意识生活模式的特性，以区别于心灵和人格。

对舍勒而言，心灵及所有与之伴随的活动——包括努力和意欲、感觉功能，以及某些更高的能力，如意愿、可能的实践推理和语言，尽管后面这些也与精神相关联——是人类有机生命的原则。① 对舍勒来说，除了其他的，心灵还是可以成为内感知对象的意识维度。于是心灵就成为大多数心理学，包括弗洛伊德的精神分析学的主要研究对象，假如我们把后者解释为将无意识与生命原则联系在一起的话。确实，许多我们归入"心智"概念的东西都与舍勒的心灵概念有关，但某些被典型地称作"心智"的东西又被归入了舍勒用精神这个词来表达的概念。

精神的特征是什么？首先，我们必须把精神概念与人格概念联系起来。② 舍勒用"人格"来指一种具体存在，其存在和生命的特有模式是"行为"。那么精神就为舍勒指明了一个人格的实现的群集总体。换句话说，精神首要地指明了人格实现特有的存在的模式。③

对于精神存在的构成，最重要的是其朝向意义和价值的本质倾向：精神行为针对的是可理解的（intelligible）存在和价值的秩序。④ 那么人类人格最深刻和最有特征的方面就是在意义和价值中找到了其行为的充实；就人格中的所有其他功能都表达了人格的这一方面而言，它

---

① 我从舍勒许多地方推断出这些观点，包括前面的注释中提到的 *Formalism in Ethics* 和 *Man's Place in Nature* 的一些部分。见 *Fomalism in Ethics*, pp. 30-42。

② *Formalism in Ethics*, p. 389.

③ 我认为舍勒的人格、精神与行为的相互联系似乎与注释1中提到的多蒂的文章中的观点大相径庭。这篇文章对精神和心灵，以及行为和功能的对比的阐述，是我所了解的最精练的阐述之一。不过，我还不太清楚多蒂说"人格在（精神和行为）间堕落"是什么意思。无论如何，这个语言符号似乎表明人格必须借助精神来解释，而我理解的舍勒却是以人格来解释精神。尤其见 *Formalism in Ethics* (pp. 391-392)。在我看来，这一理解意味着在舍勒思想中，形而上学可以表明上帝是精神的，但不能表明他是人格，因此就意味着人格的启示产生了一个比形而上学所产生的更丰富的上帝概念。见 *On the Eternal in Man*, pp. 149-150。

④ 这是我对舍勒阐发的许多内容的简要表达，尤其见 *Formalism in Ethics*, pp. 370-398, 501-595。

们都是"精神的"。那么对舍勒而言，谈及一个行为绝不恰好是指任何意识机能。[1] 毋宁说，舍勒谈到了行为中精神的一种明确的实在化：人格可以说在行动中成为它所是。在这之中没有什么仅有心理功能的事物。

对舍勒而言，行为这个词在严格意义上是意向性的。在这个意义上"意向性"不单是指某个活动被指向一个对象的情况，而是指需要充实的行为结构和一个充实着的对象这两方面的复合。因此，一个行为之所以是"宗教的"不仅是因为上帝是对象，而且因为启示了自身的上帝充实了宗教行为的一个基本意向。只要有某种可以充实行为的潜在对象，那么行为本身就是有意义的，而且假如行为不仅关于并且发现了充实着的对象，那么它就在完全意义上成为了一个行为。例如，诸如感觉这样的心理功能，其机能主要由有机生命的目的和目标来决定，与之不同的是精神针对的是某些完全不同的东西：它旨在参与本质意义和实在价值。用一个在德国哲学家中普遍使用的术语来说，生活与环境（Umwelt）相关而精神与世界（Welt）相关。[2] 根据舍勒的解释，对人格来说的"世界"是意义和价值的群集，它属于其爱与恨的范围之内，那些行为调节所有其他的精神实现。[3]

也许对舍勒而言，这点稍微阐明了精神的意义和它的重要性。舍勒坚持意义和价值对人类生命的重要性，并因此抵制古典的亚里士多德和苏格拉底思想中——在那里精神没有与"灵魂"区别开——他认为是从精神向生命还原的东西。甚至亚里士多德的作为对人之定义的"理性的"或"说话的动物"的概念也表明理性或说话的能力尽管

---

[1] 事实上，舍勒对精神行为使用"意识"一词完全是不情愿的。见 ibid., pp. 392-393。

[2] Ibid., pp. 393-398; *Man's Place in Nature*, esp. pp. 37-41.

[3] 见舍勒 *The Nature of Sympathy* (part II)；以及 "Love and knowledge", trans. Harold J. Bershady, in *On Feeling, Knowing and Valuing*, ed. by Harold J. Bershady (Chicago 1992), esp. pp. 162-164；以及 "Ordo Amoris" 各处；以及 "Phenomenology and the Theory of Cognition", esp. pp. 156-176, in *Selected Philosophical Essays*；也见 *Formalism in Ethics*, pp. 87-92, 260-261。

是人的区别性特征，也基本上只是对动物本性的修正。相反，舍勒想要坚持，我们的精神存在有一个独自活动的原则和模式，不是作为精神或"灵魂"的一个功能，而是作为一个个别的原则，想要获得一种与生机生命的融会和谐。①

宗教行为。现在对舍勒来说，宗教行为是精神的，因此拥有一种需要充实的明确的意向。舍勒用他称作宗教行为的三个"确凿无误的特征"来详细解释这一点。②

首先，行为的这种特殊的意向结构使它成为宗教的。舍勒强调，所有意向行为都暗示一种超越，因为每一个意向行为都"超出"它经验的立足点和界限（例如，超出现象达到"事情本身"）。然而，宗教行为在它的本质结构之内包含了一个对超出整个世界的超越的预设。这里不只是事情的本质被达及（不管那个它们借此而被给予的表面［aspectual］特征），而是所有有限本质被超越而且被瞄向的"事情本身"超出了整个世界。③

其次，宗教行为不仅指向上帝，而且只能被上帝充实。这里舍勒提到了奥古斯丁的话："上帝啊，直到在你之中，我们的心才得安宁"，作为所有宗教行为的基本公式。正如舍勒指出的，人们必须把这一点区别于以下观点：至今人们还没有在世界中找到已经充实了这个行为的某种实体。毋宁说，人们并不是归纳地得到这个知识——好像人们能从许多例子中得出这样一个概括——而是基于一种明察，通过它人们理解了宗教行为不能在世界中而只能在神圣人格中被充实：在宗教感恩祈祷中，我们奉献仅能在真正收到我们祈祷的上帝中被充实的东西；在宗教希望中，我们寻找仅能在上帝中被充实的东西，上帝的爱

---

① 这个综合是人类生活的意义和目的主要部分，这是舍勒在整个 *Man's Place in Nature* 中以不同形式不断回到的一个观点。
② 参见 Frings, *Max Scheler*, pp. 156-158；以及 *The Mind of Max Scheler*, pp. 130-132.
③ *On the Eternal in Man*, pp. 250-255.

为这种希望奠基；在良心的责备中，我们与一个能够听见的人交流我们对罪的承认。

再次，宗教行为也暗示着，或从某个意义上说要求"互利"。没有这种以某种方式被实现的互利，宗教行为不可能依靠自身被充实。换句话说，虽然可能一个人会在收到来自上帝的回应上被误解，但只有在有来自上帝的回应时，才会有行为的真正充实。对一个祈求的人而言，如果"回应"只是来自他自己的思想，他将永远不会满足。它必须来自上帝。

这些特征的重要性来自于舍勒主张的特色性。通常，人们不能从一个意识经验的本质和实在性中推断出其对象的实存——我想，这种论证的无效性通常是够清楚的。即使就精神行为而言——它朝向充实着的对象的意向倾向正好被载入它们的本质中，人们仍然不能典型地从行为的实存推断出其对象的实在性。我实行了一个认识行为并不意味着我不会被误解；我希望某种要求的满足并不使它的实现成为必然；我爱某个我认为具有如此这般的人格性的人并不保证他实际上拥有这种人格性。所以，即使就精神行为而言，人们也不可能像这样从意向的指向性中推断出对象的实在性。

然而，舍勒认为人类人格中宗教行为的本质和实存以及宗教倾向的本质和实存正好为上帝实存的推论提供了这种基础：与其他精神行为相比，在宗教希望、宗教信念、宗教渴望中有某种东西暗示着其对象的实存。

正如我所看到的，问题的关键是：根据舍勒的说明，严格意义上宗教行为是一个特有地朝向神，并且只在神的互利回应中被充实的行为。但一个被指向这种神的互利回应的意向假定了一种关于神的知识，它超越了非启示性认识的可能性：因为上帝对世界的超越，并且因为被寻求的互利回应假定了作为人格的上帝的知识，所以，如果不是因为先于宗教行为而被给予的关于上帝的知识，那么宗教行为的意向甚至都不能形成。那么宗教行为的实在性依赖于一种神的人格启示，正是这一点使宗教行为与众不同。**关于**上帝的知识是**来自**上帝的知识。

二、论　证

根据这些背景观点，舍勒的论证几乎具有了一种逻辑推理的特点。舍勒提出这个问题：什么可以解释在宗教行为的实在性中被表达的宗教倾向？"只有一个具有神性的本质特征的真实存在能够成为人的宗教倾向的原因，也就是在真正意义上实行那类行为的倾向，尽管有限经验不能充实那类行为，它们仍然需要充实。宗教行为的**对象**同时也是它们实存的**原因**。换句话说，所有关于上帝的知识都必然是来自上帝的知识。"①

因此，我们可以这样阐述舍勒的论证：（1）存在宗教行为；（2）这种行为把对一种就神圣性而言的互利的充实之需要作为它们意向结构的一部分；（3）只有启示自身的神能给予充足的知识去产生这样一种意向，不仅因为上帝的超越，而且因为上帝是人格的；（4）因此，有一个神存在。②

现在，正如舍勒指出的，这样一种基于意识经验的论证当然可以引起很大的惊异，这种惊异完全不是来自于这种烦人的感觉：任何这样的论证都是循环的。这个明显的循环存在于什么之中？通常人们有这样的印象：想要把意识经验转变为它们对象的实在性是不可能的，因为绝不会从某个行为的目标得出其瞄向的东西真正实存。

---

① Ibid., p. 261.
② 在这个上下文中，值得一提的是，舍勒对"论证"的意义提供了重要的区分。他区分了"指证"（Aufweis）、"证明"（Beweis）和"推证"（Nachweis），把它们作为几种不同的论证，并阐明了这种论证不是严格意义上的证明，但仍然在广义上被当作是一个论证。舍勒在 On the Eternal in Man (pp. 255-262) 中讨论了这一点，又见 Kelly, pp. 163-175, 及 Frings, Max Scheler, pp. 149-155, The Mind of Max Scheler, pp. 134-136。

舍勒论及从意识经验来对上帝实存进行论证的两种历史形式，根据舍勒的观点，这两种形式都不同于他自己的论证，而且都是无效的。第一个是笛卡尔《第三沉思》中给出的论证。它从朝向真理和神的真实性的一般倾向推断出关于上帝实存的知识。但舍勒认为这个论证明显是循环的，因为认识到有一个上帝的知识条件是神的真实性，除了通过关于上帝的知识，神的真实性自身既不能被认识，也不能被证明。所以，被证明的结论在一开始就存在了。

论证的第二个类型，也许是一个与舍勒自己的更为接近的类型，假定了一种自然的宗教感受，一种被感受到的去超越一个人的经验环境并参与一个更高的存在秩序的欲求。这种宗教感受被理解为人类中的自然的宗教倾向。从这一点，人们也许会以一定是神在我们身上植入了这种感受为根据为上帝实存力争。但根据舍勒的说法，这个论证也会是循环的。这种感受不会从自身中产生出关于上帝的知识，而只是一种自发的感受或朝向神的意向。那么如果一个人真的拥有与这种经验相关的关于上帝的知识，这不是因为上帝在这个经验中被给予，而一定是来自别处。因此这一论证更应该说是假定了关于上帝的知识——假定了来自其他来源而非经验本身的知识——而并非真正是这种知识的来源。

无论这些论证和他的论证有多少相似之处，舍勒都认为它们和他自己的是非常不同的。他的论证基于两个命题：首先，有独特的、本质的一类行为，它作为宗教的而被给予人；第二，这些行为的意向被指向一个存在，这个存在超越"所有有限的现实经验的可能综合"①。因为能形成宗教意向的唯一方式就是通过一种神的超越论的启示，所以行为的实在性假设了神的启示。关于神的知识既不是来自我们自身也不来自我们此世经验的综合：它只能通过上帝自己的启示行为被给予

---

① *On the Eternal in Man*, p. 263.

有限的人格。因此上帝实存。①

三、舍勒的论证作为一种超越论的论证

一旦我们发现舍勒的论证是以超越论的论证的形式出现的,其论证的非循环性就变得更加明显了。我将不会讨论大量的关于超越论的论证的文献,而要提供一个基于查尔斯·泰勒的《超越论的论证的有效性》一文的有点粗略的分析,目标在于表明舍勒的论证确实具有这种形式。②

对泰勒的部分分析进行概括之后,我们可以说:超越论的论证形式是从主张经验的某个方面是不容置疑的和**"先天的"**——在它是经验的一个结构特征的意义上——开始的。一旦确定了经验这个方面的存在,就能提出进一步的主张:经验的某种第二特征——一个特有的只能被模糊地看到的特征,也是不容怀疑的。这个第二特征不能被怀疑是因为它与第一特征的某种必然联系。也许最典型的联系在于:在第一特征的"可能性的条件"的术语中,它被表达出来。那么,第二特征,即第一特征的可能性的条件,就分享了我们所拥有的关于第一特征的确定性。于是我们可以说,第一特征的实在性和不容置疑成为第二特征的实在性和不容置疑的保证,因为第二特征是第一特征可能性的条件。那么,假如第一特征确实得到公认,那我们就能推断出第二特征也肯定得到了公认。

让我们通过举例的方式来看看康德自己的一个超越论的论证。③ 康

---

① 自然,人们不会怀疑人是否真有这样的行为,但这当然是一个不同的观点,并且绝不意味着这个论证是循环的。
② 选自 Charles Taylor(查尔斯·泰勒), *Philosophical Arguments* (Cambrige: Harvars University Press, 1995)。
③ 这是我对 *The Critique of Pure Reason* 的超越论的分析的简略描述。

德认为毫无疑问我们可以做出合理的先天综合判断，必然的也是绝然肯定的判断。事实上，这种判断明显是我们经验的一方面，因此它们引起了一个关于通常对经验的解释的明确困难。正如休谟教导我们的，经验（experience）是严格经验性的（empirical），因此不容许超-经验性的（tran-empirical）经验——而这种经验反过来可以给先天综合判断以必要的证明。于是康德提出了一个超越论的问题：先天综合判断何以可能？他知道，并不是经验对象证明了它们，因为这种对象总是经验性地被给予的；所以他转向了主体。在那里他进行了一个发生的研究，它表明这种判断的可能性条件是范畴的功用。范畴不仅形成了经验对象而且作为先天综合判断的形式起作用。康德似乎是这样推理的：（1）我们拥有合理的先天综合判断，尽管经验性的（empirical）经验对象不能证明它们；（2）因此一定有证明这种判断的智性功能：这些是这种判断可能性的条件。如果我们承认了经验的第一个要素，就必须承认第二个。

当然，康德不仅仅提供了这个论证：他还提供了数百页的分析，旨在表明我们可以通过其影响间接了解这些范畴的功能。但关键是从一个形式的立场来看，这个论证是超越论的，因为它从一种被认为是不容置疑的、先天的经验来论证并总结出一种第二经验，而它也同样是不容置疑和先天的，因为后者是前者可能性条件。

舍勒对上帝实存的论证在某些方面是类似的。舍勒相信，宗教行为的实在性是无可置疑的：它们对经验而言是结构性的。确实，尽管我没有在本文中论述这一点，舍勒还是认为这样的行为对有限人格是本质的：他认为没有人可以避免宗教行为，因为这种行为对人的本性来说就像说话、思考、爱和意愿一样基本。[①] 这也许看上去似乎不完全

[①] *On the Eternal in Man*, pp. 267ff. 舍勒关于宗教行为的哲学的特殊方面由弗林斯在 *Max Scheler* (pp. 149-163) 中具体阐发。

合理，尽管我猜想这不会比康德的假设更不合理。康德假设我们所有人都会作出像这样的先天综合判断："在所有情感交流中，行为和反馈一定相等。"但与是否每个人都作出这样的判断或进行这种行为这个问题无关的是，一旦宗教行为是结构性的这一点被接受，即使对有限人格而言是无意识的结构性的而且也许是本质的，超越论的论证的基础也就被承认了。

我们的第一前提是，宗教行为刻画了我们的经验并且确实是先天的，恰恰是在宗教行为同样地是人类意识的特征的意义上。第二，因为宗教行为有一个意向结构——它预先假定了一种对上帝的理解，这种理解超出了我们经验和想象的能力，并且超出我们所有的现世经验，所以我们不能创造这种理解但必须让它对我们启示。从这一步可以得出：启示是宗教行为可能性的条件，并且它们的实在性恰恰取决于我们的意识是由神的启示形成的这一点。由于这种启示是神给予我们的，那么神必须确实是实存的：关于上帝的知识一定是来自上帝的知识。

四、结　论

现在无论人们怎么看超越论的论证的本质，有一点应该是清楚的：假如它被正确地论证，它就不是循环的。循环意味着某种通过论证被证明的知识已经在论证的前提中存在了，这反过来意味着这一证明没有发生。相反地，一个超越论的论证如果被正确地论证，就不会是循环的。因为它的前提是某种被直接给予的东西，而且它发展到了某些不是直接被给予的其他东西——但关于它的知识是通过关于第一个事物的知识被证明的。那么，如果有这么一个成功的超越论的论证，循环就不是它的弱点。

但是看起来可能有问题的是：因为前提和结论都在经验中被给予，

并且因为正在被证明的经验要素是在前提中被表达的经验要素的可能性条件，所以人们想知道：如果不理解结论中被给予的东西，那我们能真正理解前提中被给予的东西到何种程度。这里的问题不是有一个逻辑的循环，而是一个认识的循环，它表明理解前提的可能性条件是理解结论。

我倾向于认为这种循环真的存在而且这不是一个恶性循环，部分地因为相关理解模式的不同。例如，如果我们要假设康德对心灵综合功能的论证的有效性，那么在我看来，我会很好地理解先天综合判断，而且在我看来它们是（或者会是）合理的，而不必确切知道到底是什么证明了它们。因此，康德不仅会用一个超越论的论证来表明需要这种条件，而且也不得不提供关于那些条件存在于何处的分析。这些都是有道理的。他不得不那么做，因为了解有这种论证的超越论的条件——某些他会从他的超越论的论证中了解的东西——不同于了解那些条件存在于何处。同时，这种知识足够他去很好地理解先天综合判断存在于何处。于是，去了解有这样的条件就是充分了解去理解判断的那些条件的本质，而不必一定要事实上了解那些条件存在于何处。

与舍勒的论证相似：在我看来，我可以理解宗教行为的本质，并且理解一定有某种制约它们的超越论的知识，因为我的心灵和我关于世界的经验的综合都不能解释我所了解的关于上帝的东西。但这并不等于理解了充当这些行为的可能性条件的这种启示的真正本质。而且，知道我必须设法获得知识——尽管我不知道到底该如何获得——对我理解宗教行为来说已经足够了：我不必进一步了解启示的本质及其内容以理解宗教行为，而只要必定有某种解释这些行为的知识存在就够了。

因此我认为这种知识的循环，假如它是循环的话，不是一种恶性循环，不是一个破坏论证的循环，尽管它无疑帮助人们看到了他们应得出的结论。同时,在前提和结论间的这种不寻常关系也有助于解释对伴随着这种论证的循环的担忧,同时也表明了我们讨论的循环不是恶性的。

(译者:郁欣 / 中山大学马克思主义学院;
校者:张任之 / 中山大学哲学系)

舍勒的现象学佛教与形而上学佛教[①]

欧根·凯利

本文的两个组织性论点如下：第一，舍勒对胡塞尔现象学的改造和变革为他对质料价值伦理学、宗教体验、宗教基础概念以及知识社会学的探究提供了一个平台——我指的只是一个方法论的观点，就像被模糊定义的"语言分析"概念为历代英美思想家提供了这样一个平台一样。第二个论点是，舍勒的工作在1920年[②]之后经历了微妙的转变，它要求这一现象学平台的重构并由之发展而来，这一重构使这个现象学平台服从于思辨形而上学的目的并与其发现相一致。这一转变的主要征兆是在《伦理学中的形式主义与质料的价值伦理学》第三版（1926; GW 2, 17）前言中所宣布的：背弃有神论。现象学绝未被他放弃，而是也被用来服务于寻求存在的实存基地的思想，他认为这一存

[①] 本文的初稿译自作者提供给译者的未发表的英文稿 "Phenomenological and Metaphysical Buddhism in Scheler"（2008）。根据作者的意见，译文的部分段落据作者的德文改写稿 "Opfer und Werdesein in Schelers Buddhismus-Kritik"（in *Religion und Metaphysikals Dimensionen der Kultur*, hrsg. von Ralf Becker, Ernst Wolfgang Orth, Würzburg: Königshausen & Neumann, 2011, S. 135-143）修订。两文内容有所重叠，但文章的结构、行文的展开和关注的重点却不尽相同。——译者

[②] 参见 "Nachwort der Herausgeberin", GW 5, Bern/München 1968, pp. 456ff.；也可参见 Heinz Leonardy（莱奥纳迪）, "La Dernière Métaphysique de Max Scheler", *Revue Philosophique de Louvain*, 78, November 1980, pp. 553-561.

在的基础一定与其现象学的事实相一致，无论它会超出这些事实多远。也许在"现象学时期"——一个要被谨慎使用的表达——所获得的东西并未失去，但我们是从一个新的探究平台来看这些成就，在这个平台上，现象学及其对象实际上建基于人类本性和宇宙之上，并被用以服务于形而上学、哲学人类学以及历史和人类命运的道德命令。

舍勒在其思想的中后期有关佛教以及他认为是"历史上最深刻精神之一"[①]的佛陀的那些独特的、不懈的沉思阐明了立场上的这一转变。在中期的一份文稿中，舍勒简要说明了一门关于对佛教来说至关重要的痛苦（pain）和受苦（suffering）的哲学学说的要求。[②] 这一学说由痛苦的现象学和生理学开始，然后转向感受的现象学和经验心理学，继而在生理、历史和道德上说明我们在身体和精神上与受苦的相遇。最后，必定是一门受苦伦理学：受苦如何被忍受、征服、否定或克服。（GW 6, 64-65）在较早文章中对佛教的分析里，舍勒的目标是道德的、教化的，但这一分析也形成了一门不偏不倚的受苦现象学，它深入到更广的感受一般现象学之中。为此，他在《受苦的意义》（"Vom Sinn des Leides"）一文中尝试对佛教中的受苦概念作一个本质分析，并将这个概念与基督教对受苦之理解的本质结构进行比较。[③] 接着，在《同情的本质与形式》一书有关佛教的讨论中，他思考了在救赎现象上佛教对爱和同情的含义与功能的理解。在这里他宣称，在佛教中生命与精神是互不分离的。即使是最纯粹的精神之爱仍

[①] Scheler, "Vom Sinn des Leides", *Gesammelte Werke* 6, p. 90. 后引 *Gesammelte Werke* 皆置于文中，并简写作 GW。

[②] 参见 Scheler, "Zu einer philosophischen Lehre von Schmerz und Leiden", GW 6, pp. 331-333。

[③] 有关舍勒思想中期对于佛陀与佛教的重要讨论，可以参见 GW 6 中的 "Vom Sinn des Leides" 一文、同一卷中的附录以及 *Wesen und Formen der Sympathie*；后期的相关讨论可以参见 *Die Stellung des Menschen im Kosmos*、"Der Mensch im Weltalter des Ausgleichs" (in *Philosophische Weltanschauungen*)，以及 „Das emotionale Realitätsproblem" (in *Idealismus-Realismus V*)，这些文字都收于 GW 9。

将我们与生命相连,并阻止他所谓的与一切生命的完全"同一受苦"(Einsleiden)(GW 7, 88-89)。这一现象学使我们可以阐明我们自身和他人内在生命中的情感的本质、相互自身理解的结构以及使理解能够变得清楚明白或被歪曲的过程。所有这些研究都需要仔细的批判分析,这超出了这篇简要论文的范围。我们所感兴趣的是舍勒关于感受的跨文化现象学对人类之本质的现象学有何贡献。人类之本质的现象学后来被他当作其神学–形而上学世界观以及它与历史之联结的基础。

舍勒的受苦现象学开始于这一追问:什么概念结构必须先于对痛苦和受苦的认识而被给予?另一种表述是:痛苦和受苦现象建基于什么含义元素,以至于只有建基性元素先于它们而被给予时它们才可以被给予?更一般地说:如爱、死亡、痛苦、社会实体形成以及生物的组织层次的成长这样一些迥然不同的事件和过程建基于何种本质统一之中?舍勒在**牺牲**现象中发现了这些迥然不同的现象之统一的可能性、它们的先天,在这一现象中"为了获得具有更大价值的东西,具有较少价值的东西被放弃"(GW 6, 46)。在经验上我们知道,动物会遭受苦痛,尽管它们并不认为它们的不幸是受苦。但"一切受苦,即使是死亡,都涉及一个较低价值奉献给一个较高价值;没有死亡和痛苦我们就不能渴望爱和结合,没有痛苦和死亡我们就不能渴望生命的成长和演进",他用一个比喻说,"……牺牲,在某种意义上总是**先于**快乐和痛苦,这二者只是它的射出和孩子"(同上)。在人的感性实存中,爱和痛苦是分离的,只是稍有牵连。不过,当人们过渡到人格性深度上时,爱和痛苦就完全联系在一起,尤其是在人的创造性中——在这里一个人试图超越他当下的生命条件,并感到牺牲是一种成长方式。如果不是通过更深的**幸福**,我们从哪里获得摆脱苦痛的**力量**?"克服受苦是一种更深的幸福的结果,而非原因。"(GW 6, 64)佛教也说我们只能通过更深的幸福摆脱受苦,这恰恰是因为,为了克服受苦我们必定要深入到因着世界而来的、人类**主体的**受苦的核心处,而非只是深入到作为痛苦的**世界**的核心处。当我们牺牲我们的自我渴望时，我们体验到一种快乐的解放。

在存在论层面上，痛苦和受苦现象作为有机物结构上一切有机物本性的部分对整体之从属的必然实存结果而出现，这一过程不仅在个别有机体上被发现，也在物种、共同体甚至整个民族的集体精神上被发现。使进步得以可能的东西也根本上需要受苦和死亡。借助于生理学研究，舍勒期待他生命后期的零星努力能创造出机械达尔文主义的替代品[①]，他在追踪那样一些方式，即，对部分的关切会导致整体之牺牲（就像突然喝冷水可以片刻地满足对喝水的渴望，却会导致有机体的死亡），或者整体导致部分的毁灭的方式。在所有这些情况下，我们看到为了更高的善业破坏较低的或消极的善业，或者破坏两个善业中较低的一个以让更高的善业出现的努力。对这一世界之道的**道德**回应以一种双重的方式被揭示：一方面是通过关于其本质结构的、关于这一筹划——所有进步由此需要牺牲及其后果和受苦——的必要性之现象学而被揭示；另一方面则是通过对于其扎根于一切存在之中的形而上学推论而被揭示。舍勒接着检验了教导我们如何对待受苦的学说史：在这些学说中始终存在着一种联系，即在对待受苦的技艺、一门受苦**伦理学**与对它的形而上学的或宗教的**解释**之间的联系。佛教首先出现在舍勒的分析中。当舍勒在思考基督教哲学时，他清楚地看

[①] 参见 Eugene Kelly, "Vom Ursprung des Menschen bei Max Scheler", in *Person und Wert. Schelers »Formalismus« – Perspektiven und Wirkungen*, hrsg. von Chr. Bermes, W. Henckmann, H. Leonardy, Freiburg/ München 2000）。在 "Vom Sinn des Leides" 以及身后出版的论文 "Evolution: Polygenese und Transformation der Menschwerdung" (GW 12, 117) 中，舍勒清楚地表达了他关于物种进化的思想。他在 "Vom Sinn des Leides" 这篇发表的文稿中（pp. 40-41）坚称，为何痛苦一定在行为路线的选择中起作用，这一点是不清楚的。这强烈地暗示出，对进化过程的达尔文式的说明作为一种经验事实的说明是不充分的；因此，将基督教强有力的牺牲范畴作为一种选择模式加以引入则是可取的。不过，在这篇文章中，他只考虑了这个学说对理性神正论的影响，但他对达尔文主义的拒斥在他进一步的主张中却也显而易见：牺牲涉及为了较高的价值层级的一个较低价值层级的丧失；进化是具有较高价值之生物通过较低价值的牺牲的生成。

到基督的牺牲——上帝为了有罪的人类牺牲自己——与牺牲中的一切受苦的现象基础之间的联系。舍勒自己的受苦现象学以及它扎根于一个普遍过程（在这一过程中重要的是，受苦植根于牺牲），这也变得清楚起来，至少乔达摩的"圣谛"的第一条是明见的：一切皆苦（*dukkha*）。

于是，舍勒承认佛教的基本存在论真理：将此在（Dasein）或人之实存与受苦等同起来（GW 6, 58），以及它在渴求－抵抗－渴求中的起源：欲求及其受挫，接着是没有克服欲求的怨恨。在《受苦的意义》时期刚开始发展的形而上学中，舍勒认为，这个世界的事物独立于我们对它们的知识而存在（GW 6, 62）；正如他在《伦理学中的形式主义与质料的价值伦理学》中所说，心灵什么也不形成、构成或创造。感性对象和现象学明察的对象是独立于心灵的事实。因此世界对我们似乎是实在的，我们似乎与它紧密联系，但它对我们说的却是一个**谎言**，它是轮回是幻相（同上）。未经启蒙（尚未开悟）的我们就像一个孩子，出于对友爱的需要，他会藉由想象幻想出同伴，然后抱怨他们如此无情地对待他自己。在启蒙（开悟）之后，六道轮回仍然向我们呈现，但却已经丧失了其显见的自主性。确实，世界超出了我们直接行动的范围；其中，事物自身显现为实在的和必然发生的，并且我们因其形式而受苦也是实在的。不过这个受苦不是必然的；"此在"既可随着精神的观念化（ideation）而消失，即，它们成为纯粹的图像（Bilder）；"此在"也可随着对它们的生命抵抗的消失而消失，而这种抵抗的消失是借助精神可达至的。就像图画一样，它们在它们的"如在"中将自身给予接受性心灵。于是，整个佛教学说，其伦理学、认识论、存在论以及精神实践可以被概括为"只有依法才能破法"（GW 6, 62），即，通过精神行为来克服对满足的欲求，以及由欲求（未得到满足）而引发的受挫。舍勒欣赏乔达摩的道德态度：世界不应为我们的悲惨而被指责，这是舍勒对叔本华的抗议；而且幸福本身不是反面价值，而只是当它将我们与我们的欲求紧密联系时才变成这样。欲求的成功满足只是将我们与世界更牢固地联系起来，从而保证我们最终屈服于痛苦和挫折，事实上却使它们更为强烈。

在《受苦的意义》和《同情的本质与形式》中，舍勒提到了一个在后期著作中对于他十分重要的论点，即乔达摩并未通过直接抗击受苦而"英雄式地"寻求对它的克服。衰老、疾病或死亡是无法摆脱的，而像西方典型的那些改善性的努力（如与贫穷和疾病战斗从而缓解它们）只是控制了这三个现象并使它们更加"难以忍受"，因而是绝不能进入人类问题的核心的：自我因渴求而居于主导，我们所渴求的对象则对我们试图拥有它们而抵抗。渴求的结果是受苦的双重加强：物质世界对人的渴求的抵抗，以及自我对其渴求受挫的抵抗。于是，很清楚，乔达摩教导说，克服受苦的关键不只是克服渴求，还有对进行渴求的自我之克服。舍勒在《伦理学中的形式主义与质料的价值伦理学》（GW 2, 315）中尖锐评论道，佛教著名的对一切生物怜悯（慈悲）的教导所具有的伦常价值并不是在于生命具有肯定价值，而是因为对其他人和动物的受苦的关注将人们从对自身的关注中解放出来。尤其是，爱不是向一个更高价值的敞开，毋宁说，就它将心灵从自身解放而言，与救赎一样它具有一种"离开自己"的肯定价值。由此，如怜悯和爱这样的精神功能开始了克服生命冲动和自我的过程。"以精神的方式并通过聚精会神地精神活动，**不是**要消除不幸，而是要（通过克制渴求，直到让它寂灭）来断除本能的、可能身不由己地形成的对不幸的**抵抗**。因为'渴求'造成了世界及其形态和诸事物之此在自主性的幻象。"①（GW 6, 57）对佛陀而言，不幸不是实在的；它只是可能的抵抗的"影子"，这个影子是事物的一种虚妄不实的自主性，它会随着自我对事物之抵抗的消失而消失。

---

① 此句或可译为：因为渴求（贪欲）使世间万法似乎具有了自性。——译者

尽管舍勒在《受苦的意义》中高度赞扬佛陀的明察，但他仍然提出佛陀的受苦学说次于基督教的学说，因为它没有看到受苦如何能被克服，即不是通过掏空自我的所有欲求，而是通过欲求的纯化或提升。这种纯化并非指一种禁欲主义或肉体的禁欲，它们将我们从世俗形式中解放出来并使我们更接近上帝；而毋宁说，"生命的受苦和痛苦越来越使我们的精神之眼逐渐转向**中心性的**（精神的）生命善业，转向救赎的善业，尤其是靠对基督的信仰而在基督的恩典和拯救中赐给我们的所有那些善业"（GW 6, 69）。

在少数试图分析佛教在舍勒思想中的作用的尝试中，M. 弗林斯提出[1]，在对抵抗体验的出神拥有（das ekstatische Haben des Widerstandserlebnisses）和对世界之抵抗的遭受（das Erleiden des Widerstandes der Welt）的发生过程，与牺牲概念之间，存在着内在关联。因为舍勒的作为受苦之基础的牺牲现象学与他后期的形而上学相关联——在其中，世界被视为准有机的生成，一种存在生成（Seinwerden），并因此展现了事物的部分与整体中显见的抵抗过程的一种形式（部分为了整体而牺牲），即，为了较高价值的进步或者较低价值的阻碍或毁灭，一个较低的价值丧失了。一切"生命运动"都被放在牺牲概念之下，而且在后期著作中，宇宙进程被把握为藉由较低功能之牺牲的较高功能的有机生成。弗林斯指出，如果世界"相关于生命并非是此在相对的、而是类有机的生成存在（organismusartiges Werdesein）"，那么存在作为"生成"的那一方面只会在存在者的部分对整体的（绝不是完全同一类或具有相同意义的）抵抗关系中被看到。"这些关系属于牺牲的本质，而且它们充斥在器官和有机体、人和历史、人类和神圣化之中。"事实上，对舍勒而言似乎不证自明的是，所有深刻的哲学看法，如佛教，都给予我们对生命的生理条件之进化的明察。

---

[1] 参见 M. S. Frings, "Nachwort des Herausgebers", GW 9, Bern/München 1976, pp. 358-359。

弗林斯进一步主张，佛教的这种从受苦中救赎（解脱）的学说对舍勒思考的现象学意义在于，正是**精神**在冲动对表象自身的时空事物的抵抗行为之中心抑制生命的主动性。佛教学习忍受受苦的实践是世界成为非实在的等价物。对象不再在其实存上与以它为目标的渴求相关。本质现象不是通过方法上对实存问题加括号然后摆脱掩盖它的偶然性而获得的。弗林斯指出，毋宁说现象随着对生命中心及其抵抗的直观而显现。这是现象学的观念化过程，舍勒在《人在宇宙中的地位》中对其加以阐发，但却并未提及佛教。这与舍勒自己的接受性学说、被给予者自身被给予的学说有关；佛教的观念与舍勒的作为这种接受性之条件的恭顺和敬畏现象学是同构的。于是在 1916 年的受苦现象学与 1927 年的欲求或冲动（Drang）和精神形而上学之间存在着一种联系，佛教在这二者上对舍勒思想都有所影响。①

因此在后期著作中，舍勒带着有些不同的目的再次转向佛教。他首先试图揭示佛教存在论以及与其伦理学同一的知识理论，一个与他自己的发现——他自己在形而上学上的工作被他伦理学方面的工作所推动（GW 2, 17）——相反的观念。其次，他发现佛教的救赎（解脱）技艺是精神与生命生活的分离，而佛教认为"渴求"这一形式是与对存在之基的思辨观视以及对价值及本质领域的哲学观视唯一相适应的。再次，他思考了佛教在他所预言的谐调的新时代中的潜在作用，而且他并没有反对它在世界中存在的方式，而是反对它未能利用它使之可能的对事物本质的明察。

因此，我的总体论点如下。在舍勒早期的现象学工作中，佛教的受苦概念在其先天奠基秩序上是服务于对佛教与痛苦和受苦的精神遭遇之描述的，这一描述次于基督教的描述。与这一批评有关的是佛教对自我这个概念的抨击以及对人格性的忽视，后一概念对舍勒中期的

---

① 参见 M. S. Frings, *Life Time: Max Scheler's Philosophy of Time* (Dordrecht: Kluwer, 2003), Chapter 2, A & B。在冲动（Drang）中一切欲求都被包含在潜在性中，尽管它们还没有彼此区分。

人的现象学非常关键。于是,舍勒较少关注佛教认识论和佛教的精神实践,而是更关注他认为是佛教世界观的东西及其与感受现象学的相关性,并且对如下教义加以评论:"让心境归于寂静,这种寂静化解欲求、个体和受苦,使之渐渐寂灭。"(GW 6, 54)十年之后,在经历了对有神论的叛离之后,舍勒再次回到佛教,这也许是因为他没能解决恶的问题。[1] 现在他对佛教的精神实践——它堪比人之精神在作为精神的神性之生成中所起的道德作用——也感兴趣,尽管他并未完成这一论题。佛教因其对世界非实在性之助推而被称颂,即,它将世界从在对意志的抵抗中被给予的**此在**还原为作为在其本质结构中如此被给予或**如在**的世界——这一种实践,舍勒之前将其描述为**哲学**的领地[2],后来又批评它未能使冲动精神化并且未能在世界的更新中同化它们。

佛教思想中个体人格的缺失并未像之前那样在后期工作中给舍勒带来太多困扰;因为,如果我是正确的[3],那么在舍勒自己的形而上学中,当他在作为精神的神性的生成中为人类分配了一个角色之后,人格概念对于舍勒变得没那么重要了。无疑的是,在1923年之后他不那么常常提起那个对他的伦理学如此核心的概念。因此,他受到了佛教特有的非人格精神修炼的影响,并将它用到自己的思想中。世界不再简单地在上帝之光中以敬畏和恭顺而被看待;毋宁说,对世俗实存之渴求的积极克服被视为一种心灵的准备,而且并不是为在天国之快乐中的人格永恒实存,而是为本质领域的精神占用、东西方的谐调以及作为精神的上帝之生成而准备。总之,对佛教世界观、认识论以及道

---

[1] 关于舍勒拒绝有神论的根源的讨论,参见 Peter Spader, *Scheler's Ethical Personalism* (New York: Fordham University Press, 2002)。

[2] 参见 Scheler, "Vom Wesen der Philosophie und der moralischen Bedingung des philosophischen Erkennens", in *Vom Ewigen im Menschen*, GW 5。

[3] 参见 E. Kelly, "Ethical Personalism and the Unity of the Person", in *Max Scheler's Ethical Personalism*, ed. Steven Schneck, Rodopi Press, 2001. 也可参见 *Vom Ewigen im Menschen* 第二版前言(1922)中舍勒对这个问题的讨论,但这并不代表他最后的态度(GW 5, 19-24)。

德和精神实践的新的兴趣和分析与舍勒哲学的发展并行不悖,他从一个冷漠的现象学家和坚定的基督徒发展为一个忠诚的形而上学家和虔诚的佛教徒。让我们来检审对这一发展继续过程的分析。

舍勒后期思想中的一个关键的形而上学范畴是精神范畴,它之前被简单地视为人格的现象学基础。最初于公元一世纪在锡兰的寺庙中以巴利语结集而成的佛教传统的文本,当然不包括被明确表达的精神概念。但我认为,舍勒的确正确地发现了成为他自己后期思想之特征的佛教中的精神观念,在《受苦的意义》中我们可以发现其踪迹:精神**对立**于冲动,并因此使人类从动物的"环境"中以及从蒙昧之人的俗世"周遭"中的**解放**得以可能。这一对立和解救在现象学上似乎是合理的,即,直观上明见的,并且其过程与佛教的八正道同构,这体现在解放的方式上:为了使追寻者远离世俗自我的规定而制定被启蒙精神的有意识的规定①。不过作为一种存在论教义,与冲动相对立的精神概念让佛教徒和舍勒都感到困惑。精神如何拥有能力和自主性来反对冲动,或者也可以说,反对实在性,反对世俗领域?在赫尔曼·黑塞(Herman Hesse)的《悉达多》(*Siddhartha*, 1922)的一个精彩段落中——它被写下时,舍勒的思想正转向一种形而上学方向——年轻的婆罗门悉达多遇到了乔达摩本人。他赞扬刚刚听到的乔达摩的布道,接着评论到,最大的谜存在于佛陀自身之中:精神天赋如何能突破受苦世界而把解脱的希望带给人类呢?乔达摩回答道:"我年轻的婆罗门弄巧成拙了:他的形而上学的好奇将使他偏离了手头的任务,即从渴望中解放出来。"②

---

① 此句或可译为:制定开悟者的自觉戒律,目的在于使求道者摆脱轮回主体的支配。——译者
② 参见赫尔曼·黑塞:《悉达多》,杨玉功译,丁君君校,上海人民出版社 2009 年版,第 31—34 页,特别是第 34 页:"让我来告诉你这个渴求知识的人,不要陷入论辩的渊薮和言辞的冲突。辩言毫无意义,它们或优美或丑陋,或聪明或愚蠢,任何人都可以接受或拒绝。然而你已听过的教义却并非我的辩言,它的目标也并非向那些追求知识的人们解释这个世界。它的目标与众不同:这就是超拔苦难而得救,乔达摩所宣讲的仅此而已。"原文并未提供出处,这里据文中所述补充之。——译者

《人在宇宙中的地位》提出基于**冲动**（Drang）和**精神**（Geist）的存在论来解决这一佛教悖论的办法。这一后期著作的一个中心论点是心理（psyche）与生理的同构。一个生命过程以两种方式显示自身。就像道家的阴阳概念一样，在舍勒这里，**原存在**（Ursein）被**冲动**和**精神**所渗透，而且二者相互渗透、相互赠予（也许由欲爱［Eros］为中介），它作为一种精神存在的展开需要来自人的精神的帮助。因为宇宙的存在论基础是**精神**与**生命**（Leben）的对立，二者都是共－永恒的，正是生命使无力的精神所意向的"未实在化"现象的"变成实在"成为可能。与在《受苦的意义》中的现象学相类似，受苦在这里也建基于牺牲，牺牲作为"不得不发生"（*non nonfiat*）而发生，在其中作为原精神的自在存在（*Ens a se*）参与到时空中的生成存在之中，并在逐渐使世界精神化的过程中忍受和承受盲目冲动的折磨。精神，虽然无力改变，却与生命力本身一样在宇宙构造中是原初的。人们会说，精神向从生命之进行中借来的效力的这一突破是一种其自身与俗世大相径庭的赠予，这提醒着那些陷入欲求及其受挫中的人类——也许令他们诧异——他们事实上是精神。由此，舍勒将佛教立场融入他自己的作为受苦的实在性概念中。

舍勒后期的形而上学观念也与佛教存在论重叠，就像他的早期现象学与其基督教观点重叠一样。然而，这个形而上学也与佛教的存在论相去甚远，就像基督教的受苦观点与佛教的相去甚远一样。舍勒发现，佛陀从此时此地的实存遁出而进入**非实在的**本质的领域（GW 9, 44），不过他关于精神的想法并非积极的；它只是一个实存的条件，在这里任何实在之物都不能触及自我，因为精神已经通过其非－主动性消除了实在性的根源；自我消失了。舍勒说，佛教的涅槃思想有关一个非实在的、虚幻的东西，就像《古兰经》里的天国或者胡塞尔的超越论的意识，若是没有冲动，精神也就不可能存在。因为在涅槃的被动静谧中缺乏舍勒所认为的**哲学**的主要目的。虽然佛教实践使广阔的本质世界成为可见的，但它为自己留下了一个纯粹的"真如"；精神已经通过意志力逃离了实在性的引诱，不再被渴求——舍勒认为它等同于"生命欲求"（Lebenstrieb）（GW 12, 73）——所驱策，佛教大德切断他与世俗世界的饥渴的联系，而不是基于他现在所处的精神化立场参与其中。

舍勒指出，对叔本华而言，佛陀是理想的人、神圣的人；但舍勒不是在追寻佛陀、温顺的基督徒、"软弱的苦行者"（GW 12, 114）作为他想要的普遍人类。这个人、未来的理想人将经受住生命与精神之间的**张力**——作为受苦的生命（像佛教中那样），而不是作为不幸的受苦（佛教也坚持这一点）——而不会因此而**死**。作为哲学家的"全人"（Allmensch）不是将他被解放的心灵转向佛的心灵的寂静——它通过在人们自己的人格中的示范教导我们：这种从渴求和世界中的解放以及涅槃的最终获得是可能的——而是转向对从新的立场被提供给我们的知识的**应用**。舍勒，这个西方人，还是决定英勇地抵抗他在自身中感受到的并认为是上帝的一种基本特性的冲动，以及对世界进行精神性地重构。这是他所寻求的道德成长的新形式，它超越了佛教，因为它肯定了世俗领域内的一种革新的根本可能性，同时接受了忍受（Duldung）、无我和去除渴求的佛教道路。它同时超越了基督教，因为作为宇宙的精神和道德成长的中心和手段的不是独特的人格而是"全人"。这再次表明，弗林斯在为《舍勒全集》（第九卷）所作的"编者后记"是贴切的。

舍勒告诉我们，他后期对佛教感兴趣的一个根源与他对胡塞尔的"现象学还原"的拒绝密切相关。舍勒对胡塞尔的"现象学还原"的拒绝，首先是因为这种"现象学还原"疏离了个体和物种—生命的生命过程，而独独展现空间、时间的意识流；其次是因为它仍停留在现象的偶然时空实存层面上。在舍勒看来，只有当离开冲动，或人的生命中心，即产生时空实存的"世界之抵抗的受苦"成为可能时，我们才能开始把握事物的完满性，并获得对世界本质结构的看法。没有舍勒直到生命尽头还在发展的新的绝对时间之哲学（弗林斯在这一上下文中没有用这个术语），就不能理解对抵抗的克服与对时空实存的克服的这种紧密联系。正如弗林斯指出的，因为被体验时间本身只通过"首先投入意识流和时间意识的个体的和普遍的生命的自身运动能力（GW 9, 357）"而可能，所以意识首先并且通常仍然缚着在时空实体上，而不是缚着于本质领域。只有当我们克服了我们"对世界之抵抗的遭受"（Erleiden des Widerstands der Welt）的倾向时，我们才能克服对产生时间和空间的生命中心的屈从，之后被给予之物的完满性才先验地自身增长和延伸，即，我们超出周遭而触及在其本质如在中被给予的对象世界。现在佛教实践提出的正是这种对**冲动**以及对被建基于它的感受和驱动的自身克服，舍勒在《人在宇宙中的地位》中为它提供了一个形而上学的和认识论的基础。

正如舍勒在《知识的形式与教化》（*Die Formen des Wissens und die Bildung*）一文中所展现的，藉由佛教的自身克服而得以可能的那种对存在的觉悟和新立场是一切更深刻教育的目标；这也是他在《谐调时代中的人》（*Der Mensch im Weltalter des Ausgleichs*）这篇文章中所宣布的诸文化之**谐调**（Ausgleich）的可能性的根源。"文化知识"的扩展，即在巨大的世界思想体系中起作用的概念结构的扩展，将通过在**平衡**阶级、性别，尤其是诸文化本身之间的张力的过程中培养人类的凝聚而服务于人类。这种基于这样一个谋划的知识正因为其冷静的本性、天生具有由**生物**需要而培养出的与特殊性的一种实实在在的内部对抗而能够服务于人的凝聚。它不是胡塞尔式还原的冷静——或冷漠无兴趣。舍勒在晚年发现，现象学需要佛教实践，而就如他在《人之中的永恒》中所讨论过的那样，在其中期对现象学的推动（impulse）则产生于哲学的希腊和基督教源泉，产生于最初由柏拉图所教导的"对绝对价值和存在的爱"（GW 5, 89）。于是，哲学家瞄准的不只是一种道德的和形而上学的理想,也是一种精神引领,它在世界中起作用,以一种普遍的世界观统一人类,然而这种世界观却允许对任何活生生的人之人格必然的偏爱和文化认同。作为生活于一种文化周围世界中的人格,我们每个人都代表普遍的本性和价值,它们将渗透在睿智的、公正的哲学家对"全人"的教导和行动中。在谐调的时代,作为道德行动者的哲学家将把他的全部本性投身于文明的精神化之中。

在1927年,舍勒就认为这一过程已经起步:"但此外就欧洲来说——对于德国来说,是自洪堡、谢林和叔本华时代而开始的——近些年来正以前所未有的规模、通过难以计数的渠道将古老的东方智慧(例如古代亚洲的生命技艺和受苦技艺)越来越深地吸收到它的精神主体中,以便这些智慧也许有一天将会成为它的**活生生的财产**。一种真正全世界范围的世界哲学正在生成,至少存在这样一种生成发展的基础。它不仅为历史记录了那些长久以来对我们来说如此陌生的,在印度哲学、佛教、中国和日本智慧中的关于此在和生命的最高准则,同时,它还要**客观地**检审它们**并且**将它们塑造成本己思想中的**活生生的因素**。"(GW 9, 159-160)

我在舍勒与佛教的出色的智力交流中看到这一预言的实例。舍勒自己从基督教的有神论者和现象学家到一个形而上学的超-欧洲的和普遍的人类预言家的旅程——其一生的根本关注在于推进人类精神工作——通过他对来自乔达摩的赠予的反思而得以可能。我认为宣布舍勒代表了东方哲学首次实际进入欧洲哲学并不牵强。我用"实际进入"指的是排除那些未受过西方哲学训练的欧洲人归附亚洲思想或实践体系的情况,以及某人用亚洲哲学学说为自己的思想装饰门面的情况——包括叔本华,或者欧洲的亚洲(思想)学研究的情况。相反,我们在舍勒这里看到佛教作为他世界观的不可或缺的部分起作用。这一点还未被完全接受,不过若是忽视舍勒对佛教本质的深刻沉思,那么,有关舍勒的受苦和感受现象学的发展、他对有神论的叛离、他对作为他的人类学中心的人格概念的放宽（如舍勒的成长着的世界基底的观点呈现出一个缺乏清晰的人格性因素的实体）的说明将会在历史和智识上都是不完整的。在我们自己的时代，东西方哲学中差异的谐调过程的持续却似乎因为东方思想体系的深刻形而上学本性和我们西方世界深刻的反形而上学和怀疑本性而成问题。西方哲学似乎转向了内部，并变成专业团体的所有物，而不是向外延伸到人的精神中以及我们共享的世界上的普遍的东西，延伸到更广泛的世界观并且更积极地投入一切人类的本质问题。这实为憾事！

（译者：张任之／中山大学哲学系）

编后记

舍勒（Max Scheler，1874—1928年）是德国20世纪著名哲学家、现象学家。他在现代欧陆哲学发展史，特别是现象学运动中占有着特殊的地位。在其并不算长的三十年学术生涯中几乎涉猎了现象学、伦理学、宗教哲学、知识社会学、哲学人类学、形而上学、社会批判和政治思想等现代精神科学的各个领域。他是最早被译成法语的现象学经典作家，其价值伦理学也被看作自亚里士多德德性伦理学、康德义务伦理学以来伦理学发展的第三阶段，同时，他还曾一度被称作天主教哲学精神的引领者以及知识社会学的先驱和现代哲学人类学的奠基人，如此等等。可以说，舍勒思想构成了20世纪西方思想运动中的一道绚丽的风景。

就笔者有限的了解而言，早在20世纪30年代，中国就出现了华人学者自己关于舍勒思想的讨论。比如蒋径三1932年在《东方杂志》上就发表了《现象学者谢勒尔的教育观》（第29卷，第4号）一文；又比如在1944年出版的黄建中的《比较伦理学》一书中，作者对中外伦理学学说进行了界定，分为九种类型，在第八种"研究道德价值之学"中讨论了舍勒（译为：席勒尔）的"价值之具体伦理学"；再比如在吴大基的《智识史观》（Ng Tai Kee, *A Treatise on the Development of Knowledge*, The Natural Philosophy Research Committee of China, 1947）中，辟专章对舍勒（译为：谢勒）的知识史观予以介绍和讨论；又比如在积极尝试中西印思想会通的近代大家张君劢的《儒家哲学之复兴》中论及"新儒家哲学之基本范畴"（该章最初发表于1951年）时也提及了胡塞尔、舍勒（译为：麦克司夏蕾）等哲学家。据我所知，在前辈学人之中，对于舍勒著作征引和讨论最广的当属钱锺书。单在其《管锥编》、《谈艺录》中，钱锺书直接征引舍勒十余次，涉及《伦理学中的形式主义与质料的价值伦理学》、《同情的本质与形式》、《论害羞与羞感》以及《知识的形式与社会》等多个主要文本。钱锺书甚至在《致朱晓农》的信中说，"我一贯的兴趣是所谓的现象学"。这也许是个值得深入探究的话题。

从1989年开始，舍勒的著作被翻译成中文。在1989年当年，舍勒的晚年名篇《人在宇宙中的地位》一下子出现了三个中译本。此后，在大陆和港台学者的共同努力下，舍勒著作的汉译已经有了一定的积累，截至目前，现有的舍勒汉译大约占德文版《舍勒全集》原著规模的三分之一，可以说已取得了一定的成果。舍勒最重要的代表作《伦理学中的形式主义与质料的价值伦理学》也由倪梁康先生于2004年翻译出版。刘小枫先生还先后主编过一个两卷本的《舍勒选集》（上海三联书店，1999年）和七卷本的《舍勒作品系列》（北京师范大学出版社，2014年）。在这些翻译作品陆续出版的基础上，对舍勒的研究也有相当的发展，江日新先生在1990年出版了第一部汉语舍勒研究著作，到目前为止，汉语学界先后出版过有关舍勒的专著译著十余部，全国各主要高校以舍勒为主题撰写并答辩通过的博士论文和硕士论文总计五十余篇。而且许多迹象表明，这方面的研究方兴未艾。

但是客观而言，现有的舍勒著作中文翻译无论在数量或品质上都亟待进一步推进和完善，在文本内容方面，既有的翻译尚不足以涵盖舍勒的丰富思想，而在翻译品质上大部分译本尚不敷专门研究之需要。特别是国外重要研究文献译介的匮乏，在很大程度上限制了汉语学界舍勒研究的视野。有鉴于此，笔者于十多年前起意编译舍勒研究文集，以集中体现国际舍勒研究界和现象学界的经典成果。

舍勒思想研究文集的编译工作开始于2006年，其间得到倪梁康教授的大力指导和诸位译者的鼎力支持，差不多于2007年底成书。其后因多方面的内在和外在原因，这部文集的编译和出版一直延宕至今，在此我要向倪梁康教授和诸位译者致以深深的歉意，同时也要感谢诸位长期以来的信任和理解！在这十多年间，随着新的文献的不断获得和翻译，这部文集也得到大幅的扩充，从原先的20万字已经增至眼下的60万字，也由一卷本扩展为现在的两卷本（即《心有其理——舍勒现象学伦理学经典研究文集》和《从现象学到形而上学——舍勒哲学思想经典研究文集》），可以说更为全面地反映了国际舍勒学界的最新研究进展。我们期待，这两卷文集的出版能够为汉语学界的舍勒思想研究、现象学研究提供基本的研究文献支撑，从而实质性地推进相关研究。

中山大学哲学系的吴嘉豪、蔡勇骏、黄迪吉、于涛、陆梓超、周磊、王大帅等诸位研究生分别对照原文通读了本卷书稿的各篇译文。胡文迪统一了本卷书稿的格式并通读全书稿。李明阳通读了校样，并提出了修改意见。在此一并致谢！特别要说明的是，编者保留了各位译者对一些译名的选择和使用。

还要特别感谢商务印书馆的陈小文先生和丁波先生以及责任编辑张双龙先生，正是在他们的大力支持和努力下，这两卷文集才可以在舍勒逝世九十周年之际面世！

本书稿的编译工作曾得到国家社科基金青年项目（项目号：12CZX047）的资助。本书也是国家社科基金重大项目"《马克斯·舍勒全集》翻译与研究"（编号：17ZDA033）的阶段性成果。

张任之
2018年4月于中山大学